新时代高等教育法治问题研究

主　编：周佑勇
副主编：孟鸿志　龚向和　熊樟林

东南大学出版社
·南京·

图书在版编目(CIP)数据

新时代高等教育法治问题研究/周佑勇主编. —南京:东南大学出版社,2020.6
ISBN 978-7-5641-8896-2

Ⅰ.①新… Ⅱ.①周… Ⅲ.①高等教育法-研究-中国 Ⅳ.①D922.164

中国版本图书馆 CIP 数据核字(2020)第 077786 号

新时代高等教育法治问题研究
Xinshidai Gaodeng Jiaoyu Fazhi Wenti Yanjiu

主　　编	周佑勇
出版发行	东南大学出版社
社　　址	南京四牌楼 2 号　邮编:210096
出 版 人	江建中
网　　址	http://www.seupress.com
经　　销	全国各地新华书店
印　　刷	兴化印刷有限责任公司
开　　本	787 mm×1092 mm　1/16
印　　张	15.5
字　　数	393 千字
版　　次	2020 年 6 月第 1 版
印　　次	2020 年 6 月第 1 次印刷
书　　号	ISBN 978-7-5641-8896-2
定　　价	75.00 元

本社图书若有印装质量问题,请直接与营销部联系。电话:025-83791830

《东南法学文存》

总　　序

　　东南大学法学院承三江、中央之学脉,恢复法科教育已逾廿载。本年,正值复建学院十岁,气象初成。立院之本,在育人海海,不厌其倦;求道之志,在为学旦旦,不厌其精。院龄尚短,但朝气蓬勃;资历虽浅,贵求是创新。

　　办学之路艰,偏隅之处更甚。幸东南法学学人多年来孜孜以求,不懈励进,东南大学法学院已发展为法学学术研究重镇。学院立基宪法与行政法、刑事法学等传统法学学科领域上深厚理论、实践优势,笃志交叉学科办学、科研之积淀,于工程法、交通法以及医事法等特色领域辟径拓新,为我国法科教育和法学研究事业贡献良多。大学之所谓,实汇大师矣。学院一贯注重优秀学人的吸纳培养,以"双江双杰"为代表的高端人才优势尤为突出。多人次入选国家百千万人才工程、教育部新世纪优秀人才支持计划、江苏省"333高层次人才培养工程"、江苏省教育厅"青蓝人才工程"、东南大学"校优青计划"等。有名士,更聚英才。东南大学法学院教学科研队伍的年轻化、国际化建设成效显著,先后引进多位专业领域内知名学者,同时吸引了一大批海内外知名高校优秀博士毕业生。中青年教师已逐渐成为学院教学、科研工作的中坚力量,人才梯队的层次构筑更加合理化,这为学术人才长期储备、学术研究可持续奠定了坚实基础。

　　秉人才适其才、尽其用的科研组织管理理念,响应国家关于推动高校智库建设的指导方针,东南大学法学院致力于科研活动的平台化建设。在传统法学学科教研室组织构架的基础上,发挥自身交叉学科研究的优良传统,不囿于传统学科分野,聚焦问题,有的放矢。先后创建"反腐败法治研究中心""交通法治与发展研究中心""中国法治发展评估研究中心"等国内具有较大影响力的专业化学术研究平台。通过各个学术研究平台,更加科学高效地整合配置院内科研力量,引导多元化的科研团队建设,初步形成各学科教研室与各专门研究平台的多维度、立体化管理,实现科研人才在既有传统学科类别的基本框架下,充分挖掘个人研究的兴趣专长,在更加多样的科研团队间相互自由流动,更加有力地促进了学院内研究者之间的交流与沟通。这也为各个研究者开拓研究视野,创新研究思路,实现学术研究资源、信息的共享,不同观点、思想的碰撞,提供了更多的机会与便利,营造出法学院浓厚的学术氛围以及良性竞争的学术环境。

　　立足自身法学学术研究的深厚基础,以交叉学科、特色领域研究为着眼点,法学院一直致力于积极推动相关领域的学术交流、研讨活动。广邀海内外博学有志之士,共议善治良法之题。先后举办"海峡两岸工程法治""城市停车治理论坛""法治发展量化评估研讨会""刑事法治指数的指标构建与修订研讨会""员额制与司法改革实证研讨会""医疗纠纷预防与处理法律机制研究"等一系列法学学术或实践议题研讨活动,为国内外相关领域研究打造优质的学术交流平台,获得积极的社会反响和良好的学术声誉。

当然,孤芳自赏必固步自封。兴办论坛研讨,绝非单纯搭台唱戏。热闹止于一时,深思方存长久。东南大学法学院希冀借此文存,将共同参与学术探究诸君的所思所言付梓。一来,为不吝赐言的海内外专家学者记录下观点交锋、思想碰撞之盛况,力图重现那一场场精彩绝伦的学术盛宴。二来,记录亦为传播。结集成书,将精彩涂墨于文卷,便于重复研读,反复思虑,为没能即时参与的研究者提供可资借鉴的材料,为今后更加深入细致的探讨研究提供有益的帮助,为进一步开展交流讨论提供论题论理的文献基础。最后,也是满足东南大学法学院的一点小小私心,记录下学院学术研究走过的道路,厘清本院法学学术上论理学养发展变迁的脉络。不为流芳,但求自我审视,自我检讨,自我激励。

一言可蔽之:治学明德,止于至善。

是为序。

东南大学法学院

2016 年 5 月

目 录

第一编 高等教育法治化与大学自治

1. 改革开放 40 年我国高等教育法治化的基本经验 …………………… 于立深/003
2. 努力深化新时代高等教育法治实践 …………………………………… 周佑勇/021
3. 新形势下高等教育执法的创新发展 …………………………………… 周佑勇/025
4. 我国大学地位的宪法根基 ……………………………………………… 管　华/030
5. 公立高校董事会法律地位探析 ………………………………………… 李大勇/037
6. 大学校务委员会的角色变迁和法律地位重构探讨 …………………… 于立深/045

第二编 学位制度与《学位条例》修改

7. 论高校自主设置研究生招生条件的正当性及其限制 ………………… 周佑勇/061
8. 学位授权自主审核的制度架构与风险防范 ………………… 孟鸿志　张运昊/076
9. 法治视野下学位授予权的性质界定及其制度完善 …………………… 周佑勇/092
10. 许可与授权：论学位授权审核法律性质的双重性 …………………… 李煜兴/104
11. 论硕博士学位授予的学术标准 ……………………………… 龚向和　张颂昀/114
12. 博士学位授予资格论文要求的法理分析 …………………… 张颂昀　龚向和/126
13. 同等学力研究生教育应予取消 ……………………………… 龚向和　卢肖汀/138
14. 学位撤销法律规定的现存问题与厘清完善 …………………………… 李　川/148

第三编　司法审查与多元化纠纷解决机制

15. 高校学位授予权：本源、性质与司法审查 …………………… 龚向和/159
16. 高校惩戒学生行为的司法审查 ………………………………… 周佑勇/176
17. 高等教育质量保障的法律纠纷及其解决机制研究 …………… 姚　荣/189
18. 多元纠纷解决机制下我国高校学生申诉制度之定位与完善 … 孔繁华/215
19. 高校教师惩戒之司法救济 ……………………………………… 高延坤/231

第一编 高等教育法治化与大学自治

改革开放40年我国高等教育法治化的基本经验

于立深[*]

摘　要　1978—2018年,是中国教育法治现代化进程的四十年。在教育法治理念和制度上,我国已经形成了党对高等教育实行绝对领导、依法治教、完备高等教育法制体系、健全内部工作规则和程序、施行充分的教育竞争和教育公平政策、保障公民或相关组织的合法权益、积极而有序地扩展大学自治权利、完善师生员工民主参与机制、努力实现教育机构跨部门及跨地区间合作、全面推进高等学校信息公开步伐等基本法治经验。进入新时代,总结和检讨法治对高等教育的指导、引领和约束作用,有益于中国教育事业的未来发展。

关键词　改革开放　高等教育　法治　经验

以大学和独立学院为依托的我国高等教育,承载着培育人才、传承文明、服务社会、造福人类的重任。法治,是高等教育现代化的重要内容和重要工具。总结和反思改革开放40年来我国高等教育法治化进程中的基本经验,有益于推进高等教育现代化,为实现中华民族百年复兴、提升国家自主创新能力和核心竞争力提供有力的制度支撑。

一、党对高等教育的领导是基本原则

一国的法治总是由一国的国情和社会制度决定并与其相适应。在中国的法治建设中,"政党是中国法治的基本要素"。[1]中国共产党对高等教育的领导,也是我国高等教育法治化建设和道路不可动摇的基本原则。

首先,高等教育必须由党来领导。《中华人民共和国宪法》(以下简称《宪法》)第十九条第一款规定"国家发展社会主义的教育事业"。随着1949年新中国的建立和20世纪50年代对高等院校、院系的调整,新中国高等教育确立了"教育必须由党来领导"的基本方针。1958年9月19日,中共中央、国务院颁布《关于教育工作的指示》,其第(三)项强调指出:一切教育行政机关和一切学校,都应该受党委的领导。没有党的领导,就不能保证教育的社会

---

[*] 于立深,法学博士,东南大学法学院教授、博士生导师。
[1] 肖金明:《中国法治的曲折进程与完整内涵——阅读〈中国的法治建设〉白皮书》,载《当代法学》2008年第6期。

主义方向,教育工作也就不能更好地为社会主义革命和建设服务。[1] 1961年9月15日,中央审议通过了教育部拟议的《中华人民共和国教育部直属高等学校暂行工作条例(草案)》(简称"高校六十条"),其第一章第三条、第七条及第九章、第十章规定:高等学校中必须加强党的领导,高等学校的领导制度是党委领导下的以校长为首的校务委员会负责制;高等学校的党委会是学校工作的领导核心。1978年以来,我国各级各类高等学校采试了多种学校领导管理体制,包括校长负责制、党委领导下的校长负责制、董事会领导下的校长负责制。"不论实行哪一种领导管理体制,都应该坚持党对教育工作的领导。"[2] 1978年10月14日,教育部发出通知试行《全国重点高等学校暂行工作条例(试行草案)》,这个草案是根据当时的国家总任务和十几年的新经验新情况累积,对1961年颁布试行的"高校六十条"进行修改而成的,将原规定的高等学校实行"党委领导下的以校长为首的校务委员会负责制",改为"党委领导下的校长分工负责制",取消原来的校务委员会,设立学术委员会。[3] 经过20世纪80年代初到90年代初对校长负责制的广泛试验和讨论,高等学校转而实行党委领导下的校长负责制,得出该制度更适合我国高等学校的实际情况的结论。1993年8月13日,中共中央组织部、中共中央宣传部、国家教育委员会联合发布《关于新形势下加强和改进高等学校党的建设和思想政治工作的若干意见》;1995年11月13日,中共中央组织部、中共中央宣传部、国家教育委员会联合发布《中组部、中宣部、国家教委党组关于加强高等学校领导班子建设工作的若干意见》,肯定了高等学校的领导体制是党委领导下的校长负责制,党委是学校的领导核心,领导学校的全面工作。高等学校的重大问题和重要事项,必须经过党委会或常委会集体研究决定,然后根据职责分工,分别由党委或行政组织实施。1996年4月16日,中共中央组织部印发的《中国共产党普通高等学校基层组织工作条例》对高等学校的领导体制作了明确规定,其中,第三条指出"高等学校实行党委领导下的校长负责制",第十一条规定了高等学校党委会的主要职责。1998年8月29日,全国人大常委会通过了《中华人民共和国高等教育法》(以下简称《高等教育法》),其中第三十九条规定:"国家举办的高等学校实行中国共产党高等学校基层委员会领导下的校长负责制。中国共产党高等学校基层委员会按照中国共产党章程和有关规定,统一领导学校工作,支持校长独立负责地行使职权,其领导职责主要是:执行中国共产党的路线、方针、政策,坚持社会主义办学方向,领导学校的思想政治工作和德育工作,讨论决定学校内部组织机构的设置和内部组织机构负责人的人选,讨论决定学校的改革、发展和基本管理制度等重大事项,保证以培养人才为中心的各项任务的完成。"可以说,《高等教育法》从法律制度上为我国高等学校内部领导体制的争议画上了句号。实行党委领导下的校长负责制更适合我国国情,也更有利于高等学校的发展

---

[1] 苏渭昌、雷克啸、章炳良:《中国教育制度通史:第八卷》,山东教育出版社2000年版,第33页。
[2] 苏渭昌、雷克啸、章炳良:《中国教育制度通史:第八卷》,山东教育出版社2000年版,第230页。
[3] 中央教育科学研究所:《中华人民共和国教育大事记1949—1982》,教育科学出版社1984年版,第530页。

和有利于支持正确的办学方向,这已经取得了共识。[1] 21世纪以来,中共中央组织部发布的《中国共产党普通高等学校基层组织工作条例》(中发〔2010〕第15号)进一步规定了高等学校如何实行党委领导下的校长负责制、高校党委统一领导学校工作。2014年10月15日,中共中央办公厅印发《关于坚持和完善普通高等学校党委领导下的校长负责制的实施意见》,再度重申"党委领导下的校长负责制是中国共产党对国家举办的普通高等学校领导的根本制度,是高等学校坚持社会主义办学方向的重要保证,必须毫不动摇、长期坚持并不断完善"。

其次,党领导高等教育立法和法律实施工作。在我国,中国共产党对人民代表大会实行组织领导和立法决策领导。"凡是人大及其常务委员会准备决定的重大问题,人大党组都要事先报告同级党委。""重要法律,其要点由人大常务委员会党组报中央批准。"[2] 按照国务院的"三定方案",教育部在职能上具有制定行政规章的权力和发布行政命令及规范性文件的权力,同时也有起草有关教育事项法律草案的权力。而在实践中,重要的国家高等教育立法、教育部制定的教育行政规章和规定,都经由相应级别的中国共产党党组领导、决定并且组织贯彻实施。《高等教育法》就是典型的例子。

最后,走进新时代,人民日益增长的高品质的教育机会和资源需求以及社会发展和技术创新飞速进步,需要探索党对高校新的领导模式。"党领导一切"是我国历经国内战争、抗日战争、社会改造、社会改革而形成的宝贵思想和制度财富。[3] 2017年中国共产党第十九次全国代表大会确立"党是领导一切的"原则,2018年《中华人民共和国宪法修正案》(以下简称《宪法修正案》)增加了"中国共产党领导是中国特色社会主义最本质的特征"表述,这将深远指导和影响我国高等教育的治理结构、政府管制模式以及大学自身运行机制。党如何高效率高质量地领导高校,以及如何推进我国"一流大学"建设,需要高效的组织保障。党如何领导各行各业,如何领导高校进行学术探讨有其积极意义,也符合我国现行宪法确立的科研创作权利制度。

二、依法治教是基本指导思想

其一,在1949—1978年,高等教育主要表现为以政策纲领治教、治学和治校。在相当长的时期内,我国高等教育是以政策作为依据来进行治理的,这些"政策"包括国家领导人的讲话、中国共产党中央委员会以及国务院的政策、教育行政主管机关的方针政策,例如周恩来《关于知识分子问题的报告》、毛泽东《关于正确处理人民内部矛盾的问题》、邓小平《尊重知

---

[1] 李鹏:《立法与监督——李鹏人大日记》,新华出版社、中国民主法制出版社2006年版,第71-97页。

[2] 李鹏:《立法与监督——李鹏人大日记》,新华出版社、中国民主法制出版社2006年版,第892、338页。

[3] 赵刚印:《"党领导一切"是怎么来的》,载《解放日报》2017年11月14日,第13版。

识,尊重人才》《关于科学和教育工作的几点意见》《教育战线的拨乱反正问题》及《在全国科学大会开幕式上的讲话》(1978年3月18日)、胡耀邦《为什么对知识分子不再提团结、教育、改造的方针》等国家领导人的讲话,都曾经是我国高等教育运行的重要依据。1949年通过的《中国人民政治协商会议共同纲领》第五章"文化教育政策"确立了新民主主义教育纲领,但是后期以阶级斗争为纲的教育方针,对教育工作造成了极大的损害。1949年至1978年的30年间,成为高等教育管理依据的重要政策较多,这个时期也制定了一些教育法,例如《高等学校教师进修暂行办法》(1953年)、《高等学校科学研究奖励暂行办法(草案)》(1956年)、《中华人民共和国教育部直属高等学校暂行工作条例(草案)》(1961年)等。上述高等教育法只是看似一种法律形式,但是,就其制定过程、内容结构、执行效果来看,实际上是一种国家政策或教育政策。

其二,1978—1998年是依法治教、治学和治校的开端。1978年12月22日,中国共产党十一届三中全会公报中提出"有法可依,有法必依,执法必严,违法必究"之后,我国结束了依"政策"或者"试行办法""暂行办法""草案"治理高等教育的做法,正式以明确的稳定的法律、法规、规章作为教育活动的依据。1978—1998年,我国颁布的重要教育立法有:《中华人民共和国学位条例》(以下简称《学位条例》)(1980年)、《高等学校教职工代表大会暂行条例》(1985年)、《全日制普通高等学校学生学籍管理办法》(1983年)、《高等学校接受委托培养学生的试行办法》(1984年)、《普通高等学校招生暂行条例》(1987年)、《普通高等学校招收保送生的暂行规定》(1988年)、《普通高等学校教育评估暂行规定》(1990年)、《教育行政处罚暂行实施办法》(1998年)、《研究生院设置暂行规定》(1995年)、《中华人民共和国教师法》(以下简称《教师法》)(1993年)、《中华人民共和国教育法》(以下简称《教育法》)(1995年)、《高等教育法》(1998年)等。当然,这个时期也有一些国家政策、教育政策起到了重要制度功能,例如《关于国家教委直属高校内部管理体制改革的若干意见》(1992年)、《关于国家教委直属高校深化改革,扩大办学自主权的若干意见》(1992年)、《关于加快解决高等学校教职工住房问题的若干意见》(1993年)等等。

其三,1999年正式确立了依法治教的方针政策。1999年《宪法修正案》通过,依法治国和建设法治国家已经变成了我国基本的指导思想,国务院也提出了依法行政和法治政府建设的目标。1999年12月2日教育部印发《教育部关于加强教育法制建设的意见》,提出了依法治教是21世纪我国教育事业深化改革、加快发展的必然要求。2003年7月17日,教育部印发《教育部关于加强依法治校工作的若干意见》,认为依法治校是依法治教的重要组成部分。至此,经过改革开放20多年的反复认识,高等教育法治化进程已经达到了高潮。依法治教,要求政府机关依照教育法律的规定,在职权范围内进行教育治理活动,各级各类学校及其他教育机构、社会组织和公民依照教育法律的规定,从事办学、教学科研等教育活动。依法治教活动在教育立法、教育法律的实施和监督等环节上展开。依法治教不同于以法治教。"依法治教的含义是依据法律来管理教育。而'以法治教'则是指运用法律手段来管理教育。"[1]

---

[1] 李连宁:《依法治教的探索》,法律出版社2003年版,第3页。

其四，进入 21 世纪之后，教育法治观念予以强化。中共中央、国务院印发的《法治政府建设实施纲要（2015—2020 年）》，教育部发布的《全面推进依法治校实施纲要》（教政法〔2012〕第 9 号）、《依法治教实施纲要（2016—2020 年）》（教政法〔2016〕第 1 号），进一步推动了教育法治的发展。一方面，我国教育立法和政策中更多地体现了权利观念，尤其是出现了"正当程序"理念，学校对师生员工的权利和利益的保障越来越规范。典型的教育立法有：《高等学校知识产权保护管理规定》（1999 年）、《中华人民共和国民办教育促进法》（以下简称《民办教育促进法》）（2002 年通过，2013 年、2016 年、2018 年三次修改）、《学生伤害事故处理办法》（2002 年）、《学校食堂与学生集体用餐卫生管理规定》（2002 年）、《普通高等学校学生管理规定》（2005 年制定，2016 年修订）、《实施教育行政许可若干规定》（2005 年）、《民办高等学校办学管理若干规定》（2007 年）、《高等学校档案管理办法》（2008 年）、《高等学校消防安全管理规定》（2009 年）、《校车安全管理条例》（国务院 2012 年发布的行政法规）等等。

另一方面，来自教育部的一系列教育规章体现了对大学自治、内部组织结构、学术秩序的新型管制和疏导。这些重要的教育立法包括：《高等学校预防与处理学术不端行为办法》（2016 年）、《普通高等学校理事会规程（试行）》（2014 年）、《高等学校学术委员会规程》（2014 年）、《普通高等学校招生违规行为处理暂行办法》（2014 年）、《学位论文作假行为处理办法》（2012 年）、《国家教育考试违规处理办法》（2012 年修订）、《学校教职工代表大会规定》（2011 年）、《高等学校章程制定暂行办法》（2011 年）等等。

三、循序渐进地推进高等教育法制体系的完备

高等教育法制体系，是支撑我国教育管理体制的重要问题。高等教育法是调整因实施高等学历学位教育及教学科研管理活动而形成的特定教育关系的部门法，高等教育法制由具有立法权限的国家机构或部门，依照法定程序制定，由国家强制力保障实施。在狭义上，高等教育法专指国家立法机关制定的规范和调整高等教育法律关系的单行法，即《高等教育法》。

其一，我国初步建立了三级教育法律规范体系。按照《中华人民共和国立法法》（以下简称《立法法》）的分类模式，我国中央立法有三个层级的法律形式：法律、行政法规和规章。经过 40 多年的发展，我国高等教育法制体系趋于完备，建立了法律、法规和规章三级立法体系。主要教育法律有：《教育法》《教师法》《高等教育法》《民办教育促进法》《中华人民共和国职业教育法》《学位条例》。主要教育行政法规有：《普通高等学校设置暂行条例》《学校卫生工作条例》《中华人民共和国学位条例暂行实施办法》《教师资格条例》《教学成果奖励条例》《中华人民共和国中外合作办学条例》《中华人民共和国民办教育促进法实施条例》。在未来，我国将进一步推进教育基础立法，计划制定的法律包括学位法、考试法、学校法、终身学习法、教育投入法等等。

教育部等部门制定的部门规章主要有：《学校招收和培养国际学生管理办法》《普通高等学校辅导员队伍建设规定》《普通高等学校学生管理规定》《高等学校预防与处理学术不端

行为办法》《普通高等学校理事会规程(试行)》《普通高等学校招生违规行为处理暂行办法》《高等学校学术委员会规程》《国家教育考试违规处理办法》《学校教职工代表大会规定》《高等学校章程制定暂行办法》《高等学校信息公开办法》《高等学校消防安全管理规定》《高等学校档案管理办法》《独立学院设置与管理办法》《实施教育行政许可若干规定》《汉语作为外语教学能力认定办法》《中华人民共和国中外合作办学条例实施办法》《国家教育考试违规处理办法》《高等学校境外办学暂行管理办法》《学校食堂与学生集体用餐卫生管理规定》《学校艺术教育工作规程》《学生伤害事故处理办法》《〈教师资格条例〉实施办法》《高等学校本科专业设置规定(1999年颁布)》《自费出国留学中介服务管理规定》《自费出国留学中介服务管理规定实施细则(试行)》《国家助学贷款管理操作规程(试行)》《高等学校知识产权保护管理规定》《关于普通高等学校招收和培养香港特别行政区、澳门地区及台湾省学生的暂行规定》《高等学校医疗保健机构工作规程》《教育行政处罚暂行实施办法》《高等学校接受外国留学生管理规定》《教师和教育工作者奖励规定》《高等学校收费管理暂行办法》《高等学校教师培训工作规程》《普通高等教育学历证书管理暂行规定》《普通高等医学教育临床教学基地管理暂行规定》《中国汉语水平考试(HSK)办法》《高等学校实验室工作规程》《高等学校聘请外国文教专家和外籍教师的规定》《普通高等学校教育评估暂行规定》《高等学校培养第二学士学位生的试行办法》等等。

其二,初步建立了服务地方经济与社会协调发展的地方教育法律体系。各级地方人大和地方人民政府发布的有关教育的地方法规和地方政府规章,其数量虽然偏少,但对中央教育立法形成了有益和有力的补充。比较有代表性的地方教育法规有:《北京市实施〈中华人民共和国教师法〉办法》(2010年修正)、《北京市实施〈中华人民共和国民办教育促进法〉办法》(2006年)、《上海市教育督导条例》(2015年)、《上海市终身教育促进条例》(2011年)、《广东省实施〈中华人民共和国民办教育促进法〉办法》(2009年)等。具有代表性的地方政府教育规章有:《北京市自然科学基金管理办法》(2012年)、《上海市科学技术奖励规定》(2017年修订)、《广东省教育督导规定》(2017年)等等。

其三,教育规范性文件和政策是对教育法律实施的补充。从中央到地方的教育规范性文件和法规政策,在数量上偏多,它们的制定也须遵守法律程序,须符合《立法法》要求,其内容构成了我国高等教育活动的重要法律渊源。近些年来,具有全局性的、代表性的教育规范性文件和法规政策主要有:《中共中央关于全面深化改革若干重大问题的决定》(2013年)、《关于进一步引导和鼓励高校毕业生到基层工作的意见》(中办发〔2016〕第79号)、《关于分类推进人才评价机制改革的指导意见》(中办发〔2018〕第6号)、《国务院关于加强教师队伍建设的意见》(国发〔2012〕第41号)、《国务院关于印发统筹推进世界一流大学和一流学科建设总体方案的通知》(国发〔2015〕第64号)、《国务院关于深化考试招生制度改革的实施意见》(国发〔2014〕第35号)、《国务院办公厅关于深化高等学校创新创业教育改革的实施意见》(国办发〔2015〕第36号)、《国务院关于印发国家教育事业发展"十三五"规划的通知》(国发〔2017〕第4号)、《中央办公厅 国务院办公厅转发〈教育部关于深入推进高等学校哲学社会科学繁荣发展的意见〉的通知》(中办发〔2011〕第31号)、《国务院办公厅转发教育部等部门关于教育部直属师范大学师范生免费教育实施办法(试行)的通知》(国办发〔2007〕第34号),以及国务院部门制定实施的《高等学校人工智能创新行动计划》(教育部2018年)、《统筹推进世界一流大学和一流学科建设实施办法(暂行)》(2017年教育部、财政部、国家发展和改革委员会)、《财政部 教育部关于印发〈中央高校建设世界一流大学(学科)和特色发展引导专项资金管理办法〉的通知》(财科教〔2017〕第126号)、《财政部 教育部关于印发〈中央高校基本科研业务费管理办法〉的通知》(财教〔2016〕第277号)等等。

地方政府及其行政部门制定的教育规范性文件和法规政策,有效落实了中央教育政策,推动了地方教育的发展以及促进了地方经济社会的科学发展。具有代表性的地方教育规范性文件有:《北京市教育委员会、北京市财政局关于印发〈北京高等学校高水平人才交叉培养"实培计划"项目管理办法(试行)〉的通知》(京教高〔2015〕第11号)、《上海市高等学校经费监督管理暂行规定》(2002年)、《广东省教育厅关于普通高等学校实施学分制管理的意见》(粤教高〔2014〕第5号)、《印发〈关于广东省深化高等教育领域简政放权放管结合优化服务改革的实施意见〉的通知》(粤教人〔2017〕第5号)、《广东省教育厅关于高等学校副教授评审权审批的管理办法(试行)》(粤教师〔2014〕第5号)等等。它们对地方教育和中央直属高校教育的支持不言而喻。

其四,教育法律法规得到及时清理。我国法律规范的修订、废止模式是通过有自己特色的法律清理制度进行的。"法律清理"是指有关国家机关依照一定的程序,对一定时期和内容的规范性法律文件加以集中审查,并重新确认其法律效力的活动,它是一种法律监督形式。法律清理的基本动力在于国家社会政策和立法政策的变化,而不是法治变迁中法制的主动自我更新,它并不涉及规范性法律文件的合法性问题,更与法律施行中的利害关系人无关,它是国家的一种宏观需要,是一种政治性的执法活动安排,一般由执政党、全国人大和国务院发动。法规清理制度主要有两种操作模式:对全部法律规范的全面清理和对部分法律规范的专项清理。无论是哪种清理,清理的工作方式一般有两种:一是及时的个别性清理,即在制定新法之前对相关内容的旧法予以清理;二是间隔一段时间的集中清理,即间隔一段时间由法律规范的制定机关对现行的法律规范进行集中式的清理。1983年以来,全国人大常委会、国务院及其部门、地方各级政府对法规、规章、解释和规范性文件多次进行集中全面清理或者专门清理,使之符合《宪法》及其修正案、《立法法》、《中华人民共和国行政许可法》(以下简称《行政许可法》)、《中华人民共和国劳动法》、《中华人民共和国行政处罚法》、《中华人民共和国行政强制法》等基础性法律的要求,符合"放管服"和"一流大学"建设的政策要求。受此影响,教育部制定了《实施教育行政许可若干规定》(2005年),确立了教育许可事项清单,优化了教育行政审批服务。教育部等五部门发布《教育部等五部门关于深化高等教育领域简政放权放管结合优化服务改革的若干意见》(教政法〔2017〕第7号),全面贯彻党的教育方针,完善中国特色现代大学制度,破除束缚高等教育改革发展的体制机制障碍,进一步向地方和高校放权,给高校松绑减负、简除烦苛。

四、健全高等学校内部工作规则和程序

以国家法律、法规、规章和规范性文件为依据,以大学或独立学院的章程为基础,我国高等教育的内部工作规则和程序也逐渐建立和完善起来。这些内部工作规则和程序作为"内部法",通过教育行政组织的架构、内部法律规则和教育行政伦理,促使教育主体进行自我约束、自我克制并积极行动,有助于提升教育行政管理的效率、实现教育公平正义、保障教育行为的自我约束和自我革新。

从国务院1988年4月18日发布第一个《国务院工作规则》开始,经过多次修订后,国务院的办事规则和程序不断完善。教育部党组于2004年印发了《教育部工作规则》,并于2008年、2013年予以修订,推进了教育依法行政、科学民主决策、政务公开。受此影响,我国各大学和独立学院已经制定了大量的内部工作规则和程序,例如校务公开规则、校长会议规则、招生录取规则、财务管理规则、学位评定规则、职务职称评聘规则、奖罚规则、福利待遇分配规则、人才引入规则、学术道德规范、教职员工的岗位责任、物品采购规则、实验室管理规则、校园安全规则等等。这些内部规则和程序,建立起了教育领域内部的权力行使的自我控制机制,发挥了法律规则所具有的秩序、分配、制裁、激励、自制五项功能,使教育决策民主化、科学化,并且塑造和培养了教职员工的行为规范、义务意识和责任伦理,有效地抑制了教育领域里的"人治"导致的集权、专断和腐败等违法现象的滋生。

五、高等教育以公平为基点,服务于人与社会的全面发展

促进教育公平,是一项具有全局性、战略性的国家任务,是我国教育改革和发展坚定不移追求的目标。在以人民为中心的全面社会发展建设中,教育公平是一个重要的尺度,也是一个重要的社会问题。教育公平主要包括六个方面:一是教育机会平等;二是男女教育平等;三是允许考试择优竞争;四是惠顾特殊群体;五是兼顾效益;六是实行多元化的大学入学制度改革。

其一,教育机会平等。教育机会平等一般包括教育起点平等、教育过程平等和教育结果平等三个环节,即入学平等、就学过程平等和学业成就平等。西方国家的教育法制标榜教育机会均等,并且以此作为缓和社会矛盾的一个重要手段。人民民主专政的社会主义中国的高等教育,坚持社会主义办学方向和中国共产党的领导,"毫不动摇地坚持教育机会平等原则。即使在一定时期内还需要采取一些过渡性措施,也应当为从根本上逐步缩小受教育机会上的差距创造条件,而不应人为地扩大这种差距"[1]。我国《教育法》第九条规定:"中华人民共和国公民有受教育的权利和义务。公民不分民族、种族、性别、职业、财产状况、宗教信仰等,依法享有平等的受教育机会。"《高等教育法》第九条第一款规定:"公民依法享有接

---

[1] 李连宁:《依法治教的探索》,法律出版社2003年版,第7页。

受高等教育的权利。"这些立法规定确立了公民受教育机会平等的基本原则,也与我国宪法上的"法律面前一律平等原则"相一致。

其二,男女教育平等。为保障平等学习权,学校的招生、就学,不得有性别或性倾向的差别待遇,要促进性别地位的实质平等,消除性别歧视,维护人格尊严,因此要为男女师生员工提供安全平等的环境、平等的学习机会、平等的待遇。我国在《宪法》《教育法》《高等教育法》《中华人民共和国妇女权益保障法》《中华人民共和国民族区域自治法》等基础法律的保障之下,教育平等无论在形式上还是在实质上都取得了重大成绩。

其三,允许考试择优竞争。按照《高等教育法》第十九条第一款规定:"高级中等教育毕业或者具有同等学力的,经考试合格,由实施相应学历教育的高等学校录取,取得专科生或者本科生入学资格。"考试仍是我国入学制度的基本手段,这也是我国高等教育半个世纪以来发展的基本经验和宝贵财富。考试制度是中华民族的一笔宝贵财富,也是中国人民和历代政府经过实践都认可的一项重要的制度文明。孙中山曾在"五权宪法"的有关演讲中说:"没有考试,虽有奇才之士,具飞天的本领,我们亦无法可以晓得,正不知天下埋没了多少的人才呢!""可知考试真是一件最要紧的事情。没有考试,我们差不多就无所适从。"[1]竞争是高等教育发展的基本动力。只有承认教育竞争,才能在有效教育资源下将入学制度设置得更合理、更科学。

其四,惠顾特殊群体。《高等教育法》第九条规定:"公民依法享有接受高等教育的权利。国家采取措施,帮助少数民族学生和经济困难的学生接受高等教育。高等学校必须招收符合国家规定的录取标准的残疾学生入学,不得因其残疾拒绝招收。"其主要制度是:学费减免和奖励、激励制度;少数民族优惠政策。2004年国务院要求政府和高校惠顾贫困家庭学生。2007年实行的"免费师范生"招生制度,2018年起改称为"公费师范生"行动计划。在国家全面建成小康社会中,"精准扶贫"计划要求加大对边远、贫困、边疆民族等地区县的定向招生,惠顾该地区高中勤奋好学、成绩优良的农村学生。[2]此项措施比美国落实平等权的"矫正计划"更具实际效果。

其五,兼顾效益。在公平的基础上,高等教育也要兼顾效益。1998年《高等教育法》第二十四条规定:"设立高等学校,应当符合国家高等教育发展规划,符合国家利益和社会公共利益,不得以营利为目的。"但是,这不等于说高等教育不应该重视包括经济效益在内的市场问题。这里有两方面的内容值得关注:一是高等教育的经费来源和构成问题。1998年《高等教育法》第六十条第一款规定:"国家建立以财政拨款为主、其他多种渠道筹措高等教育经

---

[1] 转引自夏新华、胡旭晟、刘鄂等:《近代中国宪政历程:史料荟萃》,中国政法大学出版社2004年版,第588页。

[2] 参见《国务院办公厅关于切实解决高校贫困家庭学生困难问题的通知》(国办发〔2004〕第68号)、《国务院办公厅转发教育部等部门关于教育部直属师范大学师范生免费教育实施办法(试行)的通知》(国办发〔2007〕第34号)、《教育部等五部门关于印发教师教育振兴行动计划(2018—2022年)》的通知》(教师〔2018〕第2号)、《教育部关于做好2018年重点高校招收农村和贫困地区学生工作的通知》(教学〔2018〕第1号)。

费为辅的体制,使高等教育事业的发展同经济、社会发展的水平相适应。"其第三款规定:"国家鼓励企业事业组织、社会团体及其他社会组织和个人向高等教育投入。"二是高等学校的合理创收行为得到了允许和保障。《高等教育法》规定:高等学校所办产业或者转让知识产权以及其他科学技术成果获得的收益,用于高等学校办学。高等学校收取的学费应当按照国家有关规定管理和使用,其他任何组织和个人不得挪用。可以说,我国高等学校在培育人才、研究学术、传承文明的同时,也因为它们的社会服务而获得了经济效益,这已经得到了法律的肯定。因此,2015年修订的《高等教育法》顺应高等教育发展规律和需求,在新的第二十四条中取消了"不得以营利为目的"的限制,将新的第六十条第一款修改为"高等教育实行以举办者投入为主、受教育者合理分担培养成本、高等学校多种渠道筹措经费的机制"。

其六,实行多元化的大学入学制度改革。我国现行的普通高等学校招生全国统一考试(简称"高考")制度是在新中国成立初期由学校单独招生改为联合招生的基础上逐步形成的。1949年实行学校单独招生,1950年实行全国多数高校联合招生,1952年走上了全国统一高考之路。1966年6月13日,中共中央、国务院《关于改革高等学校招生考试办法的通知》指出,现行高校招生考试办法基本上没有跳出资产阶级考试制度的框框,必须彻底改革。高校招收的新生主要从有实践经验的工农中选拔。"高等学校招生,取消考试,采取推荐与选拔相结合的办法。"此后高考制度中断。1977年10月12日,国务院转批教育部《关于一九七七年高等学校招生工作的意见》,正式恢复高考制度。在依法治国和法治国家所要求的宪法权利保障之下,我国多元化的大学入学制度改革考虑了如下四个因素:(1)智力因素;(2)非智力因素为主的惠顾性;(3)大学自主裁量;(4)入学制度中的限制性因素的合理性。近20年来,我国对以考试制度为中心的入学制度进行了改革,高考本身发生了全方位变化,考试制度多元化,高考自身从单一的学科成绩评价向多方面综合评价方向发展。智力因素是影响我国大学入学制度的根本性因素,但是,非智力因素也成为决定我国大学入学制度多元化的一个重要标准。1987年教育部发布《普通高等学校招生暂行条例》,部分高等院校授权招收保送生。1999年施行的《高等教育法》赋予了高校七项办学自主权,其中第一项就是有关招生方面的自主权。在入学制度中的限制性因素上,逐渐取消或改变了过去的一些规定,例如高考报名的限制性条件、高考"统考"的限制性前置程序、决定高考录取的残疾状况等非智力因素、户籍限制等。特别是《国家中长期教育改革和发展规划纲要(2010—2020年)》申明:为建设现代大学制度,政府及其部门在保障高校七项办学自主权方面,应提升和改进"放管服"意识和机制。

六、注重权利(力)义务和责任均衡,保护教育诉权

高等学校内部不是静止的,其利益也不是完全一致的,不是完全和谐、没有矛盾的。由不同的利益主体构成的高等学校必然存在权力与义务的关系、权力与责任的关系、权利与义务的关系,也必须澄清和妥当安排它们之间的关系。

首先是教职员工的权利义务平衡。现行《宪法》第四十七条规定:"中华人民共和国公民

有进行科学研究、文学艺术创作和其他文化活动的自由。国家对于从事教育、科学、技术、文学、艺术和其他文化事业的公民的有益于人民的创造性工作,给以鼓励和帮助。"其中,教师既是高等学校办学的主体,也是科学研究、文化创造的主体,他们的权利保障极其重要。按照《教师法》的基本精神,教师的权利和义务要均衡,教师享有国家法律、法规及规章规定的权利,同时要履行国家法律、法规及规章规定的义务:珍惜和维护学校名誉,维护学校利益;勤奋工作,尽职尽责;尊重和爱护学生;学校规则或者聘约规定的其他义务;等等。

其次是学生的权利义务平衡。取得入学资格、具有学校学籍的学生,享有国家法律、法规及规章规定的权利,与此同时,学生履行国家法律、法规及规章规定的义务。尤其值得总结的是"正当程序"观念对教育立法、教育执法和教育权利救济设立了具有里程碑意义的制度标杆。教育部2005年制定实施的《普通高等学校学生管理规定》第五十五条至第五十九条规定:学校对学生的处分,应当做到程序正当、证据充分、依据明确、定性准确、处分适当。学校在对学生作出处分决定之前,应当听取学生或其代理人的陈述和申辩。学校对学生作出开除学籍处分决定,应当由校长会议研究决定。学校对学生作出的处分决定书应当包括处分和处分事实、理由及依据,并告知学生可以提出申诉及申诉的期限。2017年9月1日实施新修订的《普通高等学校学生管理规定》加入了学生诚信和投诉制度,拓展了学生权益救济制度。原规章只允许开除学籍处分由校长会议研究决定,新规章扩大了校长办公会或专门会议合法性审查的范围,申诉范围包括了对学生作出取消入学资格、取消学籍、退学、开除学籍或者其他涉及学生重大利益的处理或者处分决定。新规章还明确了除开除学籍处分以外的学生处分的解除处分期限。但是,与此对比,2004年修订的《学位条例》中的程序规定仍然十分简单,没有写入"听取申辩、送达程序",需要完善。2018年拟议修订的《学位条例》增加了正当程序内容。

再次是教育管理权力和义务平衡。针对学校对教师资格确认、教师聘任和考核管理权限,《教师资格条例》和《高等教育法》都作了明确的规定。按照《高等教育法》和《普通高等学校学生管理规定》(2005年制定、2017年修订),违法的教师、违反大学章程和制度的教师,必须接受惩戒措施。2016年教育部制定的行政规章《高等学校预防与处理学术不端行为办法》规定对高等学校及其教学科研人员、管理人员和学生在科学研究及相关活动中发生的违反公认的学术准则、违背学术诚信的行为进行规制和惩戒。

教育管理部门和高等学校对教师和学生也有相应的义务,如按照《教师法》第九条第(一)项规定,为保障教师完成教育教学任务,各级人民政府、教育行政部门、有关部门、学校和其他教育机构应当提供符合国家安全标准的教育教学设施、设备和制度。高等学校引导学生养成珍爱生命、尊重人权、爱护自然、热心公益的良好品性,建立学生权利保护机制,维护学生合法权益。学校关怀在学习生活中遇到特殊困难的学生,为其健康成长提供必要的帮助。教育行政部门和高等学校依法建立权利保护机制,维护教职员工合法权益。

最后是师生员工的诉讼权利保障。除了民事权利保护之外,《中华人民共和国行政诉讼法》及其司法解释将教育行政纠纷纳入受案范围。学生教育行政诉讼的受案范围覆盖了学校实施处分学生的行为,高校对学生毕业成绩的评定以及毕业证、学位证的颁发行为,学校对学生的评价行为,学校招生行为,教育行政合同,学校制定自治规则的行为。实务中,教育部和人民法院还分别受理过大学教师不满职称评定行政复议、行政诉讼案件。某大学就省学位委员会不予增列博士学位建设单位还曾请求省政府进行行政复议。司法权介入教育行政争议,对保护当事人合法权益、监督教育行政机关依法行使职权具有重要的法治意义。

七、积极和有序地扩大高等学校的自治权利

第一,教育管理放权。1961年9月15日,中央政治局常委会经审议通过了教育部拟议的《中华人民共和国教育部直属高等学校暂行工作条例(草案)》,第一章第七条第二款规定"高等学校的规模不宜过大。教育部直属高等学校规模的确定与改变,学制的改变与改革,都必须经过教育部批准"。1978年6月23日,中央军委副主席邓小平听取清华大学工作汇报时指出"教育就是要抓重点"。他说:"在学校工作的干部,本身要懂行。""学校要办成学校,学校要按学校的要求办。"[1]《高等教育法》虽然赋予了高等学校七项办学自主权,对高等学校的权力下移仍然是必要的。

第二,高等教育管理权力的法治化。高等学校具有独立的法人资格,但它们只有有限的自治权,不像企业拥有较完全的自主权并且国家立法保护企业的经营自主权。学校的外部权力、内部权力是多样的,亟须教育基本法加以明确,否则教育管理权力的随意性很大。

第三,允许大学章程进行自我管理。我国高等学校基本建立了自己的大学章程体系,但是这些大学章程的内容受到国家法律的极大限制。一般而言,大学章程要处理的问题有:对校务、院务管理组织的理顺;对组织、对人员的权利义务和责任的理顺;对学校现在和未来关系的理顺;锁定基本价值(包括什么样的人才标准和大学使命)。中国最早的大学章程是《京师大学堂章程》,它是1902年教育大臣张百熙撰写的、向光绪皇帝呈递的一组学堂章程中的一个。那一组学堂章程统称"钦定学堂章程"。1904年,张之洞又撰写了一组学堂章程,统称"奏定学堂章程"。自民国起,我国就非常重视大学章程。1948年,国民政府公布了《大学法》。在新中国成立初期,有些大学试图制定大学章程,但是都无下文。1995年,《教育法》把学校章程作为学校设立的一项程序,之后原国家教委要求学校应实行"一校一章程"。1998年,《高等教育法》要求申请设立高等学校时提交章程。1999年,教育部要求已经设立学校的,补交大学章程。迄今,教育部直属大学基本完成了本校大学章程的制定。大学章程就是一所学校的根本大法,规范了学校行政管理权力、人事权力、财务管理权力、教学行为的管理权力、学术行为的管理权力和教育管理权力的配置和监督。

第四,允许学校自主设立和调整学校内部的组织机构。我国高等学校内部机构的设立,经历不同时代的变迁。在蔡元培职掌教育管理机构时期,按照《大学令》(1912年,北洋军阀政府颁布,蔡元培主笔),大学的内部机构只有评议会、教授会、教务会。在蒋梦麟职掌教育

---

[1] 中央教育科学研究所:《中华人民共和国教育大事记1949—1982》,教育科学出版社1984年版,第520页。

管理机构时期,按照《大学组织法》(1929年,民国政府),大学的内部机构包括校务会议、院务会议、教务会议和行政会议。而现在,高等学校内部的机构极其烦琐而复杂,包括:(1)党委及其常委会(党委—党支部—党员);(2)校长及校长办公会;(3)各教学单位;(4)工会及其分支机构;(5)团委、妇联、统战部、信访办公室;(6)学位评定委员会及分委员会;(7)学术委员会;(8)教授会;(9)学校党政所属部门;(10)学校派出机构(如驻京办事处)和学校附属单位;等等。我国现存的高等学校内部机构的设立,基本上都有教育法律、法规、规章和规范性文件的依据,但是,客观地评价,这些所谓有法律依据而设立的教育机构及其管理,并不完全符合现代大学精神的要求,有些已经对教育发展造成了桎梏,因此应当允许高等学校对其内部的组织机构进行自主设立和自我修正,使之既符合效益原则,也符合教育教学规律的要求。

第五,建立与教育行政管理权力分离的学术权力运行和保障制度体系。1978年,教育部发布《全国重点高等学校暂行工作条例(试行草案)》,取消了原来的校务委员会,要求设立学术委员会。1980年,教育部发布《关于中等专业学校确定和提升教师职务名称的暂行规定》,明确副教授职称的评定可以由学校学术委员会进行。1988年,国家教育委员会发布《高等学校社会科学科研管理暂行办法》,规定学校的学术委员会应对全校科研工作发挥参谋、咨询的作用,参与学校重大科研项目的论证、审议。1996年,国家教育委员会发布《国家教育委员会人文社会科学研究项目管理办法》,赋予学术委员会实质性权力。1998年制定的《高等教育法》规定学术委员会审议学科、专业的设置及教学、科学研究计划方案,评定教学、科学研究成果等有关学术事项。《国家中长期教育改革和发展规划纲要(2010—2020年)》要求充分发挥学术委员会在学科建设、学术评价、学术发展中的重要作用。2014年,教育部制定《高等学校学术委员会规程》,将学术委员会作为校内最高学术机构,统筹行使学术事务的决策、审议、评定和咨询等职权,目的是健全以学术委员会为核心的学术管理体系与组织架构,使其在学科建设、学术评价、学术发展和学风建设等事项上起到重要作用,作为探索教授治学的有效途径之一,保障教师、科研人员和学生在教学、科研和学术事务管理中充分发挥主体作用,促进学校科学发展。2015年修订的《高等教育法》增加了对学术纠纷的调查与处理、对学术不端行为的调查与处理职责,以及对高校学术事项之规范、规则的审议、决定职责。

八、逐步完善师生员工的民主参与机制

其一,民主参与机制方面的政策和法律依据。1961年9月15日,经中央政治局常委会审议通过了教育部拟议的《中华人民共和国教育部直属高等学校暂行工作条例(草案)》,第五十一条规定"高等学校校务委员会由校长、副校长、党委书记、教务长、总务长、系主任、若干教授和其他必要人员组成。校务委员会的人数不宜过多,党外人士一般应该不少于三分之一。人选由校长商同学校党委会提出名单,报请教育部批准任命。正副校长担任校务委员会的正副主任"。《高等教育法》第四十三条规定:"高等学校通过以教师为主体的教职工代表大会等组织形式,依法保障教职工参与民主管理和监督,维护教职工合法权益。"第六十五条第二款规定:"高等学校的财务活动应当依法接受监督。"

我国社会各个领域在扩大公民有序参与,最广泛地动员和组织人民依法管理国家事务和社会事务、管理经济和文化事业。发展基层民主,保障人民享有更多更切实的民主权利。中央政府关于民主参与的诸多纲领性文献,也为高等教育法治化、民主化,提出了学校民主、校园民主的指导思想。扩大师生员工对学校事务的参与权利、监督权利,具有健全的教育民主和监督制度,是高等教育法制的关键。高等教育法制应该建立健全保证师生员工参与教育决策和学校管理的各项制度,建立健全对教育工作监督的各项制度和有效的监督机制,这是坚持教育工作中的社会主义民主原则的必然要求。

其二,教职员工的民主参与制度。1978年5月1日,被迫停止活动长达12年之久的中国教育工会全国委员会正式恢复活动,教育工会地方各级委员会和学校的基层委员会先后恢复活动或重建组织机构。[1] 此后,以党的方针、政策为指引,我国教育领域的民主权利不断扩大,教职员工参与民主决策的事项主要有:(1)对校务管理和院务管理问题的意见和建议表达;(2)对学校副职和学院领导职务的竞选;(3)对学校、学院之学术事务的参与;(4)对学校、学院的福利待遇事务的参与。其民主参与方式可以是通过组织形式,例如我国《高等教育法》第四十三条规定高等学校通过以教师为主体的教职工代表大会等组织形式,依法保障教职工参与民主管理和监督,维护教职工合法权益;也可以是通过逐渐扩大的新的民主方式,例如一定程度的有序竞选等。2011年教育部制定《学校教职工代表大会规定》政府规章,赋予教职工代表大会八项职权,依法保障教职工参与学校民主管理和监督,完善现代学校制度,促进学校依法治校。

其三,学生的民主参与制度。我国高等学校的学生民主参与事项主要包括:(1)对教师教学效果的评价;(2)对学生活动设施的管理;(3)针对学生的处理决定的异议;(4)高等学校内部规章制定的意见听取和利益表达。民主参与的方式有:(1)直接参与的方式;(2)座谈会、恳谈会和协议会的形式;(3)咨询交涉式等。学生不宜对学校和教师的基本学术自由以及专业学术和技术事项进行民主参与。[2]

九、促进教育机构与政府部门及区域管辖间的积极沟通与合作

我国高等教育法治化进程面临三个重大问题和难题:一是办学管理体制上究竟是地方主管还是中央主管;二是学校内部领导体制上究竟是实行党委领导下的校长负责制还是校长负责制;三是高等学校的自主权问题。[3] 经过1998年的全国高等学校整合之后,基本确

---

[1] 中央教育科学研究所:《中华人民共和国教育大事记1949—1982》,教育科学出版社1984年版,第520页。

[2] 王敬波:《高等教育领域里的行政法问题研究》,中国法制出版社2007年版,第216-227页。

[3] 李鹏:《立法与监督——李鹏人大日记》,新华出版社、中国民主法制出版社2006年版,第71页。

立了中央直属、地方直属两种相对确定的办学管理体制,同时强调中央与地方的合作关系。但是,由于教育自身的复杂性,教育问题和教育法治问题需要部门间、跨地区间的积极沟通与协作,我国中央各个机关、地方各级人民政府以及高等学校,必须认识到这个问题的重要性。[1]

其一,从高等教育立法和决策角度看,教育部与国务院其他部门必然存在职权交叉问题,亟须在立法和决策过程中进行沟通和权限及责任明细化。例如,大学生"就业难"与我国正在实行的人力资源市场准入制度存在一定的关系,人力资源和社会保障部、科学技术部、住房和城乡建设部、自然资源部、国家卫生健康委员会、交通运输部、文化和旅游部、司法部、财政部、中国人民银行、审计署等,都实行过职业资格考试或基层工作履历制度,未取得职业资格证书或未有基层工作履历的大学生无法从事相应职业。而职业资格证书制度基本上都是由国务院各部门会同人力资源和社会保障部制定的,考试报名条件、执业证书颁发条件直接限制了学生进入人力市场。随着行政审批制度的改革和《中华人民共和国行政许可法》的颁布,我国在2007年开始清理规范各类职业资格相关活动,力求科学地评价人才,遏制职业资格设置以及考试发证等活动中的混乱现象。[2]截至2017年末,国务院分多个批次取消了大量的职业资格许可和认定事项,力求推进简政放权、放管结合、优化服务改革,深化人才发展体制机制改革和推动大众创业、万众创新的重要举措。[3]同时我们也会看到,类似于会计资格证的取消、法律资格考试的准入改革,对我国高校就业产生了新的权益冲击。

其二,教育部和高等学校必须转变观念,适应市场经济和新的社会关系转型的需要,积极与社会各界进行协调,特别是与企事业单位进行协调。例如,在原来的人事计划体制下,高等学校学生实习或见习制度得到了社会各界的支持,在校学生在实习或见习中获得了工作经验,但是市场经济使既有实习或见习制度趋于解体,企事业单位不愿意接纳实习生,接纳实习生不再是企事业单位的社会义务。尽管教育部和高等学校很重视实习或见习制度,但是效果甚差,关键是教育机构没有学会与社会各界进行积极有效的沟通。高等学校有可能被孤立在社会系统运行之外,教育部制定的行政规章和行政规定缺乏企事业组织的协助执行的力度。另外,高等学校在同企业事业组织、社会团体及其他社会组织就科学研究、技术开发和推广等进行合作时,必须树立平等、权利义务一致和经济利益分享的观念,否则在合作或协作中,不但不能实现优势互补,而且会浪费、丢失教育资源。教育部应该按照《立法

---

[1] 近期重要的教育协同文件有:《国务院关于全面加强基础科学研究的若干意见》(国发〔2018〕第4号)、《国务院办公厅关于印发对省级人民政府履行教育职责的评价办法的通知》(国办发〔2017〕第49号)、《国务院办公厅关于深化医教协同进一步推进医学教育改革与发展的意见》(国办发〔2017〕第63号)、《国务院办公厅关于同意建立民办教育工作部际联席会议制度的函》(国办函〔2017〕第78号)、《教育部关于推动高校形成就业与招生计划人才培养联动机制的指导意见》(教高〔2017〕第8号)、《教育部、财政部、国家发展改革委关于印发〈统筹推进世界一流大学和一流学科建设实施办法(暂行)〉的通知》(2017年1月24日)等等。

[2] 国务院办公厅:《国务院办公厅关于清理规范各类职业资格相关活动的通知》(国办发〔2007〕第73号)。

[3] 国务院:《国务院关于取消一批职业资格许可和认定事项的决定》(国发〔2016〕第68号)。

法》,牵头制定大学生实习工作条例等部门联合行政规章。

其三,教育部和高等学校必须与各级人民政府积极协调、协作。任何一所高等学校都只能在一定地域里运行,必然受到地方人民政府的某些管辖。例如,地方对中央直属高校的经费支持、招生比例、校园及其周边环境安全、师生员工福利待遇的属地分配、教学科研的地方资助和奖励等等,都需要获得地方人民政府的理解和支持。在目前发现的学校法律纠纷中,有些地方行政机关、地方人民法院对直属高等学校作出了不利的决定。教育立法和执法都有赖于地方国家机关的协作和保护,因此中央各部委直属高等学校要与地方人民政府积极沟通和协调,使高等学校的教育教学科研处于一个有力的外部地域环境之下。

十、全面推进高等学校信息公开

美国联邦最高法院大法官布兰代斯(Brandeis)在1914年12月17日的一篇文章里写道:"公开是对社会和工业疾病的补救。阳光是最好的消毒剂,电光是最有效的警察。"[1] 行政决策公开是政府民主的一部分,可以有效地防止可能的暗箱操作,抑制可能的腐败发生,避免行政决策的随意性。2008年实施的《中华人民共和国政府信息公开条例》(以下简称《政府信息公开条例》)为政府履行信息公开义务起到了极好的指导和约束作用,也为行政决策民主化提供了有效的法制途径。按照《政府信息公开条例》第三十七条规定:"教育、医疗卫生、计划生育、供水、供电、供气、供热、环保、公共交通等与人民群众利益密切相关的公共企事业单位在提供社会公共服务过程中制作、获取的信息的公开,参照本条例执行,具体办法由国务院有关主管部门或者机构制定。"

教育信息是人民关注的对象,教育部一直在加快完善高等学校信息公开制度。从2000年开始,教育部开始定期出版《教育部政报》,并依据《政府信息公开条例》及时编制了教育部机关政府信息公开工作年度报告。2008年教育部开始实施《教育部机关政府信息公开实施办法》。2010年教育部制定《高等学校信息公开办法》,要求按照"以公开为原则,以不公开为例外"的原则[2],高等学校在开展办学活动和提供社会公共服务过程中产生、制作、获取的以一定形式记录、保存的信息,应当按照有关法律法规和本办法的规定公开。教育部发布了10大类共50项的高校信息公开清单,旨在扩大社会监督,提高教育工作透明度。[3] 高等学校主动公开和依申请公开制度得以常规化,增进了教育行政管理的民主化进程。

上文从十个方面总结和肯定了我国高等教育法治化进程的正面经验。实事求是地讲,以《高等教育法》为核心的我国高等教育法制体系,虽然相对比较完备,但是在结构上仍然存在诸多需要完善的薄弱环节。我国高等教育法治化进程中存在的不足问题主要有:

---

[1] Lotte E. Feinberg, Mr. Justice Brandeis and the Creation of the Federal Register. Public Administration Review, 2001, 61(3): 362 - 368.

[2]《教育部办公厅关于施行〈高等学校信息公开办法〉的通知》(教办函〔2010〕第44号)。

[3]《教育部关于公布〈高等学校信息公开事项清单〉的通知》(教办函〔2014〕第23号)。

第一,高等教育立法活动比较被动,全局性考虑仍需加强。在实际教育活动中,起作用的多是教育规章、教育政策,原因在于对教育活动缺乏整体思考,经常受政治、经济、社会改革的被动需求,才制定教育法律。这样,一方面教育基础法律很少,而教育规章、政策、规范性文件多,另一方面导致教育活动多变,缺乏稳定性、连贯性、普遍性。当然,观察教育部已经制定的行政规章类别,可以看出其正在分阶段、分批次性地解决教育立法不足的问题。

第二,高等教育立法对政府不当干预的有效抑制仍显不足。现行高等教育立法多为"行业管理型"立法,中华人民共和国教育部在权力上对中央各部门的约束性与合作性尤待加强,其对地方人民政府也缺乏约束性,致使教育活动和教育管理在部门之间和地域之间纵横向上,均有撕裂之虞。现行的高等教育立法,对高校与政府之间权利义务的规定极少,只规定了高等学校的权利义务,对政府义务很少涉及,使得两者之间的关系存在着诸多不确定性,导致高等学校作为法律主体的地位在事实上具有不确定性,因而高校办学自主权也不可能有明确的界定,高等学校难以从根本上摆脱政府附属的性质。因此,在《高等教育法》框架下,制定具有公务法人性质的学校法显得十分必要,由此保障高等学校独立自主办学的法人权利能力和行为能力。

第三,民办高校的合理政府规制和必要的放松规制需要保障。民办教育也是我国教育事业的组成部分,应依法保护民办高校的独立主体资格以及教学、科研、行政及财务自主权。如何平衡社会资本及大学新型治理结构与政府干预的关系,是高等教育法治面临的新问题。2010年国务院发布文件,鼓励和引导民间投资进入社会各领域,教育部也确立了民间资金发展教育和社会培训事业的规划事项和政策原则。2016年国务院再次深化了对社会力量兴办教育的改革力度,要求分类管理、创新体制机制和完善政府扶持政策,加强规范管理。[1] 在2016年《民办教育促进法》修订后,《中华人民共和国民办教育促进法实施条例》也在2018年修订完成。如何平衡资本逐利与公益目的、国家管理和教育自主、体制内外的人事和机会的差别歧视与平等对待、多头政府管理机构的分工与协调之间的关系等,这是我国面临的新的教育法治问题。既有民办教育的政府规制经验和机制显得不充分。

第四,高等教育立法在有效处理学校内部的管理关系、权利义务关系方面还需加强。明确高校与学生、高校与教师间的契约关系,并逐步明确政治权力、行政权力与学术权力在高校内部权力中的定位,是高校内部法律关系构建的重要内容。在高等学校内部,教育主体间法律关系的规范能提高学校办学质量与教育资源的使用效率。长期以来,高校与教师间不但有着较为稳定的工作关系,还形成了非常紧密的人身依附关系,这加重了高校的社会责任,也制约了高校教师的专业发展空间与服务社会的机会。尤其是新时代出现了地区间不

---

[1] 参见《国务院关于鼓励和引导民间投资健康发展的若干意见》(国发〔2010〕第13号)、《国家中长期教育改革和发展规划纲要(2010—2020年)》、《教育部关于鼓励和引导民间资金进入教育领域促进民办教育健康发展的实施意见》(教发〔2012〕第10号)、《国务院关于鼓励社会力量兴办教育促进民办教育健康发展的若干意见》(国发〔2016〕第81号)、《国务院办公厅关于同意建立民办教育工作部际联席会议制度的函》(国办函〔2017〕第78号)等。

充分、不平衡性发展,导致人才和资源在不同地区间的竞争和流动。亟须尊重人力资源的充分发展规律和需求,约束高校滥用管理权力。

第五,高等学校内部工作规则和程序不健全。法律有外部法和内部法,教育管理权和教育行为不仅受外部法律制约,而且受内部法的制约。例如,国家的法律、法规、规章、规范性文件的功能是不言而喻的,但是大学内部的工作规则和程序扮演着极其重要的角色。古人说"徒法不能自行",这里的"法"是指外部法,外部法必须借助人治,而人治的弱点又必须受到约束,这时内部法的作用就不容忽视。教育部已经发布了《教育部工作规则》,与此同时,各个大学和独立学院应该加强内部的办事规则、程序的立法。目前出现的很多教育纠纷,如职称评聘、福利待遇配置、纪律处分、校院两级领导决策等,都涉及内部工作规则、办事规则、办事程序的合法性、合理性和公开性等问题。

第六,高等教育纠纷的救济制度不健全。有权力必有制约,有权利必有救济。但是,现行的教育人事救济制度,对教师诉讼制度缺乏充分保护,尤其是对高等教育从业者的教育科研活动缺乏更合适的保障机制。现行宪法赋予公民言论自由和科学创作自由,[1]而人文社会科学的讨论"禁区"、科研活动经费[2]使用中的"冤狱"现象,都影响着我国的教育科技事业,不利于中华民族伟大复兴的步伐。

我国高等教育法治化进程在未来发展中,应以现代大学制度建立和全球视野的人才培养为基点,重点解决以下几个问题:其一,在如何建立现代大学制度问题上,应在党对高等学校绝对领导之下,积极妥善地对大学实行有序的管理放权,允许大学通过自己的大学章程管理学校。其二,按照政事分开的原则,建立高效便捷的学校管理体制,通过修订《高等教育法》允许学校内部机构改革、减员增效,减轻学校的社会负担。其三,始终以教学、科研和服务社会为中心,树立正确的以人的全面发展为中心的教育目标;始终以教师和学生为学校的主体,增进他们的权利和利益。其四,以教学科研全球化为契机,增进大学的国际视野,保障学校及其师生员工的对外交流、合作、协作的权力(利)。其五,建立统一的学校法制体系,减少低级别的教育规章、教育规范性文件对学校的不合理干预。其六,完善高等教育内部的工作规则、科学民主决策和信息公开机制、教育管理的民主化进程。

---

〔1〕 现行《宪法》第三十五条:"中华人民共和国公民有言论、出版、集会、结社、游行、示威的自由。"第四十七条:"中华人民共和国公民有进行科学研究、文学艺术创作和其他文化活动的自由。国家对于从事教育、科学、技术、文学、艺术和其他文化事业的公民的有益于人民的创造性工作,给以鼓励和帮助。"

〔2〕 新近的关于科研经费使用制度改革文件,包括《中共中央 国务院关于深化体制机制改革加快实施创新驱动发展战略的若干意见》(中发〔2015〕第8号)、《国务院关于改进加强中央财政科研项目和资金管理的若干意见》(国发〔2014〕第11号)、《国务院印发关于深化中央财政科技计划(专项、基金等)管理改革方案的通知》(国发〔2014〕第64号)、《财政部 教育部关于改革完善中央高校预算拨款制度的通知》(财教〔2015〕第467号),根据这些文件精神,财政部、教育部印发了《财政部 教育部关于印发〈中央高校基本科研业务费管理办法〉的通知》(财教〔2016〕第277号)。

努力深化新时代高等教育法治实践

周佑勇*

摘　要　中国特色社会主义进入了新时代,我国高等教育也正处在从"大国"走向"强国"、迈入内涵式发展的新时代。坚持以党的十九大精神为指引,积极投身深化高等教育法治实践,全面推进依法治教,努力推动高等教育事业取得新成就。

关键词　高等教育　法治实践　依法治教

中国特色社会主义进入了新时代,我国高等教育也正处在从"大国"走向"强国"、迈入内涵式发展的新时代。站在进入新时代这一新的历史方位,党的十九大不仅对坚持全面依法治国方略、深化依法治国实践作出了新的重要部署,提出了一系列法治新思想新战略,开启了新时代全面依法治国的新征程,而且也对优先发展教育事业作出了重大决策部署,将新时代高等教育发展引入了一个新境界。我们要坚持以党的十九大精神为指引,积极投身深化高等教育法治实践,全面推进依法治教,努力推动高等教育事业取得新成就。

一、深化高等教育法治实践是落实重大决策部署的时代要求

根据党的十九大的决策部署,必须优先发展教育事业,总任务是"落实立德树人根本任务,发展素质教育,推进教育公平,培养德智体美全面发展的社会主义建设者和接班人"。同时针对高等教育,明确提出要"加快一流大学和一流学科建设,实现高等教育内涵式发展"。我们认为,要落实这一重大决策部署,就必须贯穿法治的精神和要求,努力深化高等教育法治实践,实现全面依法治教。

首先,"落实立德树人根本任务"必须通过法治的思维方式抓师德师风建设,将立德树人根本任务融入教育法治建设的全过程与各方面,通过法治推进立德树人根本任务的落实。在当前的高等教育中,师德师风的问题依然很突出,必须更加注重运用法治手段来加以解决。特别是在研究生教育中,研究生导师肩负培养国家高层次人才的重大使命,是完成研究生教育立德树人根本任务的关键力量,因而必须高度重视导师的师德建设。针对现行体制下导师权力过大、学生维权途径狭窄等公众反映较为集中的问题,必须进一步完善导师负责

---

* 周佑勇,法学博士,东南大学法学院教授、博士生导师,长江学者特聘教授,东南大学教育立法研究基地主任。

制,建立健全导师权力监督及学生申诉机制与维权救济途径,在法律框架下构建良性的师生关系。各高校应当进一步建立健全师德预警和风险防范机制,强化导师师德考评,推行师德考核负面清单制度,规范查处机制。

其次,"培养德智体美全面发展的社会主义建设者和接班人"必须通过有效的法治教育,营造良好的法治环境,将其培养成为具有社会主义法治理念和法治信仰的合格公民。只有首先具备良好的法治素养,成为知法、信法、用法、守法的合格公民,才有可能成为合格建设者和可靠接班人。因此,学校法治教育工程系固本之基、兴国之要,必须将法治教育纳入国民教育体系,构建覆盖中小学教育及高等教育阶段的法治课程体系。同时,还必须将法治的思维方式融入学校的各项管理工作,深入推进依法治校,实行全方位的法治育人,为人才培养奠定良好的法治环境。

最后,"发展素质教育,推进教育公平"以及"加快一流大学和一流学科建设,实现高等教育内涵式发展"也必须以法治的思维方式全面深化高等教育综合改革,切实有效地解决高等教育领域的新矛盾,满足人民对更加公平、更高质量教育的美好需求。尤其要加速重点领域的立法,完善相关法律制度建设,为深化高等教育综合改革创造"于法有据"的法治环境。否则,我们的一系列改革举措都将受到合法性质疑,甚至可能是合宪性审查。可以说,在新的形势下,高等教育综合改革的各个领域、各个方面、各个环节,都必须贯穿法治的精神和要求,强化法治保障引领功能,必须更加注重坚持法治思维、增强法治观念、遵循法治原则、创新法治实践。

二、坚持法治思维,切实增强高等教育管理系统的法治观念

实行高等教育领域的法治,关键在依法治教,核心是规范高等教育行政管理权,为此首先要解决的一个根本问题仍然是管理者的思维方式问题,必须切实转变传统管理的思维方式,坚持法治的思维方式。具体而言,需要切实树立"管理即执法""管理即服务""法即程序"三项法治理念,以及与之相对应的合法性、合理性和正当性三项法治原则。

第一,管理即执法。这主要是检讨传统特别权力关系理论,特别要强调的是我国高等学校作为公益性事业单位法人,也承担着部分高等教育管理职能,应当依法用好其办学自主权或称"大学自治权"。尤其是这其中所包含的具有行政权性质的"公权力",如招生录取、学籍管理、学位授予以及对学生的行政处分等系列管理行为,同行政机关行使一般性行政权力实施的执法行为,具有相同的法律性质即一种行政执法行为,需要严格遵循"权力法定"的公法逻辑即合法性原则,具体包括职权法定、法律优先与法律保留等原则要求。当然,与一般性行政权力不同,大学的这种"公权力"又兼具"行政权力"与"学术权力"双重性质,且两者经常交织在一起,共同发挥作用。这就要求高校更需要依法行使其手中的行政权力,充分保护并服务于学术权力,而不得侵犯或不当干预学术权力,切实树立起"管理即执法"的理念。

第二,管理即服务。这主要是针对传统意义上认为的在管理者与被管理者之间是一种"命令与服从"的对抗关系理念,强调应当建立起一种"服务与合作"的相互信任关系。而且

这种服务是一种公共服务，必须是公平、公开、无偿且在相对人参与下的服务，应当严格遵循平等、比例与信赖保护等合理性原则的要求。在当前高等教育领域"放管服"改革中，一方面要强调简政放权，进一步转变政府职能和扩大高校办学自主权，但另一方面也不能"自由落体"，高校无法接得住，也无人监管，必须放管结合、优化服务协同发力。

第三，法即程序。这主要是针对长期以来在高校管理中对"程序正义"观念的淡漠，强调程序正义乃法的根本价值，任何公权力的行使都必须严格受制于程序正义，严格遵循程序正当性原则。其核心要求是"公平听证"，即在作出对师生不利的处理决定时，应当充分听取其意见。

三、创新法治实践，切实加强重点立法与全面依法治教

当前深化高等教育法治实践，就是要将上述法治理念、原则融入立法执法之中，不断创新法治实践。对此，当前重点必须做好以下三个方面的工作。

其一，加强重点领域立法，建立健全高等教育法律法规体系。近年来，随着高等教育领域改革的不断深化，很多改革举措都还只停留在政策层面，处在无法可依的状态，需要尽快启动立法、修法或释法程序，确立新的规则体系，做好改革决策与立法工作的衔接，做到重大改革于法有据，以立法引领和推动教育改革、保障和促进教育发展。譬如1980年出台的《中华人民共和国学位条例》（以下简称《学位条例》）至今已有39年，其当初的规范预设已难以满足当前新形势下全面深化学位制度改革的现实需要，改革中的一些做法已经突破条例规定。比如将部分权力下放到省级学位委员会、学位授权点的自主审核或动态调整等许多现行做法，严格来说都无法从《学位条例》中找到依据，因而需要尽快对其加以修订。

其二，深入推进教育主管部门依法行政，改革执法体制，创新执法方式，切实做到严格公正文明执法。长期以来，教育部门在工作过程中，更多是靠行政命令、行政处分等方式进行教育管理。在全面依法治国、建设法治政府的新形势下，法治方式是教育治理的基本方式，教育行政部门要及时转变管理方式，善于使用执法的方式进行教育管理。同时，要尽量避免采用传统强制性的方法，而更多地采用指导、建议、商谈、服务、合作、激励等容易与人进行沟通的、具有说服性方法，推进执法方式的规范化。目前，高等教育管理中已采取了许多新的执法方式，如政策性指导、质量合格评估和专项评估、论文抽检、行政约谈等。这相对于以前强制性检查、处罚等，更有利于实现管理目的，但仍然有待于进一步规范化。尤其是在当前"放管服"改革中，教育主管部门究竟对哪些该放、哪些该管，应当认真研究，使其符合法治要求。一个基本的要求是：就"放"而言，凡是高校可以自主决定的事项都应当放权给高校；就"管"而言，凡是涉及高校对教育的管理事项，都应当加强监管，而凡是涉及学术性及民事性的管理事务，则不应予以干预。

其三，全面推进高等学校依法治校，完善高校内部治理结构，加强现代大学制度建设，提升大学治理法治化水平。依法治校在我国已经被提了很多年，也取得了一定的成效。然而在当下"双一流"建设的新形势下，如何进一步强化依法治校，以体制机制改革引领内涵式发

展,以制度建设保障高校整体提升,仍然是摆在我们面前必须回答的重要命题。依法治校即用法治的思维方式推动高校深化改革和依法自主办学治校。落实在制度构建层面,重点在于要以大学章程为统帅,进一步健全完善能够依法用好办学自主权的现代大学制度,不断提升大学治理法治化水平。大学章程是一个大学的"根本大法",也是依法治校的"总宪章",在现代大学制度体系中处于"最高法"的地位。大学治理实际上就是基于教育法规和大学章程的依法治校。截至2015年底,我国已经基本完成所有高校章程的制定与核准,实现"一校一章程"。但是这种高高在上的大学"宪法",目前还只具有宣示价值,有"根本大法"之名而无"最高法"之实。因此,当下的关键是如何切实推进章程的实施,即以章程为统领,构建完善学校内部治理结构的具体制度,依法管好用好高校办学自主权。对此,一方面要以制度建设为保障,依据章程关于大学治理结构的原则性规定,进一步清理和完善校内各类规章制度,建立健全决策、学术、民主治理机制,形成以章程为统帅的依法治校制度体系;另一方面还要积极探索建立大学章程实施监督机制,对违反章程的行为必须予以"合章性"审查和追责,以确保大学章程具有"最高法"的效力。此外,在现代大学治理的各个领域、各个方面,要特别注重协商、沟通、说理等柔性管理方式,构建包括学生申诉委员会制度在内的多元化纠纷化解机制,以法治思维和方式解决校内各种矛盾和冲突,更好地维护学校、教师、学生各方的合法权益,切实推进高等教育事业健康有序的发展。

新形势下高等教育执法的创新发展

周佑勇[*]

摘　要　在社会主义法治下,高等教育管理是一种典型的行政执法行为,必须坚持依法行政。教育部门不仅要善于使用执法方式,更要注重不断创新执法方式,推动执法方式的多样化和权力色彩的弱化。针对当前高等教育执法领域中存在的一些问题,应当按照依法行政的基本原则和要求,进一步加强高等教育执法行为的规范性。

关键词　高等教育　执法观念　依法行政　执法方式

当下,中国的高等教育正处在全面深化综合改革、迈入内涵式发展的新时代。在此新形势下,无论是全面深化高等教育领域的综合改革,还是推进新时代高等教育内涵式发展,其必然要求就是要深入推进高等教育治理体系和治理能力的现代化,坚持以法治的思维方式,实现全面依法治教。为此,除了必须进一步加强重点领域立法,建立健全高等教育法律法规体系,以立法引领和推动教育改革、保障和促进教育发展之外,最关键的是要深入推进高等教育执法的创新发展,包括革新执法观念、创新执法方式、规范执法行为,切实做到严格规范公正文明执法。

一、革新执法观念

长期以来,人们认为教育部门不是执法部门,没有执法责任。教育主管部门与高校、高校与学生之间只是一种内部行政管理关系或单纯的特别权力关系,而不存在行政执法性的法律关系。但是在法治主义下,国家行政管理活动都被要求是对法律贯彻执行的管理活动,本质上都是一种行政执法。根据我国《中华人民共和国教育法》(以下简称《教育法》)和《中华人民共和国高等教育法》(以下简称《高等教育法》)的规定,高等教育管理职能主要由各级政府及其教育主管部门来承担,其依法履行管理职能的活动是一种典型的行政执法行为,必须坚持依法行政。除此之外,我国高等学校作为公益性事业单位法人,也承担着部分高等教育行政管理职能。根据我国《教育法》和《高等教育法》,高校办学自主权或称"大学自治权",尤其是这其中所包含的具有行政权性质的"公权力",如招生录取、学籍管理、学位授予以及

---

[*]　周佑勇,法学博士,东南大学法学院教授、博士生导师,长江学者特聘教授,东南大学教育立法研究基地主任。

对学生的行政处分等系列管理行为,同行政机关行使一般性行政权力实施的执法行为,具有相同的法律性质即一种行政执法行为。因此,在高等教育管理活动中,无论是教育主管部门还是相关高等学校,都要树立"管理即执法"的观念,严格遵循职权法定原则,切实做到"法无授权不可为,法定职责必须为",既不能滥用权力、乱作为,也不能不作为、失职渎职。

"管理即执法",而现代执法的精神在于"服务",以服务为宗旨,强调在管理者与被管理者之间应当建立起一种"服务与合作"的相互信任关系,而不再是传统意义上的"命令与服从"的对抗关系。而且,这种服务是一种公共服务,而非私人服务。公共服务不同于私人服务:私人服务可以选择服务对象,并且是有偿的;但公共服务必须公平地为每一个人服务,而不能只为某一部分人服务,并且这种服务是无偿的。因此,公共服务应当是一种公平、公开的服务和在管理相对人参与下的服务。在高等教育管理领域,同样必须淡化过去那种行政化的"管理"色彩,强化"服务"意识,真正树立起"管理即服务"的执法理念。尤其在"放管服"改革中,一方面要强调简政放权,进一步转变职能和扩大高校办学自主权,另一方面也不能"自由落体"造成无人管或高校无法接得住的局面,必须放管结合、优化服务协同发力。要做到这一点,必须特别强调在管理过程中坚持以师生为本和"公共服务"理念,严格遵循合理性原则,即在合法的基础上进一步做到实体内容上的公平合理,而不能机械、片面地"照章行事"、照搬条文的规定。

此外,徒法不足以自行,法的精髓在于有一套严格公正运行的程序规则,以确保法的正义。任何公权力的行使都必须严格受制于这套程序规则。如果程序不到位,基于公权力的行使所作出的执法活动就有可能无效甚至违法。正当法律程序的核心思想有二:一是"公平听证",即在作出不利于他人的决定时必须听取对方的意见;二是"自己不得做自己案件的法官",即避免偏私,不得与自己处理的事情具有利害关系,也不得受各种利益或偏私的影响。长期以来,在高等教育执法中,往往不太重视程序,"程序正义"观念淡漠,认为程序只是一种工具或手段,"为了结果可以不择手段"。因此应高度重视执法的程序问题,切实树立起"法即程序"的执法观念,严格遵循程序正当性原则。其中的核心要求是"公平听证",即教育执法机关在作出对高校或教师、学生不利的处分决定时,应当及时告知、说明理由并充分听取其陈述和申辩,必要时可以采取举行听证会的方式听取意见。

二、创新执法方式

长期以来,教育部门在工作过程中,更多是靠行政命令、行政处分等方式进行教育管理。在全面依法治国、建设法治政府的新形势下,法治方式是教育治理的基本方式,教育行政部门要及时转变管理方式,善于使用执法的方式进行教育管理。不仅如此,更重要的是,现代社会中,伴随着社会生活的日益复杂,以及政府公共职能与义务的加强,传统的单方命令性执法方式已经无法适应社会的发展,行政执法日益呈现出方式多样化及权力色彩弱化等新的时代特征。与之相适应,教育部门不仅要善于使用执法方式,更要注重不断创新执法方式,推动执法方式的多样化和权力色彩的弱化。

首先,与行政职能的扩大相适应,现代执法的方式不断与日俱增而呈现出多样化的特点。行政机关在依法执行公务时,继续沿用原有的执法形式并对其逐步予以完善,如许可、处罚、强制、检查、命令等执法形式都融入了新的时代内容。此外,行政执法主体还应适应社会新的生产方式、生活方式、思维模式、管理方式等的特点,采取新的有效的执法形式。如与"服务行政"的观念相适应,行政机关越来越多地采用以号召、倡导、引导、劝导、告诫、建议等为形式的行政指导来实施法律、提供服务。与政府宏观调控的职能相适应,行政计划与规划这一执法形式得到了普遍的适用。而与行政执法的服务与合作的民主精神相适应,行政合同被广泛地运用于实施行政职能。在目前高等教育管理中,已采取了许多新的执法方式,如教育规划、政策性指导、合作共建、质量合格评估和专项评估、论文抽检、行政约谈等。这相对于以前强制性检查、处罚等,更有利于实现教育管理的目的,但是这些执法方式大都只有教育部的相关规范性文件对其作出了一些原则性规定,法律位阶较低且欠缺可操作性,对由此引起的纠纷如何解决更是无从谈起,因此仍然有待于进一步规范化,尤其是要完善相关执法程序制度和救济机制。

其次,与行政执法的服务性相统一,执法方式的权力色彩不断弱化。执法的传统方式具有命令服从的特征,权力色彩较强。但随着行政机关从管理机关到服务机关的转变,行政权从管理权到服务权的转变及其引起的行政权性质从强制性到说服性的嬗变,必然伴随执法方式的相应变革,即"非权力行政的增长"或权力色彩的弱化。同时,尊重相对人的人权,引导和鼓励相对人心悦诚服地履行其法定的义务,避免因强制性手段的适用引起执法主体与相对人之间不必要的冲突和纠纷,树立行政机关的良好形象,增强行政执法的灵活性的现实需要,也促使行政机关采用权力色彩较弱的新的执法形式,于是行政指导、行政合同等"非权力性执法形式"便得到了极为广泛的运用。与此同时,传统意义上强制性的权力性执法形式,也随着公开、听证、复议等民主程序制度的建立与完善而得以弱化其权力色彩。在高等教育执法领域,由于教育本身的特殊性,更应当坚持以人为本,尽量避免采用传统强制性的方法,而更多的是在双方平等对话、共同参与、自愿合作的前提下,采用合同、指导、建议、商谈、合作、激励、警戒、劝诫等容易沟通协调的说服性方法,不断推进执法方式的权力色彩弱化。即便是采取教育行政检查、处罚、强制等权力色彩较强的执法方式,也应当尽量贯彻说服教育的原则,同时严格遵循表明身份、公平听证、说明理由等程序规则,确保程序的正当性和民主性。

三、规范执法行为

伴随着执法方式的创新改革,新的执法方式不断产生,对此关键是如何对执法加以有效的规范,确保严格公正文明执法。针对当前高等教育执法领域存在一些问题,有必要按照依法行政的基本原则和要求,进一步加强高等教育执法行为的规范性。

首先,以法定原则统一规范高等教育执法行为的依据。行政机关的执法作为一种执行"法"的活动,必须以"法"为准则,严格遵循行政法定原则,具体包括法律优先原则和法律保留原则。这是因为,作为高等教育执法依据的"法"的范围十分广泛,既包括立法机关所立之"法"的教育法律、法规,也包括行政机关所立之"法"的教育行政法规、规章和其他规范性文件,以及高等学校制定的校纪校规。而在这样一个多层次立法的情况下,立法机关所制定法律处于最高位阶、最优地位,在效力上要高于其他法律规范,其他法的规范都必须与之保持一致,不得相抵触,否则谈何法律优先。进一步而言,法律优先原则要求任何下位法的规定不得与上位法的规定相抵触,在执法过程中应当优先适用上位法的规定。尤其是高校的校纪校规应当遵循法律优先原则,即高校校纪校规不得与法律、法规、规章相抵触,否则无效。譬如在田永诉北京科技大学拒绝颁发毕业证、学位证案中,法院指出:"学校依照国家的授权,有权制定校规、校纪,并有权对在校学生进行教学管理和违纪处理,但是制定的校规、校纪和据此进行的教学管理和违纪处理,必须符合法律、法规和规章的规定,必须保护当事人的合法权益。"由此可见,这一原则已被我国的司法实践所确认。如果说法律优先要求行政执法的依据不得与法律相抵触,那么法律保留原则进一步要求特定范围内的某些事项必须专属于立法机关规范,行政机关非经法定授权不得为之。根据该原则,凡行政机关对限制或剥夺公民自由和财产及其他重要权利的行政作用,都应受法律的约束,都应有具体明确的法律依据。据此,当前应当特别注意《高等教育法》中有关高校办学自主权和学术自由的规定,在教育执法过程中,不得以行政过分干涉高等教育办学自主行为,或作出违背学术自由的强制性措施,而应当在法定原则的导引下,实现对高等教育发展规律的切实尊重。尤其是在当前"放管服"改革中,教育主管部门究竟对哪些该放、哪些该管,应当认真研究,使其符合法治要求。一个基本的要求是:就"放"而言,凡是高校可以自主决定的事项都应当放权给高校;就"管"而言,凡是涉及高校对教育的管理事项,都应当加强监管,而凡是涉及学术性及民事性的高校事务,则不应当予以干预。

其次,以均衡原则规范教育执法行为的实体内容。均衡原则是在法定原则的基础上进一步要求行政执法必须全面权衡各种利益关系,做到实体内容上的公平合理,具体包括平等对待原则、比例原则与信赖保护原则等。平等对待原则要求在执法中必须一视同仁,不得恣意专断,应做到同样情况同样对待,不同情况不同对待,尤其要保证学生在招生考试,使用教育教学设施资源,获得学业和品行评价,获得奖学金及其他奖励、资助等方面受到平等、公正对待。多年以来高考加分制度面临着教育公平的拷问。2014年实施的《教育部、国家民族事务委员会、公安部、国家体育总局、中国科学技术协会关于进一步减少和规范高考加分项目和分值的意见》取消了体育特长生、省级优秀学生等5项全国性加分项目,由此杜绝了以曾经优异作为另一竞技性测试指标的历史,践行了同等情况同等对待的实质正义。此外,比例原则要求执法方式必须适度,尤其是作出对师生权益不利的处理,如开除、退学或不授予学位等,应符合管理的目的和立法的本意,不得过度限制或侵害师生的利益。信赖保护原则则要求执法机关讲诚信、守诺言,不得随意改变已经作出的决定,否则就是无效的。

最后,严格规范执法裁量权,深入推进教育执法裁量基准制度建设。行政执法的精髓在于裁量,要将抽象的法律规范实施到具体个案之中,就必须赋予执法机关根据个案具体情况自主作出选择判断的权力。这种自主选择判断的权力就是执法裁量权。它广泛存在于一切行政执法领域,可以说"无裁量即无行政",只是裁量空间的大小不同而已。一方面,我们需要裁量权,以保证行政的灵活多变、实现个案正义并适应广泛复杂的社会现实需要;但是另一方面,裁量权由于较少受到法律的严格约束,又最容易被滥用。因此,如何在保证必要的裁量权的同时,又能够有效地防止它的滥用,就成为行政法治必须面对和解决的一个难题。目前,在高等教育领域,由于较大比例的法律规范缺乏可操作性,给教育执法裁量权滥用提供了便利和条件。例如,《高等教育法》第六十六条规定,"对高等教育活动中违反教育法规定的,依照教育法的有关规定给予处罚"。可是,《教育法》"法律责任"部分只是宽泛地规定了承担责任的性质和责任追究的途径,并未具体规定何种情形下进行处罚、处罚的标准是什么、谁来具体执行相应处罚等问题。对此,有必要推进教育执法裁量基准建设,进而对教育执法裁量权加以有效规制。具体而言,教育执法裁量基准的制定应当符合教育立法目的,全面考虑各个层次教育的特点,综合衡量各种教育参与主体的利益关系,根据法律、法规、规章的规定幅度,科学划分事实情节和裁量格次。以《上海市教育行政处罚裁量基准》为例,该裁量基准主要将量罚的事实情节分为"一般违法行为"和"情节严重"两种,并按格次规定了相应的处罚标准。但这种情节的细化仍然比较粗放,可以考虑进一步细化事实情节,采取将其划分为"较轻、较重、严重"的"三段式"的划分方式,这比较符合我们的日常习惯和经验法则,可以作为一项一般的方法在教育执法裁量基准制定中得到推广应用。同时,裁量格次的划分应借鉴刑法量刑中的"中间线说"为标准。当然,可以根据执法经验和具体情势作出适当调整。此外,还应当注重教育执法裁量基准制定中的公众参与、公开等程序规则的构建,增强教育执法裁量基准的理性化、民主化与科学化,与此同时,建立相应的备案审查制度、定期清理制度和复议审查制度,以健全和完善教育行政监控机制。

我国大学地位的宪法根基

管 华[*]

摘 要 在民法上,作为事业单位法人的大学既不具备独立的行为能力,也不具备独立的责任能力;在行政法上,作为授权行政主体的大学,却享有一系列的"自主权"。唯有从宪法学角度,认定大学的宪法根基是宪法规定的基本权利——学术自由,大学行使的是学术权力,才能解开大学的"自主之谜"。

关键词 大学 事业单位法人 授权行政主体 学术自由 宪法根基

一、作为事业单位法人的大学

1986年颁布的《中华人民共和国民法通则》(以下简称《民法通则》)建立了我国的法人制度,即法人是具有民事权利能力和民事行为能力,依法独立享有民事权利和承担民事义务的组织,明确了法人应当具备的条件,其中最重要的是能够独立承担民事责任。《民法通则》将法人分为企业法人和机关、事业单位和社会团体法人。这种分类延续了计划经济条件下大学作为事业单位与企业单位、党政机关并立的做法。新中国成立后,国家将所有社会组织纳入行政组织系统,在编制管理和财政预算体系中,所有组织可以分为三类:行政单位、事业单位和企业单位。事业单位指不创造财富的机构,如研究所、教育机构、医疗卫生机构和文化团体等。[1]

从事业单位到事业单位法人是推动大学法人化改革的第一步,《民法通则》的规定为我国大学的法人化奠定了制度基础。1995年颁布的《中华人民共和国教育法》(以下简称《教育法》)第三十一条为学校成为法人规定了条件,1998年颁布的《中华人民共和国高等教育法》(以下简称《高等教育法》)第三十条则明确"高等学校自批准设立之日起取得法人资格"。

法人不是自然人,是法律拟制的"人",是人或物乃至人与物结合的组织。[2] 法律之所

---

[*] 管华,法学博士、西北政法大学行政法学院教授、西北政法大学教育立法研究基地执行主任。

[1] 张树义:《中国社会结构变迁的法学透视——行政法学背景的分析》,中国政法大学出版社2002年版,第28页。

[2] 关于法人性质的学说可参见周详:《试论法人理论和大学法人的分类——中国大学法人制度建立的基础反思》,载《中国人民大学教育学刊》2012年第4期,第68-77页;沈加君:《法人拟制说与实在说对我国大学法人制的启示》,载《辽宁教育研究》2008年第12期,第12-14页。

以规定"法人",是为了让其承担法律责任尤其是财产责任。立法规定大学作为"法人",本意也是如此。2007 年颁布的《中华人民共和国物权法》(以下简称《物权法》)第五十四条规定:"国家举办的事业单位对其直接支配的不动产和动产,享有占有、使用以及依照法律和国务院的有关规定收益、处分的权利。"这似乎是赋予了公立大学对其管理的资产的处分权,达到了《民法通则》所要求的成为法人须具备"独立承担民事责任"的条件。

回首三十余年来的改革,我国公立大学虽取得了一定的办学自主权,但基础仍然羸弱,这也是《国家中长期教育改革与发展规划纲要(2010—2020 年)》提出推进政校分开、管办分离,落实和扩大学校办学自主权,使大学成为真正独立的法人以及十八届三中全会提出建立事业单位法人治理结构的主要原因。

从现实情况看,公立大学很难说已经具备了作为独立法人的条件。

首先,公立大学并不具备独立的行为能力。在领导体制上,大学的领导班子从党委书记到校长、副校长都是由上级组织部门任命的。任命并不意味着依附,关键在于在上级主管部门与学校之间权力界限如何划分,并没有明确的规则。尽管可以笼统地界定为举办者和办学者之间的关系,但实质上政府之手控制着学校的人事和绝大部分财政权,随时可以伸进校园,校领导班子不但无力抗拒,甚至基于科层关系,还很欢迎这种干预。从民法的角度看,法人的民事行为能力的核心在于以自己独立的意思表示作为或不作为,而大学的行为很难说是基于自己独立的意思表示作出的。因此,揭开大学的"法人面纱",其幕后主导者往往是政府。

其次,公立大学的法人财产权不具备完整的所有权的权能。公立大学财产来源公私皆有,既有政府的初始出资、教育拨款,也有学费杂费乃至校办企业的利润、租金和知识产权收入等。从所有权的占有、使用、收益、处分四个方面的权能看,大学的法人财产权残缺不全。从占有权能看,政府无偿划拨给大学的土地可能被收回,部分资金未在规定时间内用完也会被收回。从使用权能看,公立大学的资产仍属于国有资产,高校只能依法使用,[1]在用途上有严格的限制。从收益权能看,大学作为事业单位,是非营利、公益性的组织,在哪些方面可以获得收益存在极大争议。在处分权能上,除小额资产外,对公立高校国有资产的处分必须报政府有关部门批准,法人财产权中的终极处分权能归国家所有。根据《中华人民共和国担保法》第九条、第三十七条的规定,公立大学不能成为保证人,其大部分国有资产也不得抵押。[2]严格管理国有资产自有其必要性,这里只是指出公立大学法人财产权的现实。

最后,公立大学也不具备独立的责任能力。由于法人财产权权能不足,所以大学承担责任的能力受限。大学以哪些财产承担民事责任、能不能破产这些问题在法律上都没有明确的依据。现实生活中,在学生伤害事故的处理上,学校无力承担的部分最终要由政府买单;在大学贷款危机中,政府要对大学还款实行奖补、土地置换,甚至由政府直接偿还。

---

[1] 龙宗智:《大学法人制度与财产权益界定》,载《中国高等教育》2005 年第 18 期,第 18 - 20 页。
[2] 陈鹏、王雅荔:《基于公立高校法人财产权特殊性的贷款制度设计》,载《陕西师范大学学报(哲学社会科学版)》2012 年第 6 期,第 147 - 153 页。

综合上述可以看出,公立高校虽然已经具备了"事业单位法人资格",但实质和计划经济条件下的事业单位区别不大,与改革前的国有企业十分相似,在很大程度上仍然依附于主管部门。正是因为基于民法视角的"事业单位法人"的概念不能准确反映我国公立大学与政府间的关系,越来越多的学者倾向于将大学定位为行政法学上的"公务法人"。[1]

二、作为授权行政主体的大学

2014年12月24日,最高人民法院发布了第九批指导性案例。其中,指导案例第38号"田永诉北京科技大学拒绝颁发毕业证、学位证案"明确"高等学校对受教育者因违反校规、校纪而拒绝颁发学历证书、学位证书,受教育者不服的,可以依法提起行政诉讼"。也就是说,在大学拒绝颁发学历证书、学位证书时,大学可以作为行政诉讼的适格被告。指导案例第39号"何小强诉华中科技大学拒绝授予学位案"除了明确"申请人对高等学校不授予其学位的决定不服提起行政诉讼的,人民法院应当依法受理"外,更进一步指出"高等学校依照《中华人民共和国学位条例暂行实施办法》的有关规定,在学术自治范围内制定的授予学位的学术水平标准,以及据此标准作出的是否授予学位的决定,人民法院应予支持"。这两个指导案例不仅明确了大学在学历、学位授予方面作为行政诉讼被告的资格,更确认了大学在学术自治范围内有依法自行制定学术评价标准的自治权。

在2014年11月1日《中华人民共和国行政诉讼法》(以下简称《行政诉讼法》)修改前,大学不予颁发学历、学位证书是否可诉、属于何种性质的诉讼,在理论和实践上都经历了一个探索的过程。经1999年的"田永诉北京科技大学拒绝颁发毕业证、学位证案"后,大学生与学校间的学历、学位纠纷一般都被认为是可诉的,且诉讼性质为行政诉讼。这是因为1989年的《行政诉讼法》并没有规定大学这样的组织可以作为行政诉讼的被告,但是行政法学运用"行政主体"的概念对行政诉讼被告进行了"扩大解释"。行政主体是指享有行政权,能以自己的名义实施行政决定,并能独立承担该行为所产生的法律效果的社会组织,包括职权行政主体和授权行政主体两类。[2] 职权行政主体一般指国家机关,授权行政主体包括法律、法规、规章授权的组织。

大学作为《学位条例》授权颁发学位的组织,一般被认为在作出颁发学位相关决定时为授权行政主体,学位申请人(大学生)对该决定不服时,可以提起行政诉讼。2015年5月1日起实施的修订后的《行政诉讼法》在原第二条"公民、法人或者其他组织认为行政机关和行政机关工作人员的具体行政行为侵犯其合法权益,有权依照本法向人民法院提起诉讼"的基础上增加了一款"前款所称行政行为,包括法律、法规、规章授权的组织作出的行政行为"。这

---

[1] 谢笑珍:《大学法人化改革中的问题和疑虑》,载《光明日报》2014年7月22日,第13版;湛中乐、高俊杰:《大学章程:现代大学法人治理的制度保障》,载《国家教育行政学院学报》2011年第11期,第15-20页。

[2] 叶必丰:《行政法与行政诉讼法》,高等教育出版社2007年版,第105页。

是将行政司法取得的正确的经验上升到了立法的层面。

按照这样的逻辑,大学既然可以在行政诉讼中做被告,在法律上也就应该被认定为行政主体,所行使的是国家法律、法规、规章所授予的行政权。不过,与一般授权行政主体不同,大学作为一种特殊的授权行政主体似乎享有更多"自由"。

首先,招生自主。在2003年闵笛诉苏州大学案中,苏州市中级人民法院认为学校招收录取考生的行为是自主管理行为,不属于行政管理权范畴。闵笛报考苏州大学,其进入学校受教育的权利还没有形成,大学是否录取属学校自主权范畴,于是法院驳回了闵笛的诉讼要求。闵笛上诉,江苏省高级人民法院维持了苏州市中级人民法院的以上判决。[1] 2013年,《中共中央关于全面深化改革若干重大问题的决定》提出:学校依法自主招生,扩大学校办学自主权。

其次,制定校规自主。2011年10月,最高人民法院在"甘露不服暨南大学开除学籍决定案"中指出:人民法院审理案件时,应当以相关法律、法规为依据,参照相关规章,并可参考涉案高等院校正式公布的不违反上位法规定精神的校纪校规。[2] 此判决载于《中华人民共和国最高人民法院公报》,对下级法院的审判具有指导作用。此判决不仅明确学校有权自主管理,而且规定只要基于自主管理权制定的校规不违反上位法规定,法院就应当"参照"。

最后,授予学位自主。在"何小强诉华中科技大学拒绝授予学位"案中,法院认为:《中华人民共和国学位条例暂行实施办法》赋予学位授予单位在不违反《中华人民共和国学位条例》(以下简称《学位条例》)所规定的授予学士学位基本原则的基础上,在学术自治范围内制定学士学位授予标准的权利和职责,华中科技大学在此授权范围内将全国大学英语四级考试成绩与学士学位挂钩,属于学术自治的范畴。也就是说,在授予学位问题上,法院尊重学校自行制定学术评价标准的权利。

与同是授权行政主体的公安机关车辆管理所相比,根据《机动车登记规定》《机动车驾驶证申领和使用规定》这两部规章的授权,车辆管理所是行使车辆行政管理职权的专门组织。但车辆管理所既无权规定法定条件以外的车辆注册登记条件,更不能自主决定接受哪些申请人的申请。一般的授权行政主体被授予的行政职权都是非常明确的,在理论和实践上都没有"自主权"这样的概念装置,大学为什么如此不同呢?[3]

三、作为学术自由载体的大学

既然基于民法的"事业单位法人"和基于行政法的"授权行政主体"两个概念都无法圆满

---

[1] 湛中乐:《大学法治与权益保护》,中国法制出版社2011年版,第244页。

[2]《甘露不服暨南大学开除学籍决定案》,载《中华人民共和国最高人民法院公报》2012年第7期,第35-38页。

[3] 对大学这种特质,学界早就有所觉察,却延伸到了不同的方向。比如吕艳辉:《高等学校"法律法规授权组织"定位之理论检视——兼论我国行政主体理论的改造》,载《现代法学》2007年第1期,第67-70页。

解释大学的"特权",有必要从其他法律的角度探寻大学的特殊性,一马当先的就是宪法。

宪法教义学(释义学)存在以下假设:一是尊重现行宪法文本,我国现行宪法是 1982 年宪法(包括四个修正案)。学术界盛行着某种"立法者的法理学",即任何社会问题出现,首先想到的就是抨击法律,意图修改法律,但事实上完美的法律从来不曾出现。当今被世界各国追捧的美国宪法产生之时居然没有包括一部《权利法案》,更遑论解决黑奴问题。我国现行宪法确认了大量的"公民的基本权利",规定了人民实现其权利的方式——人民代表大会制,在总体上是正义的。建设法治国家,首先就是要保证宪法的规定在日常生活中得到落实,而不是从各个方面去寻找、论证它的瑕疵。宪法教义学将现行宪法视为信仰的来源,现行宪法的规定既是解释对象,也是解释根据,对宪法的态度如同对圣经的态度。二是假设现行宪法是一个"无漏洞"的体系。法教义学的工作主要是解释和体系化。[1] 通过解释和体系化,弥合分歧、填补漏洞,最终现行宪法能够形成一个"完美无缺的"体系,任何法律疑问都可以在宪法里找到答案。[2] 宪法是一个国家整个法律体系的核心和基石,一切其他法律都是宪法的相关规定在特定部门法的体现,都是对宪法相应条款的立法实施。一切国家权力来源于宪法的授予,一切公民权利来源于宪法和法律的确认;既包括明确的授权,也包括隐含的、衍生的授权。

大学权利的直接来源是《教育法》《高等教育法》和《学位条例》。《教育法》第二十八条规定:"学校及其他教育机构行使下列权利:(一)按照章程自主管理;(二)组织实施教育教学活动;(三)招收学生或者其他受教育者;(四)对受教育者进行学籍管理,实施奖励或者处分;(五)对受教育者颁发相应的学业证书;(六)聘任教师及其他职工,实施奖励或者处分;(七)管理、使用本单位的设施和经费;(八)拒绝任何组织和个人对教育教学活动的非法干涉;(九)法律、法规规定的其他权利。"《高等教育法》第十一条规定:"高等学校应当面向社会,依法自主办学,实行民主管理。"《学位条例》第八条第一款规定:学士学位,由国务院授权的高等学校授予;硕士学位、博士学位,由国务院授权的高等学校和科学研究机构授予。

从《教育法》第二十八条的规定看,该条既适用于中小学,也适用于大学;既适用于公立学校,也适用于私立学校。同一条款列举的权利应属于同一性质,其第(七)项"管理、使用本单位的设施和经费"是任何单位包括公司、企业都具有的权利,该项不属于国家权力,因此,本条列举的其余权利也不应属于国家权力。对这些权利行使的过程与结果不服,只能提起民事诉讼。《学位条例》第八条对大学的授权是将《教育法》第二十二条"国家实行学位制度"中的"国家"授予学位的权力赋予了大学。在授予学位问题上,大学是代表国家授予国家学位,而不是代表学校授予大学的学位,是国家教育行政权的体现,因此,对此不服可以提起行政诉讼。《高等教育法》第十一条规定"自主办学",第三十四条规定"自主制定教学计划、选

---

[1] 白斌:《论法教义学:源流、特征及其功能》,载《环球法律评论》2010 年第 3 期,第 5-17 页。
[2] 焦宝乾:《法教义学的观念及其演变》,载《法商研究》2006 年第 4 期,第 88-93 页;冯军:《刑法教义学的立场和方法》,载《中外法学》2014 年第 1 期,第 172-197 页;许德风:《法教义学的应用》,载《中外法学》2013 年第 5 期,第 937-973 页。

编教材、组织实施教学活动",这里的"自主"究竟属于民事性质还是行政性质暧昧不明,需要从宪法中寻找依据。

从宪法文本看,可能成为我国大学宪法根基的条款共有三处:一是《中华人民共和国宪法》(以下简称《宪法》)第四十六条规定的"中华人民共和国公民有受教育的权利和义务";二是第十九条规定的国家发展社会主义的教育事业……发展高等教育;三是第四十七条规定的公民有进行科学研究的自由。

首先看《宪法》第四十六条关于受教育权的规定。该条第一款规定"中华人民共和国公民有受教育的权利和义务",在这里"权利和义务"既是权利也是义务,也就是说"权利和义务"的主体是同一主体。但实际上,对于成年人而言,他们并没有强制接受教育的义务。因此,这里所谓的"受教育权利"是指适龄儿童有享受免费基本教育的权利,"受教育义务"是指适龄儿童必须接受基本教育。《宪法》第四十六条无法成为我国大学存在的法律依据,因为高等教育不属于义务教育范畴。

其次看《宪法》第十九条关于国家发展教育事业、发展高等教育的规定。本条的责任主体是"国家"。无论对国家的含义如何解释,如果把本条作为大学的宪法根基,那就意味着大学和国家浑然一体,政府与社会毫无分殊,这既不符合1982年制定宪法时的实际(即便那时,机关和事业单位的区别还是非常明显的),也不符合当下大学部分法人化的现实。本条的行为模式是"发展",至少意味着规划、投资,大学恰恰是需要政府规划、投资的对象。

最后看《宪法》第四十七条关于科研自由的规定。一般认为,本条规定的从事科学研究的自由以及从事教育事业的权利,实际上相当于其他国家宪法中的学术自由。[1] 从权利主体看,学术自由的主体是一般公民。但根据德国宪法法院的描述,"学术"是指"凡就其内容与形式,可以被认为严谨且有计划地尝试对真理加以探究者"。[2] 普通公民通常并不具备严谨且有计划地尝试对真理加以探究的知识基础,权利主体一般限于大学教师、高年级本科生和研究生。

从性质上看,学术自由属于公民自由权利的一部分。学术自由本属于公民个体的权利,但在当今的时代却很难独立地行使。知识爆炸、文献翻新、数据库昂贵这些都使得研究者仅仅依靠私人图书馆就可以研究的时代一去不复返了。更不用说自然科学研究需要的类似于大型强子对撞机这样的实验设备,它使研究人员紧密地结合在首席科学家周围,就像雇员听命于老板。

研究者的集聚,学术自由权利的聚合,产生了一种新的权力——学术权力。这种权力与其他权力一样,都具有"在一种社会关系里哪怕遇到反对也能贯彻自己意志"的能力,[3] 能够支配、改变被支配者的意志,产生预期效果。其实质不是国家权力,不以政治统治为前提,也不以国家机关为其承担者;而是社会权力,即社会主体以其所拥有的社会资源对社会的支

---

[1] 许崇德:《宪法》,中国人民大学出版社1999年版,第168-169页。
[2] 许育典:《教育法》,台北五南图书出版公司2007年版,第419页。
[3] [德]马克斯·韦伯:《经济与社会(上卷)》,林荣远译,商务印书馆1997年版,第81页。

配力。[1] 这种社会权力是学者们学术自由权利的聚合,其所有者不再是学者个体,而是学者群体、学者所在的大学或研究机构。在这个意义上,学术自由构成了大学的宪法根基。

如果以上能够成立的话,大学自主、大学自治就顺理成章了。学术自由作为基本权利,既是"主观权利"也是"客观法"。"主观权利"是指基本权利的防御权功能和受益权功能都赋予个人以请求权,可以要求国家作为或不作为。"客观法"是指基本权利具备"客观价值秩序功能",要求国家权力尽一切可能去创造和维持有利于基本权利实现的条件。[2] 大学自治是学术自由这一基本权利作为客观法,要求国家提供的制度保障和组织保障。

为什么会有招生自主权?因为选择学生属于学术自由基本权利的子权利。美国联邦最高法院大法官弗兰克福特在 Sweezy v. New Hampshire 案中指出,大学的学术自由包括四项基本自由:基于自身的学术理由决定谁来教、教什么、如何教以及谁来学。[3] 这里的"谁来学"就是选择学生。1965 年在日本召开的国际大学协会第四次总会讨论的结果认为,大学自治应包括:一是人事的自治;二是学生选择的自治;三是教育课程决定的自治;四是研究计划决定的自治;五是财源分配的自治。[4] 由此可见,对学生的选择是学术自由的要求、大学自治所必需的。

为什么能自主制定校规?大学不是行政机关,其制定校规的行为只要是出于维护学术自由、提升学术水平的目的,所行使的就是学术权力,不是行政权力,也就不受法律保留原则的限制。而那些不涉及学术的规定,属于民事行为,就像企业、工厂制定自主管理的规则一样。

为什么能在颁发学位时增加法律之外的更高的学术要求?对于国家权力来说,法无授权即禁止。但大学颁发学位的权力在形式上来源于《学位条例》的授权,但其实质来源于学术自由的凝结——学术权力。《学位条例》只是规定了授予学位的底线,大学基于自身对学术的认识制定高于国家标准的学术标准,只要符合法定的目的(保障学术自由)、没有不相关的考虑、程序公开透明,就无可厚非。

总之,从民法学事业单位法人的角度无法理解大学对政府的依附性,从行政法学授权行政主体的角度无法理解大学的各种"自主权",唯有从宪法学学术自由载体的角度理解大学,才能解开大学的"自主之谜"。作为学术自由载体的大学既要求政府承担给付义务,提供大部分教育经费,又要求政府承担消极义务,不得过度干预大学自治,还要求社会成员(包括在校大学生)尊重大学的学术判断,在招生、学位授予方面享有自主权。

---

[1] 郭道晖:《论国家权力与社会权力——从人民与人大的法权关系谈起》,载《法制与社会发展》1995 年第 2 期,第 18-25 页。

[2] 张翔:《基本权利的规范建构》,高等教育出版社 2008 年版,第 105 页。

[3] 申素平:《高等学校的公法人地位研究》,北京师范大学出版社 2010 年版,第 104 页。

[4] 周志宏:《学术自由与高等教育法制》,高等教育文化事业有限公司 2002 年版,第 191-192 页。

公立高校董事会法律地位探析

——基于董事会章程的文本分析

李大勇[*]

摘 要 高校董事会是我国高校办学管理模式的新探索,增强了公立高校与社会的交流与合作。教育部《普通高等学校理事会规程(试行)》的出台,更是明确董事会的法律地位。通过对多个高校董事会章程文本的分析,董事会的功能表现为对内优化大学治理结构、对外拓展大学发展空间、适当有限参与治理。董事会的组成与产生在成员条件和选拔程序上存在缺陷。董事会成员的权利义务不能实现对等与匹配,权利实现与义务履行缺乏一定的保障机制。董事会只有处理好与高校党委、校长、学术委员会等组织之间的关系,才能实现良性运作。

关键词 高校董事会 法律地位 功能 权利 义务

一、问题的提出

董事会在我国高校办学的历史上,并非新生事物。这种借鉴西方高等院校的管理模式早在 20 世纪初期就已被引入。1922 年,暨南大学、云南大学在借鉴国外大学管理模式的基础上建立了董事会,成为最早设立校董事会的大学。民国时期南开大学、复旦大学等一些国内名牌大学和私立学校也逐渐实现董事会制度。[1] 新中国成立后曾一度停止设立董事会。但随着教育改革兴起,董事会制又重归高校,各种类型的大学都竞相设立董事会,这一制度也逐渐作为高校改革的重要环节。

1985 年《中共中央关于教育体制改革的决定》规定:"在国家统一的教育方针和计划的指导下,扩大高等学校的办学自主权,加强高等学校同生产、科研和社会其他各方面的联系,使高等学校具有主动适应经济和社会发展需要的积极性和能力。"1992 年《国家教委党组关于加快教育改革和发展的若干意见》为高校董事会的成立提供了相关的政策依据。1993年,国务院副总理李岚清指出:"要通过董事会和基金会的办法,建立现代化的机制,来支持

---

[*] 李大勇,法学博士,西北政法大学行政法学院教授、陕西(高校)哲学社会科学重点研究基地"地方政府法治建设研究中心"研究员。

[1] 郭梅香、聂锐:《基于利益相关者的公立高校董事会治理结构研究》,载《煤炭高等教育》2009 年第 2 期,第 76-78 页。

学校办学。"1994年,原国家教委在《国家教育委员会关于国家教委直属高校积极推行办学与管理体制改革的意见》中明确提出"条件成熟的学校,还应积极探索组建有地方政府、企业(集团)、科研单位及社会各界参加的学校事业发展基金会、院一级的董事会或建立校董会,推动社会各方面参与学校办学的咨询、审议、资金筹措工作,逐步探索学校面向社会合作办学的路子"。[1] 2010年《国家中长期教育改革和发展规划纲要(2010—2020年)》出台,为未来10年我国教育改革和发展描绘蓝图,指明方向,探索建立高等学校理事会或董事会,健全社会支持和监督学校发展的长效机制。2014年教育部通过了《普通高等学校理事会规程(试行)》[以下简称《规程》(试行)],标志着董(理)事会制度作为一项正式的制度在教育管理体制中得以确立。

高校行政化与自治之间的冲突是我国高等教育的主要问题,这两者不断进行拉扯、竞争,甚至导致职能错位冲突。当下高教行政体制改革总的方向是注重不断分权,这是治理理念在教育领域的勃兴,也是社会缓解行政化与自治冲突的理性选择。加强高校与社会之间的交流、互动、合作势在必行。董事会在公立高校中出现既是适应环境变迁的产物,也是力图充当高校与社会沟通的桥梁和缓解冲突的"缓冲器"。高校董事会是顺应教育体制改革而生,本应随着改革加大不断提升职能,但我国高校董事会制度由于缺乏明确立法,法律地位无法确立,使其遭遇到各种问题。《高等教育法》或其他法律法规并没有对高校董事会的法律地位、功能、作用等作出明确的界定。教育部所出台的《普通高等学校理事会规程(试行)》也只是具有指导性、建议性的文本,要了解董事会的实际运作、构成方式、决策规则还须结合我国各高校所颁布的董事会章程来做一探讨。

二、高校董事会的功能定位

大学董事会发轫于美国,其宗旨是为高校有效管理和健康发展提供服务。美国公立大学实行董事会领导下的校长负责制,董事会是学校最高决策机构,校长则是学校的最高行政负责人,学校董事会创设办学条件,筹措教育经费,聘任校长、教师。校长只需要对董事会负责,其职责是管理教学。

而我国公立高校董事会无论是设立还是运作都和西方国家的大学董事会存在较大差异。公立高校董事会的核心问题是法律依据的缺失,法律身份没有像《中华人民共和国公司法》中对董事会有法律具体规定,仅在教育政策中有所体现。《国家中长期教育改革和发展规划纲要(2010—2020年)》指出"探索建立高等学校理事会或董事会,健全社会支持和监督学校发展的长效机制"。[2] 但它未对高校董事会法律地位予以明确,尤其是对董事会成员之间的权利分配及各自承担的责任缺少相关条款说明。《规程(试行)》作为行政规章,尽管

---

[1]《国家教育委员会关于国家教委直属高校积极推行办学与管理体制改革的意见》(教直〔1994〕第14号),1994年11月7日发布。

[2] 人民出版社:《国家中长期教育改革和发展规划纲要(2010—2020年)》,人民出版社2010年版。

从法律效力上低于法律,但至少是从规范角度对董事会的地位加以明确。

《规程(试行)》第二条规定,理(董)事会是指国家举办的普通高等学校根据面向社会依法自主办学的需要,设立的由办学相关方面代表参加,支持学校发展的咨询、协商、审议与监督机构,是高等学校实现科学决策、民主监督、社会参与的重要组织形式和制度平台。[1] 我国高校董事会定位为"咨询、协商、审议与监督机构",其产生是"为推进中国特色现代大学制度建设,健全高等学校内部治理结构,促进和规范高等学校理事会建设,增强高等学校与社会的联系、合作"。校董事会是校董会单位与学校建立和发展合作关系的桥梁,是促进学校与社会建立广泛联系与合作、筹措学校教育发展基金、支持学校建设和发展的纽带。

(一) 对内优化大学治理结构

高校治理结构的核心问题是高校内部权力的分配和行使,涉及高校党委、校长、社会力量以及教师、学生等利益相关者参与高校重大决策的结构和过程,协调不同利益群体进行有效合作,以实现多方共赢局面。《规程(试行)》第四条规定:理(董)事会在对内优化大学治理结构上的作用表现为扩大决策民主,使得在作出重大决策前能充分听取意见;健全社会对学校办学与管理活动的监督、评价机制,提升社会责任意识。引入董事会机制,不仅要解决资金短缺问题,还要改变国家管理高等教育行政化的趋势,优化内部治理结构。在优化内部结构的同时,还须警惕社会对大学的不适当干预。大学的核心价值为学术自由,董事会在运作过程中,应当止步于学术问题,不能借指导或咨询之名而对学术问题妄加评判。

(二) 对外拓展大学发展空间

随着社会发展,高等学校的组织环境、组织目标发生较大变化。高校不仅在教学、科研、培养人才方面有所作为,而且服务社会也是其重要发展目标。在办学目标方面,高校价值导向及办学方向都须考虑社会需求,发挥自己的社会角色,对社会负责。《规程(试行)》第四条规定,理(董)事会在拓展对外发展空间的作用表现为提升高校服务社会能力,建立长效合作机制,争取社会支持,丰富社会支持和参与办学的方式与途径。高校要体现自己的社会价值和社会责任,就不能一味地封闭管理,而是面向社会,使高校和社会各方主体充分交流,拓展发展空间,为高校提供更大平台、更多机遇。高校董事会能够使董事单位与高校发挥互补优势,教学科研、人才培养紧跟社会发展,并且社会反哺教育,形成良性互动。

(三) 适度、有限参与治理

《中华人民共和国高等教育法》(以下简称《高等教育法》)第三十九条规定,国家举办的高等学校实行中国共产党高等学校基层委员会领导下的校长负责制,支持校长独立负责地行使职权。[2] 公立高校定位是公益性事业单位,故公立高校董事会不能成为决策机关,不能全面管理学校事务。公立高校董事会主要是对高校的培养目标、人才规格、办学规模、招生、毕业生就业、科技攻关、产业发展及产学研结合等方面起咨询、指导和支持作用,其职责是为学校的发展争取社会支持,扩展对外联系空间,筹集办学资金,密切产学研合作,建立高

---

[1] 参见《普通高等学校理事会规程(试行)》第二条之规定。
[2] 参见《中华人民共和国高等教育法》第三十九条之规定。

校与企业及科研院所等的长效合作机制。其行使的只是一种参与决策权,对决策形成起辅助作用,可对学校建设提出建议,对政策实施进行监督等。作为指导咨询机构,董事会对学校的管理只能是有限的适度参与。

三、董事会成员组成与产生机制

董事会的组成人员是董事会实际运作过程中的核心力量,也决定着董事会能否实现其预定目标。从现有收集的各个公立高校董事会章程的样本来看,其成员来自政府、企业、社会、学校等不同领域与行业。公立高校董事会大多由本校和社会中热衷高等教育、关心和支持高校发展的各级政府部门、各企事业单位、各社会团体、社会各界人士以自愿方式发起成立。我国高校对高校董事会的成员组成范围设定得比较广泛,只要是热心教育发展的企业、个人、团体均有可能成为高校董事会成员。这其中很大程度上是因为董事会成员的复杂性和多样性恰恰适应了高校办学主体多样化的要求。高校董事会的成员具有广泛性、综合性,易形成资源互补。鉴于董事会成员的多样性和不统一性,董事会成员的异质性越大,则信息来源和视角的异质性越强,从而创造性或创新性的讨论就越多,产生制度创新的概率就越高。

《规程(试行)》第五条对董事会的构成作了规定,理(董)事会一般应包含以下方面的代表:"(一)学校举办者、主管部门、共建单位的代表;(二)学校及职能部门相关负责人,相关学术组织负责人,教师、学生代表;(三)支持学校办学与发展的地方政府、行业组织、企业事业单位和其他社会组织等理事单位的代表;(四)杰出校友、社会知名人士、国内外知名专家等;(五)学校邀请的其他代表。"国内高校将政府部门和事业单位作为董事会成员组成部分,也是对国外高校董事会这一制度的充分借鉴。但作为管理高校的教育行政部门或者和业务相关的部门是否适合成为董事会成员却值得商榷。从教育管理角度来看,教育主管部门的职能之一就是要对高校进行一定的管理和监督,如果再作为董事会成员进入董事会,有重复利用某些权力之嫌。且董事会成员既有本职工作与董事会成员之间有利害关系,容易产生角色冲突。另外,董事会作为一个松散的协作组织,它更多是作为一个第三方来平衡学校和社会各个主体的利益,而与高校本身就有隶属关系的教育主管部门参与进来,恐怕对董事会自身功能的发挥有一定的消极影响。

组织的规模大小和成员结构是其对外部环境的理性反应,董事会成员的数量与素质直接影响着董事会的功能能否有效实现。我国高校董事会采取广泛吸收社会各界、成员单位多多益善的原则。有竞争才有提高,董事会规模并非越大越好,董事也并非越多越好。董事会门槛条件的设置是董事会功能的内在要求。一些高校如苏州大学、暨南大学董事会章程中规定了资格审核制度。高校董事会章程中规定了经审核才能入会,表明高校对董事的选择有执行标准参照。高校明确指出董事要有热心教育事业的心态,有社会责任感。但须注意,董事会成员在管理上很可能缺乏相应的专业性,如果财政或者学术发展方向一类的决策权落在董事会,未必能很好地避免矛盾和纠纷,造成权力和价值观的另一种失衡,这在教学科研未得到充分尊重的文化环境中更是如此;而董事会的成员多数有自己的事业,如果其仅仅利用小部分时间投入大学治理或者只通过指派外部人员参与治理,更难保证决策质量和治理效果。[1]

四、董事会成员的权利与义务

公立高校董事会在我国出现以来,曾被人们认为能给高校管理体制带来巨大变革,但实际上,大多数高校董事会的作用仅限于整合利用社会资源、筹集资金、提高社会影响力等。对企事业单位而言,因为受制于各种关系,他们对高校只有资金支持义务,却缺少指导高校教学的权利。[2] 董事会权利义务的不明确和不统一,削减了董事会成员的积极性,也限制了董事会发展。董事会章程必须保障董事权利义务的一致性,只有这样才能有效发挥董事会的功能。

各高校章程规定	董事权利					董事义务			
	建议权	就业优先选择权	优先录用子女权	优先获得技术成果权	质询和监督权	集资义务	提高学校知名度	为学校提供各种科研项目	为教学提供物质便利
苏州大学		✓		✓		✓	✓	✓	✓
南京师范大学	✓	✓	✓	✓	✓	✓	✓	✓	✓
暨南大学	✓				✓				✓
华北电力大学	✓					✓			
江苏大学	✓					✓			✓
西北大学		✓	✓			✓			✓
南京理工大学	✓	✓				✓	✓		✓
中国政法大学	✓								
兰州交通大学	✓	✓	✓			✓		✓	✓

通过对高校董事会的章程进行分析,可以找出高校董事会成员在权利义务上的共性。董事会成员权利主要包括建议权、就业优先选择权、优先录用子女权、优先获得技术成果权、质询和监督权。

1. 建议权

董事会成员具有建议权,可针对学校的发展和规划提出建议,但不能行使决策权。这表现为董事会成员听取大学年度工作报告,审议学校发展方向和建设规划,对学校的发展提出

---

[1] 符悦虹:《对高校设立董事会的探讨》,载《高教探索》1999年第2期,第27-31页。
[2] 张晨:《高校董事会不能只是为了筹资》,载《新华日报》2008年12月28日,第2版。

咨询意见和建议,对学校工作进行评议,提出改进学校工作的意见和建议。董事行使建议权对高校而言,并没有法律上的约束力,择其善者而从之,其不善者而改之。校方认为董事所提建议正确或有一定价值可以听从,反之则可以拒绝。

2. 就业优先选择权

部分董事来自国企或者民营企业,可根据企业需要,优先选择优秀毕业生。就业选择具有双向性。一方面董事会成员提供就业岗位,会促进学生就业;另一方面高校有义务为董事成员培养紧缺人才,使得企业优先选择优秀毕业生。但此项权利是否会对毕业生的平等选择权造成影响?因此,该权利应将毕业生自己的意愿充分考虑进去,制定一个平衡双方权利的条款。同等情况下,董事会成员相对于其他非董事会成员单位具有优先选择优秀毕业生的权利,但须以尊重毕业生的选择权为前提。

3. 优先录用子女权

高校在政策法律允许范围内,通常会在招生、人才培养方面给予董事优先与支持。该权利表现为董事会可以推荐符合条件的学生到高校学习,对各董事单位职工的子女报考高等学校给予全方位的指导,积极为董事单位的职工及其子弟就学深造创造条件。该权利可以吸引更多的成员来积极加入董事会,学校在不违反法律规定的情况下,在政策允许范围内给予相应权利,能使董事会成员的权利得到充分实现,增加了董事会成员加入的热情,具有积极意义。但是这一权利会不会影响招生的公正性,使得高校滥用自主招生权这项权利?鉴于高校的公益属性,高校与董事会成员不能拿公共教育资源作为交换的筹码。

4. 优先合作权和受益权

董事会成员参加高校校园建设、教学、科研、生活等仪器设备购置的等招投标活动时,同等条件下可优先采纳董事单位方案或使用董事单位产品。董事会成员委托高校进行各类项目研究,可免费或优惠获得信息、技术、法律等方面的咨询,也可优先获得大学最新科学研究成果的技术转让,并可从大学聘请常年或临时法律顾问、经济顾问、技术顾问等。

5. 质询和监督权

董事可以对高校的办学方向、培养目标、体制改革和其他重大决策及董事单位之间的合作事项进行监督、指导和咨询;可以审议董事会资金的使用和管理状况,有权对资金的使用提出质询和批评;审议本人捐赠基金的使用和管理状况,有权对其捐赠基金的使用提出质询和批评。这符合《中华人民共和国公益事业捐赠法》第五条关于捐赠财产的使用应当尊重捐赠人意愿的规定。[1]

权利与义务永远是相辅相成的共生体,作为高校董事,在享有上述权利的同时也应负有下列义务。

1. 集资义务

随着近年来教育体制的改革,高校办学经费由国家全额拨款逐渐改为"以国家投资为

---

[1]《中华人民共和国公益事业捐赠法》第五条规定:"捐赠财产的使用应当尊重捐赠人的意愿,符合公益目的,不得将捐赠财产挪作他用。"

主、自筹资金为辅"的格局。《国务院批转国家教委关于加快改革和积极发展普通高等教育意见的通知》规定，改革高等教育投资体制，逐步建立财政拨款为主、多渠道筹措经费的投资体制。学校要改变单纯依靠财政拨款的观念，走多渠道筹措教育经费的路子，要研究制定社会、企业、个人和校办产业等多渠道为高等学校筹措办学经费的具体制度和办法。高校想谋求更大发展，就要采取多渠道筹资途径，通过董事会集资是主要途径之一。因此很多高校为董事会成员的资金注入设置一定标准的门槛。

2. 提高学校知名度

"品牌"和"声誉"已成为高校关注焦点。高校要有所发展，既要提高教学科研质量，也要加大宣传力度。除保证优质生源，雄厚师资外，还要扩大学校的知名度，这在各高校董事会章程中也有规定，如《南京师范大学董事会章程》就规定"通过多种形式和途径向国内外宣传南京师范大学，扩大南京师范大学的影响"。这也是高校董事的重要义务。

3. 为学校提供各种科研项目和物质便利

科研是高校所承担的重要职能。董事单位应积极向高校委托研究课题、技术攻关项目及有偿培训项目，为大学提供教学、科研和社会实践方面的便利。董事会成员优先向高校提供学校可承担的科技、生产开发合作项目及产学研工程项目，提供学生实习基地、教师社会实践和科研场所。该义务可使高校实践得到提升，使理论和实践充分结合，为高校带来更大发展空间。

五、大学治理结构中的董事会参与机制

社会治理下的分工是落实高校协同发展的必要途径，高校治理模式是高校治理的基础和核心。《高等教育法》确立了党委领导下的校长负责制，坚持和完善党委领导、校长负责是建设有中国特色的高校治理模式的前提。探讨董事会在公立高校治理结构中的参与机制，须以此为基础。根据《高等教育法》的规定，应设立"党委领导，校长负责，董事会进行监督"的大学治理模式。党委是大学的最高决策机构，负责将党和国家的政策、精神融入高校的办学决策中，校长全面负责大学各项事务，董事会则作为大学的咨询机构。高校董事会为高校内部党政权力、学术权力和行政权力的相互制约协调提供了一种新的模式。构建良好的高校权力运行机制，就必须妥善处理好董事会与党委、校长、教职工代表大会、学术委员会之间的关系。

高校党委书记与校长之间因管理出现冲突，已经成为当下公立高校较为常见的现象。这时候董事会的介入是能起到一定的中立作用，还是使得矛盾更加复杂难以化解呢？良好的高校治理结构应该使利益相关者的权益处于一种均衡状态，事物的发展是各方利益均衡前进的结果，必然不会将过多的权利赋予董事会。党委在政策和精神上指导把关，但是实际的教学、学校规划发展应该由高校自己负责、自由支配，而董事会作为高校一部分资金的提供者，有权监督高校的管理，对学校提出建设性意见，对学校资金的走向提出质疑，也可以向学校反映社会的真实需要，提出自己的意见。建议权与监督权的行使是建立在对高校充分

了解的基础之上的,因此要实行校务公开,充分满足董事会及其成员的知情权。同时还要扩大董事会参与校务管理的途径与方式,为董事会及其成员行使董事权利创造良好的渠道。

高校所倡导的核心价值是"学术自由",那么高校董事会的出现会不会对学术自由造成冲击,会不会对学术委员会的权力行使造成影响?2014年,教育部出台《高等学校学术委员会规程》,首次明确规定学术委员会作为校内最高学术机构,统筹行使学术事务的决策、审议、评定和咨询等职权,使得学术权力与行政权力做到相对分离,构建以学术为中心的评价体系。《高等学校学术委员会规程》第十七条规定,学校作出涉及教学、科研以及合作办学等事项决策前,应当通报学术委员会,由学术委员会提出咨询意见。[1] 在非学术事项的处理上,高校学术委员会和董事会的功能都是定位于咨询机构。从制度设计上,学术委员会遵循了"学术的归学术、行政的归行政"的理念,注重高校内部治理与学术评价。而高校董事会更侧重于高校与社会之间的沟通与交流,注重的是高校的社会功能。从各高校董事会章程的现有规定上看,董事权利并没有涉及学术及其评价问题。"学术自由"应当警惕的不仅仅是来自高校内部行政权力的不当干预,同样也应当警惕来自社会的不当干预,避免以出资为名而对学术妄加评判和干预,保障学术权力的独立性。

结　语

十八届三中全会决定明确规定鼓励社会力量兴办教育,深化产教融合、校企合作,使得高校董事会的发展趋势愈加明朗。在推进构建现代大学制度的背景之下,"良法之治"将成为制度构建的重要基石。《规程(试行)》的制定与实施,对于强化高校的服务社会职能是一个强有力的政策导向,必将推动大学治理结构的改革与完善。但仅仅寄厚望于《规程(试行)》,则难免使《规程(试行)》有些不能承受之重,很难打破现有大学权力结构和利益格局。高校董事会制度能否有效地发挥作用,能否实现良性运行还与其他制度安排是否配套大有关系。国家尚需出台相应法律政策推动董事会制度的建立与发展。同时对高校董事会的研究要"接地气",要结合中国当下高校现实制度环境和管理实践,要趋向类型化、精细化和本土化。只有这样才会使得董事会在高校治理结构中发挥应有的作用。

---

[1] 参见《高等学校学术委员会规程》第十七条之规定。

大学校务委员会的角色变迁和
法律地位重构探讨

于立深*

摘　要　在现代大学内部治理结构之中,校长、党委与其他校内机构之间的决策权力及监督关系,在百年间经历了不同的制度变迁。总结中国大学内部决策机构的变迁历史,比较党委在社会生产生活中的不同领导模式和机制,从学术角度反思校务委员会在大学民主管理中的角色地位,有益于落实党对高等教育的绝对领导权,提升党对高校的领导质量,推进"一流大学"的建设。

关键词　大学　党委　校长　校务委员会　教授委员会

我国政府机构改革并非单一的传统行政管理部门的改革,而是从整体上重新定位了各种国家权力机构,包括了与事业单位权力关系的处理。高等学校是一种特殊的公务法人,它的改革与政府机构改革存在密切的关联性,也应该是宏观意义上的机构改革内容之一。

大学是传播、储存和创造知识的中心,也是人类文明和价值观的形成中心之一。与国家现代化治理能力、结构和方式相比,中国大学为人诟病之处甚多,由此重整大学治理结构也变成了社会共同的呼声。

中国大学内外部角色关系不甚清晰,重新认识大学,重新认识每个人与大学的关系,重新认识每个内外组织与大学的关系,重建大学内生秩序,以及大学如何"去政府化",均须选择合理的制度和组织突破点。大学内部自我规制被视为推进大学改革与完善的契机和核心步骤之一。在党对高等学校的领导之下,妥善对大学实行管理放权,建立现代大学制度,允许大学按照政事分开的原则建立高效便捷的学校内部管理体制,校务委员会的大学法律地位值得重新进行学术审思。

一、校务会议在大学治理结构中的最高决策地位确立

在大学治理结构的设计中,建立校长负责制和复归蔡元培时代的教授委员会,是两种最被寄予厚望的解决中国大学困境的机制选择。观察大学管理实践,其实人们探求的真正问

---

* 于立深,法学博士,东南大学法学院教授、博士生导师。

题是：谁是大学的最高权力机关？谁是大学的最高决策者？如果这些问题没有被剖析，大学组织结构的基本逻辑就无法建立起来，大学就找不到自己持续发展的基点。

本着不迷信前人，本着需要重新认识中国大学组织成长历史的立场，需要重新梳理中国大学内部决策机构变迁的100多年历史，以期人们理性对待校长与教授会的职权，不误读它们的功能，不辜负时代对大学的期望。

中国大学创制于120多年前的清末维新变法，大学内部治理始于大学章程的建制。直至1902年，管学大臣张百熙向光绪皇帝呈递了一组"钦定学堂章程"，包括《京师大学堂章程》《钦定高等学堂章程》《钦定中学学堂章程》《钦定小学堂章程》《钦定蒙学堂章程》。当时的学堂章程主要规定了：全学纲领、功课教法、各种规则（堂规）、一切建置（堂舍规模）。《京师大学堂章程》重在建制，涵盖了课程表、外语学习和基本学校守则等内容。

1904年元月，张之洞督导撰写了一组"奏定学堂章程"，包括《译学馆章程》《进士馆章程》《各学堂管理通则》《实业学堂通则》《任用教员章程》《各学堂考试章程》《各学堂奖励章程》《优级师范学堂章程》《实业教员讲习所章程》《高等农工商实业学堂章程》《中等农工商实业学堂章程》《初等农工商实业学堂章程》《艺徒学堂章程》。其中，《各学堂管理通则》分为"学堂各员职分章""学生功课考验章""宿舍规条章""讲堂规条章""操场规条章""礼仪规条章""出假规条章""各室规条章""学堂禁令章""赏罚规条章""经费规条章""接待外客规条章""建造学堂法式章""附条"。

以上各类章程，实为校规、学规、日常守则等，却也奠基了我国近代大学内在秩序和治理结构的雏形。

中国大学内部组织机构的建制，始于中华民国时期国家开始教育立法，关注大学内部权力的分工和配置。1912年10月24日，民国教育部发布了蔡元培主持起草的《大学令》，规定的重要组织有：1. 校长一人，总辖大学全部事务。2. 评议会，由各科学长及各科教授互选若干成员组成，校长可随时召集评议会，自为议长。大学评议会审议：(1) 各学科的设置和废止；(2) 讲座的种类；(3) 大学内部规则；(4) 审查大学院之学生的成绩及学位申请合格与否；(5) 教育总长及大学校长咨询事件。3. 教授会，由各科各设，以教授为会员。学长可随时召集教授，自为议长。教授会审议：(1) 学科课程；(2) 学生实验事项；(3) 审查大学院之学生的成绩；(4) 审查申请学位者合格与否；(5) 教育总长、大学校长咨询事件。

被当代一些学者、国人所迷信的教授会，其实只具有咨询性质，权限局限于教学决策。大学内部的最高决策机构是大学评议会，即后来的"校务会议"或"校务委员会"。

1929年7月26日，民国政府发布《大学组织法》，规定的重要组织有：1. 校长一人，综理校务。2. 校务会议，由全体教授、副教授所选出的代表若干人，以及校长、各学院院长、各学系主任组成，校长为主席。校长可延聘专家列席。校务会议得设各种委员会。校务会议审议：(1) 大学预算；(2) 大学学院学系的设置和废止；(3) 大学课程；(4) 大学内部各种规则；(5) 关于学生实验事项；(6) 关于学生训育事项；(7) 校长交议事项。其时，各学系的教授会已被取消，改在各系设置教务会议。校务会议是最高决策机构，且审议事项有所扩大。

1948年1月12日，国民政府发布《大学法》，规定的重要组织有：1. 校长一人，综理校务。2. 校务会议,由校长、教务长、训导长、总务长、各学院院长、各学系主任及教授代表组成,校长为主席。教授代表人数,不得超过前项其他人员的一倍,也不得少于前项人员的总数。校务会议审议:(1)预算;(2)学院学系研究所及附设机构的设立、变更与废止;(3)教务训导及总务上的重要事项;(4)大学内部各种重要规则;(5)校长交议及其他重要事项。3. 校行政会议,由校长、教务长、训导长、总务长及各学院院长组成,校长为主席。行政会议协助校长处理有关校务执行事项。4. 校教务会议,由教务长、各学院院长及各学系主任组成,教务长为主席。教务会议讨论教务上的重要事项。

《大学法》的这些规定标志着大学内部组织机构开始复杂化,所设的大学行政会议属于沟通协调执行机构,所设的大学教务会议表明教育教学事项日趋复杂、重要。在大学内部机制中,大学校长和校务会议之间存在权限的牴牾;在外部关系中,公立大学校长与政府之间亦存有管控矛盾。

二、校务会议在我国台湾地区大学治理结构中的最高决策地位

1948年国民政府发布的"大学法"仍在我国台湾地区被适用,且分别在1972年、1982年、1994年、2002年、2003年、2005年、2007年、2009年、2010年、2011年、2015年做了11次修订。其中,大学的内部重要组织机构也发生了重大变化。

1994年1月5日台湾地区修订的"大学法"是一个转折点,其规定:

1. 校长,综理校务。校长的产生,应由各校组成的遴选委员会遴选二至三人,公立大学校长最后由教育行政主管部门择聘。遴选委员会成员应包括教师代表、行政人员代表、校友代表及社会公正人士,其中教师代表人数不得少于总数二分之一。

2. 校务会议,为校务最高决策机构,议决校务重大事项,由校长、副校长、教师代表、学术与行政主管、研究人员代表、职员代表、学生代表及其他有关人员代表组成。教师代表应经选举产生,其人数不得少于全体会议人员之二分之一,教师代表中具备教授或副教授资格者,以不少于教师代表人数之三分之二为原则,其余出、列席人员之产生方式及比例,由各大学组织规程规定。大学为增进教育效果,应由经选举产生的学生代表出席校务会议,并出席与其学业、生活及订定奖惩有关规章的会议。

校务会议审议下列事项:(1)校务发展计划及预算;(2)组织规程及各种重要章则;(3)学校、学系、研究所及附设机构的设立、变更与停办;(4)教务、学生事务、总务、研究及其他校内重要事项;(5)有关教学评鉴办法的研议;(6)校务会议所设委员会或项目小组决议事项;(7)会议提案及校长提议事项。校务会议由校长召开,每学期至少召开一次;当校务会议应出席人员五分之一以上请求召开临时校务会议时,校长应于十五日内召开。

3. 行政会议。大学设行政会议,由校长、副校长、教务长、学生事务长、总务长、各学院院长及其他单位主管组成,校长为主席,讨论本校重要行政事项。

4. 教师评审委员会和申诉评议委员会。大学设校、院、系(所)教师评审委员会,评审有关教师的聘任、聘期、升等、停聘、解聘等事宜。大学设教师申诉评议委员会,评议对有关教

师解聘、停聘及对其他决定不服的申诉。申诉评议委员会的裁决,不影响当事人提起司法争讼权利。

可见,1994 年的"大学法"明确了大学校长由校遴选委员会推荐;校务会议为最高决策机构,主要的成员是教师,它开始吸收学生参加校务会议,但未规定学生参加人数。教师申诉评议委员会,处理教师评职争议。需要申明的是,校务会议不是校长的办公会议和日常议会,它是大学的校务最高决策机关,校长自身的日常会议谓之"行政会议",有独立的机制。

2005 年 12 月 13 日修订的"大学法"仍将校长、校长遴选委员会、校务会议、教师评审委员会和申诉评议委员会,作为内部重要的组织。主要变化是:1. 明确校长不但综理校务而且负责校务发展,对外代表大学。2. 校长遴选委员会各类成员的比例与产生方式:(1) 学校校务会议推选的学校代表占全体委员总额五分之二。(2) 学校推荐校友代表及社会公正人士占全体委员总额五分之二。(3) 其余委员由"教育部"或各所属地方政府遴派的代表担任。3. 明确学生出席校务会议的代表比例不得少于会议成员总额十分之一。

2011 年 1 月 26 修订的"大学法",凸显了大学自治,赋予作为最高决策机构的校务会议以更多的职能和权限。大学校务会议议决的校务重大事项,除了旧法中的七项内容外,还包括:(1) 大学拟订的合并计划,得经校务会议同意,报"教育部"核定后执行。(2) 大学除依教师法规定外,得于学校章则中增列教师权利义务,并得基于学术研究发展需要,另定教师停聘或不续聘之规定,经校务会议审议通过后实施。(3) 学校教师评审委员会的分级、组成方式及运作规定,经校务会议审议通过后实施。(4) 大学建立教师评鉴制度,评鉴方法、程序及具体措施等规定,经校务会议审议通过后实施。(5) 大学教师申诉评议委员会的组成方式及运作等规定,经校务会议审议通过后实施。

最近一次修订的"大学法",是在 2015 年 12 月 30 日,其第九条、第十五条增修中明确:新任公立大学校长的产生,应在现任校长任期届满十个月前或因故出缺后两个月内,由学校组成校长遴选委员会,经公开征求程序遴选出校长后,由"教育部"或各所属地方政府聘任。校务会议推选的学校代表占校长遴选委员会的全体委员总额五分之二。在校长遴选委员会组成中,任一性别委员应占委员总数三分之一以上。大学设校务会议,议决校务重大事项。校务会议必要时,得设各种委员会或项目小组,处理校务会议交议事项,其名称、任务及组成方式,由各大学组织规程确定。此次增修,体现了男女决策平等和校务会议因应实际需要的机动性。

从本文第一、第二两部分叙述中可知,我国台湾地区公立大学的内设机构相对稳定,校长作为最高执行者,其遴选受制于代表"民意"的"校长遴选委员会",大学校务会议则是最高的决策机构,且教师和学生广泛参与重要事项的议决。校务会议作为大学的决策权力机关,"从法理上消除了校长专权弊端,为教授治校和学生自治奠定了基础"。但是,大学内部机构在运行上也存在校长与校务会议之间权责不清的问题,导致一些大学校长缺乏权力节制。[1] 公

---

[1] 李海燕、李兰铮、谢小琼:《台湾公立大学治理结构改革的审视——基于〈大学法〉的视角》,载《台湾研究》2014 年第 2 期,第 80-86 页。

立大学自我规制与政府外部管制之间也出现了紧张关系。2006年台湾地区教育行政主管机关根据"大学法",制定了"'国立大学'校长遴选委员会组织及运作办法",详细规定了公立大学校长的具体遴选机制,取消了政府的派任权和决选权,但是保有最后的审批聘任权。最典型的争执事例是,台湾大学校长遴选委员会于2018年1月5日选出管中闵教授作为校长当选人,4月27日教育行政主管部门作出不聘任的决定,造成了极大的社会震动。[1] 直到2018年12月,教育行政主管部门才"勉予同意"管中闵接任校长,2019年1月8日管中闵才就任校长职务。

三、校务委员会在大学治理结构中法律地位的变迁

1949年之后,我国大学的重要的内部组织机构在社会变革中,演绎出一条独特的进路,至今其组织类型和权力功能仍在完善之中,且屡遭非议。我们重点考察校长、中共党组和校务委员会的角色功能和地位变迁。

(一)校长的最高决策地位

中华人民共和国建立初期,对大学进行政府规制的规范多为政策性文件,有些政策文献不好寻找,为学术研究带来一定的难题。

笔者检索到,在1950年7月28日,政务院通过了《高等学校暂行规程》,规定了校长负责制,校长批准校务委员会的决议。校长领导校务委员会,校长是校务委员会的主任。学生也是校务委员会的成员。1950年5月19日印发的《北京师范大学暂行规程》第二十七条规定,校务委员会是由校长、副校长、教务长、副教务长、各系科主任、行政处处长、图书馆馆长、工会代表四人和学生代表两人组成。校长是当然主席。

在1951年10月15日通过的《东北人民大学校章(草案)》(东北人民大学为今吉林大学)里,可见其时的大学内部管理结构。1.校长一人。校长职权:(1)代表本校;(2)统一领导各项工作;(3)初步决定并提请批准本校经费预决算,批准或提请批准教师、职工工薪及学生助学金;(4)聘辞、任免教学人员,任免或提请任免各级工作人员,批准学生录取、毕业及奖惩名单;(5)批准或提请批准本校各种章则、制度、计划和决定;(6)批准或者提请批准本校各级教学、行政组织的成立、合并或撤销;(7)领导校务委员会及批准其会议;(8)决定或提请批准本校其他各种重大与革新事项。2.学校设校、系(班)委员会。成员一般须包括行政负责干部、社团组织(党、团、工会、学生会)主要负责人、教师代表等。校务委员会,属于民主协商机构,以讨论教学及科学研究工作的方针、计划,检查与总结教学及研究工作为主,其他重大问题也可由校长酌量提出讨论。讨论结果采取表决方式,作出成文决议,由校长做最后决定。3.学校得设各级社团,包括中国共产党、新民主主义青年团、教育工会及学生会等。其任务是:(1)以马列主义毛泽东思想教育全校人员;(2)协助行政完成教学计划及行

---

[1]《管中闵当选台大校长资格遭驳 台大表遗憾与异议》,http://news.sina.com.cn/o/2018-04-28/doc-ifztkpip7097038.shtml,访问时间:2019年2月3日。

政工作计划;(3)加强自觉自律,培养模范学生及模范工作人员;(4)提高全校人员的文化水平及军事体育质量。

显而易见,在新中国成立初期,我国大学治理以校长为中心和最高决策机构,校务委员会是民主协商机构,中国共产党组织对大学事务较少干预。

(二)党委领导下的校务委员会的最高决策地位

1952年院系调整后,新中国高等教育确立了"教育必须由党来领导"的基本方针。中共中央、国务院发布《关于教育工作的指示》(1958年9月19日,中共中央、国务院)规定:所有的高等学校都实行党委领导下的校务委员会负责制。一切教育行政机关和一切学校,都应该受党委的领导。

1961年9月15日,经中共中央讨论、批注的《中华人民共和国教育部直属高等学校暂行工作条例(草案)》(教育部拟议)则确立了高校党委是学校工作的领导核心。具体规定是:1. 高等学校的领导制度,是党委领导下的以校长为首的校务委员会负责制。2. 高等学校的校长是国家任命的学校行政负责人,对外代表学校,对内主持校务委员会和学校的经常工作。3. 校务委员会在校长的主持下,讨论和决定学校工作中的重大问题。校务委员会由校长、副校长、党委书记、教务长、总务长、系主任、若干教授和其他必要人员组成。校务委员会的人数不宜过多,党外人士一般应该不少于三分之一。人选由校长商同学校党委会提出名单,报请教育部批准任命。正副校长担任校务委员会的正副主任。

(三)校务委员会性质变更为咨询机构

1978年10月14日,教育部《全国重点高等学校暂行工作条例(试行草案)》规定,高校实行"党委领导下的校长分工负责制",取消原来的校务委员会,设立学术委员会。

1984年12月19日,教育部党组发布《关于高等学校试行设立校务委员会的通知》,在1983年全国高等教育会议提出恢复校务委员会之后,规定:高等学校校务委员会是学校工作的咨询机构,在校长领导下开展工作,并可以受校长委托,代表学校进行某些活动。校务委员会的成员,应以对教育工作有见解、在学术上造诣较深的学者或富有经验的老教育工作者为主体,也要有在教学、科研和管理等方面作出贡献的优秀中青年代表参加。这时的校务委员会的功能,被定位在加强对学校工作的参谋、咨询作用上。

(四)高校党委核心决策地位的逐步确立

1985年5月27日通过的《中共中央关于教育体制改革的决定》,再次改变了校务委员会的功能,校务委员会被作为高校的审议机构。该改革决定要求学校逐步实行校长负责制[1],有条件的学校要设立由校长支持的、人数不多的、有威信的校务委员会。

1988年4月27日,国家教育委员会发布《关于高等学校逐步实行校长负责制的意见》,要求高校必须按照党政分开的原则,逐步实行校长负责制。学校党组织应对党和国家的方

---

[1] 这一时期国家教委发布的《高等学校校长任期制试行办法》(〔87〕教干字007号)还明确:高校校长、副校长均实行任期制;任期一般为4年,学制为5年以上的学校,任期可为5年;校长、副校长任期届满,根据工作需要和本人条件,经上级任免机关批准,可以连任。

针、政策在本校的贯彻执行和教育任务的完成负有保证监督的责任。学校中的党组织要从过去那种包揽一切的状态中解脱出来,把自己的精力集中到加强党的建设和加强思想政治工作上来。

1993年8月13日,中共中央组织部、中共中央宣传部、国家教育委员会发布的《关于新形势下加强和改进高等学校党的建设和思想政治工作的若干意见》、1995年发布的《中组部、中宣部、国家教委党组关于加强高等学校领导班子建设工作的若干意见》、1996年4月16日中共中央组织部发布的《中国共产党普通高等学校基层组织工作条例》,都重申党委领导下的校长负责制,是学校的领导核心,领导学校的全面工作。高等学校的重大问题和重要事项,必须经过党委会或常委会集体研究决定,然后根据职责分工,分别由党委或行政组织实施。

可见,在20世纪80—90年代,我国大学的治理结构经过了反复讨论和变迁,并最终确立了中共党委或其常委会是大学领导和决策核心的体制。1998年8月29日,全国人大常委会通过《中华人民共和国高等教育法》(以下简称《高等教育法》),将已有的大学内部组织结构予以国家法制化。

迄今,我国大学的基本组织结构包括:1.中国共产党委员会和其常委会,国家举办的高等学校实行中国共产党高等学校基层委员会领导下的校长负责制。2.校长,是高等学校的法定代表人,全面负责本学校的教学、科学研究和其他行政管理工作。3.学术委员会,审议学科、专业的设置,教学、科学研究计划方案,评定教学、科学研究成果等有关学术事项。4.教职工代表大会,以教师为主体组成,依法保障教职工参与民主管理和监督,维护教职工合法权益。5.学位评定委员会,依据《中华人民共和国学位条例》独立负责学位的评定、授予。

《高等教育法》赋予了中国共产党高等学校基层委员会最高决策者的法律地位,它覆盖了1990年之前的校务委员会的功能,有权讨论决定学校内部组织机构的设置和内部组织机构负责人的人选,讨论决定学校的改革、发展和基本管理制度等重大事项。校长则变成了一个执行者。《高等教育法》只提到了"校务会议",未提到"校务委员会"。因此,现在中国大学运行的校务委员会仅仅是咨询性质的一种机构,且没有国家法律具体规定其职权。国内的一些大学章程通常如此界定:校务委员会是学校常设咨询机构,依其工作规则对学校的发展规划、重大改革措施、学科建设、师资队伍建设等重大问题,提出咨询意见和建议。[1]

2014年10月15日,中共中央办公厅印发《关于坚持和完善普通高等学校党委领导下的校长负责制的实施意见》,重申党委领导下的校长负责制是中国共产党对国家举办的普通高等学校领导的根本制度,是高等学校坚持社会主义办学方向的重要保证,必须毫不动摇、长期坚持并不断完善。高校党委把握学校发展方向,决定学校重大问题,监督重大决议执行,支持校长依法独立负责地行使职权。校长办公会议或校务会议是学校行政议事决策机构,主要研究提出拟由党委讨论决定的重要事项方案,具体部署落实党委决议的有关措施,研究处理教学、科研、行政管理工作。

---

[1] 张文显、周其凤:《大学章程:现代大学制度的载体》,载《中国高等教育》2006年第20期,第7-10页。

四、党对大学领导模式的学术探讨

2017年10月18日,党的十九大报告申明"坚持党对一切工作的领导","党政军民学,东西南北中,党是领导一切的"。2017年10月24日,《中国共产党章程(修正案)》申明"中国共产党的领导是中国特色社会主义最本质的特征,是中国特色社会主义制度的最大优势"。2018年3月11日通过的《中华人民共和国宪法修正案》增加了"中国共产党领导是中国特色社会主义最本质的特征"表述,这将深远指导和影响我国大学治理结构、政府管制和大学自身运行模式。

"党领导一切"是我国历经国内战争、抗日战争、社会改造、社会改革所形成的宝贵思想和制度财富。[1] 党如何领导各行各业?如何领导高校?这不应是一个学术禁区。探讨党如何高效率、高质量地领导高校,符合我国现行宪法确立的科研创作权利制度的要求,也有益于我国一流大学的发展建设。

除了全国党务由中央政治局及其常委会领导的模式之外,我国大致确立的党领导模式包括六种,它们构成了对公立高校党委模式的参照系和指针。

(一) 国家公务机构的党组模式

根据2019年4月6日施行的新的《中国共产党党组工作条例》[2]规定:党组是党在中央和地方国家机关、人民团体、经济组织、文化组织和其他非党组织的领导机关中设立的领导机构,在本单位发挥领导作用,是党对非党组织实施领导的重要组织形式。中央和地方国家机关、人民团体、经济组织、文化组织和其他非党组织的领导机关中,有党员领导成员3人以上的,经批准可以设立党组。县级以上人大常委会、政府、政协、法院、检察院,县级以上政府工作部门、派出机关(街道办事处除外)、直属事业单位,县级以上工会、妇联等人民团体,中管企业,县级以上政府设立的有关管委会的工作部门,以及其他有必要设立党组的单位,一般应当设立党组。经党中央批准,全国性的重要文化组织、社会组织或其他单位,可以设立党组。其他单位依本条例,经批准设立机关党组或分党组。

党组书记一般由本单位领导班子主要负责人担任。党组实行科学决策、民主决策、依法决策,党组发挥把方向、管大局、保落实的领导作用,全面履行领导责任,加强对本单位业务工作和党的建设的领导,推动党的主张和重大决策转化为法律法规、政策政令和社会共识,确保党的理论和路线方针政策的贯彻落实。党组讨论和决定本单位重大问题:1. 贯彻落实党中央以及上级党组织决策部署的重大举措;2. 制定拟订法律法规规章和重要规范性文件中的重大事项;3. 业务工作发展战略、重大部署和重大事项;4. 重大改革事项;5. 重要人事任免等事项;6. 重大项目安排;7. 大额资金使用、大额资产处置、预算安排;8. 职能配置、机

---

[1] 赵刚印:《"党领导一切"是怎么来的》,载《解放日报》2017年11月14日,第13版。
[2] 《中国共产党党组工作条例(试行)》,2015年6月11日由中共中央印发,对推进党组工作制度化、规范化、程序化发挥了重要作用。

构设置、人员编制事项;9. 审计、巡视巡察、督查检查、考核奖惩等重大事项;10. 重大思想动态的政治引导;11. 党的建设方面的重大事项;12. 其他应当由党组讨论和决定的重大问题。

党组模式与各类各级公务机关的其他管理模式相结合,尊重和保证了公务机构的依法高效良好运行。例如,我国国家重大事务是由全国人民代表大会决定的,在其闭会期间是由全国人大常委会决定的。人大党组对人大及其常委会的领导是全面的,通过法律程序发挥了核心领导作用,理顺了党与立法机构的合理关系。凡属于政治方面的立法,必须在制定前由全国人大常委会党组将立法的指导思想和原则呈报中共中央审批。政治方面的法律和重大经济、行政方面的法律,在法律草案基本成熟后,提交全国人大或全国人大常委会审议前,也应报送中央审批。[1] 在立法实务中,"凡是人大及其常委会准备决定的重大问题,人大党组都要事先报告同级党委"。"重要法律,其要点由人大常委会党组报中央批准"[2]。

(二) 国有企业的党组模式

现行《中华人民共和国公司法》第十九条规定:"在公司中,根据中国共产党章程的规定,设立中国共产党的组织,开展党的活动。公司应当为党组织的活动提供必要条件。"2019年修订的《中国共产党党组工作条例》第十四条第三款规定:国有企业党组书记根据企业内部治理结构形式确定,建立董事会的一般由董事长担任,未建立董事会的一般由总经理担任。党组其他成员一般由进入董事会、监事会、经理层的党员领导人员和纪检监察组组长(派驻本企业的纪检监察组组长)根据工作需要担任。其第二十条第二款规定国有企业党组讨论和决定重大事项时,应当与《中华人民共和国公司法》《中华人民共和国企业国有资产法》等法律法规相符合,并与公司章程相衔接。重大经营管理事项必须经党组研究讨论后,再由董事会或者经理层作出决定。

商法学者认为,"政治联系企业"的存在并非中国独有的现象,是全球普遍存在的问题,在自由主义企业制度的国家,也存在与政治紧密联系的企业,政治力量透过法治途径介入国家占主导地位的企业治理,是正常现象。党委进入企业治理,企业应认可党委在企业内部的优越地位,在党委开展组织活动及活动条件等方面给予支持,但其中"最大的难题是党委是否参与经营决策",如何设计合适的机制把握企业的政治方向,仍需观察及解释。[3]

(三) 党校校务委员会模式

中国共产党党校是在党委直接领导下培养党员领导干部和理论干部的学校,是党委的重要部门,是培训轮训党员领导干部的主渠道,也是党的哲学社会科学研究机构。各级党委对党校实行领导。就党校内部治理结构而言,《中国共产党党校工作条例》第九条规定:党校实行校务委员会(简称"校委会")领导体制。校委会全面领导学校工作,委员由同级党委任命。校委会工作由校长或主持日常工作的副校长主持。其第十条规定:党校校长一般由

---

[1] 蔡定剑:《中国人民代表大会制度》,法律出版社1998年,第34-35页。
[2] 李鹏:《立法与监督——李鹏人大日记》,新华出版社、中国民主法制出版社2006年版,第892、338页。
[3] 蒋大兴:《政治/政党与企业——政治权力参与资源分配的文明结构》,载《当代法学》2018年第1期,第11-31页。

同级党委书记或副书记兼任。可以看出,党校并不是一般意义上的教育机构,其自身管理机构的构成人员均为党务人员,在党校职能上不须"政事"区分,因此校务委员会作为党校内部的单一决策机构,具有机制上的特殊性。

(四)中小学校务委员会模式

中小学校务委员会制度,在欧美国家较为发达、历史悠久、应用广泛。例如,苏联有普通中小学校务委员会机制,其校务委员会旨在团结学校、家庭、社会各界和劳动团体,以完成党和国家有关学校的各项决议。校务委员会人员有:学校全体教育工作者、学生各社会组织代表、图书馆管理员、医务工作人员、家长委员会主席、基地企业代表、少年儿童居住地教育工作组织者、生产教学的技师。必要时可邀请个别学生、家长、校外机关工作人员、助导组织、法律保护机关、职业技术教育系统、高等和中等专业学校和其他部门的代表参加校务委员会的会议。主席由校务委员会从其成员中公开投票选出。学校校长如不同意校务委员会的决议,可向相应的国民教育局(管理局)提出重新审查,依教育局的声明程序,校务委员会的重新审理决定是最终决定。[1] 由此解决了校长与校务委员会的权力关系。

我国公办中小学校实行"校长负责制",各地亦不断进行基础教育学校管理体制改革的尝试,于 2003 年开始探索校务委员会模式。校务委员会一般由学校领导、教师代表、学生代表、家长代表、所在社区代表以及教育专家等组成,职业学校应有行业企业代表。学校领导代表总人数不超过校务委员会总人数的三分之一。[2] 校务委员会全面贯彻执行国家法律法规和党的教育方针,遵守学校章程,通常以会议决议的方式对下列事项作出意见或决定:1. 拟定和修订学校章程;2. 审定学校发展规划、重要规章制度、重大业务活动计划、重大教育教学改革及内部机构设置、人事管理方案;3. 审议学校财务预决算、重大基建维修项目等重要事项;4. 听取并审议学校管理层工作报告;5. 按照有关规定参与审议和决定学校其他重要事项。[3]

可见,普通教育学校设立的校务委员会是我国国家举办的学校根据自主办学需要而设立的由办学相关方面代表参加,决策重大事项、支持学校发展的议事决策机构,是学校实施科学决策、民主监督,促进社会参与,规范办学行为的重要治理主体和组织形式。校务委员会经历了一系列变迁——由咨询建议功能,到部分参与学校决策,再到作为学校管理体制的组成部分,成为校长负责制的补充。校务委员会有权提出意见和建议,并对有关事项进行审议和作出相应决定。校务委员会作为学校的议事监督机构,是现代学校管理体制和法人治理结构的重要组成部分,其基本功能:一是建议参谋功能。二是审议决定功能。校务委员会对学校发展规划、年度工作计划、重大改革项目、重要管理规章等重大事项具有审议权,并作出相应决定。三是沟通协调功能。四是监督评价功能。

---

〔1〕 李玉兰:《苏联学校校务委员会条例(1987 年 5 月 21 日修订草案)》,载《中小学管理》1988 年第 2 期,第 49-50 页。

〔2〕 宁波市教育局:《宁波市教育局关于推进建立健全中小学校校务委员会制度的意见》(甬教政〔2014〕第 281 号)。

〔3〕 东营市教育局、东营市机构编制委员会办公室:《东营市中小学校校务委员会规程(试行)》,2017 年 3 月 15 日发布。

(五) 民办教育的党领导模式

2002年制定的《中华人民共和国民办教育促进法》规定,国家机构以外的社会组织或者个人,利用非国家财政性经费,面向社会举办学校及其他教育机构的活动,是国家积极鼓励、支持和引导的社会主义公益事业。学校理事会、董事会或者其他形式的决策机构,行使下列职权:1. 聘任和解聘校长;2. 修改学校章程和制定学校的规章制度;3. 制定发展规划,批准年度工作计划;4. 筹集办学经费,审核预算、决算;5. 决定教职工的编制定额和工资标准;6. 决定学校的分立、合并、终止;7. 决定其他重大事项。民办学校的法定代表人由理事长、董事长或者校长担任。

《中华人民共和国民办教育促进法》于2016年修订时,增加了"民办学校中的中国共产党基层组织,按照中国共产党章程的规定开展党的活动,加强党的建设"条款。早在2000年,中共中央组织部、中共教育部党组就印发了《关于加强社会力量举办的学校党的建设工作的意见》(中组发〔2000〕第7号),要求及时在社会力量举办的学校建立党的组织,并理顺党组织的隶属关系。建议社会力量举办学校党组织的负责人,经选举可由学校行政负责人中的党员担任。设校董会的社会力量举办的学校,党组织负责人应进入校董会。学校党组织负责人工作变动时,须征求上级党组织的意见。

社会力量举办学校的党组织的主要职责包括:1. 宣传和贯彻执行党的路线、方针、政策,执行上级党组织和本组织的决议、决定,监督学校行政管理机构和行政负责人认真执行党的教育方针,遵守国家的法律法规,坚持社会主义办学方向。2. 对学校教学和行政管理工作中的重大问题提出意见和建议,支持学校行政管理机构和行政负责人依法办学。3. 加强学校党组织的自身建设。做好党员教育、管理、监督工作和发展党员工作。4. 领导学校思想政治工作和德育工作。5. 领导学校工会、共青团、学生会等群众组织和教职工大会(代表大会)。6. 做好统一战线工作。对学校内民主党派的基层组织实行政治领导,支持他们按照各自的章程开展活动。

目前,我国已有民办高校制定了自己的大学章程,规定学校实行理事会领导下的校长负责制,实行理事会决策、校务委员会执行、党委监督和保障的领导体制,从而在民办高校内部治理结构中确立和完善了党组织的功能作用、运行机制。

(六) 公立高校的党委领导模式

现行《高等教育法》要求国家举办的高等学校实行中国共产党高等学校基层委员会领导下的校长负责制。教育部在《教育部关于实施〈中华人民共和国高等教育法〉若干问题的意见》(教高〔1999〕第4号)中申明:高校党委统一领导学校工作,支持校长独立负责地行使职权,其领导职责主要是:执行中国共产党的路线、方针、政策,坚持社会主义办学方向,领导学校的思想政治工作和德育工作,讨论决定学校内部组织机构的设置和内部组织机构负责人的人选,讨论决定学校的改革、发展和基本管理制度等重大事项,保证以培养人才为中心的各项任务的完成。校长全面负责本学校的教学、科学研究和其他行政管理工作,并对学校发展规划、内部组织机构的设置方案、年度经费预算方案等具有拟订权力。这些规定体现了大学治理结构的职责分工,确立了党委和校长各自独立的权力范围,在重大事项上党委具有最高决策法律地位。

2014年10月15日,中共中央办公厅印发《关于坚持和完善普通高等学校党委领导下的校长负责制的实施意见》,详细规定了党委对高校的领导机制。高校党委讨论决定事关学校改革发展稳定及教学、科研、行政管理中的重大事项和基本管理制度;管理干部和人才;领导大学文化建设等。党委实行集体领导与个人分工负责相结合,坚持民主集中制,集体讨论决定学校重大问题和重要事项,领导班子成员按照分工履行职责。该实施意见还更加具体地明确了校长的组织拟订和实施重要事项的权力,校长的权力范围比《高等教育法》规定的更全面、更具体。党委常委会主持党委经常工作,主要对学校改革发展稳定和教学、科研、行政管理及党的建设等方面的重要事项作出决定,按照干部管理权限和有关程序推荐、提名、决定任免干部。

上述六种党领导模式,针对不同的社会事务,尤其是公立大学管理秉承了党政一体化发挥作用的原则,与通过中共党组方式发挥作用的国家公务机构、国有企业管理机构的模式不同。民办高校没有党委负责制,并不意味着不需要党的管理。一个国家学校教育实行着不同的党领导方式,这种方式有何本质区别,值得学术上深化研究。在变迁中,高校党委的领导模式也发生了不同的变化,党如何领导大学才是最有效率的,需要反思和整理。

五、恢复校务委员会最高决策地位的可能性

我国高等学校内部机构的设立,经历了不同时代的变迁。在蔡元培任职教育部时期,按照《大学令》(1912年,民国政府颁布,蔡元培主笔),大学的内部机构只有评议会、教授会、教务会。在蒋梦麟任职教育部时期,按照《大学组织法》(1929年,民国政府颁布),大学的内部机构包括校务会议、院务会议、教务会议和行政会议。而现在,为适应现代教育和大学任务的需求,我国高等学校内部的机构趋向烦琐而复杂,包括:1. 党委及其常委会(党委—党支部—党员);2. 校长及校长办公会议(或称校务会议);3. 各教学单位;4. 工会及其分支机构;5. 团委、妇联、统战部、信访办公室;6. 学位评定委员会及分委员会;7. 学术委员会及其分委员会;8. 教授会;9. 学校党政所属部门;10. 学校派出机构(如驻京办事处)和学校附属单位;等等。我国现存的高等学校内部机构的设立,基本上都有教育法律、法规、规章或规范性文件的依据,或者符合党的政策、规章制度的要求。这些机构设立和管理是否完全符合现代大学精神的要求,值得反思。

中共中央办公厅于2014年印发的《关于坚持和完善普通高等学校党委领导下的校长负责制的实施意见》还规定:校长办公会议或校务会议是学校行政议事决策机构,主要研究提出拟由党委讨论决定的重要事项方案,具体部署落实党委决议的有关措施,研究处理教学、科研、行政管理工作。高等学校要结合实际,制定全委会、常委会、校长办公会议(校务会议)的会议制度和议事规则[1]。在这里,"校长办公会议"与"校务会议"是同一概念,"校务会

---

[1] 同时规定了"在院(系)设立党政联席会议制度,集体讨论决定重大事项"。有些高校因此制定了自己的具体规则,例如2014年吉林大学发布了《吉林大学基层单位党政联席会议议事规则》。

议"并非是由独立的校务委员会召集的全校内会议,这一点《高等教育法》第四十一条亦有相同规定。迄今,在校长办公会议如何组成和决策上,尚未有具体的国家立法规定。近几年来,武汉大学、中山大学、东南大学、山东大学、重庆大学、上海交通大学、西安交通大学、华中科技大学等发布了校长办公会议议事规则,未见到北京大学、清华大学发布此类议事规则。

我国已经教育部核准发布的大学章程,均进一步明确了党委及其常委会、校长的职责。有的大学章程细化了大学校务委员会的职能。例如,2014年核准发布的《北京大学章程》第二十六条规定:"校长办公会议成员包括校长、副校长、秘书长、教务长、总务长、总会计师等人员。校长可以根据需要指定列席人员。校长听取会议意见后在其职权范围内作出决定,其决定及与会人员意见记入会议记录。"第二十九条规定"学校设校务委员会。校务委员会是学校的咨询议事和监督机构,是社会参与学校治理的组织形式",校务委员会行使下列职权:1.审议通过校务委员会章程及其修订案;2.决定委员的增补或者退出;3.参与审议学校章程拟定和修订、发展与改革规划、学科建设与专业设置、年度预决算报告等重大事项;4.审议学校开展政产学研合作与协同创新的总体方案、重大项目及协议,支持学校开展社会服务,促进学校社会合作水平和质量的提高;5.审议学校面向社会筹措资金、争取资源的规划或者计划,监督筹措资金的使用;6.监督和评价学校办学质量与效益;7.承担学校委托的其他职能。并且《北京大学章程》还规定了校务委员会委员的人员组成。2014年核准发布的《清华大学章程》第二十五条、第二十六条分别规定了校务会议和校务委员会制度。校务会议由校长主持,校党委负责人和副校长、教务长、秘书长、总务长等参加,按学年召开。根据会议内容,可邀请有关院系、部门负责人和师生员工代表列席。观其规定,校务会议与校长办公会议并非完全等同。校务委员会是咨询审议机构,定期讨论关系本校全局的决策并提供咨询意见。由大学章程和高校实务反映出来的共同事实状况是:"校务委员会的权力较小,主要是作为一种审议机构而存在,起指导咨询作用。"[1]

综上,校务会议和校务委员会在我国大陆地区的大学治理结构中,二者性质和功能并非等同。但就校务会议而言,其并没有台湾地区校务会议的最高议事决定权,且与校长办公会议等同时,缺乏议事决策的普遍代表性。校务委员会在正式国家立法中,没有明确的定位,更多的是在教育政策文件和大学章程中简约地规定了其地位。

纵览100多年来的中国大学内部决策机构的变迁,我们也许可以发现:1.教授委员会并不是也不宜是学校层面的重要组织,因为在日益复杂的现代大学组织架构中,其功能具有局限性,并逐渐被其他组织所替代,这不以人们的主观热情为转移。2.至少从大学违法违纪和大学办学质量不高等诸现象可以看出,大学校长的作用也不应被神话,其并不具有超然的正确性和独立性,它应受制于教育民主管理的最高决策机构。3."校务委员会会议"并非是校长办公会议或者校长召开的校务会议。校务会议不能简化或矮化为校长管理的基本形式。如此,校长的决策和执行活动就缺乏了有效监督。4.在中华民国历史上和我国台湾地

---

[1] 甘金球:《高等学校校务委员会制度:校长管理的基本形式》,载《山东社会科学》2011年第11期,第97-100页。

区的大学谱系里,校务会议是公办大学的内部最高决策机构。在我国大陆地区的大学谱系里,中共党委及其常委会是最高决策机构,它替代了校务委员会的原有功能,而校务委员会逐渐转为咨询机构,角色地位可有可无。很多大学在最近 10 年里都未曾召开过校务委员会会议。当然,有些大学通过自身内部规则制定,开始强化校务委员会的功能,完善其咨询机制,并尝试增加了审查和监督功能。

与校长、党委相关的大学管理机制争议话题还指向如何认识大学之内各种组织的权力划分。实质上,各种组织的权限划分标准是与事项相对的,是对事权,是横向分工的权力,不是纵向权力的谁高谁低,各种组织在所辖事务范围内都具有权力最高性。在大学里,只有极少数问题才涉及个人纵向权力的运用。即使实行校长负责制,也不能等同于校长类似于国家行政机关的首长,也不能说校长行使的是单向度的权力。

在大学章程制定过程中,校长负责制并不是唯一关键问题,关键的问题还有对校长权限和行为予以审议的最高权力机构是谁。通过对我国台湾地区的大学组织结构的观察,校长本身是被大学内部民主机构遴选出来的,校务会议以教师和学生为主体,因此校长的产生和行为决策具有广泛的民意基础和正当性。如今,人们不断争议大学章程究竟由谁通过才是合法的——党委或其常委会、校长办公会议、职工代表大会?究其根本,中国大陆地区的大学章程制定的复杂性就在于明示谁是大学的最高权力和决策机构,这个机构本身是否具有广泛的民主基础。因此,值此我国大学"双一流"建设的新时代,从学术上思考和重新定位"校务委员会"的地位和职能,可能是一件有意义的学术尝试。

总结校务委员会的变迁历史,比照国家公务机关的党政模式,如果大学里的中共党组通过校务委员会表达党和国家意志,书记兼任校务委员会主任,吸收非中共人士和学生参与校务委员会的组成、重要事项的议决,那么至少在形式上更加完美,中国大学内部的最高决策机构在民主管理上更加被广泛认同,也没有组织运行上的障碍。校务委员会具有大学公务法人的最高决策性,其由党组书记兼任校务委员会主任,党组织依据组织条例开展活动,保证了党对高校的绝对领导权,同时校长变成执行主体,也弥补了我国高校缺乏董事会、理事会等最高决策机构的不足。

结　语

大学不是直接用来谋生的,不是用来直接改变生活质量的,大学代表着中国梦想的发展方向和中华民族复兴的积极力量。大学只能以培养人才、科学研究和服务社会为中心,通过且只能通过改变学校的教学科学研究的竞争力、竞争地位,从而改善其师生员工的福利。因此,大学需要改革被福利化和固化了的利益结构、权力结构。提升校务委员会在大学内部治理结构中的决策地位,值得学术探讨,这可能有利于整饬大学现有的庞大的闲杂的各种机构,重塑大学本质和精神,真正实现社会主义高等教育的国家使命和任务。

第二编 学位制度与《学位条例》修改

论高校自主设置研究生招生条件的正当性及其限制

周佑勇[*]

摘　要　研究生招生条件是保障研究生培养质量的第一道关口,具有界定与排除主体报考资格的调整性。为执行教育部有关研究生招生条件设置的相关规定,高校可以通过招生简章自主设置具有差异性的研究生招生条件。这种自主设置的招生条件因其具备"合法性"授权与合理性基础而具有正当性,但这并不意味高校可以恣意设置不受控制的研究生招生条件。高校自主设置的研究生招生条件不得侵害公民平等受教育权,需符合招生单位研究生培养目标,只能在授权范围进行补充性条件的设置,并且设置的报考业绩条件应具有合理性限度。

关键词　高校　研究生招生条件　正当性　限制

一、引　言

研究生招生是研究生教育的前提,是国家选拔高层次人才的首要环节。"研究生招生工作承担着为国家选拔高层次学术型和应用型专门人才的重任,研究生教育的核心问题和关键环节均与研究生招生密切相关。"[1]

我国自1978年恢复研究生招生考试以来,研究生教育事业获得了长足的发展。"研究生招生规模从1999年的7.23万人增长到2016年的51.72万人,增长了6.15倍。"[2]研究生招生规模的扩大来源于两个方面的内驱力:一是高等院校本专科生招生规模的扩大。理性选择制度主义为研究生招生规模的扩大提供了分析框架,认为"理性选择制度主义从行动者的微观视角出发,假设行动者为'理性人',即每个行动者都具有自利性,都企图极大化其

---

[*] 周佑勇,法学博士,东南大学法学院教授、博士生导师,长江学者特聘教授,东南大学教育立法研究基地主任。本文系教育部教育立法研究基地项目《学位条例》修改中的学位授权法律问题研究(项目编号:2242018S30030)"的阶段性成果。

[1] 董力毅、冯丽娟:《研究生招生管理模式改革现状探析》,载《华南理工大学学报(社会科学版)》2017年第2期。

[2] 李安萍、陈若愚、胡秀英:《研究生教育"本科化"认识的形成与思考》,载《研究生教育研究》2018年第1期。

目标和偏好"[1]。高等教育扩招带来的相对就业困难,报考研究生以增强其在市场就业中的竞争力无疑成为大学生的理性选择,怀有同样偏好的还包括研究生招生单位的认识理性。自1999年起,我国高等教育开始大规模扩招,本专科生招生规模的不断扩大必然使处于其上端的研究生招生形成扩大的需求。二是国家实施科教兴国战略与人才强国战略的必然选择。组织学制度主义为此提供了解释的路径,其侧重于探讨行为所处于的系统、背景与环境以及国家战略。研究生教育规模不断扩大必将为国家的建设和发展注入源源不断的人才动力。

随着研究生招生规模的不断扩大,在研究生教育资源、教育管理和教育评价难以在短期内跟进与协同的条件下,研究生培养质量就会呈现整体性下降的趋势。不断增多、形态各样的研究生学术不端行为的频发,就是研究生培养质量下降的最好例证。"正是高等教育大众化阶段特有的'质变'向更高层次的研究生教育体系推演,现阶段对研究生招生质量开展深入研究就必须置身于高等教育大众化阶段的语境中。"[2]研究生是第一战略人力资源,是国家创新型人才的主要来源。研究生培养质量的下降不仅使研究生作为高端战略人才"名不副实",也与国家扩大研究生招生规模以加快创新型国家建设进程的目标背道而驰。在国家一时难以加大对研究生教育的投入,制度与管理难以同步作出协同的前提下,为研究生招生设置报考条件并不断提高报考研究生的门槛成为控制研究生招生规模并提高研究生质量的简易路径。

二、研究生招生条件的调整性及识别

研究生招生条件,是从招考单位规制的视域所作的资格限制的表达,从考生的角度看其实质就是报考条件。无论是考生的报名条件,还是招考单位的招生条件都以明示的确定性要求表明研究生招生录取的资格,因而是保障研究生培养质量的第一道关口,是提高研究生培养质量的逻辑起点,研究生招生条件的设置具有直接调整性作用的价值。

1. 基础性。研究生招生条件是对研究生报考资格的规定,是取得研究生录取资格的前提,它具有"必要性、基本起点、实体性、内在性、整体包含性等特性"[3]。研究生招生条件不仅是研究生招生的前提,也是研究生培养和研究生教学乃至国家人才事业的基础性环节。

2. 拘束性。无论是教育部"全国硕士研究生招生工作管理规定"和"招收攻读博士学位研究生工作管理办法",还是各个高校发布的研究生招生简章均具有软法的效力,形成了对高等学校及考生的约束。考生以是否符合招生单位的报考条件作为选择报考学校的参考,

---

[1] 谢静、卢晓中:《我国研究生招生制度60年嬗变——基于历史制度主义的视角》,载《大学教育科学》2014年第4期。

[2] 黄静、屠中华:《高等教育大众化阶段保障研究生招生质量的思考》,载《学位与研究生教育》2015年第11期。

[3] 余仰涛:《思想政治工作学研究方法论》,武汉大学出版社2006年版,第91页。

招生单位以招生条件对考生进行资格审查。

3. 保障性。"报考条件是研究生培养质量最基本、最一般的本质规定。"[1]研究生培养质量的提升和保障是一个综合系统工程,而设置研究生招生条件是保障研究生生源质量、提高研究生培养质量的简易措施。

4. 限制性。无论是从国家人才培养的战略需要,还是从我国宪法和法律的相关规定看,报考研究生都是公民受教育权的一项重要内容。"然而,平等的教育权利仅仅是理论论证和制度规范意义上的,它通常无法自我实现。"[2]报考研究生是考生行使宪法规定的公民受教育权的一项重要内容,对研究生招生条件的设置实际上形成了对公民平等受教育权的限制。

我国研究生招生条件呈现集中与分散的形态。研究生招生条件集中于教育部每年度发布的"全国硕士研究生招生工作管理规定"和2014年颁布的《2014年招收攻读博士学位研究生工作管理办法》。在以上"规定"和"办法"中有关"报名条件"的规定,成为各高等学校设置研究生招生条件的"立法依据"。研究生招生条件同时又分散于各高校发布的年度研究生招生简章,各高等学校在依据教育部研究生招生工作规定的基础上结合自己学校的办学定位、研究生培养目标制定年度研究生招生简章,招生简章的一项重要内容就是规定各种招考形式的报考条件。

教育部每年度都会发布"全国硕士研究生招生工作管理规定",将其作为硕士研究生招考的依据,2014年颁布《2014年招收攻读博士学位研究生工作管理办法》仍然作为目前博士生招考的依据。作为软法规范的"全国硕士研究生招生工作管理规定""招收攻读博士学位研究生工作管理办法"以针对性的规定对我国研究生招生发挥了基础性作用:一是促进了研究生招生的规范化。通过对研究生招生的报考、命题、初试、评卷、复试、条件和录取等各个环节的详细规定,促进研究生招生的规范化管理。二是通过信息公开公示促进了研究生的招生公平。正当程序设置特别是招生信息公开促进了程序正义的实现,主要表现为对平等受教育权的尊重。三是年度的研究生招生管理规定的发布频次使得研究生招生条件的设置更能回应招生实践的需要,更能彰显制度对现实的回应性从而推进研究生招生制度的改革。

高校以研究生招生简章发布研究生招生条件。研究生招生简章是高校对外发布研究生招生信息和组织研究生招生的官方公开性文件:对于考生而言,招生简章是报考指南;对于招生单位而言,招生简章是招生行为规范。招生简章内容一般是将教育部有关研究生招生方面的规定和政策具体化并进行校本化的设计。目前并没有对招生简章有任何制定方面的规制,包括对其形式上的体例也并没有任何的要求。完善而翔实的研究生招生简章首先会涉及对简章制定目的的规定,这形成了对招生简章制定的纲领性要求,如根据《2018年全国

---

[1] 黄治国:《论提高研究生培养质量的逻辑起点》,载《湖北社会科学》2009年第4期。

[2] 吕普生:《权利平等、机会均等与分担公正——教育公平的三个维度及其内在逻辑》,载《华中科技大学学报(社会科学版)》2013年第6期。

硕士研究生招生工作管理规定》，"为加强我校对硕士研究生招生工作的管理，保证硕士研究生的入学质量和招生工作的顺利进行，特制定本章程"。[1] 而更多学校的研究生招生简章则直截了当进行实质性的规制而并没有形式上的立法目的条款。

通过对教育部研究生招生工作管理规定、办法以及各个高校研究生招生简章的文本分析，蕴含在其中的硕士研究生招生条件一般由四个方面构成：1. 国籍条件：我国公民。2. 品德条件：拥护党的领导，品德良好，遵纪守法。3. 身体条件：身体健康符合体检要求。4. 学业条件：有关报考的学历条件。

报考博士研究生的招生条件一般包括：1. 国籍条件：我国公民。2. 品德条件：拥护党的领导，品德良好，遵纪守法。3. 身体条件：身体健康符合体检要求。4. 学业条件：有关报考的学历条件。5. 科研条件：发表论文和主持课题情况。6. 年龄条件：要求40岁或者35岁以下。7. 推荐条件：要求两名高级职称人员推荐。8. 定向就业条件：征得原单位同意。

在研究生招生的条件设置中，前三项报考条件具有设置的必要性，但却难以形成对考生报考的实质性限制。对考生报考形成实际意义的限制的条件在硕士研究生报考中主要体现为第四条学业条件的限制，特别是是否允许同等学力人员参加报考；对博士研究生报考限制的条件体现为第四条至第七条，特别是第五条对报考者科研条件即有关发表文章和主持课题的要求，阻却了相当一部分潜在的报考者。教育部年度研究生招生工作管理规定对高校自主设置研究生招生条件进行了授权，教育部目前适用的《2014年招收攻读博士学位研究生工作管理办法》授权招收博士生的单位全面负责本单位的博士生的招生工作，包括"编制公布招生简章（含招生专业目录）"和"制订本单位的分学科（类别）、专业（领域）的招生方案"，使得高校设置的研究生招生条件呈现出差异性。

三、高校以招生简章设置差异性的研究生招生条件

由于教育部研究生招生工作管理规定的纲领性以及对高校自主设置部分研究生招生条件的授权，高校依据自身办学定位以及培养目标的需要设置的研究生招生条件具有差异性。

1. 研究生招生条件实行硕士与博士的严格区分。教育部将硕士研究生招生与博士研究生招生区别设置。每年度教育部都会发布"全国硕士研究生招生工作管理规定"作为对全国硕士研究生招生进行指导的纲领性文件，招生条件设置从全面人才培养的要求出发，包括国籍条件、品德条件、身体条件和学业条件四个方面的内容。对博士研究生报考条件的规定是2014年教育部颁布实施的《2014年招收攻读博士学位研究生工作管理办法》，这个管理办法虽名为2014年使用的博士研究生管理办法，但是教育部在后来的博士研究生招生管理中一直适用这个规定，并没有将其废止。在该管理办法的"报考的基本条件"中规定了普通方式招考的条件，包括品德条件、身体条件、学业条件、推荐条件、同等学力报考单位追加业务条件等。不仅教育部将硕士研究生招生条件与博士研究生招生条件分列，高校也是分别制

---

[1] 参见《南京师范大学2018年硕士研究生招生简章》。

定硕士研究生与博士研究生招生简章从而设置区别化的招生条件。

硕士研究生招生条件与博士研究生招生条件的分开设置是两者培养目标差异的使然,即使对其招生条件的设置不采用严格的、形式主义的单列,也需要在同一个研究生招生简章中将硕士研究生与博士研究生的招生条件分列,硕士研究生与博士研究生的培养目标的差异是其分列实施的根源。作为国家最高层次的学历教育,即使博士就业呈现出日益强烈的多元化趋势,博士生毕业的职业仍以"学术职业"为主体,博士生毕业选择非学术性职业被认为是"管道的泄露"[1]。与博士研究生培养目标略显不同的是,虽然硕士研究生培养仍需具有"学术性"培养的要求,但硕士研究生掌握独立承担专门技术工作的能力成为培养目标的重要内容。

博士研究生与硕士研究生在招生条件上虽具有实质上的差异性,却具有形式意义上的相似性,这表现为两者招生条件设置结构的相似性。从培养全面发展的社会主义创新型人才的国家需要出发,无论是硕士研究生还是博士研究生培养都需要兼顾到德、智、体三个方面的培养要求,反映在关口环节,对硕士研究生的报考者或是博士研究生的报考者都提出了全面性的要求。"德"是对考生思想素质和政治素质的要求,"智"是对考生学历与学术条件和素质的要求,"体"是对考生身体健康的要求。这既是二者在招生条件上的相似之处,也是架起硕士研究生教育与博士研究生教育相互衔接的纽带。

2. 硕士研究生招生条件的差异性主要体现在对考生学历条件的处置差异。我国设置的硕士研究生报考条件总体上是十分宽松的,只需要专科毕业两年以上即可按照本科毕业生同等学力身份报考,还有各类本科(全日制、成人高校、自学考试、网络教育)应届和往届毕业生都可报考。

硕士研究生招生条件的差异性主要表现为对同等学力的处置。同等学力可以报考硕士研究生或者博士研究生具有《中华人民共和国高等教育法》(以下简称《高等教育法》)的依据:"本科毕业或者具有同等学力的,经考试合格,由实施相应学历教育的高等学校或者经批准承担研究生教育任务的科学研究机构录取,取得硕士研究生入学资格。硕士研究生毕业或者具有同等学力的,经考试合格,由实施相应学历教育的高等学校或者经批准承担研究生教育任务的科学研究机构录取,取得博士研究生入学资格。"[2]《2018年全国硕士研究生招生工作管理规定》对此的处置是认可同等学力具有一般意义上的报考条件,但是规定需"符合招生单位根据本单位的培养目标对考生提出的具体学业要求"。由此形成了各校对同等学力人员不同的处置情形。

(1) 对同等学力人员报考不加以特别限制。年度"全国硕士研究生招生工作管理规定"为各校研究生招生设置了基本条件,高校研究生招生条件在符合这些基本条件的基础上既可以不再增设条件,也可以依据授权在此基础上追加。2018年度延安大学、重庆科技学院

---

[1] Cathy Lynn Williams Wendler, Brent Bridgeman, Ross Markle, et al. Pathways Through Graduate School and into Careers. Princeton, NT: Educational Testing Service, 2012: 23, 20.

[2] 参见《中华人民共和国高等教育法》第十九条第二、三款。

研究生招生条件完全按照规定的条件而没有增设条件。

(2) 对同等学力人员报考资格予以一般性认可,但是设置追加条件。如南京市一高校在其2018年的研究生招生简章中规定同等学力人员可以报考,但是需要符合两个条件:"进修过8门或8门以上与报考专业相同或相近的本科主干课程;在公开出版的刊物上发表过与报考专业相关的学术论文(第一作者),或获得厅局级以上奖项。"2018年广东外语外贸大学在其硕士学位研究生简章中对此规定"获得自学考试5门以上主干专业课程"。陕西师范大学在2018年的研究生招生简章中规定了十分严格的对同等学力人员报考的条件限制,包括修完6门主干课程、发表3 000字以上的学术论文、不得跨学科报考、复试加试2门本科主干课程等条件要求。

(3) 不招收同等学力考生。《安徽大学2018年硕士研究生招生简章》规定,同等学力不可报考学术学位硕士研究生,但可以报考专业学位硕士研究生。

3. 博士研究生招生条件的差异性。目前,我国博士研究生招考条件依据《2014年招收攻读博士学位研究生工作管理办法》中的"报考的基本条件",该办法并没有对硕士研究生报考的科研业绩提出要求,但对同等学力人员报考提出了"以同等学力身份报考的人员,还须达到招生单位对考生提出的具体业务要求"。但在实际的招生条件设置中,高校不仅依据2014年招收博士学位研究生工作管理办法的授权设置同等学力报考的业务要求,也对硕士研究生报考的科研业绩提出了要求。

(1) 对同等学力报考及其报考的业务要求存在较大的差异性。南京师范大学博士研究生招生要求考生的学历条件为"应届硕士毕业生(最迟须在入学前毕业或取得硕士学位)或研究生毕业或已获硕士学位人员"。这排除了同等学力人员报考博士研究生的报考资格。

允许同等学力人员报考的高校,多数从职称、论文、科研项目、科研奖励、复试加试等方面对同等学力人员进行限制。北京大学要求同等学力人员报考须符合在报考专业相近领域的核心期刊上发表2篇学术论文(第一或第二作者),或获得省部级相关科研成果奖励的条件;南京大学要求同等学力人员在报考学科或相近研究领域国内外核心刊物上已发表论文(第一作者),或有专著出版(含独著或合著)或者获省部级及以上科研成果奖励或专业奖励;安徽大学规定同等学力人员报考须符合副高以上职称,在二类及以上期刊以第一作者发表与所报考专业相关的学术论文1篇以上,复试时须加试政治理论课及2门硕士阶段主干课程三项条件;安徽师范大学规定同等学力人员报考须符合在SCI、CSSCI期刊以第一作者公开发表与所报考专业相关的学术论文1篇以上,复试时须加试政治理论课及2门硕士阶段主干课程两项条件。

(2) 对硕士研究生报考的业绩要求。北京大学、南京大学、安徽大学和安徽师范大学等多数高校博士研究生招生简章没有对硕士研究生报考提出业绩要求,这与教育部规定相一致。少数高校对硕士研究生报考的业绩要求则主要集中于其论文、课题、获奖等方面的要求,如南京师范大学在其2018年博士生招生简章中对报考本校博士研究生的硕士研究生提出须近三年以第一作者发表核心期刊论文,或主持厅级及以上科研项目,或获厅级科研成果奖二等奖及以上奖励(论文、项目、奖励须与所报学科专业相关或相近)。

四、高校自主设置研究生招生条件的正当性

正当性是有效性的来源,其回答了为何负有服从义务的问题。"权力与暴力的区别,就在于前者是具有正当性的力量,而后者是没有正当性的力量。"[1]在国家推进以提高研究生培养质量为核心的研究生教育综合性改革的前提下,公平性越发引起关注,因而作为关口环节的研究生招生条件的设置面临一个不容小觑的任务:必须证成高校自主设置研究生招生条件的正当性。

《高等教育法》、年度"全国硕士研究生招生工作管理规定"和《2014年招收攻读博士学位研究生工作管理办法》为研究生招生设置了基础性的招生条件,作为统一性要求和强制性约束,各类高校研究生招生必须符合这些基本条件,这是国家基于研究生教育质量保障的控制性措施,高校根据此授权并结合本校的研究生培养自主设置追加条件。

1. 高校自主设置研究生招生具有"合法性"基础。理论界对高校自主设置研究生招生条件的正当性质疑主要体现为"权力来源的违法性"认识。高校自主设置的研究生招生条件具有外部的拘束力,这种拘束力表现为其界定与排除特定主体报考研究生的资格,理论界认为这是一种对公民受教育权的限制,作为软法规定的招生简章设定的高校研究生招生,以文本内容涉及对相对人基本权利的剥夺,其在宪政框架下的正当性确证问题便得以凸显。

按照年度发布的"全国硕士研究生招生工作管理规定"和目前仍然适用指导博士研究生招生的《2014年招收攻读博士学位研究生工作管理办法》具有软法规范的属性,高校自主设置研究生招生条件的合法性可以从法律授权和基本权利的限制两个方面进行确认。

首先,高校自主设置研究生招生条件具有合法性授权。高校自主设置研究生招生条件不仅具有软法的授权:《2018年全国硕士研究生招生工作管理规定》规定同等学力人员报考硕士研究生须"符合招生单位根据本单位的培养目标对考生提出的具体学业要求的人员,按照本科毕业生同等学力身份报考";博士研究生招生适用的《2014年招收攻读博士学位研究生工作管理办法》规定"根据国家确定的招生计划和社会需求等,制订本单位的分学科(类别)、专业(领域)的招生方案"。高校自主设置研究生招生条件还具有法律的授权:《高等教育法》规定博士生招考单位具有制定包含招生条件的博士生招生方案的责任,"高等学校根据社会需求、办学条件和国家核定的办学规模,制定招生方案,自主调节系科招生比例"(第三十二条)。并且《高等教育法》对报考资格的同等学力人员作出资格规定:"硕士研究生毕业或者具有同等学力的,经考试合格,由实施相应学历教育的高等学校或者经批准承担研究生教育任务的科学研究机构录取,取得博士研究生入学资格。"(第十九条第三款)作为软法的高校研究生招生简章与作为硬法的《高等教育法》,"硬法与软法之间的效力等级关系不是犹如其名称所表明的那样是一种平等关系,而是一种上下位阶的关系,硬法的效力高于软法

---

[1] Hannah Arendt. Crises of the Republic: Lying in Politics; Civil Disobedience; on Violence; Thoughts on Politics and Revolution. Harcourt Brace Jovanovich,1972:151.

的效力"[1]。

其次,高校自主设置研究生招生条件并没形成对公民平等受教育权的侵害。宪法规定了公民具有平等权与受教育权的基本权利,平等受教育权成为兼具二者特性的社会权。对高校自主设置研究生招生条件的合法性确认还需回应因自主设置研究生招生条件而形成对平等受教育权侵害的质疑。如若高校设置的研究生招生条件排除了一部分考生的报考资格侵害了考生的平等受教育权,按此种逻辑推理,教育部依据年度"全国硕士研究生招生工作管理规定"和《2014年招收攻读博士学位研究生工作管理办法》对研究生进行基本报考条件的限制,因违背了"法律保留"的原则也是对此项基本权利的侵害。任何权利都有其边界,权利的限制是权利的必然。倡导权利限制的外部理论者甚至认为,权利的限制是权利的构成的固有内容。"也就是说,当我们确定了'权利是什么'的时候,就同时确定了'权利的限制是什么'。"[2]对公民平等受教育权的限制有内在与外在两个维度的现实考量,就高校自主设置研究生招生条件造成对考生报考资格的影响进而形成对公民平等受教育权的限制,是从外部为保障国家和学校研究生培养质量的公益形成对报考条件限制的制约,是公共利益形成的外部制约。

2. 研究生招生条件虚置需要高校予以可操作性的细化。研究生教育是培养德、智、体全面发展的社会主义建设事业所需要的高端人才,研究生培养目标的全面性对"关口前置"的招生条件也提出了全面性的要求,这在教育部以及各高校设置的研究生招生条件中可以得到充分的体现。综合教育部与高校的要求,无论是硕士研究生还是博士研究生,其招生条件都涵盖了国籍、思想政治、身体健康、业绩等多方面的全面性要求。其中,国籍与业绩条件,包括对同等学力的认定相对比较容易识别,但是作为全面性要求中十分重要的思想政治条件与身体条件,教育部两个文件只是规定了十分纲领性的要求,思想政治条件要求"拥护中国共产党的领导,品德良好,遵纪守法";身体条件要求"身体健康状况符合国家和招生单位规定的体检要求"。教育部规定的这两项招生条件缺少可操作性,需要高校通过自主设置研究生招生条件予以可操作性的细化与作为实质性控制措施的量化。作为身体条件实定化,高校通过三种方式自主设置的招生条件对其予以明确化。

(1) 明确研究生招生身体健康的体检标准,如 2018 年外交学院在硕士研究生招生简章中要求体检适用《普通高等学校招生体检工作指导意见》(教育部、卫生部、中国残疾人联合会发布)。同济大学依据《教育部、卫生部、中国残疾人联合会关于印发〈普通高等学校招生体检工作指导意见〉的通知》(教学〔2003〕第 3 号)和《教育部办公厅、卫生部办公厅关于普通高等学校招生学生入学身体检查取消乙肝项目检测有关问题的通知》(教学厅〔2010〕第 2 号)的要求和标准组织体检。

(2) 不仅确定研究生招生的体检标准,还在招生条件中对核心指标作出列举。如 2018

---

[1] 周华兰:《议"软法"与"硬法"的救济边界——以公立高等院校学生管理纠纷为例》,载《湖南社会科学》2009 年第 1 期。

[2] 张翔:《基本权利的规范建构》(增订版),法律出版社 2017 年版,第 291 页。

年装甲兵工程学院在考研招生简章中要求报考本校研究生的考生的身体条件须符合《军队院校招收学员体格检查标准》（军后卫〔2016〕第305号），同时对身高、视力等核心身体条件要素提出要求："身高：男生不低于162 cm，女生不低于160 cm；两眼无色盲、色弱，矫正视力均在4.9以上；心脏、肝功能正常，乙肝表面抗原阴性，无任何传染病。"这类研究生招生条件的设置主要是由于军队以及有关研究活动对身体素质有特殊要求。

（3）多数高校并没有直接在研究生招生条件中涉及身体健康的体检标准与要求，而是间接在研究生复试环节中提出相关的要求。具体的方法有两个：一是在复试环节组织考生到其校医院进行相关健康指标的体检。如河海大学在其研究生复试环节发布《河海大学2016年硕士研究生复试体检通知》，规定考生在指定的时间到其校医院就"内科、外科、血压、肝功能、胸透"项目进行体检。华东理工大学研究生复试环节体检规定要进行抽血化验、胸片检查、血压、视力、身高、体重、嗅觉、辨色力、内外科等项目的检查。二是高校授权考生到具有一定级别，如二级甲等以上的医院进行体检，体检的指标多数也属于常规检查。

健康是一个包含了身体与心理的立体范畴，我国在2006年将心理健康纳入研究生复试的考查内容并作为对身体健康的补充，然而高校对此的处置是要么放弃考核要么陷入形式主义。"这是一个有利的信号，然而在现实中，入学前的心理测试常流于形式，导致一些在读研究生的各种心理问题逐年增多。"[1]

与此有相似遭遇的还包括研究生招生条件中设置的"拥护中国共产党的领导，品德良好，遵纪守法"条件，其同样缺少实定化措施。在高校自主设置的研究生招生条件中基本上是简单重复教育部关于思想政治道德概要性要求的表述，基本没有实定化的补充规则和细化措施；对非全日制考生，由于档案保留于原单位，基本不进行政审的要求；对全日制考生的政审主要将档案材料或毕业院校的相关证明作为认定基础。

3. 高校的功能定位与培养目标的差异性形成了高校设置差异性招生条件的合理性基础。高校自主设置的研究生招生条件不仅是对教育部统一性条件的细化，更是对教育部有关研究生招生条件结合本校研究生招生对象与培养目标的条件裁量。如果说高校自主设置的研究生招生条件是对教育部招生条件适用于本校的招生条件的裁量，那么高校依据教育部规定自主设置的研究生招生条件就是高校依据本校研究生培养目标所制定的裁量基准。如同裁量的适用不能拘于行政运行的狭小范围，裁量还广泛存在于司法以及其他特定领域；裁量基准不仅不能限于行政处罚裁量基准的视域，甚至不能局限于行政裁量基准的旨趣。高校研究生招生条件设置的裁量：前提是教育部研究生招生条件设置的纲领性要求及对高校自主设置研究生招生条件的授权；表现为各高等学校自主设置研究生招生条件的差异性，特别是博士研究生招生条件在学业及同等学力报考方面的较大差异性；依据就是各高校研究生培养目标的定位；规范为作为裁量基准的本校统一性研究生招生条件。

我国高等教育具有一个庞大的体量，"2015年，全国共有高等学校2 852所，高等教育在

---

[1] 刘光连、李劼、陈立章：《全国硕士研究生招生考试现状和改革建议》，载《现代大学教育》，2016年第4期。

学总规模达 3 647 万人"[1]。同时，我国的高等教育也必须面对存在巨大差异性的办学条件。首先是高校办学方式的差异性，有普通高等教育、职业高等教育与成人高等教育；其次是高校办学师资条件、基础设施、历史积累、政府投入、生源质量等多方面的差异性。具有研究生学位授予点的高校大多数具有相对较好的办学条件，但是仍然具有较大差异性，这种办学条件的差异性需要高校在高等研究生教育体系中给予自己准确定位，同时在准确进行自我定位的基础上对高校的自我角色特征进行分析并凝练形成办学特色，依据办学特色制定研究生培养目标。差异化的办学条件形成办学定位与办学特色的差异性，进而形成高校研究生培养目标的差异性必然反射于研究生招生条件的设置。

4. 高校自主设置研究生招生条件符合研究生招生制度改革的方向。目前，我国研究生招生仍然存在十分浓厚的计划色彩，主要表现为：招生规模计划必须严格按照教育主管部门批准的招生计划执行；考试科目与入学考试的组织都受到严格的国家行政统一性控制，硕士研究生招考全部由教育部组织命题考核，公开招考博士研究生的招生政策与计划等宏观管理也主要由教育部承担；无论是硕士研究生还是博士研究生，对其招生条件的设置，高校都必须首先遵守教育部规定的基本条件才能自主设置其他招生条件。

适度的政府管制对于保障研究生招生录取工作的公平性和保证研究生招生录取的生源质量无疑是十分有益的，然而研究生招生制度改革整体上呈现出为高校研究生招生的管制松绑和不断扩大高校研究生招生自主权的发展趋势。我国自 1984 年实施的推荐免试制度更是将高校自主招生研究生的权利扩展到最大，"推荐免试制的权利配置外部表现为研究生招生自主权由教育部向招生单位的下放"[2]。首先是国家行政规制缓和与权力下放成为我国当前行政管理体制改革的主要导向。党的十九大指出要"转变政府职能，深化简政放权"[3]。整个政府职能改革在不断地简政放权，将研究生招生条件的设定权更多地赋予高校既是贯彻国家行政体制改革的"简政放权"的要求，也有利于调动高校在研究生招生中的积极性和主动性。其次由高校或者高校之间相互联合自主设置研究生招生条件和组织研究生招生考试是世界各国的共同选择。美国于 1826 年由哈佛大学率先开始招收研究生，美国研究生教育较为成功的一个重要的表现就是十分有效的研究生招生机制。"在美国，研究生招生自主权放在各高校，具体由各学院教授组成的招生委员会组织实施，录取阶段采用的是'集体负责制'。"[4]俄罗斯在设置副博士的招生条件或是组织副博士的招生考试中，赋予高校依据《俄罗斯联邦高等和大学后职业教育法》的充分的自主权。"俄罗斯国内不设统一的

---

[1] 参见教育部部长陈宝生于 2016 年 8 月 31 日在第十二届全国人民代表大会常务委员会第二十二次会议上作的《国务院关于高等教育改革与发展工作情况的报告》。

[2] 罗敏：《我国研究生招生推荐免试制度的特征、矛盾及发展趋势》，载《学位与研究生教育》2012 年第 12 期。

[3] 参见习近平总书记于 2017 年 10 月 18 日在中国共产党第十九次全国代表大会上作的《决胜全面建成小康社会夺取新时代中国特色社会主义伟大胜利》的报告。

[4] 张秀三：《美国研究生招生选拔机制研究及启示》，载《高教探索》2015 年第 8 期。

招生考试机构,副博士研究生的招生、考试、录取等工作均由高校或科研院所单独组织实施。"[1]如俄罗斯《高等职业教育机构(高等学校)标准条例》规定:"高等学校自主制定和批准每年的录取规则。"

五、高校自主设置研究生招生条件的限制

高校自主设置研究生招生条件具有正当性,但不意味着高校可以恣意与妄为,高校自主设置研究生招生条件受到各种限制。

1. 高校自主设置研究生招生条件受到保障公民平等受教育权的限制。我国宪法第四十六条第一款规定了"中华人民共和国公民有受教育的权利和义务"。受教育权是我国公民享有的一项基本权利,受教育权不仅存在于义务教育阶段,还存在于高中教育阶段与高等教育阶段。平等是权利的保护方式,考量平等的价值实现必须将平等与具体权利紧密结合起来,是将机会平等、待遇平等与保护平等运用于具体权利的实现过程。平等是公平的重要体现,也是我国教育在不断推进普及化的过程中要实现的更深层次的价值目标。

"教育之所以是平等的,是因为人人同样是祖国的亲爱的孩子,是因为人人都有同样的权利享受在不平等制度下势必受到破坏的幸福,是因为从教育的平等当中应当产生最广泛的政治上的平等。"[2]各种教育歧视由来已久且广泛存在,表现为所谓的"差别对待",平等受教育权以消除"相同的情形而不同的对待"为目的,建立"相同的情形同等对待"的"无差别的平等"。我国宪法实现了对公民平等受教育权的"形式平等"的保障:"公民不分民族、种族、性别、职业、财产状况、宗教信仰等,依法享有平等的受教育机会。"考生具有平等接受高等研究生教育的权利,无论是国家还是招考单位都应当首先保障考生报考研究生机会的平等。从完全形式主义的立场作出响应,似乎对报考研究生不加以条件的限制,包括不加以之前接受教育状况的限制,而完全以平等的自由主义的原则取消报考条件,就是消除报考研究生的各种歧视。显然,这不仅是不合理的,也是对受教育权之"平等"原则的误读。"民主的解释是通过结合机会公平的原则与差别原则达到的。"[3]

平等接受研究生教育权不仅意味着要保障考生报考机会的平等,这是形式平等的要求,还要对报考条件实施差别化的设置,实现报考研究生的实质平等,高校设置适度的差别化的报考条件正是因应了实质平等受教育权的要求,但是差别化的报考条件的差别化程度却是高校自主设置研究生招生条件的限度。形式平等与实质平等均构成对高校自主设置研究生招生条件的限制。

2. 高校自主设置研究生招生条件受本校研究生培养目标的限制。研究生培养目标是

---

[1] 李申申、黄思记:《俄罗斯副博士研究生招生制度及其借鉴意义》,载《学位与研究生教育》2013年第9期。

[2] [法]菲·邦纳罗蒂:《为平等而密谋(上卷)》,陈叔平译,商务印书馆1989年版,第219页。

[3] [美]约翰·罗尔斯:《正义论》,何怀宏等译,中国社会科学出版社1988年版,第75—76页。

研究生教育的核心要素,是通过研究生教育对研究生培养所达到的目标与要求的标准。为规范研究生培养工作,并促进研究生培养质量的提高,各个研究生培养单位都制定了研究生培养方案,研究生培养目标条款成为培养方案的基础条款和核心条款。

通过对各高校研究生培养方案中培养目标条款的文本分析可以发现,研究生培养目标的设定具有差异性。"在国家总体规定下,各个培养单位制定更灵活、更具体的研究生培养目标与要求,体现多样化、特色化与层次性。"[1]研究生培养目标的差异性首先表现为硕士研究生与博士研究生教育培养目标的差异,即博士研究生教育主要培养学术性人才,硕士研究生教育培养学术型与应用型两类人才;其次表现为专业学位教育与学术学位教育培养目标的差异;最后表现为文理科以及不同专业培养目标的差异;同一专业、同一层次研究生培养目标的差异:一方面,学校整体的办学定位对本校研究生培养目标的设定造成重要影响,如"双一流"高校多数具有相关专业的硕士与博士学位的授权点,其因具有较好的学科资源优势往往在设定研究生培养目标时就有超出一般高校的研究生培养标准。另一方面,不同办学定位的高校对同一学科、同一层次研究生培养目标设定的差异性往往更能彰显本校研究生培养的特色,避免千篇一律的人才培养模式的弊病。

差异化的研究生培养目标形成了对高校自主设置差异化的研究生招生条件的直接限制。这看似本末倒置,实则形成了研究生招生与培养相互影响、相互制约并密不可分的关联性。研究生招生是研究生培养的前提,研究生招生因此形成了对研究生培养的限制,如招生生源质量直接影响了研究生培养目标的高度。实质上,不仅研究生招生直接影响研究生培养,研究生培养目标的固定化也形成了对研究生招生的制约,依据研究生培养方案特别是本校研究生培养目标合理设置研究生招生条件是提高研究生培养质量的便捷路径。高校不仅要依据研究生培养目标实施研究生教育,也要依据研究生培养目标设置研究生招生条件,把好实现研究生培养目标的第一道关口。

3. 高校自主设置的研究生招生条件不得突破教育部的统一性规定。《高等教育法》授权高校可以自主设置研究生招生条件,同时授权教育部对硕博士研究生招生作出统一性要求,教育部以年度"全国硕士研究生招生工作管理规定"和目前仍然适用的《2014年招收攻读博士学位研究生工作管理办法》对研究生招生条件作出一般性规定。教育部的两项规定与高校设置研究生招生条件的招生简章同属软法规范,却具有事实上的效力位阶的差异。在充分尊重高校办学自主权的前提下,作为软法的教育部有关硕士研究生与博士研究生招生的两项规定,其效力高于同作为软法规范的高校研究生招生简章。学界对软法的分析较多停留在其效力获取路径,却很少关注一个客观存在的事实:软法间存在的效力差异,是软法效力的量的规定性。然而,这留给我们一个客观上的认定困难,究竟以何为标准来衡量软法间的效力强度差异?"分析某一软法效力规范之高低,需综合考虑所涉及利益之公益程度、法规范逻辑结构的完整程度、法权配置的模式、法律后果的有无以及性质等因素来确

---

[1] 秦发兰、胡承孝:《目标导向的研究生培养模式研究》,载《学位与研究生教育》2014年第1期。

定。"[1]教育部两项规定相对于高校的招生简章无论是从事实上公共利益的公益性程度与范围,还是从习惯上教育部对高校研究生招生的管理职责与领导地位,教育部两项规定的软法规范都具有高于高校研究生招生简章软法的效力强度。因而,高校研究生招生简章必须以教育部有关研究生招生管理的两项规定为依据,不得同其相抵触。

在此种逻辑推演下,教育部关于研究生招生的两项规定对高校设置的研究生招生条件提出了"合法性"限制。

(1) 必须涵盖全面性的招生条件类型。高校研究生招生条件必须按照教育部规定设置包含国籍条件、品德条件、身体条件、学业条件四项。不得减少研究生招生条件类型,也不得随意增加招生条件类型。

(2) 高校自主设置的硕士研究生招生条件不得剥夺非普通高校本科毕业生报考资格。包括成人高校、普通高校举办的成人高等学历教育本科毕业生,自学考试和网络教育本科毕业生,教育部发布的年度"全国硕士研究生招生工作管理规定"已明确这类本科毕业生具有报考资格,不得再进行限制。

(3) 对同等学力考生的认定应统一按照教育部规定的要求。其中报考硕士研究生的同等学力人员按照"高职高专毕业学历后满2年(从毕业后到录取当年9月1日)或2年以上的"要求进行认定,不得提高年限要求或提出其他非学业性的要求,但招生单位可以依据本校培养目标对考生提出学业条件的要求。报考博士研究生的同等学力人员按照"获得学士学位6年以上(含6年,从获得学士学位之日算起到博士生入学之日)并达到与硕士毕业生同等学力的人员"要求进行认定,不得提高年限要求或提出其他非具体业务的要求,但是招考单位可以增加对考生的具体业务条件要求。

研究生招生单位从提高本校研究生招生生源质量和契合本校研究生培养目标的初衷出发,增加研究生招生条件类型,限制非普通高校本科毕业生报考资格,提高同等学力人员认定的年限,以及对报考人员提出年龄的最高要求,不仅存在合理性的商榷,甚至存在合法性瑕疵。

4. 高校自主设置的研究生招生条件只能在授权范围内进行补充性条件设置。高校自主设置研究生招生条件一方面来源于法律的授权,《高等教育法》第三十二条规定"高等学校根据社会需求、办学条件和国家核定的办学规模,制定招生方案,自主调节系科招生比例"。研究生招生简章当属研究生招生方案的正式形态。另一方面来源于教育部有关硕士研究生与博士研究生招生管理规定的授权,主要是关于考生身体健康符合相关规定的体检要求和同等学力人员认定学业与业务要求条件的授权。

关于考生身体健康体检标准的授权。《2018年全国硕士研究生招生工作管理规定》规定"身体健康状况符合国家和招生单位规定的体检条件",《2014年招收攻读博士学位研究生工作管理办法》规定博士研究生健康体检标准"身体和心理健康状况符合招生单位规定"。硕士研究生体检标准既可以按照国家相关标准执行,也可以由学校自主规定,而博士研究生

---

[1] 江必新:《论软法效力——兼论法律效力之本源》,载《中外法学》2011年第6期。

体检标准则完全由学校作出规定,当然学校也可以规定适用国家相关的体检要求。实践中,高校一般在组织研究生复试时安排健康体检,至于体检的标准,高校主要有两种解决方法:一是按照《普通高等学校招生体检工作指导意见》实施体检;二是按照常规体检项目要求实施体检。就体检的组织来看,要么由学校统一安排,要么授权特定级别的医院进行体检,如授权二级甲等以上的医院进行体检。笔者认为,除特殊行业(如部队院校的研究生体检)和特殊内容的研究生招生需要授权高校自主设置考生健康体检条件以外,大多数普通高校的研究生招生宜由教育部统一规定体检标准,以避免在组织研究生体检方面的随意性。

关于同等学力认定学业与业务要求的授权。硕士研究生招生关于同等学力认定学业要求的授权为"符合招生单位根据本单位的培养目标对考生提出的具体学业要求"。博士研究生招生关于同等学力认定的授权为"以同等学力身份报考的人员,还须达到招生单位对考生提出的具体业务要求"。一方面,对同等学力人员科以学业条件的要求具有合理性。高等学历教育分为专科、本科和研究生教育,这种学历教育的划分不是横向平行式的划分,而是纵向阶梯式的递进。以报考硕士研究生为例,高职高专的下一位学历教育是本科教育而不是研究生教育,高职高专直接报考硕士研究生跨越了本科教育的阶段,对其报考提出业务或学业的要求是出于保障来源于高职高专考生报考研究生生源质量的目的。另一方面,对同等学力认定的授权仅限于对其学业要求增设的授权,不包括高校禁止同等学力人员报考,以及在对同等学力人员的认定中恣意提高工作年限的要求。

5. 报考业绩条件设置应具有合理性限制。目前对研究生招生条件授权高校自主设置的虽包含身体健康、思想品德、业绩等全面性的内容,但就高校在实际的招生条件设置所具有的拘束力及关注度而言,主要是关于报考研究生业绩方面的要求。高校可以自主设置研究生招生的业绩要求条件,但这绝不意味着高校可以不受限制地恣意设置,高校自主设置研究生招生的业绩条件应具有合理性限度,主要应参考两个方面的既有静态标准。

高校研究生招生业绩条件的设置以达到本校本科或研究生毕业条件的业绩条件要求为宜。虽然教育部规定只对同等学力人员报考资格的确认提出了对学业要求的授权,实际上一些高校对非同等学力人员也提出了报考条件的限制,这是超出授权的非合理性设置。高校对报考本校研究生业绩条件的限制实际上是高校对非本校生源或是其自认为的低于本校生源质量考生的一次质量把关,是高校理性的自我中心主义的体现。具体而言,报考本校硕士研究生的业绩条件要求以达到本校普通本科学历毕业业绩条件为宜,报考本校博士研究生的业绩条件要求以达到本校硕士研究生毕业业绩条件为宜。

高校自主设置的研究生招生的业绩条件不得超出本校报考层次研究生的毕业条件。具体而言,就是报考本校硕士研究生的科研业绩要求不得超出本校同专业硕士研究生毕业业绩要求,报考本校博士研究生的业绩条件不得高于本校同专业博士研究生毕业的业绩条件要求。报考研究生的业绩条件如果已经达到或者超过报考层次的硕士研究生或博士研究生的毕业业绩要求,不仅使考生对高校设置的招生业绩条件的合理性产生怀疑,也使考生对研究生教育培养过程的必要性形成疑虑:报考时如已达到毕业时的业绩要求,那么研究生培养过程的价值又何在?报考的业绩条件是为保证研究生培养目标的实现,包括保障研究生培养的业绩目标的实现而作准备的基础性条件,但是绝不等同于研究生培养目标本身,此为报考条件设置的上限,不能逾越。

结　语

　　研究生是我国稀缺性、关键性、创新型人才的主体,研究生招生是研究生培养与质量保障的前提。研究生招生始终面临着既要保障公民平等受教育权又要为高校把好研究生质量的第一道关口的矛盾,面临着既要加强研究生招生的统一性、规范化管理又要推动研究生招生体制的改革和招生权限的下移的矛盾,研究生"招生程序在限制学术恣意的同时却压抑了选才,导致程序与实体之间出现了过程与结果的反差、工具与价值的背反"[1]。这为高校自主设置研究生招生条件提供了正当性证成和限制的合理性诠释。

　　高校以软法规范的研究生招生简章的形式发布年度研究生招生条件,既能够及时回应国家研究生招生制度改革的变化,也能够不断总结本校在研究生招生工作中的经验,因而强化本校研究生培养的特色,所以高校以年度发布的频率发布本校研究生招生简章具有必要性。教育部以软法规范的形式发布年度"全国硕士研究生招生工作管理规定"和目前仍然适用的《2014年招收攻读博士学位研究生工作管理办法》,一定程度上也因应了国家研究生教育改革实践的需要。然而总体来看,以软法的形态出台的教育部有关研究生招生的管理规定位阶相对较低,以年度发布的频次也显得过高。以教育部规章的形态对研究生招生条件提出一般性、相对稳定性的要求,由高校根据教育部的统一性规定及相关政策要求,以年度发布的频次公布包含本校研究生招生条件的招生简章更符合我国研究生招生管理与招生条件设置的实际,因而出台统一性的教育部关于研究生招生的部门规章就显得迫在眉睫。

---

　　[1] 段斌斌、胡劲松:《研究生招生的公平困惑:程序对实体的背离》,载《研究生教育研究》2017年第2期。

学位授权自主审核的制度架构与风险防范

孟鸿志　张运昊*

摘　要　我国高等教育改革一直在国家行政与高校自主之间纠葛拉扯，主要表现为实然运行层面与应然规范层面的矛盾。然而，事实不能替代规范，不断在规范层面扩大高校自主权应该是我国高等教育改革的方向，学位授权自主审核制度可以纳入这一改革进程之中。从其制度架构来看，虽然通过学位授权与学位审核的两权分离并将学位审核权还权于高校的做法的确扩大了高校自主的空间，但2018年学位授权审核制度改革仍然存在着改革方式法治化程度较低、改革对高校平等的侵犯等一系列制度风险。为此，需要通过采取多种防范措施予以消解，包括：改革方式的法治化塑造，自主审核资格审批标准、审批程序和退出机制的重置，高校自主审核后的备案制以及学位授予纠纷被告资格公共职能判断标准的引入。

关键词　学位授权自主审核　制度架构　制度风险　风险防范

一、问题的提出

如何实现大学自主和政府管制之间的平衡一直是高校改革中的核心命题。一方面，一旦过于强调国家权力对高校的管制权，高校的自主空间就可能被压缩，可能"摧毁脆弱的大学自治和学术自由"[1]。另一方面，如果将高校绝对排除在国家管制的范围之外，高校又有可能被"塑造为一个具有压迫、宰制力量的小利维坦"[2]。学位授权审核制度因其直接关涉高校与国家教育行政机关的关系，同样延续着这种平衡逻辑。但由于我国学位制度一开始就被纳入了国家计划体制之中，因此这种平衡的维持主要体现为国家教育行政权力的管制放松和高校自主权的扩大，最终目标为实现从"他组织"到"自组织"的转向。[3] 在此背景下，国务院学位委员会于2018年4月19日出台《国务院学位委员会关于高等学校开展学位

---

* 孟鸿志，东南大学法学院教授、博士生导师；张运昊，东南大学法学院博士研究生。本文是教育部与东南大学共建教育立法研究基地项目《学位条例》修改中的学位授权法律问题研究（项目编号：2242018S30030）的阶段性成果。

[1] 贺卫方：《具体法治》，法律出版社2002年版，第163页。

[2] 张力：《解构与重塑：大学自治视野中的特别权力关系与法律保留——对台湾地区"大法官解释684号"的分析与反思》，载《台湾研究集刊》2012年第1期。

[3] 樊文强、雷庆、冯厚植：《从他组织到自组织：我国学位授权体系发展的转向》，载《学位与研究生教育》，2013年第4期。

授权自主审核工作的意见》(学位〔2018〕第 17 号)(以下简称《高校授权自主审核意见》),就进一步深化学位授权审核制度改革、扩展高校自主权作出政策安排。

《高校授权自主审核意见》延续了此前的改革逻辑,是贯彻落实此前教育部等五部门联合发布的《教育部等五部门关于深化高等教育领域简政放权放管结合优化服务改革的若干意见》(教政法〔2017〕第 7 号)(以下简称《高教放管服若干意见》)的具体举措。[1]问题在于,面对我国高校和国家权力之间关系的结构性调整,理论界的研究却主要集中于学位制度的下游——高校与学生关系的一端,"很大程度上冷落了大学与政府关系定位的研究"。[2]殊不知,"大学相对于政府的关系定位对大学与教师、学生的关系定位具有决定性意义"。[3]因此,学位制度的研究领域中应掀起一场从下游学位授予关系向中上游学位授权关系转变的学术运动。关于学位授权自主审核,我们认为须对以下问题作出回应:第一,高校学位授权自主审核的行为性质应如何界定?第二,学位授权自主审核制度目前的建构方式具有哪些制度风险?第三,应如何克服改革中存在的合法性危机及其他风险?

二、高校学位授权自主审核改革中的两权分离与性质界定

"学位授权审核是国家行政部门按照一定程序,对学位授予申请单位及其学科和已经获得学位授予权的单位及其学科进行学位授予资格的审定。"[4]它是国家介入高等教育领域的一种表现形式。因此,学位授权审核一直被定位为教育行政机关行使的行政职权,具体包括"学位审核"和"学位授权"两个阶段,"学位审核"是对高校是否拥有学科建设能力的专业判断,"学位授权"是国家作出的授予高校学位授予资格的行政决定,前者是后者的前提,后者是行政机关进行审核后在其裁量范围内作出的定论。而学位授权自主审核改革对传统学位授权审核制度作出了重大改变,这主要体现为将"学位审核"和"学位授权"进行了二权分离并将前者赋予部分高校自主行使,这有效助推了高校学位授权审核程序的简化和学位授权审核属性的转变。

(一) 高校学位授权自主审核中的两权分离

在具体分析高校学位授权自主审核改革中的两权分离及其影响之前,有必要先行厘清高校的公法地位。原因在于,我国高校的公法地位一直以来都存在规范与事实之间的矛盾和冲突。简言之,在规范上,高校被定位为事业单位法人,享有广泛的自主权。[5]然而,事

---

[1]《高教放管服若干意见》(教政法〔2017〕第 7 号):"稳妥推进部分高校自主审核博士硕士学位授权点。"
[2] 金自宁:《大学自主权:国家行政还是社团自治》,载《清华法学》2007 年第 2 期。
[3] 沈岿:《公立高等学校如何走出法治真空——学校与学生的关系维度》,载《行政法论丛》2002 年第 1 期,第 54-104 页。
[4] 胡志刚:《研究生学位授权审核制度发展原则研究》,载《学位与研究生教育》2011 年第 5 期。
[5]《中华人民共和国高等教育法》第三十条第一款:"高等学校自批准设立之日起取得法人资格。高等学校的校长为高等学校的法定代表人。"

实上,我国高校仍被当做是一种"准政府组织"从而被纳入政府的科层制体系中进行管理。[1]

高校公法地位定位的不同会对此轮改革的意义产生根本影响,如果将高校等同于某种"准政府组织",高校学位授权自主审核改革就仅具有政府内部职权调整的功能。相反,如果高校被归属政府科层体系之外,此轮改革的外部行政法意义就重要得多。

1. 高校的公法地位

高等教育法律关系涉及多方主体,根据高校所对应主体的不同,高校的公法地位也不同。理论界的关注焦点一直是高校在与学生关系中所处的公法地位。受特别权力关系理论的影响,高校与学生的关系一般被定位为内部关系,不具有可诉性。当然,随着特别权力关系理论的被打破以及司法实践中学生受教育权保障的需要,我国法院通过田永案、刘燕文案、何小强案等创造性地将高校定性为法律法规授权组织,从而有效保障了高校学生的诉讼权利。

高校与学生关系中的公法地位并非本文关注的问题,本文需要关心的是高校在与教育行政机关的关系中处于何种公法地位。换言之,面对高校与教育行政机关的关系在规范与事实层面的冲突,究竟应作何选择? 我们认为,我国高校在事实层面上受到了政府科层体系的强力管制是无法回避的历史事实和现状,即便我国已经历经多次学位授权审核权的下放,这一事实仍然存在。但这不能成为用实然事实推翻规范应然价值的理由。否则,法学研究就会"从描述走向评价,从科学走向玄思,从一个客观的领域走向一个主观的领域"。[2]

因此,高校在公法规范上而非事实上的地位才是正确的选择。在此意义上,此次学位授权自主审核改革的外部行政法意义在于政府向社会的放权而非政府内部行政职权的简单调整。

2. 高校学位授权自主审核:从权力集中到两权分离

高校学位授权审核的属性并不单纯,有学者认为学位授权是一种实体性行政决定,而学位审核则仅仅是学位授权的过程及相应的程序。[3] 这种观点认识到了学位授权与学位审核两者之间的界分,具有显著理论意义。然而,由于其仅将学位审核作为教育行政部门作出最终学位授权决定的"过程"和"程序",因此学位授权审核总体上仍然是单一的行政权力属性。

事实上,高校学位审核虽然具有程序价值,但绝非仅是附属于学位授权的程序事项,作为一种学术判断权,学位审核的独立价值体现在其最终决定着是否作出学位授权决定,是一种区别于行政权力的学术判断权。

改革之前,教育行政部门垄断了作为学术判断权的学位审核权和作为行政权力的学位

---

[1] 沈岿:《准政府组织研究纲要》,载《行政法论丛》2002年第1期,第1-11页。
[2] [英]马丁·洛克林:《公法与政治理论》,郑戈译,商务印书馆2013年版,第38页。
[3] 胡志刚:《研究生学位授权审核制度发展原则研究》,载《学位与研究生教育》2011年第5期,第67-71页。

授权决定权。从实践来看,虽然国务院学位委员会将学位审核的具体评议和审核工作交由学科评议组完成。国务院学位委员会领导下的学术评价组织,表面上看似乎实现了学位审核和学位授权在教育行政机关内部的分离。但是,"在学位授权审核运行中,行政权通过分配指标、控制评审程序、提前公布评审政策、选择学术评审专家等方面影响学位授权审核结果"[1]。由此,学术判断权与行政权力杂糅在一起并臣服于行政权力,"学术评判制度与行政管理制度交叉混同",学术判断权被行政化了。[2] 这种权力集中的模式产生了诸多弊端,不仅衍生了各种权力寻租行为,而且由国家行政权力自上而下地决定是否作出最终授权决定,也很难保证高校学位对社会的回应性。

正是因为认识到"学术是学位的内在规定性,是学位的核心,学位授权审核主要是对学术水平的判断和审核,是学术方面的事务,应由学术组织运用学术权力进行判断"[3]。根据高等教育放管服改革的要求,《高校授权自主审核意见》将学位审核与学位授权决定、学术判断权与学位行政权作了明确区分,并将作为学术判断权的学位审核权下放给20所高校自主行使,实现了学位授权审核从传统"集中制"向"分离制"的转变。

(二) 高校学位授权自主审核的性质界定: 授权、确认抑或许可?

既然学位审核权是一种学术判断权,那么,在学位授权自主审核中,仍然保留由教育行政机关行使的学位授权是何属性? 目前,学界大致存在授权说、确认说、许可说三种观点。鉴于不同的性质定位将使得高校获得的学位授予资格具有截然不同的属性,并最终连带影响高校与学生学位授予纠纷的司法解决,为此有必要作进一步澄清。

1. 授权说

授权说得到了司法实践的普遍承认,该说认为高校学位授予权来自法律、法规的授权,学位授权被界定为具体的学位授权行为,依据授权理论的一般观点,高校获得的学位授予权自然被定性为一种经授权获得的行政权力。"它是一种合法的行政授权,它有明确的授权机关、授权方式和授权范围。"[4]

授权说是法院对《中华人民共和国学位条例》(以下简称《学位条例》)第八条和《中华人民共和国教育法》(以下简称《教育法》)第二十二条的创造性解释,[5] 以田永案为代表的一系列学位纠纷案件的判决无疑是"法院发展行政法"的最佳注脚。[6] 但是授权说却并非颠

---

[1] 胡大伟:《我国学位授权审核制度的行政法反思与完善——西北政法大学申博案引发的思考》,载《现代教育管理》2010年第9期。

[2] 黄平:《语境中的学位法律制度》,载《复旦教育论坛》2006年第4期。

[3] 王敬波:《学位授权审核法治化路径探析》,载《学位与研究生教育》2014年第7期。

[4] 周光礼:《论学位授予行为的法律性质》,载《科技进步与对策》2004年第3期。

[5] 《学位条例》第八条:"学士学位,由国务院授权的高等学校授予;硕士学位、博士学位,由国务院授权的高等学校和科学研究机构授予。授予学位的高等学校和科学研究机构(以下简称学位授予单位)及其可以授予学位的学科名单,由国务院学位委员会提出,经国务院批准公布。"《教育法》第二十二条:"国家实行学业证书制度。经国家批准设立或者认可的学校及其他教育机构按照国家有关规定,颁发学历证书或者其他学业证书。"

[6] 余凌云:《法院如何发展行政法》,载《中国社会科学》2008年第1期。

扑不破的真理。尽管《学位条例》中有"国务院授权"的规范表述，但是"国务院授权并不一定解释为法律法规授权，根据学位的本质和内涵，也可以理解为对高校办学水平和学位质量的认可"[1]。沈岿教授也认为仅仅依据法院的现有解释路径很难通过授权理论得出高校学位授予权的行政权力属性。[2]

实际上，授权说产生的直接目标是为了实现高校学位授予行为可诉性。我国台湾地区在早期大法官解释中也有类似的认定。例如，台湾地区"司法院"第382号大法官解释就将公立学校认定为行政机关，将私立学校视为在特定范围内经授权行使公权力的教育机构，"在行使录取学生……核发毕业或学位证书时具有与行政机关相当的地位"。同样，台湾地区"司法院"第462号大法官解释也将高校教师评审委员会关于教师升等评审之权限认定为法律在特定范围内"授予公权力之行使"。[3]

我们认为，虽然授权说一定程度上解决了高校在行政诉讼中的被告资格问题，但是该说并不符合行政法上的授权理论对授权主体、形式等的要求，另外，授权说在保障学生诉权的同时也有巨大的后遗症。

第一，不符合行政授权理论。在组织法理论中，行政主体被划分为职权性行政主体与授权性行政主体，前者拥有的行政职权直接源于宪法、组织法，而后者的行政职权则来源于宪法、组织法外的其他法律、法规和规章的授权。行政授权在实践中具备两种形态：法律、法规、规章的直接授权以及行政机关依据法律、法规、规章的规定将拥有的行政职权授出。[4] 如果采取授权说的立场，学位授权自然被归属于第二种类型，《学位条例》第八条和《教育法》第二十二条被解释为授权的法律依据，教育行政机关作出的学位授权行为则被认为是行政机关的具体行政授权行为。但是，法律、法规、规章授权的前提条件是行政机关本身拥有该项行政职权而将之授权给其他组织行使，换言之，被授权主体本身并不拥有该项权力。显然，从目前《学位条例》《教育法》和《中华人民共和国高等教育法》（以下简称《高等教育法》）中很难确证高校的学位授予权本身就属于国家权力而非高校本身所拥有，由于这一前提要素未能得到充分证成，将学位授权定性为行政授权的结论并不具说服力。

第二，有悖于高校的公法地位。授权说源于一种高压政治和威权的传统，通过将高校定性为法律、法规、规章授权组织，高校因其行使行政职权而被纳入国家科层制体制之中，这种做法与高校在规范上的公法地位是相悖的。借由授权说搭建的桥梁，国家权力可以直接介入学位的具体管理之中，通过制定详细的学位授予标准、程序等对高校的学位授予行为进行强制指导，大学自主的空间被极大压缩。"大学与国家之间如果不进行区分，其负面效果极为明显：可能会在根本上动摇大学自治的制度性保障功能。"[5]

---

[1] 张勇：《我国高校学位授予权研究》，上海交通大学2014年博士学位论文，第50页。
[2] 沈岿：《公法变迁与合法性》，法律出版社2010年版，第119页。
[3] 吴庚：《行政法之理论与实用（增订十四版）》，三民书局2016年版，第164页。
[4] 耿宝建：《行政授权新论：走出理论与现实困境的一种认知尝试》，载《法学》2006年第4期，第53页。
[5] 李学永：《台湾地区大学自治和法律保留之关系》，载《行政法学研究》2010年第4期，第82页。

第三,违背学位授权自主审核改革的方向。授权说意味着是否授权、如何授权的裁量权掌握在行政机关手中,作为授权对象的高校无法参与教育行政机关的行政授权行为。但是,学位授权自主审核改革的目的是将从学位授权审核中分离出来的学位审核权交由高校自主行使,因此,一旦采取授权说,则高校学位授权自主审核就可能陷入高校"自己授权"的悖论之中。

2. 确认说

确认说认为高校学位授予权属于高校自主权的一部分,并源于国家的授权。相反,教育行政机关的学位授权本质上属于对高校办学水平的审查,以此为标准批准的学位点,是对其培养水平和资格的"确认"。"国务院学位委员会所谓的'授权'最多不过是对某一机构是否具有授予学位资格的一种'确认'或'许可'而已。"[1]

行政确认"包括对法律关系存否之确认,以及对人之地位或物之性质在法律上具有重要意义事项的认定"[2]。与授权说将高校纳入国家的组织建制不同,确认说的目的是将学位问题纳入高校自主管理的范围中。换言之,教育行政机关的学位授权只是对高校既有法律地位的认可而已,并不因其不确认而导致高校学位授予缺乏依据。

确认说最大限度地赋予了高校自主空间,高校拥有的学位授予权不再被视为国家行政权力。同时,由于高校本身的学术专业性,学位授权自主审核改革将行政确认中的部分内容——学术水平的确认——交由高校自行行使也不至于陷入与"自我授权"相类似的悖论。但是,目前确认说尚未得到充分论证。另外,确认说的弊端也很明显,由于过度强调高校自主,教育行政机关对高校的监督管理的权力受到限制,稍有不慎就有可能因为触犯高校的自主权而不具备合法性。

3. 许可说

将学位授权定性为行政许可主要存在于学理讨论中。"学位授予审核工作作为一种行政行为,具有很强的行政审批色彩。"[3]"我国目前的这种学位授予审核制度实质上仍然是一种政府主导下的行政审批模式。"[4]

许可是某种"法律禁止的解除"[5],与授权的对象为行政权力不同,经过许可,相对人获得的是某种权利的新设或者恢复。因此,学位授权被界定为行政许可更倾向于大学自主权的维护,这一立场与确认说是一致的。不过,许可说也并未放弃行政监管的重要性,借由许可前的条件审核以及许可后的监督检查、实施情况评估等后续监管方式可以确保高校学位

---

[1] 袁明圣教授认为学位授权审核具有"确认"和"许可"两种属性,这令人疑惑,但从其论述的具体内容来看,其实质主张应为"确认说"。参见袁明圣:《解读高等学校的"法律法规授权的组织"资格——以田永诉北京科技大学案为范本展开的分析》,载《行政法学研究》2006年第2期,第6页。

[2] 吴庚:《行政法之理论与实用(增订十四版)》,三民书局2016年版,第342页。

[3] 王慧英:《从行政管理走向学术评价——论我国学位授予审核机构改革的理念转变》,载《研究生教育研究》2011年第4期,第65页。

[4] 刘恒、邱新:《论我国学位管理的法治转型》,载《南京社会科学》2014年第2期,第102页。

[5] [德]哈特穆特·毛雷尔:《行政法学总论》,高家伟译,法律出版社2000年版,第209页。

制度的合法运行。因此，相比于授权说、确认说在国家行政和高校自主之间选边站队，许可说采取的以高校自主为主、兼顾国家监管的立场更符合我国学位授权自主审核改革的方向。

需要进一步追问的是，学位授权是哪种类型的行政许可？行政许可分为普通许可与特别许可。普通许可是对一般行动自由的恢复，换言之，许可的对象本身即具有行为的自由，只不过因为公共利益的考量对其施加控制，只有满足必要的条件方能恢复原有的行动自由，就像"高高竖起的栏杆，栏杆控制之下的不得入内"[1]。特别许可则大为不同，特别许可的事项本身属于法律严格禁止的范围，行政机关特别许可对象从事某种事项仅属于法律禁止的例外。

在计划体制下产生的传统学位授权审核制度旨在促进"社会主义现代化建设"。[2] 在此背景下，高校学位授予权从来不被视为高校自身所拥有的行为自由，相反，在未经学位授权之前，高校的学位授予行为被严格禁止。至于是否作出授权决定，对哪些高校作出授权决定则由教育行政机关裁量决定。因此，这一时期的学位授权具有特许的属性，高校借由特许获得的是某种"恩赐"与"特权"。

然而，随着高校学位授权自主审核改革的推动，由于掌握了作为学术判断权的学位审核权，高校在学位授权审核中具备更多的自主权，与此相对，教育行政机关的裁量权则被压缩。在审核与批准分离的情况下，只要高校"内部审核充分，政府自然应该批准"[3]。因此，学位授权的特许权属性消退，高校学位授予成为大学所固有的"天赋权利"。[4]

综上，学位授权自主审核改革将学术判断权与教育行政权进行分离，高校的自主权范围扩大，教育行政机关不再越界侵犯学术自治。对于政府保留行使的学位授权而言，其属性则应采普通许可说，经由许可，高校获得的学位授予资格是对高校行为自由的恢复。

三、学位授权自主审核的制度架构与风险

不论是学位审核权的下放还是学位授权的许可权属性界定，迈向更为自主的大学都是改革的目标。这种改革方向是否正当？学位授权自主审核制度应如何搭建？其中蕴含的制度风险该如何防范？

（一）学位授权自主审核的正当性

学位授权自主审核改革是稳步推进教育领域简政放权的重要举措，长远目标是"恢复高

---

[1] [德]哈特穆特·毛雷尔：《行政法学总论》，高家伟译，法律出版社2000年版，第210页。
[2] 《学位条例》第一条："为了促进我国科学专门人才的成长，促进各门学科学术水平的提高和教育、科学事业的发展，以适应社会主义现代化建设的需要，特制定本条例。"
[3] 张端鸿：《学位授权自主审核推动高校内涵发展》，载《中国教育报》2018年5月8日。
[4] 龚向和：《高校学位授予权：本源、性质与司法审查》，载《苏州大学学报（哲学社会科学版）》2018年第3期，第52—62页。

校作为法人的自主权,实现大学自治"[1]。之所以以此为目标,可从历史经验和价值追求两个方面寻求支撑。

第一,赋予高校更大的自主权有利于高校的未来发展。从历史角度来看,无论中外,在大学治理模式上都存在着"国家行政的管制模式"和"高校自主管理模式"两种选择。[2] 前者是我国在学位制度的初创时期采用的管理模式,这种模式让我国得以很快建立起完整的学科结构,有利于社会主义经济建设。但在我国高等教育开始迈入"内涵式发展"阶段时,国家对学位的直接管控往往意味着低效率及较差的社会回应性。相反,赋予高校更多的自主权则被证明可以调动高校的积极性和主动性。

第二,赋予高校更大的自主权是我国宪法的价值追求。《中华人民共和国宪法》(以下简称《宪法》)第四十七条尽管未明确规定"学术自由"而使用了"科学研究自由"的概念,[3]但一般认为《宪法》第四十七条可以解释为我国学术自由的宪法基础。基于此,1998年通过的《高等教育法》也在第十条规定了"科学研究自由",[4]实现了学术自由从宪法权利向法律权利的转变。基于基本权利的双重属性,学术自由不仅意味着赋予高校防范国家侵犯的防御权,而且作为客观价值秩序的学术自由也要求国家的积极作为,为高校学术自由的实现提供制度性保障。[5]而构建一个完善的高校自主制度就是国家应该提供的最重要的制度性保障之一。

(二) 高校学位授权自主审核的制度架构

《高教放管服若干意见》中仅就高校授权自主审核改革作出宏观政策要求,具体的制度架构是由《博士硕士学位授权审核办法》和《高校授权自主审核意见》规定。整体而言,学位授权自主审核的制度架构分为高校获得自主审核资格阶段的制度架构和高校进行学位自主审核阶段的制度架构两部分。

第一,高校获得学位授权自主审核资格阶段的制度架构。在现有的制度设计中,并非所有高校都有自主审核的权利。相反,根据"稳步推进"的要求,只有符合申请基本条件并按照程序获得国务院学位委员会审批后,高校才具有自主审核的资格,才能开展自主审核工作。就高校申请自主审核的基本条件而言,《博士硕士学位授权审核办法》第二十条对此作出了一般要求,评价指标包括学科整体水平、综合办学实力、学术声誉和社会声誉三个方面。[6]

---

[1] 刘业进、刘晓茜:《简政放权、负面清单管理与落实高校办学自主权改革的制度分析》,载《湖南师范大学教育科学学报》2016年第4期,第112页。

[2] [德]Hans-Heinrich Trute:《行政法学中的治理概念:以大学为例》,王韵茹、姚崇略译,载《中正大学法学集刊》2012年5月,第251页。

[3] 《宪法》第四十七条:"中华人民共和国公民有进行科学研究、文学艺术创作和其他文化活动的自由。国家对于从事教育、科学、技术、文学、艺术和其他文化事业的公民的有益于人民的创造性工作,给以鼓励和帮助。"

[4] 《高等教育法》第十条第一款:"国家依法保障高等学校中的科学研究,文学艺术创作和其他文化活动的自由。"

[5] 王德志:《论我国学术自由的宪法基础》,载《中国法学》2012年第5期,第5-23页。

[6] 《博士硕士学位授权审核办法》第二十条。

同时,为了进一步增强可操作性,《学位授权审核申请基本条件(试行)》又规定了具体量化指标。高校申请获得自主审核资格的程序分为高校申请、省级学位委员会核查报送、国务院学位委员会评议审批三个环节。[1]

第二,高校进行学位自主审核阶段的制度架构。一旦获得自主审核资格,高校就可以在学科范围内自主审核新增博士硕士学位点和制定审核标准。首先,目前,高校可以自主审核的学科范围包括两类,即已列入本单位学科建设与发展规划的学科或专业学位类别以及新兴交叉学科学位类别。其次,高校可以制定自主审核标准,《博士硕士学位授权审核办法》第二十二条规定高校制定的自主审核标准必须高于国家相应学科或专业学位类别的申请基本条件。[2] 另外,为了合理控制高校自主审核的节奏,《高校授权自主审核意见》对高校每年新增博士学位授权点规定了数量标准,即不得超过其已有博士学位点数量的5%。[3] 最后,高校学位自主审核也要按照一定的审核程序进行,《高校授权自主审核意见》要求单位自主审核程序包括以下环节:院系申请、高校内学位点管理部门初审、不少于7人的专家论证、新增学位点校内公示、学位评定委员会委员2/3以上通过、党委常委会会议研究决定、国务院学位委员会批准。

(三) 学位授权自主审核的制度风险

学位授权自主审核改革通过"上帝的归上帝、恺撒的归恺撒"的改革方式将行政权力与学术判断权分离开来,如此,教育行政机关得以从自己不擅长的专业判断领域内抽身,减少权力寻租,集中关注公共利益的判断,而高校则可以充分利用学术判断权对自身是否具备学科建设能力作出自主判断。正因为此,此次改革多被赋予"实现高等教育内涵式发展"的重任。[4]

但是,目前的制度设计仍隐藏着诸多制度风险,如不能正视并加以防范,此次改革可能与过去我国实施的多轮行政审批改革一样陷入改革怪圈。

1. 学位授权自主审核与政策推动的改革方式

一直以来,通过政策而非法治的方式推动改革在我国教育领域中普遍存在。异地高考制度、民办教育制度、免费师范生制度的提出与推进莫不如此。甚至一度出现了以政策代替立法进行改革的"政策替代现象"。[5] 产生此种现象的理由无外乎:第一,计划体制下政府政策管理思维的惯性遗留,在事实层面上,政府从未将高校视为自己管辖范围外的独立主

---

[1] 《博士硕士学位授权审核办法》第二十一条。
[2] 《学位授权审核申请基本条件(试行)》第四部分对267个一级学科的申请基本条件作出了详细规定。
[3] 《高校授权自主审核的意见》:"高等学校要合理控制自主审核节奏……每年新增博士学位授权点数量不得超过本单位已有博士学位点数量的5%。"
[4] 黄鹏举:《落实"放管服"要求 深化学位授权制度改革——国务院学位办、教育部研究生司负责人答记者问》,载《中国教育报》2018年4月28日第001版。
[5] 黄华均、刘玉屏:《民办教育地方立法的"政策替代现象"管窥》,载《辽宁教育研究》2007年第3期,第59页。

体,高校一直被视为某种"准政府组织"而被纳入行政体系中管理,因此,通过政策的方式管理"内部主体"自然无可厚非。第二,政策化改革的方式具有成本低、效率高的特点,政府可以依托自身强大的行政权力推动改革,不用受到法治化改革方式面临的程序约束。

我国学位授权审核制度的历次改革也基本采取了政策化推动的方式,主要体现为国务院学位委员会制定的"若干意见""意见"或者"通知"等规范性文件。承继一贯的改革方式,此次学位授权自主审核改革同样是通过政策推动的方式进行的。其中,值得说明的是,尽管《博士硕士学位授权审核办法》冠以"办法"之名,且规定的内容具备法条应具有的形式特征,但由于其制定主体——国务院学位委员会的机构性质不明确,使得《博士硕士学位授权审核办法》的法律属性也很难被认定。[1]

政策推动的改革方式蕴含着诸多风险。首先,政策推动式的改革带有政策本身所具有的规范性不足、体系性不够和模糊性的特点,政策的稳定性和确定性也较差,很可能基于领导人意志的改变而改变。其次,政策推动式改革的法治化程度较低,不利于权利保障,就学位授权自主审核改革而言,由于采取了以政策进行改革的方式,使得高校与教育行政机关之间是否成立外部行政法律关系很难确定,导致高校的权益无法获得法律的保障。最后,虽然学位授权自主审核改革以高校自主权的扩大为目标,但是政策化的改革方式却与之格格不入,因为高等教育领域的改革之所以能够以政策的方式进行,其前提是将高校视为国家行政的一部分,因此,改革的方式与改革的目标之间相互抵牾。

2. 学位授权自主审核与自主审核资格的审批制

尽管国务院学位委员会授予 20 所高校自主审核权,使这些高校在获得学位点和进行学科建设的过程中拥有更大的自主权,但是它们想要获得学位授权自主审核的资格却并不容易。根据目前的制度架构,高校能够进行自主审核的前提是获得国务院学位委员会的"另行审批"。

诚然,另行增设审批的目的是确保改革"稳妥推进",避免一哄而上。但是,这种另行增设许可的方式也面临着合法性质疑。这主要包括两个方面:一方面,以政策的方式新设许可是否具有合法性?另一方面,以新设许可的方式推进改革是否有违改革的目标?

新设行政许可"涉及对个人权利与自由的限制,因此,从合法性角度而言必须予以限制"。[2] 从《中华人民共和国行政许可法》(以下简称《行政许可法》)的规定来看,其并未排除政策性文件设定许可的可能性。《行政许可法》第十七条规定:"除本法第十四条、第十五条规定的外,其他规范性文件一律不得设定行政许可。"对该条进行反面解释即可得出,其他规范性文件可以针对第十四条、第十五条规定的事项设定行政许可。那么该条是否能够成

---

[1] 马怀德认为根据《学位条例》规定,国务院是学位授予工作的最高领导,是学位授权审核、学位授予资格撤销和条例实施办法批准等核心权力的行使主体,而国务院学位委员会仅享有行使学位授权名单提议,名誉博士授予、学位异议处理等权力。但事实上国务院学位委员会又实际行驶着国务院所享有的上述职权,法律文本与具体实践存在着的严重脱节导致其机构属性不明确。参见马怀德、林华:《论学位管理体制的立法逻辑》,载《教育研究》2014 年第 7 期,第 18 页。

[2] 徐继敏:《国务院设定行政许可实践研究》,载《行政法学研究》2015 年第 1 期,第 60 页。

为国务院学位委员会新设自主审核资格审批的合法依据呢？从第十四条的规定来看，[1]国务院仅能设定"必要性"和"临时性"的许可。而此次新设的自主审核资格许可将在未来可期的时间段内实施，因此并不符合"必要性"和"临时性"的特征，因此这一新设许可面临着形式合法性的缺失。

另外，通过新设许可的方式推进改革也有违改革的目标。此次赋予高校自主审核权的目标是为了实现高校更大的自主权。但是将作为学术判断权的学位审核权还权于高校的前提是另行获得国务院学位委员会的许可，这种以新设许可的方式进行高校行政审批制度改革的做法很大程度消解了此次改革的目标。

另外，此次改革不光在自主审核资格的获得阶段增设了许可，即便获得自主审核资格的20所高校也并非实现了绝对自主，高校按照内部程序自主审核后仍然要报国务院学位委员会审批通过。换言之，此次改革表面上赋予了高校更大的自主权利，但是同时教育行政主管机关的控制权力并没有退场。因此，此次改革可能只是"学位授权自主审核程序更为简化"而已。[2]

3. 学位授权自主审核与高等教育的平等发展权

教育权是典型的社会权，因此国家权力介入教育权的保障之中具有正当性，但是国家权力的干预必须同时确保教育的平等发展。"学位授权审核是带有竞争性质的，必须充分保障评价和审核过程的公平、公正和公开，才能保证学位审核的结果是公平的。"[3]否则就可能人为导致不同高校之间地位差异，例如西北政法大学申博案就很大程度上是由学位授权审核程序设计的粗陋所致。[4]

学位授权自主审核改革将使得具有自主审核资格的高校能够更加自主地根据国家科技发展要求和社会经济发展需要进行学科调整和建设。另外，一旦获得学位自主审核权，也意味着高校申请增设博士硕士学位点的程序大大简化，较之于其他高校这无疑将带来学科建设时间成本的下降。

因此，从学位授权自主审核改革的结果来看，必定会使得本已存在地位差别的"双一流"高校和双非院校之间进一步分化："双一流"高校内部进一步分化为拥有自主审核权的"双一流"高校和不拥有自主审核权的"双一流"高校两类。我们可以合理推测，如果学位授权自主审核的审核标准、审核程序出现偏差，必然会加剧高校之间的平等鸿沟。

4. 学位授权自主审核与高校学位纠纷司法救济的困境

一直以来，法院大多将学位授权定性为行政授权，进而将高校定性为授权组织，将高校

---

[1]《行政许可法》第十四条第二款："必要时，国务院可以采用发布决定的方式设定行政许可。实施后，除临时性行政许可事项外，国务院应当及时提请全国人民代表大会及其常务委员会制定法律，或者自行制定行政法规。"

[2] 李玉兰：《高校学位授权自主审核意味着什么》，载《光明日报》2018年4月28日，第1版。

[3] 王敬波：《学位授权审核法治化路径探析》，载《学位与研究生教育》2014年第7期，第42页。

[4] 胡大伟：《我国学位授权审核制度的行政法反思与完善——西北政法大学申博案引发的思考》，载《现代教育管理》2010年第9期，第50-53页。

获得的学位授予权定性为经授权获得的行政权力,由此,高校在行政诉讼中成为适格的被告。

如上文所言,学位授权应为行政许可,高校获得的不是某种行政权力,而是经由政府禁止的解除实现的对其行为自由的恢复。由此,高校的学位授予权成为高校自主权的一部分。同样,在高校学位授权自主审核改革之后,不论是国务院学位委员会对高校申请自主审核资格的批准行为还是高校进行自主审核后报请国务院学位委员会予以批准的行为也都属于行政许可。

许可说带来的问题是:如果高校不再是"法律法规授权组织",学位授予权属于高校自主权的内容,应该如何实现司法救济呢?换言之,高校学位授予不再需要国家授权,是否会造成高校作为"法律法规授权组织"的主流观点的松动并损害学生的救济权?

四、高校学位授权自主审核制度的风险防范

可见,学位授权自主审核制度仍需要在改革方式、制度设计等方面进行更为精细的考量,以控制改革可能带来的系统性风险。

(一)学位授权自主审核改革的法治化塑造

尽管政策推动式的改革方式有不少制度风险,但有学者认为通过公共政策的方式对高校进行管理有其合理性。"如果认为高校是教育部的下属机构,那么就不存在依法行政的问题——行政机关内部之间的管理依赖内部指令即可。"[1]显然,论者是试图通过将高校纳入国家行政的内部框架进行管理。此种主张并不符合进一步扩大高校自主的改革方向,而且存在着以事实论代替规范论的弊端。另外,该主张的另一缺陷是高校行政法律关系中其实存在着复合主体,不仅包括教育行政主管部门和高校,而且也包括高校教师、在读学生、校友等"第三人"。[2]因此,教育行政机关的任何政策措施影响的对象从来就不会仅限于高校本身,必然存在着外溢效应,因此,教育公共政策仅对高校内部关系生效的预想并不成立。由此可见,在政策化与法治化的改革方式之间应该优先选择后者。

《学位条例》第八条是我国学位授权审核制度少有的法律依据,自此以后,我国关于学位授权审核制度的改革措施都是通过出台公共政策的方式予以推进的,这些制度安排多半超越了《学位条例》的已有法治框架。未来在《学位条例》的修改过程中,应该将多年来学位授权审核改革的政策内容予以法治化塑造,及时将政策上升为法律。从国务院学位委员会办公室委托中国政法大学起草的《学位条例(修订建议稿)》来看,其已经通过专章规定的方式

---

[1] 黄宇骁:《高等教育政策的规范效力与法治化路径——兼论〈"放管服"意见〉的落实形式》,载《高校教育管理》2017年第4期,第41页。

[2] 胡志刚:《研究生学位授权审核制度发展原则研究》,载《学位与研究生教育》2011年第5期,第70页。

对学位授权审核主体、权限、条件、程序等作出了规定。[1] 不过,由于该建议稿发布的时间较早,其不可能涵盖目前最新的改革内容,此次学位授权自主审核改革的内容难以纳入其中,对此在将来修订实施的学位法中应该一并予以考量。

另外,值得强调的是,法治化的过程本身也是国家立法权力介入高校自主空间的过程,因此,法治化也应当遵循必要的限度。"宪法保障大学自主之旨意,在于使大学内部事项由大学自行决定,不受国家外力制约,包括立法者不得立法侵害。"[2] 就学位授权自主审核制度而言,由于分离后的学位审核权成为高校掌握的学术判断权,因此,不仅教育行政机关应予以尊重,立法机关也不例外,未来学位法应该仅能就学位授权自主审核的主体、权限、程序作出规定,对于高校自主审核的学术判断标准则不宜介入过多。简言之,政府应主要进行宏观调控,而不应该再通过详细的标准和程序设置干涉高校自主审核权的行使。

(二) 学位授权自主审核制度设计的平等权保障

学位授权自主审核改革不仅面临着"政策替代立法"的隐忧,而且也有催生新的教育不平等的风险。这一风险主要来源于新设的自主审核资格的审批,对通过政策新设许可存在的形式合法性质疑可以通过法治化的方式化解,那么其可能衍生出的对教育平等的侵害又该如何解决呢?我们认为,应该通过审批标准、审批程序和退出机制的重置来实现对教育平等权的保障。

第一,审批标准的分类设置。目前,学位授权自主审核资格的审批标准主要包括综合实力、整体水平、学术声誉和社会声誉三个方面。从这些评价标准来看,是否授予高校自主审核资格的标准仍然基于对高校整体实力的评价,例如,综合实力的判断标准就要求高校博士学位一级授权学科不少于 20 个,且其中 50% 以上排名进入国内同类学科前 10%。[3] 这种审批标准的设置基本上是对我国综合性院校的"量身定制",并未根据多样化的高校类型分类设置标准,将很多实力强劲但学科设置不齐全的专业性院校排除在外,造成了综合院校与专业院校之间的不平等。因此,为了消除高校之间因单一的审批标准导致的不平等,未来应该根据综合性高校和专业性高校、研究型高校和职业型高校等不同的高校类型分别设置审批标准。

第二,审批程序的有效参与。公众参与是一种微观层面实现民主的形式,[4] 行政程序中公众参与机制的引入意味着程序主体之间平等地对话与协商。不过,公众参与存在着以

---

[1] 马怀德:《学位法研究——〈学位条例〉修订建议及理由》,中国法制出版社 2014 年版,第 202 - 210 页。

[2] 陈文政:《析论"教育部"〈大学评鉴办法〉之适法性与合宪性》,载《政大法学评论》2008 年第 103 期,第 7 页。

[3] 《学位授权审核申请基本条件(试行)》:"学科整体水平较高,博士学位授权一级学科不少于 20 个,其中 50% 以上一级学科排名进入国内同类学科前 10%(或前两名),并有一定数量的学科处于国际前列。"

[4] 王锡锌:《公众参与:参与式民主的理论想象及制度实践》,载《政治与法律》2008 年第 6 期,第 8 页。

"专家理性"为目标和以"民主可接受性"为目标两种模式。前者适用的事项往往需要更多的专业判断,因此其选取的参与对象主要限缩在专业人士的范围内,后者则将参与的主体范围扩及所有受到行政决定影响的对象,以使行政决定获得民主正当性为目标。并非所有的行政程序都需要公众参与,因为"群众的逐渐掌权对于所有以科学意见为基础的立法来说都是最坏的兆头"[1]。就学位授权自主审核资格的审批程序来看,显然更多地需要同行业专家的专业评审,因此,通过引入专家参与即可以实现审批的理性要求。目前,《博士硕士学位授权审核办法》已将专家评议纳入审批程序之中,值得肯定。不过,为了防止再次出现改革之前行政权力通过设置"学科评议组"的方式对学术判断权进行宰制的情况,专家评议应该以第三方独立主体的身份参与其中。

第三,评估与动态调整机制的建设。正义首先是"每一个人都享有平等的权利以享受最广泛的基本自由"[2],机会平等意味着每一个高校都有潜在的机会获得自主审核的资格。为此,需要通过定期评估和动态调整将已不符合基本条件的高校排除出去并将新的符合标准的高校纳入其中,这样不仅可以防止高校"重申报、轻建设"现象的发生,也可以避免形成已获益高校的阶层固化。目前,《博士硕士学位授权审核办法》第二十六条和《高校授权自主审核意见》中已经就学位授权自主审核资格的评估制度作出规定。[3] 不过,国务院学位委员会对高校学位授权自主审核资格的撤销属于一种损益性的行政行为,因此,即便经评估后要撤销也应符合基本正当程序的要求,给予高校陈述申辩和提出异议的权利,甚至在必要时举行听证会。

(三)学位授权自主审核后由审批制走向备案制

此次学位授权自主审核改革面临的另外一大风险是其并未实现高校简政放权和扩大自主权的目标,只是一种程序的简化而已。虽然高校获得了自主审核权,但是国务院学位委员会仍然采取了许可保留措施,高校自主审核通过后仍需按程序报批。不仅如此,此次改革还新设了自主审核资格的审批事项,政府管制的拳头并未放松。

为了充分赋予高校实质自主权,我们认为,国务院学位委员会对申请自主审核资格的审批已经表明高校符合自主审核条件,且通过评估和动态调整机制的引入也能有效确保高校自主审核的质量,因此没有必要在高校自主审核后仍然采取许可保留的做法,而应该放手让符合条件的高校根据社会经济需要、自身学科建设能力自主决定学科建设。下一步的改革内容应该是进一步将高校自主审核后的审批程序改为备案程序,实现高校学位授权审核的真正自主。"逐步改革审批制为备案制,给予学校自主设置硕士点和博士点的权限。"[4]

---

[1] [英]H. S. 梅因:《民众政府》(H. S. Maine, Popular Government), London, 1885:97-98. 转引自[英]马丁·洛克林:《公法与政治理论》,郑戈译,商务印书馆2013年版,第198页。

[2] [英]马丁·洛克林:《公法与政治理论》,郑戈译,商务印书馆2013年版,第131页。

[3] 《博士硕士学位授权审核办法》第二十六条:"自主审核单位发生严重研究生培养质量或管理问题,或在学位点合格评估和专项评估中出现博士硕士学位点被评为不合格的,国务院学位委员会将取消其自主审核学位授权点的权限。"

[4] 王敬波:《学位授权审核法治化路径探析》,载《学位与研究生教育》2014年第7期,第43页。

(四) 学位授予纠纷可诉性标准的澄清

学位授权审核的属性界定对学位授予纠纷的可诉性及其裁判思路具有决定性作用,在许可说的属性界定之下,国务院学位委员会对高校自主审核资格的"授权"以及对高校自主审核后的"批准"都被界定为行政许可。因此,高校获得的学位授予权不再被认为是国家授予的行政权力而是对其所拥有的自主权利的禁令解除。问题在于,这是否将高校塑造成了可以任意宰制学生权益的"小利维坦"?高校学生在学位授予纠纷中的权益应该如何保障?我们认为有必要对学位授予纠纷的可诉性标准予以重新审视。

司法实践之所以普遍承认授权说,根本原因在于其能够直接将高校界定为"法律法规授权组织",成为行政法理论中的行政主体并具备行政诉讼被告资格。由此,高校作出学位授予的行为自然就成为行使行政职权的行为,其可诉性得以成立。此种可诉性的判断以高校获得行政主体资格为标准,姑且可将其称为主体标准。不过,这种标准也因为授权说本身存在的问题而备受质疑。

实际上,在彻底摆脱授权说后,并不意味着学位授予纠纷通过行政诉讼加以解决的路径被完全切断。相反,诚如金自宁教授所言:"只要在公/私法区分方面放弃简单的形式标准/主体标准而转向实质标准,就都可以以相当接近的实质理由认同大学具有作为行政主体和行政诉讼被告的资格",而这一实质标准为"被告行使的是公共职能且相对一方的权利受到重大影响"。[1] 黄厚明教授同样认为:"证成高校学位授予权案件应通过行政诉讼法途径来解决,还是必须证成高校自主权具有公法的法律特征。"[2] 这种新的可诉性判断标准并不是依据高校是否获得法律法规授权来判断学位授予行为的可诉性,相反,只要证成学位授予行为具有公共职能的属性并对学生的权益产生实际影响即可。

那么,高校作出的学位授予行为是否是在行使某种"公共职能"呢?公共职能标准的产生源于对行政诉讼被告资格主体判断标准的反思。随着公共行政的日益多元化,诸如村民自治委员会、行业协会、高等学校等主体也开始承担公共任务,但是一元化的形式/主体标准却无法赋予这些主体适格的行政诉讼被告资格,"这将不利于确保监督与责任机制"。[3] 因此,必须根据行为的实质内容——是否属于公共职能的履行——来判断其是否可以成为行政诉讼的适格被告。

英国法院通过判例建构了公共职能的具体含义,具体包括:(1) 该主体不存在是否代表国家将不可避免地自己管理该项公共任务;(2) 该主体在其行使公共任务的范围内是否拥有垄断性权力;(3) 特定群体的权利是否受到该主体决定的影响;(4) 该主体是否受到国家

---

[1] 金自宁:《大学自主权:国家行政还是社团自治》,载《清华法学》2007年第2期,第24页。

[2] 黄厚明:《高校学位授予案件司法审查进路研究:基于两种法律性质定位的考察》,载《高教探索》2017年第6期,第27页。

[3] 杨欣:《美、英司法审查受案标准的演化及其启示——以私人承担公共职能为考察对象》,载《行政法学研究》2008年第1期,第132页。

的鼓励和资助。[1]从高校学位授予行为的实质内容来看,其完全符合公共职能的判断标准。首先,高校学位授予权是国家还权于高校的结果,如果不存在高校这一主体,势必意味着政府要直接承担管理高等教育的任务,显然这种做法并不符合高校自主(或者大学自治)的世界潮流;其次,高校虽然具有自主权,但是现代高等教育的发展不可能离开国家财政的资助;再次,高校和部分科研机构拥有作出学位授予行为的垄断性权力,其他主体不能拥有学位授予权;最后,高校教师、学生、校友等群体直接且自愿受到高校学位授予权的影响。

由此,我们可以得出以下结论:虽然学位授权自主审核中政府"授权"和"批准"被定性为许可说将使得目前司法实践中普遍承认的高校被告资格的认定标准被打破,但是通过引入新的公共职能标准可以化解这一制度风险,同时也可以有效回避主体标准将高校纳入行政体系内部对高校自主权可能带来的侵犯。

结　语

自新中国成立以来,我国高校就被纳入国家行政体系内进行内部管理。然而在规范层面,我国高校却拥有不少自主权。因此,在事实与规范之间,如何平衡高校在国家行政与高校自主之间的关系就成为高等教育改革的重要使命。总体来看,改革的目标是向着更为广泛的高校自主迈进。学位授权自主审核改革也是这一改革进程中的一部分。仔细审视其制度架构,我们认为尽管其一定程度上确实扩大了高校自主权,但是仍然存在着一系列制度风险,包括:政策化推进的改革方式、可能对高校平等的侵犯、新设审批的形式违法性以及可能带来的司法救济的困局等。为此,需要通过采取多种举措实现风险的有效控制:即改革方式的法治化塑造,自主审核审批标准、程序和退出机制的重置,学位授权自主审核备案制以及学位授予纠纷被告资格公共职能判断标准的引入。

---

[1] 戚建刚:《长春亚泰足球俱乐部诉中国足协案再评析——以公共职能为视角》,载《行政法学研究》2004年第3期,第35页。

法治视野下学位授予权的性质界定及其制度完善
——兼述《学位条例》修订

周佑勇[*]

摘　要　根据我国现行立法,学位授予权的取得采用的是"双阶层"方式,即在"资格审核"前提下的"法律授权",由此使得学位授予权兼具行政权力和学术权力的双重品性,要求其行使既要秉承法律保留原则,又要能充分体现对大学自治与学术自由的保障。学位授予权行使的全过程都必须遵循正当程序原则,但因学位授予参与主体和环节的多样性而又呈现出一定的差异性。面对不断增多的学位授予诉讼及对其存在的认识争议,应针对学位授予过程的不同环节作出是否纳入司法审查范围的区分,且以程序审查为限度。当前亟待以学位授予权性质界定为基础,加快修订《学位条例》,进一步构建和完善我国学位制度。

关键词　学位授予权　法律授权　大学自治　《学位条例》修订

学位授予权是学位制度的核心,也是国家实施学位管理保障人才培养质量的基本手段。长期以来,对学位授予权性质界定模糊、认识不清,导致在学位授予实践中存在各种非法治化问题,无法有效保障学生合法权益,也极大影响了人才培养质量。随着我国学位与研究生教育的改革发展,亟待从法治的视角厘清学位授予权的性质,并在此基础上构建和完善我国的学位制度。

一、学位授予权的性质界说：权力抑或权利

"从学位制度的缘起到学位发展的多样化与全球化可以看到现代学位现象所具有的复杂性。这种复杂性也给学位的概念界定带来了诸多困难与争议。"[1]事实上,有关学位制度界定的困难与争议首先反映在学位授予权上,表现为对学位授予权性质认识的差异,即学位授予权究竟是因《中华人民共和国学位条例》(以下简称《学位条例》)的授权而取得的"权力",还是因符合《学位条例》的授予条件基于申请而获得批准或许可的"权利"?

---

[*] 周佑勇,法学博士,东南大学法学院教授、博士生导师,长江学者特聘教授,东南大学教育立法研究基地主任。本文系教育部教育立法研究基地项目"《学位条例》修改中的学位授权法律问题研究(项目编号：2242018S30030)"的阶段性成果。

[1] 周慧蕾：《高校学位授予权研究》,中国社会科学出版社2016年版,第26页。

第一种观点认为,学位授予权属"权力",并认为"学位授予权作为国家管理学位事务的权力,它实质上是一种行政权"[1]。该观点多数基于《学位条例》第八条的规定,该条第一款规定"学士学位,由国务院授权的高等学校授予;硕士学位、博士学位,由国务院授权的高等学校和科学研究机构授予"。"这一规定可以看出,学位授予权并不是高等学校的一种'自然权力',而是由国家通过法律法规的形式授予高等学校和科研机构的一种权力。"[2]按照该观点,学位授予权的取得是基于《学位条例》第八条规定的"国务院授权",学位授予单位为行政法上的授权行政主体,所授权的学位授予权为行政权力,因而学位授予权区别于高校在招生、学历管理等情形下因高校法人身份而"自然"形成的权利。

这种"权力"说的观点在司法实践中也得到了广泛的确认。田永诉北京科技大学拒绝颁发毕业证、学位证行政诉讼案被列入了《中华人民共和国最高人民法院公报》(1999年第4期),在公报中对高校学位授予权的性质及高校的地位均作了解释与说明:"本案被告北京科技大学是从事高等教育事业的法人,原告田永诉请其颁发毕业证、学位证,正是由于其代表国家行使对受教育者颁发学业证书、学位证书的行政权力时引起的行政争议,可以适用行政诉讼法予以解决。"无论是理论上学者的认识还是实务上法院的处理,因《学位条例》第八条的规定,多数情形下将高校学位授予权识别为行政权力,将此种情形下的高校识别为被授权组织。

第二种观点认为,学位授予权并非基于法律"授权"而取得的"权力",而是基于《学位条例》规定的"批准"而获得的"权利"。首先,《学位条例》第八条虽规定了"国务院授权"高等学校授予学位,但是根据《学位条例》第八条第二款的规定,对学位授予单位的"授权"是"由国务院学位委员会提出,经国务院批准公布"。在此种法律关系中,国务院成为行政主体,高校和科研机构成为行政相对人,高校和科研机构向国务院提出申请,国务院作出"批准"或"不批准"决定。此为典型意义的行政许可行为,作为申请单位的高校和科研机构因国务院批准而取得了学位授权的"权利"。其次,高校作为事业单位法人所具有的地位以及由此形成的学位授予权在《中华人民共和国教育法》(以下简称《教育法》)中也得到了确认。根据《教育法》第二十九条规定,学校及其他教育机构具有9项"权利",其中之一就是"对受教育者颁发相应的学业证书"。据此,高校对受教育者颁发相应的学业证书作为学位授予权的重要内容,被认为是一般意义上的"权利"而非"权力"。高校何以才能具有此项颁发学业证书的"权利",应以高校设立的一般许可及符合学位授予单位条件的专门许可为前提。学位授予权的"权利"性质似乎在司法实践中也得到了验证。譬如,2009年因申请博士点落选,4月20日西北政法大学正式向陕西省人民政府递交了行政复议申请书,请求对陕西省学位委员会确

---

[1] 周光礼:《论学位授予行为的法律性质》,载《科技进步与对策》2004年第3期。
[2] 石正义:《法理学视野下的学位授予权》,载《湖北社会科学》2005年第10期。

定的第十一次博士学位授权立项建设单位进行重新评审。[1]

那么,学位授予权究竟是"权利"还是"权力",它的取得究竟是"授权"还是"许可"。笔者认为以上两种观点都具有一定的合理性,但也存在依据不充分的问题。就"权力说"而言,其主要依据是《学位条例》规定的"国务院授权"。但是,按照目前行政法之通说及实践,法律法规授权的"授权"必须源于法律法规的直接授权。这里的"国务院授权"只能理解为"批准"或"审核",而不属于真正意义上的法律法规授权。因而以此为依据是不充分的。就"权利说"而言,它的一条重要论据是《教育法》第二十九条规定高校具有"对受教育者颁发相应的学业证书"的"权利"。然而该条规定的"权利",并不能构成对学位授予权"权利说"的直接证成。一方面,这里"权利"更多强调的是高校的一种办学自主权,并不等同于学位授予权,后者应当是源自《教育法》第二十三条第二款的"授权";另一方面,高校作为事业单位法人享有一般意义上的"权利",也并不妨碍其在特定情形下成为法律法规授权组织经授权而获得行政权力。"权利说"的另一条重要论据是"国务院批准"属于行政许可,因许可而取得的学位授予权属于一种"权利"。但是这里的"批准"只是一种准入资格的审核,至多算是一种资格许可,并非行为许可,并不意味学位授予单位就可以当然行使这种权利。

我们认为,根据我国现行立法,学位授予权的取得采取的是"双阶层"方式,即在"资格审核"前提下的"法律授权"。其一是"资格审核"或"批准"。高校取得学位授予单位的资格属于一种行政许可,这是学位授予权取得的前提。我国实行的是独立学位管理制度。根据《教育法》第二十八条的规定:"学校及其他教育机构的设立、变更和终止,应当按照国家有关规定办理审核、批准、注册或者备案手续。"这属于学校办学许可,取得这种许可的高校才具有办学资格,但并不意味着取得办学许可就当然获得学位授予权。根据《教育法》第二十三条、《中华人民共和国高等教育法》(以下简称《高等教育法》)第二十二条以及《学位条例》第八条第二款的规定,高校要取得学位授予权,必须先经过国务院学位委员会批准取得学位授予单位和学位授权点的资格。学位授予权因此具有了"权利"的属性。但是这种"权利"只是一种资格,且性质上属于一种学术自由权。"学术自由权是一种存在于学术活动领域的类权利。它首先由各国宪法条款所承认,并获得国际人权法文件的认可。"[2] 自20世纪以来,学术自由逐步被写进各国宪法或者被判例确认作为公民基本权利和人权的内容。如德国基本法规定"艺术和科学,科研和教学是自由的"。《中华人民共和国宪法》(以下简称《宪法》)第四十七条亦规定:"中华人民共和国公民有进行科学研究、文学艺术创作和其他文化活动的自由。"学术自由权被认为是自由权的一项重要内容而具有了基本权利的"权利"的性质。只不过,由于基本权利具有适用主体的普遍性,虽然学位授予权源自宪法上的学术自由权,但它

---

[1] 2009年陕西省八所高校参加了陕西省申请新增博士学位授权立项建设单位汇报与答辩评审会议,西北政法大学是八所学校之一。3月27日,陕西省学位办组织来自北京、江苏和陕西的21位专家,在陕西宾馆召开了评审会议,最后投票确定两所大学为拟立项建设单位,西北政法大学落选。西北政法大学认为"这次评审中存在程序违法,结果不公的问题",故向陕西省人民政府提出了行政复议。参见王荣利:《西北政法大学提起学位授权争议行政复议第一案》,载《法制与经济(中旬刊)》2009年第7期,第3-4页。

[2] 谢海定:《作为法律权利的学术自由权》,载《中国法学》2005年第6期。

的取得并不能直接基于此,而需要获得国家的许可。在实行国家学位制度的情况下,基于国家对学位授予秩序和人才培养质量的保障,国家仅许可符合条件的高校而不是全部高校取得学位授予权的资格。高校经审核获得学位授予权资格,意味着对其学术权力的认可。这同时也意味着,学位授予权的"资格审核"主要是对高校学术水平的判断和审核。

其二是"法律授权"。根据《教育法》第二十三条第二款的规定:"学位授予单位依法对达到一定学术水平或者专业技术水平的人员授予相应的学位,颁发学位证书。"《高等教育法》第二十二条第二款规定:"公民通过接受高等教育或者自学,其学业水平达到国家规定的学位标准,可以向学位授予单位申请授予相应的学位。"这说明,学位授予单位在获得资格后,即可以根据该条款的直接授权,依法行使学位授予权。而学位授予单位在行使学位授予权的过程中,必须严格按照《学位条例》及《中华人民共和国学位条例暂行实施办法》(以下简称《实施办法》)规定的学位授予标准、条件和程序,遵循法律保留原则及"法无授权不得为"的公法逻辑,因而具有一种"权力"的性质。事实上,《学位条例》第八条第一款规定由"国务院授权"的高等学校和科学研究机构进行学位授予亦包含两层含义:一是"国务院授权",属于资格许可或批准;二是《学位条例》同时也使经"国务院授权"获得资格的单位具有学位授予权,间接反映了《学位条例》授权高校和科研机构行使学位授予权的逻辑内涵。即根据该条的规定也就意味着获得批准的高校就直接取得学位授予权,其本身就是对高校学位授予权的一种法律授权。不能因为《学位条例》规定的"国务院授权"而否定《学位条例》直接授权的客观存在,只不过容易让人误解为一种纯粹和单一的"国务院授权"。

综上,笔者认为,目前我国学位授予权的取得,采用的是"双阶层"方式,即在"资格审核"前提下的"法律授权",分别呈现出学术权利和行政权力的双重性质,从而使得学位授予权兼具行政权力与学术权利的综合属性,由此改变传统上我们对学位授予权性质认识上存在的非此即彼的狭隘。

二、学位授予权的双重属性:兼具行政权力和学术权力

与一般性行政权力不同,"双阶层"的学位授予权取得方式决定了学位授予权兼具"行政权力"与"学术权利"双重性质,且两者经常交织在一起,共同发挥作用。譬如,在学位授予过程中,先要由学位论文答辩委员会负责答辩,作出学术判断;再由学位评定委员会作出是否批准的决定并由校长发给学位证书。前者是行使学术权利,后者则是行使行政权力。这就进一步涉及学位授予权作为行政权力与作为学术权利之间的界限划分问题。

1. 作为"行政权力"的学位授予权应秉承法律保留原则。学位授予具有行政权力的特点是基于对学位授予公益性及学术秩序维护的目的。《学位条例》及《实施办法》赋予学位授予单位制定学位授予工作细则的权力,却并没有授予其享有学位授予标准制定的权力,这源于国家对稳定学位授予秩序和保障人才培养质量的考虑。"自然进程和社会进程中都存在

着某种程序的一致性、连续性和稳定性"[1],学位授予要实现的秩序就是学位授予的一致性、连续性与稳定性,实现学位授予权运行的规范化,从而保障学位申请者获得公平评价的权利。

学位授予权因具有"行政权力"的性质而必须遵循法律保留原则及"法无授权不得为"的公法逻辑。由于学位授予涉及作为公民基本权利的受教育权,所以学位授予的条件和标准,都要由法律作出规定,即属于法律保留的范围。高校只可依据法律法规的授权制定"本单位授予学位的工作细则",高校制定的学位授予的工作细则只能是对学位授予标准与条件的细化、量化,决不可创设或者修改学位授予的条件。学位授予单位超出法律规定而为的任何创设或变更学位授予标准与条件的行为因违背法律保留原则而应当被认定为无效。

2. 作为"学术权利"的学位授予权需要充分体现大学自治与学术自由。"学术在本质上必然是独立的自由的,不能独立自由的学术,根本不能算是学术。"[2]权力并不必然具有意愿性的特征,学术是学位的内在规定性,也是学位的核心,学位授予权因其"学术"的内容而兼具学术权利的特征。学术、学位与自由、自治有天然的密切联系,学术本质上必须是自由的和自治的;高校享有通过学位授予权来实现学术自治的便捷,无论是学位授予还是学生管理、招生就业,没有哪个主体有超越高校所拥有的信息对称、管理便捷的天然优势;保障高校学位授予权的学术权利性质也是高校创新型人才培养的要求,过于呆板与统一性的规则可能使高校失去办学自主权与管理灵活性而不利于创新性人才的培养。

高校学位授予权"学术权利"性质要求实现大学自治与学术自由,并对学位评定提出了要求:一是高校学位授予评定机构的设置应具有独立性、专业性和权威性。依据《学位条例》第九条的规定:"学位授予单位,应当设立学位评定委员会,并组织有关学科的学位论文答辩委员会。"由专业人士组成的专业团体对是否授予学位作出专业性评价,这样的学位评定才具有权威性。高校学位答辩委员会和学位评定委员会依法依规独立设立,不受到来自政府和其他方面非正常的干扰,是学位评定具有权威性的前提。二是要实现高校学位评定自治。大学自治显然包含了学位授予自治的内容。学位评定应当由高校自主设立学位评定机构,依据学位授予条件和高校自主制定的学位授予的工作细则,对申请者是否达到学位授予要求进行全面性审查,对是否授予学位作出独立性判断。三是高校学位评定应当体现学术自由的价值追求。与大学自治作为集体或团体意义上的权利不同,学术自由更侧重于从个体的视角表现高校的学术特征。学术自由不仅表现为大学教师独立、自由进行教学与研究,而且也表现为学位评定委员会成员独立进行学术判断和是否授予学位的判断,因为"教师还应该决定谁最有资格决定谁最有资格学习高深学问(招生),谁已经掌握了知识(考试)

---

[1] [美]博登海默:《法理学——法律哲学与法律方法》,邓正来译,中国政法大学出版社1999年版,第199页。

[2] 贺麟:《学术与政治》,载《当代评论》1941年第1卷第6期。转引自周光礼《学术自由与社会干预——大学学术自由的制度分析》,华中科技大学出版社2003年版,第10页。

并应该获得学位(毕业要求)"[1]。

3. 在法律保留与大学自治之间。作为现代高等教育的特产,学位授予权具有了行政权力与学术权利的双重品格。然而,二者并非截然对立。"交往理性之区别于实践理性,首先是因为它不再被归诸单个个体或国家—社会层次上的宏观主体。"[2]因而学位授予权应在法律保留与大学自治之间,遵循使其符合理性的双重向度。

法律保留,意味着学位授予的条件及标准都需要严格的法律授权,高校在行使学位授予权时必须严格遵守法律,以更好保障公民受教育权。一方面,针对我国高校存在的差异性,从保护公民受教育权和保障高等教育质量的两难中寻找出路,对学位授予单位实施动态的审核。另一方面,严格学位授予条件与标准的控制,以修改和完善现有学位授予法律法规来设置科学性的学位授予标准,禁止高校超越权限设置具有调整性的学位授予条件。

大学自治则意味着大学需要一定的自主空间。高校学位授予权的大学自治不仅具有科学性的基础,而且也符合当今世界各国保障学位授予权自治的趋势,"受德国的启发,越来越多的国家如意大利、奥地利、日本等将保障学术自由写进宪法"[3]。此外,高校学位授予权自治还具有便捷与效率的优势。高校学位授予权的大学自治既体现为法律法规授权高校自主制定本单位学位授予工作细则的抽象行为,也表现为高校通过学位评定委员会自主进行学位授评议的具体行为。

学位授予争议诉讼形式上表现为高校与学生的二元对立,事实上却反映了由于事实认定、程序瑕疵、规范缺失等,学位授予的法律授权与大学自治之间的界点难以确定。那么,如何解决两者之间存在的冲突和矛盾?一方面,需要法律法规为高校学位授予预留一定的自治空间,为高校学位授予的具体化提供必要空间,以保障高校自治和学术自由。"法律终止之处实乃裁量起始之所"[4],以法律法规设置学位授予条件,无论是修订《学位条例》还是将来出台的学位法,以细微至极而无须细化的学位授予条件普遍适用于各类高校的学位授予,不仅难以实现,也有违正义的原则。高校办学条件和培养目标的差异性也需在学位授予上赋予高校适度的学位授予之裁量权,以实现个别化正义的目的,促成高等教育的多元化和差异化,避免因为法律的硬性规定而导致高等教育的均质化。另一方面,需要对高校学位授予自治给予一定的法律规制。赋予高校学位授予的裁量权具有合理性,但如果运用不当,又会侵害学生的受教育权。因而必须加强对高校制定的学位授予实施细则的规制和学位授予的质量保障。从保障其科学性的目的出发,要求高校制定学位授予的实施细则必须履行备案审查程序,并对其进行合法性审查。同时还要加强对学位授予权正当行使的程序规制。

---

[1] [美]约翰·S.布普贝克:《高等教育哲学》,王承绪、郑继伟、张维平等译,浙江教育出版社2001年版,第31页。

[2] [德]哈贝马斯:《在事实与规范之间:关于法律和民主法治国的商谈理论》,童世骏译,生活·读书·新知三联书店2003年版,第4页。

[3] 谢海定:《作为法律权利的学术自由权》,载《中国法学》2005年第6期。

[4] Kenneth Culp Davis. Discretionary Justice. University of Illinois Press,1971:3.

三、学位授予权的程序规制：正当程序

学位授予应遵循正当程序，已得到共识。正当程序又称正当法律程序，原初适用的范围仅限于法律，适用的目的为保有法律的纯洁性，即"促使审判和调查公正地进行，逮捕和搜查适当地采用，法律援助顺利地取得，以及消除不必要的延误，等等"[1]。作为"自然正义"的延伸，正当程序被认为是保障公共权力行使的最低程序要求。"在法律、法规没有明确规定的情况下，人民法院可以把正当程序原则作为判断行政行为合法性的依据。"[2]学位授予遵循正当程序的依据在于：一方面是学位授予权具有行政权力属性的要求。学位授予行为属于《中华人民共和国行政诉讼法》（以下简称《行政诉讼法》）规定的"法律、法规、规章授权的组织作出的行政行为"而具有可诉性。正当程序对学位授予权的规制，要求学位授予权的行使应当严格依照法定正当程序，违反法定程序的行政行为会被撤销；同时，如果成文法没有对学位授予行为的程序作出规定，高校也要按照正当程序的要求通过制定本校学位授予实施细则来补足程序性要求。有学者认为，此种实施细则的规定系"将行政权介入高校而制定的校规"，属于一种"介入性校规"[3]。另一方面，作为学位授予的正当程序具有独立的程序价值，并通过公开、回避、告知、说明理由、听取陈述和申辩、送达和对救济权的保障等程序性规定来实现学位授予的实体性公正，促进学位授予秩序的实现以及保障学生获得公平评价的实体正义。

1. 学位授予遵循的正当程序具有全过程性。相对于单一行政行为所应遵循的正当程序而言，学位授予遵循的正当程序具有多元性。"双阶层"的"资格审核"前提下的"法律授权"的学位授予权特征表明学位授予权从取得之初就具有了审核与授权的多元性。其多元性既表现为参与主体的多元性，也表现为学位授予过程的多个环节。就学位授予参与主体而言，立法机关、行政机关、高校、高校内设学位评定委员会和学位答辩委员会以及作为两个委员会成员的专家个体等都参与学位授予过程。就学位授予过程的多环节而言，既包括全国人大常委会和国务院通过法律法规设置学位授予条件以及对高校设置学位授予实施细则的"立法"授权，也包括国家学位委员会依法实施学位授权单位和授权点的许可；既包括高校依法获得授权制定学位授予标准而实施的抽象行为，也包括高校通过学位评议委员会和学位授予委员会来实施学位授予的具体行为；既包括高校给予性的学位授予，也包括高校剥夺性学位管理（如高校对已授予学位的撤销与收回）。学位授予主体与环节的多元性使得学位授予具有区分有度的过程性，这就要求对学位授予单位的资格审核、学位授予条件设置、学位授予单位制定学位授予条件实施细则以及高校实施学位授予的评议及对学位的撤销等学

---

[1] [英]丹宁：《法律的正当程序》，李克强、杨百揆、刘庸安译，法律出版社2015年版，第2页。
[2] 中华人民共和国最高人民法院行政审判庭：《中国行政审判指导案例：第3卷》，中国法制出版社2013年版，第128页。
[3] 朱芒：《高校校规的法律属性研究》，载《中国法学》2018年第4期。

位授予实施的全过程,都必须遵循正当程序,包括法定的正当程序及高校补充的正当程序。

2. 学位授予遵循的正当程序具有程序的差异性。学位授予因参与主体和授予环节的多元性而呈现差异性,包括对学位授予单位的资格审核、学位授予条件的设置、高校设置学位授予实施细则、学位授予的评议、学位证的颁发与撤销等都是学位授予过程不可或缺的环节。这些环节的性质不同,规制各个不同环节的规范性质不同,因而适用的程序性要求也不同。

学位授予呈现多主体参与和多环节呈现的特点,学位授予过程的各个环节都必须遵守正当程序,但是各个阶段适用正当程序的要求和内容因主体及其行为性质的不同而呈现出差异性。通过立法设置学位授予条件应当遵守立法法规定的法定程序,正当程序表现为立法程序;对学位授予单位及可授权学科资格的审核必须遵循《中华人民共和国行政许可法》(以下简称《行政诉讼法》)设置的法定许可程序,正当程序也表现为法定程序;高校制定学位授予实施办法应当参照立法程序的主要原则和要求,在授权范围内,遵循参与、公开、备案审查等正当程序要求;在高校实施学位授予评议及撤销规制缺乏立法的前提下,高校制定的学位授予实施细则应当补足学位授予评议与撤销的正当程序,如学位评议、学位证颁发及撤销都应当公开进行,听取当事人的陈述和申辩并保障当事人救济的权利。学位授予各个阶段的性质不同,造成通过规范性文件规制不同阶段行为的程序性要求也不同。例如,国家设置学位授予条件和高校设置学位授予实施细则的立法和准立法程序与规制学位评议、学位证颁发及撤销的程序因行为性质不同导致程序要求不同。此外,即使同为立法性质行为,设置学位授予条件的立法程序与设置学位授予实施细则的"准立法"程序也因立法性质的强度不同而呈现差异性。

四、对学位授予权的尊重:司法审查边界

在倡导对学术自由权予以充分保障的现代大学自治理念下,行政权力过度干预学位授予,已饱受质疑。而通过个案的司法审查来确立对学生获得公平评价权的保障,无疑是一条有效的进路。面对大量出现的因学位授予引起的行政诉讼,现实的问题不再是司法机关是否应当"介入",而是"如何"介入的问题,即司法机关对学位授予争议诉讼审查的范围和标准的认定问题。"双阶层"的学位授予权的取得特征,使得学位授予具有行政权力与学术权力的综合属性,从而决定了任何单一性地将学位授予争议纳入或者不可以纳入司法审查范围的论断都具有狭隘性。司法对学位授予权的介入应当保持一种"既审查又尊重"的态度。

学位授予权包含较为复杂的过程和丰富的内容。有学者依据时序与内容的不同,将学位授予权划分为"学位授予标准设定权、学位评定权和学位证书颁发权"[1]。要厘清学位授予司法审查的边界必须依据学位授予的不同环节而对其是否纳入司法审查范围作出区分。"双阶层"学位授予即"资格审核"前提下的"法律授权"学位授予,包括对学位授予单位及学科的许可和学位授予权的运行(学位授予标准设定权、高校学位授予标准实施细则制定权、

---

[1] 周慧蕾:《高校学位授予权研究》,中国社会科学出版社2016年版,第56页。

学位评议权、授予或不授予学位决定权以及对已授予学位的撤销权)两个方面的内容。学位授予权的司法审查应当针对不同环节和过程对学位授予权是否纳入司法审查作出区分。

1. 作为学位授予权取得前置环节的"资格审核"即对学位授予单位和学科的行政许可争议应当纳入司法审查范围。依据《学位条例》第八条第二款的规定,"授予学位的高等学校和科学研究机构(以下简称学位授予单位)及其可以授予学位的学科名单,由国务院学位委员会提出,经国务院批准公布",学位授予权行使的前提是学位授予单位首先获得国务院学位委员会关于学位授权单位和可授予学科的许可。行政许可是一种典型的具体行政行为,根据《行政诉讼法》的规定,可依法向人民法院提起行政诉讼。2009年4月20日,西北政法大学因不满陕西省学位委员会关于博士学位授权立项建设单位的决定,向陕西省人民政府法制办提起行政复议并被受理,验证了作为前置环节的学位授权单位和学科的许可争议具有可复议性和可诉性。

2. 作为前提环节的学位授予条件和学位授权审核标准的设置因属立法性行为,《行政诉讼法》将其排除在行政诉讼的受案范围之外。依据学位标准的立法定位,将学位标准分为"大学学位"与"国家学位",其回应了在学位设定标准上大学自治的程度。我国《高等教育法》确立了"国家学位制度"[1],国家学位制度的一个基本特征就是国家通过立法设定学位授予条件(标准),并且限制高校进行创制性学位授予条件的设置,高校只能在国家立法设定的学位授予标准前提下制定本校学位授予的实施细则。因国家设置学位授予条件及学位授权审核标准属立法性质,因而被排除在行政诉讼受案范围之外。但是根据《行政许可法》的规定,国务院学位委员会印发的《博士硕士学位授权审核办法》《学位授权审核申请基本条件(试行)》等规范性文件所规定的学位授权审核条件和标准,不得增设违反上位法的条件和标准,否则在涉诉司法审查中,法院可以采取"不予适用"的方式否定其效力。

3. 作为中间环节的学位评议权,如由学位论文的专家外审、学位论文的答辩而引起的争议只能由专家解决,不能直接诉诸行政复议或行政诉讼。学位授予的学术判断不纳入司法审查范围是由学位授予学术判断的性质和特点所决定的。首先,学位授予的学术判断属大学自治权的范畴,司法机关应当予以尊重。"失去了自治,高等教育就失去了精华"[2],学位授予的学术判断是大学自治权的重要内容。其次,学位授予的学术判断具有专业性和复杂性使得法院难以审查。高校通过作为专业性机构的学位评议委员会和作为专业性人员的专家教授依据专业知识和能力对申请者是否具备学位授予条件独立地作出判断,因而具有专业性。当前我国学位授予标准并不十分细致,学位授予的学术判断因而具有困难性。"意味着教育判断在实体上具有不可替代性,这就决定了很难甚至根本不可能在法律上对学术

---

[1]《中华人民共和国高等教育法》第二十二条第一款规定"国家实行学位制度。学位分为学士、硕士和博士"。第二款规定"公民通过接受高等教育或者自学,其学业水平达到国家规定的学位标准,可以向学位授予单位申请授予相应的学位"。据此,我国学位授予应遵守国家学位标准,而非大学学位标准,从而对国家学位制度进行了诠释。

[2] [美]约翰·S.布鲁贝克:《高等教育哲学》,王承绪、郑继伟、张维平等译,浙江教育出版社2002年版,第31页。

评定行为进行实体合法性判断。"[1]事实上,同作为中间环节的高校制定学位授予实施细则,因其"准立法"的行为性质及其归属于学术自治的范围,也不能单独纳入学位授予争议诉讼的受案范围。

4. 作为结果环节的高校作出授予或者不授予学位的决定以及作为扩展环节的高校对已授予学位的撤销,可以提交司法审查。实践中出现的学位授予争议主要集中于高校经过学位评议决定不授予学位以及学位授予之后因特定原因的出现(如涉及学位论文、毕业资格论文出现学术不端现象)而撤销已经授予的学位两种情形。在此两种情形下,作出不授予学位和撤销已授予学位具体行政行为的高校因法律授权成为行政主体,另一方当事人成为相对人。

5. 学位授予争议纳入司法审查的审理对象应仅限于程序性审查的限度。作为前置环节的国务院学位委员会对学位授权单位和学科的行政许可、作为结果环节的高校作出授予或不授予学位的决定以及作为扩展环节的高校对已授予学位的撤销,这三种情形下相对人可提起学位授予争议行政诉讼。但法院对这三种情形的学位授予争议的审查标准一般限于程序审查,而不干预其实体上的学术判断。

理论上存在的对学位授予争议司法审查的认识差异,主要表现为对学位授予争议司法审查对象是否仅及于程序而不及于实体审查的认识差异。一方面,学位授予的司法审查仅及于程序是对实体学术评价专业性与独立性的尊重。学位授予争议仅及于对程序的审查限度已经从作为中间环节的学位评议无法纳入司法审查的证成中获得了确认。"司法之所以对此类行为仅限于程序审查,是由于第一,对于高度专业性、技术性判断法官受到专业知识和经验的局限……;第二,专家集团的判断往往采取合议机制……,更应该得到法官的尊重。"[2]实践中,通过司法审查实现对学位授予的监督,更多局限于对学位授予单位的评议组成员构成是否合法及是否采用票决制等程序性问题的判断,至于评议本身的内容是否具有正当性则无从审查。司法机关不仅对不授予学位和已授予学位撤销的行为无法进行实体性审查,而且对作为学位授予权取得前置环节的学位授予单位和学科的资格审核的争议,虽然在理论与立法上没有法院对其进行实体合法性审查的障碍,但是在实践中也主要侧重于对其评议与审核程序的审查。另一方面,价值问题的程序转化。面对保障学生获得公平评价权和尊重学术自由权的两难,司法机关当以审查学位授予权的程序为限。然而,有学者提出不同意见,认为程序只是学术评价的一个方面而不是全部,应当对学位授予争议进行全面性审查。"司法审查范围方面,应选择'全面审查'模式。"[3]司法实践中,法院对高校设置诸如"通过英语四六级考试"等条款效力的认定,形式上反映的是高校设置的学位授予实施细则究竟是对法定学位授予条件的细化还是对法定条件的超越的认识争议,实质上反映了法院开始介入对学位授予条件实体性内容的认定。"在一定的条件下,把价值问题转化为程

---

[1] 姚金菊:《学位制度的正当程序研究》,载《学位与研究生教育》2013年第12期。
[2] 江必新:《司法审查强度问题研究》,载《法治研究》2012年第10期。
[3] 黄厚明:《高校学位授予案件司法审查进路研究:基于两种法律性质定位的考察》,载《高教探索》2017年第6期。

序问题来处理。"[1]价值内容转化为程序问题便成为应对质疑的路径。

五、基于学位授予权的制度完善：修订《学位条例》

学位授予权事关国家对人才培养质量的控制、高校的办学层次以及作为学生能否取得学位的核心利益，因而是学位制度的基础和核心。从法治化的视域对学位授予权进行性质界定，学位授予权的取得既有因许可而获得"权利"的属性，也有因法律授权而具有"权力"的属性；学位授予权始终面临着既要保护学位授予单位的学术自主权，又要保障学生获得公正的学术评价的两难，从而衍生出学位授予权具有行政权力的基本属性却又兼具学术权力的品格。学位授予及学位制度的完善，应当以学位授予权性质的界定为基础，以《学位条例》在实施中存在的问题为导向，面向我国学位制度改革的实践，尽快出台《中华人民共和国学位法》（以下简称《学位法》），促进《学位条例》的修订完善。

法典最基础的功能就是其具有天然的体系化的功能，这可以从法典的形成以及法典所具有的位阶中得到验证。"大陆法系的法学家不仅将体系化视为法学科理性与科学的象征，还笃定地认为，唯有体系化才能维护法秩序的安定和正义。"[2]就学位制度而言，作为法典的《学位法》亦具有促进我国学位制度体系化的制度功能。首先，现有学位制度的规则具有非一致性的缺陷，急需《学位法》来实现其体系化。如关于学位授予权性质究竟是"权利"还是"权力"问题。《教育法》规定"对受教育者颁发相应的学业证书"是高校享有的9项"权利"；而《教育法》规定我国学位制度为"国家实行学位制度"的性质，以及《学位条例》规定学位由"国务院授权"的高等学校和科学研究机构授予，又可推导出学位授予权具有"权力"的性质。类似的情形还有对作为行政权力的学位授予权的取得究竟是因"法律法规授权"取得还是因"国务院授权"取得的非一致性。这种非一致性不仅使学界对学位授予权的性质产生认识的差异，也影响了学位制度的整体功能。其次，我国现有的《学位条例》是1980年全国人大常委会制定的法律，不仅所采用的"条例"这一名称与其法律的身份不符合，其大多数内容也已不能完全满足我国学位制度的改革实践和现实需要，亟待将《学位条例》修改为《学位法》，并以学位授予权为核心，对其相关内容作出修订完善。

1. 明确学位授予权作为"资格审核"下的法律授权的性质，以避免引起歧义。建议增加规定："高等学校等学位授予单位对学位的授予、撤销等活动，适用本法。"并将《学位条例》第八条修订为："硕士学位、博士学位，由国务院学位委员会审核的高等学校授予；学士学位，由省级学位委员会审核的高等学校授予。"

2. 明确学位授权资格审核的基本条件，完善学位授权审核程序。目前，我国实行国家学位制度，作为行政许可性质的资格审核权力，属于国家独享。但是学位委员会行使该项权

---

[1] 季卫东：《法治秩序的建构》，中国政法大学出版社1999年版。
[2] [德]K.茨威格特、H.克茨：《比较法总论》，潘汉典、米健、高鸿钧等译，法律出版社2003年版，第109页。

力,应当符合《行政许可法》有关审核条件设定及相关程序的规定。目前《学位条例》对此并无明确规定,而是由国务院学位委员会以印发《博士硕士学位授权审核办法》《学位授权审核申请基本条件(试行)》等规范性文件的形式加以规定。建议在国家立法中直接增加有关学位授权审核基本条件与相关程序的规定,要强调学位授权审核主要是对学术水平的判断和审核,并明确规定在学位授权审核过程中有关信息公开、专家及申请单位参与、听取意见等正当程序的要求,从而充分保障评价和审核过程及结果的公平、公正和公开。

3. 完善学位授予条件与程序,明确学位授予单位实施细则的法律地位。以学位授予权具有的行政权力与学术权利的双重性质为基础,在遵循国家学位制度理念的基础上,建立国家立法设定学位授予基本条件与高校设置学位授予条件实施细则的学位授予规则的分工机制。高校要有一定的学术自由,但其制定的细化规则要以国家设置的最低标准为指引,防止设置过分苛刻的授予条件。因此,建议在明确了学士、硕士、博士学位授予的基本条件和程序之后增加规定"学位授予单位可以依据本法规定的学位授予条件和程序,结合本单位实际,制定本单位学位授予的实施细则"。"学位授予单位制定学位授予实施细则,可以对申请者应具有的课程成绩、论文标准等提出要求,但不能创设新的学位授予条件。"在学位授予程序的规定中,除了明确学位申请人的申请、答辩及学位评定委员会的审查与批准程序等之外,还应当对学位评定委员会作出不授予学位决定的,明确规定告知、说明理由、听取意见等正当程序的要求。

4. 完善有关学位撤销的规定。《学位条例》第十七条规定的学位撤销的条件为"舞弊作伪等严重违反本条例规定的情形",但实践中学位被撤销多数是由于学位取得者学术不端现象被发现,其规定的撤销程序也不应当仅限于"经学位评定委员会复议"的单一性程序。建议将该条修改为"学位授予单位对已经授予的学位,如发现有学术不端、舞弊作伪等情形,不符合学位授予条件的,经学位评定委员会复议,对已授予的学位予以撤销"。同时,增加规定"学位评定委员会作出撤销已授予学位的决定,应当遵循正当程序,告知当事人撤销决定,并应当向当事人说明理由,听取当事人的陈述和申辩,保障当事人申诉、复议和诉讼等获得受救济的权利"。

5. 增加国务院对已批准授予学位单位资格撤销的救济。学位授予单位实施动态管理,对已获得许可的学位授予单位,经审查不再符合《国务院学位委员会关于审定学位授予单位的原则和办法》,不能保证所授学位的学术水平的,可以撤销。从学位管理来说,将已批准授予学位的单位的学位授予资格撤销具有合理性,但是应当建立国务院对已批准学位授予单位资格撤销的程序规制。建议增加规定"国务院对学位授予单位资格的撤销,应当遵循正当程序原则,向被撤销学位的单位说明理由,并保障其享有申诉、复议和诉讼的合法权利"。

综上,修订《学位条例》,推动我国学位制度的立法完善,应以学位授予权兼具学术权利与行政权力的性质界定为基础,充分把握大学自主权与国家监管权之间的界限划分,体现自治与法治之间的平衡,明确学位授予权资格审核及其行使的整个过程都应遵循的基本条件及正当程序。然而,因受到《学位条例》现有体例、结构等方面的限制,唯有以完善《学位条例》为基础,以我国学位制度改革实践中的问题为导向,推动更具有体系化的《学位法》的出台,才是完善我国学位制度的根本出路。

许可与授权：论学位授权审核法律性质的双重性

李煜兴[*]

摘 要 学位授权审核的法律属性存在"授权说"和"许可说"两种理论主张。传统"授权说"趋于式微；新近"许可说"逐步占据主导地位，并推动学位授权审核制度的许可化改造。"授权说"和"许可说"都不足以全面揭示学位授权审核法律性质，但都从不同侧面揭示了学位授权审核的法律特征，因而具有一定的合理性。学位授权审核包括授权前的审核和审核后的授权两个行为环节，兼具许可和授权的双重法律属性。

关键词 学位授权审核 行政许可 法律授权

学位授权审核和学位授予是我国学位制度的两大基石，也是我国学位与研究生教育的基础性制度。学位授权审核是学位制度的逻辑起点，学位授予则是学位制度运行的逻辑结果。我国现行《中华人民共和国学位条例》（以下简称《学位条例》）侧重调整学位授予关系，对学位授权审核制度着墨极少，存在诸多语焉不详之处，导致对学位授权审核的法律属性存在颇多争论。学位授权审核法律属性的争议也成为政府与高校、高校与学生、法律与政策之间矛盾与冲突的最终根源。[1] 近年来，曾占据主导地位的学位授权审核"授权说"面临诸多质疑，趋向式微。随着《中华人民共和国行政许可法》（以下简称《行政许可法》）的出台，学理层面学位授权审核的"许可说"逐渐兴起并推动学位授权审核制度的许可化改造。本文旨在"授权说"没落及"许可说"兴起的背景下，剖析评述两种学说观点的是非优劣，并据此对学位授权审核的法律属性进行重构定位，以期为未来学位制度的法治化发展提供一种可能方案。

一、"授权说"的核心主张及其理论困境

学位授权审核制度的直接法律依据是《学位条例》第八条。自 1980 年该条例颁布实施

---

[*] 李煜兴，东南大学法学院副教授、江苏高校区域法治发展协同创新中心研究员。本文系教育部教育立法研究基地项目（2242018S30030）、国家社会科学基金青年项目（13CFC026）、司法部国家法治与法学理论研究一般项目（14SFB30010）、江苏省高校区域法治发展协同创新中心重点课题（201403）的阶段性成果。

[1] 龚向和：《高校学位授予权：本源、性质与司法审查》，载《苏州大学学报》（哲学社会科学版）2018 年第 3 期。

后的较长时间内,主流观点依据条文中"国务院授权"的字面文义,将学位授权审核概括定性为"授权",即国务院向高校授权,高校根据授权而获得学位授予权。

"授权说"秉持国家学位的立场,认为学位授权审核和学位授予都是国家学位管理权的有机组成部分。《学位条例》将学术评价和授予学位的权能授权给了学位授予单位,保留了对学位授予单位的能力资格认定、学科分布调控、学位质量评估、学位资源配置等其他国家学位管理权。[1] 授权说论者认为,《学位条例》所规定的"国务院授权"即是行政授权,特指国务院通过行政授权的形式将学位授予权授予符合资格的高等学校和科学研究机构。[2] 进而,高校学位授予权来自法律、法规的授权,高校学位授权审核则被界定为学位授权行为。依据授权一般原理,高校的学位授予权是一种经授权而获得的行政权力。"它是一种合法的行政授权,它有明确的授权机关、授权方式和授权范围。"[3] 基于"授权说"的基本立场,所谓学位授权审核即是政府对学位授予申请单位进行审核,进而将学术评价和授予学位的权能授权给经审核确认的高校的过程。学位授权审核在政府与高校之间形成授权法律关系。

"授权说"得到了司法实践的普遍认同。田永案、刘燕文案等司法判决直接或间接承认了"授权说",认为在学位授予过程中,高校是经法律授权的行政主体,所行使的学位授予权本质上是行政权。[4] 事实上,正是司法机关的类似判决对"授权说"的形成起到了推波助澜的作用。理论界对因学位授予而引发的类似司法案例进行个案与类案式研究阐发,最终促成"授权说"登堂入室成为主流。时至今日,"授权说"在实践中仍然具有一定市场。不少高校学位授予工作细则仍将学位授权审核定性为"授权",或认为高校学位授予权源自"授权"。如《中国科学院大学学位授予工作细则》第二条规定:"依据国务院学位委员会和教育部授权,中国科学院大学(以下简称"国科大")按学科门类以及专业,向符合条件的学位申请人授予硕士、博士两级学位。"《华东理工大学学位授予工作细则》第二条规定:"根据国务院学位委员会的授权,学校授予的学位分学士、硕士、博士三级。"相关表述虽略有差异,但实则认同学位授权审核的"授权"属性。

之所以说"授权说"趋向式微,主要是由于"授权说"自其产生之日起即存在结构性障碍,难以自圆其说。行政法上的授权要求具备相应条件。在授权形式上,由法律、法规或规章进行直接授权;在授权内容上,行政机关授出的须是自己所固有的职权,所授出权力的性质、内容与权限应当明确清晰;在授权法律效果上,被授权社会组织获得行政主体资格,成为授权行政主体;在授权功能上,主要目的在于认定行为主体与责任主体。[5] 因此,行政法上的授权,与其说是一种行政行为,不如说是行政权在行政机关与被授权组织之间进行转移的制度途径,也是创设行政主体的一种组织法途径。比照行政法上授权的要件要求,《学位条例》所

---

[1] 范奇:《我国学位制度研究》,西南政法大学 2016 年硕士学位论文,第 22 页。
[2] 胡志刚:《研究生学位授权审核制度发展原则研究》,载《学位与研究生教育》,2011 年第 5 期。
[3] 周光礼:《论学位授予行为的法律性质》,载《科技进步与对策》2004 年第 3 期,第 58 页。
[4] 张冉、申素平:《国家学位制度与大学学位制度比较分析》,载《学位与研究生教育》,2013 年第 9 期。
[5] 周佑勇:《行政法原论(第三版)》,北京大学出版社 2018 年版,第 110 页。

规定之"国务院授权"绝非行政法意义上之授权。

首先,学位授权主体不明。即便我们承认"授权说",但在政府与高校的授权关系中,能够明确的只有被授权主体——学位授予单位。但是授权关系的另一方主体,也即授权主体究竟是谁,却存在重大混沌难明之处。是《学位条例》的制定主体——全国人大常委会,还是国务院,抑或是国务院学位委员会?无论规范上还是实务上都难有定论。依据《学位条例》第七、第八和第十八条的文义解释,国务院是名义上的授权机关。但在实践中,国务院学位委员会行使完整的学位管理权。国务院的名义管理主体地位逐步虚化,而国务院学位委员会的学位管理主体地位逐步实质化。行政授权的功能本来是要确定法律行为和法律责任的主体,但无论《学位条例》还是后续管理规范都未能明确授权主体,更遑论确定行为主体与责任主体。

其次,"授权说"掩盖了学位授权审核的过程性和审核行为的独立性。学位授权审核包含资格审核和学位授权这两个环节。审核和授权是两个相对独立的概念范畴。在程序上,先进行审核,后给予授权;在结果上,审核通过即意味着授权,审核不通过意味着不予授权。因此审核和授权在程序上相对独立,在法律效果上又紧密勾连。"授权说"形式上是要解决政府与高校学位授权行为定性,但实则是站在高校与学生的学位授予关系立场,进而将资格审核、学位授权、学位授予等行为环节杂糅纠结在一起,并以"授权"来加以概括认定。实践中对学位授权审核最大的争议恰恰不是授权,而是审核职权的合法性、审核程序的正当性、审核结果的合理性等问题。"授权说"忽视了学位授权审核的过程性,掩盖了学位授权前的资格审核环节的独立性,更掩盖了学位授权审核中的真正问题,因而未能全面准确把握学位授权审核行为的法律属性。

最后,学位授予行为的法律定位不能反证学位授权审核的行为属性。"田永诉北京科技大学拒绝颁发毕业证、学位证行政诉讼案"判决书对学位授予权的性质及高校的地位作出了解释:"本案被告北京科技大学是从事高等教育事业的法人,原告田永诉请其颁发毕业证、学位证,正是由于其代表国家行使对受教育者颁发学业证书、学位证书的行政权力时引起的行政争议,可以适用行政诉讼法予以解决。"值得注意的是,类似案件都是从论证学位授予权的行政权属性出发,进而反推认定高校的行政主体地位。这只是法院解决学位授予过程中被告资格和责任承担问题的权宜之计,并没有从正面解决高校学位授予权的权力来源和学位授权审核行为的法律属性问题。[1] 高校与学生之间的学位授予行为属性不能反证政府与高校之间的学位授权审核的法律属性,将学位授权审核与学位授予笼统定性为"授权"在学理上站不住脚。

需要特别指出的是,《学位条例》采用"授权"概念要早于我国行政法上行政授权理论的建构。"国务院授权"只是特定历史背景下国家集权管理模式在学位管理领域的体现,也仅仅是一种习惯化的表述方式。将"国务院授权"解释成行政授权,将学位授权审核定性为授权,这在行政法理上难以自圆其说。

---

[1] 叶必丰:《行政法与行政诉讼法》,高等教育出版社2007年版,第118页。

二、"许可说"与学位授权审核的许可化改造

(一) 法理根基层面:"许可说"的兴起

无论对学位授权审核的法律属性秉持何种观点,一个基本共识是,学位授权审核过程是教育行政权的运行过程,是政府对学位进行管理,配置学位教育资源的过程。学位授权审核是政府行政活动,在政府与高校之间形成一种行政法律关系。从行政法的角度认识这种关系是正确界定学位授权审核行为的性质、双方的权利义务、行为程序的基础。[1] 伴随我国行政审批制度改革进程,尤其2004年《行政许可法》颁布实施,这为重新认识和界定其法律属性定位提供了新的研究视角,也为学位授权审核制度的法治化提供了一种可能途径。《行政许可法》第二条规定:"本法所称行政许可,是指行政机关根据公民、法人或者其他组织的申请,经依法审查,准予其从事特定活动的行为。"研究者注意到学位授权审核与行政许可的高度契合性,进而跳出基于《学位条例》第八条而形成的路径依赖,转而依据《行政许可法》将学位授权审核定性为行政许可行为。论者认为,"学位授予审核工作作为一种行政行为,具有很强的行政审批色彩"[2]。"我国目前的这种学位授予审核制度实质是一种政府主导下的行政审批模式。"[3]

根据《中华人民共和国教育法》第二十三条、《中华人民共和国高等教育法》第二十二条以及《学位条例》第八条的规定,高校要取得学位授予权,必须先经过国务院学位委员会批准取得学位授予单位和学位授权点的资格。无论是学位授权单位的审核,还是学位授权点的审核,学位授权审核是政府基于高校的办学软硬件条件、教学科研水准等学位内涵要求,同时综合考量社会需求、学科布局、区域平衡等外延因素,作出是否予以审核通过并给予高校学位授予权的行政过程。许可有"准许""容许"之义,在法律上指一方允许另一方从事某种活动,非经允许而为之,即属侵权违法的行为,需承担相应的法律责任。[4] 对比行政许可行为属性,《学位条例》第八条所规定的"国务院授权"本质上是一种审查之后的批准行为,具备行政许可的一般法律特征。

(二) 制度规范层面:许可化改造

学位授权审核的许可性质在我国学位相关规范性文件中得到体现。在学位授权审核制度的实践探索过程中,也呈现出许可化改造趋势。

其一,相关规范直接承认学位授权审核的许可属性。原国务委员陈至立在国务院学位委员会第二十四次会议讲话中指出,学位授权的审核权可以下放到省级学位委员会和高校,

---

[1] 马怀德:《学位法研究——〈学位条例修订建议及理由〉》,中国法制出版社2014年版,第235页。
[2] 王慧英:《从行政管理走向学术评价——论我国学位授予审核机构改革的理念转变》,载《研究生教育研究》2011年第4期,第65页。
[3] 刘恒、邱新:《论我国学位管理的法治转型》,载《南京社会科学》2014年第2期,第102页。
[4] 周佑勇:《行政法原论(第三版)》,北京大学出版社2018年版,第259页。

但学位授权的批准还是须按照《学位条例》和《行政许可法》，留在国务院学位委员会。无论审核还是批准，引入《行政许可法》作为行为的依据，实则是承认了学位授权审核的许可属性。2017年国务院学位委员会《博士硕士学位授权审核办法》（学位〔2017〕第9号）第一条规定，"根据……《中华人民共和国行政许可法》，制定本办法"。该办法第二条第一款明确，博士硕士学位授权审核是指国务院学位委员会依据法定职权批准可授予学位的高等学校和科学研究机构及其可以授予学位的学科（含专业学位类别）的审批行为。这一条款对学位授权审核的概念进行了界定，这也意味着《博士硕士学位授权审核办法》正式明确了学位授权审核的行政许可属性。与中国科学院大学、华东理工大学的学位授予工作细则将学位授权审核界定为国务院学位委员会授权不同，北京大学、复旦大学的学位授予工作细则采用"经国务院学位委员会批准或备案"的表述方式。这也表明，部分学位授予单位承认了学位授权审核的行政许可属性。

其二，学位授权审核程序机制的许可化改造。在实践中，教育部将"硕士、博士学位授予单位及其可以授予硕士、博士学位的学科名单审核"列入"行政许可事项清单"。2017年《博士硕士学位授权审核办法》则是学位授权审核的直接规范依据。该办法总结了此前实践中学位授权审核的最新发展经验，并对学位授权审核进行全面的许可化改造。该办法第十五条规定了新增博士硕士学位授予单位授权审核的基本程序，第十九条明确了新增博士硕士学位点的基本程序。该办法有关审核程序的规定基本参照了《行政许可法》的相关规定。以申请新增博士学位授予单位申报为例，学位授权审核的基本程序是：第一，申报。高等学校和科研机构按照国务院学位委员会和省级学位委员会的要求进行统一申报。第二，通讯评审。申请新增学位授予单位申报的学位授权点以及主要学科、专业，参加相应的学位授权点或主要学科专业的同行专家通讯评议。对申请新增博士学位授予单位抽取硕士学位论文进行同行专家通讯评议。第三，复审。申报博士点，通讯评议合格的，提交国务院学位委员会学科评议组复审。第四，公示。申报学位授权点获得通过的，进入公示期。第五，批准。新增学位授予单位由国务院学位委员会批准。[1] 从上述申请、审查到批准的整个过程来看，学位授权审核过程就是行政许可的过程。有学者据此认为学位授权审核实际上是通过行政许可的方式来实施的。学位授予权的获得是一个申请和许可的过程，学位授予权就是行政许可权。[2]

三、"许可说"面临难以克服的法治悖论

学位授权审核制度是在不断摸索的过程中逐渐发展成型的极具中国特色的学位管理制度。如若寄希望于对学位审核制度进行许可化改造，从而一劳永逸地扫除学位授权审核制

---

〔1〕 马怀德：《学位法研究——〈学位条例〉修订建议及理由》，中国法制出版社2014年版，第75页。
〔2〕 李福华、姚云、钟秉林：《中国研究生学位授权审核法治化35年的回顾与展望》，载《高等教育研究》2017年第9期，第50-55页。

度法治化所面临的法治障碍,则未免过于天真。事实上,即便将学位审核制度定性为行政许可,进而进行制度的许可化改造,依然存在悬而未决的法治难题。

(一)基于行政许可的形式逻辑推论

学位授权审核和学位授予是学位制度不同环节、相对独立的制度。政府和高校是学位授权审核法律关系主体,高校和学生则是学位授予法律关系的主体。鉴于学位制度的自身特殊性,学位授权审核和学位授予之间又存在高度的关联性。首先,高校是联结学位授权审核和学位授予制度的中间媒介。在学位授权审核和学位授予制度中,高校都是必然的一方主体。区别在于,在学位授权审核关系中,高校是学位授权审核的相对方,政府是授权审核主体;在学位授予关系中,高校成为授予学位主体,学生则是学位授予行为的相对方。其次,学位授予权是将学位授权审核制度和学位授予制度紧密勾连起来的实质内核。经由学位授权审核,高校获得学位授予权。高校基于学位授予权而从事学位教育和学位授予活动。

基于行政许可一般原理,经行政机关的许可,行政相对人获得某种法律上的资格或权利。作为行政许可的相对人,其与第三方的法律关系原则上为民事法律关系。如经工商行政管理部门的许可,企业获得从事企业经营活动的权利与资格。作为工商行政许可的相对人,企业所获得的经营权本质上是一种民事权利。经过行政许可后,企业与第三方当事人之间的经营行为是一种民事法律行为。[1] 对于学位授权审核而言,经政府的审核许可之后,高校获得学位授予权。这种学位授予权是政府经审查后授益与赋权的结果。遵循行政许可一般原理及其解释路径,高校所获得的学位授予权无论如何都不可能是行政权力,而只能是权利。

换言之,在学位授权审核法律关系中,政府和高校是行政法律关系;学位授权审核行为是行政许可行为;高校所获得的学位授予权的属性是权利而非权力。既然学位授予权是一种基于许可而获得的权利,那么在高校与学生的学位授予关系中,高校行使其学位授予权进而授予学生学位的行为不应当是公法行为,而应被定性为民事私法行为。进一步推导下去,我们会得出如下结论:高校基于学位授权审核这一行政许可行为而获得学位授予权;学位授予权的法律属性是权利而非权力;高校与学生之间的学位授予行为是民事行为,二者形成民事法律关系;由学位授予行为而引发的纠纷为民事纠纷,应经民事纠纷解决机制加以解决。遵循行政许可一般原理,得出这样的结论在形式逻辑上是完全站得住脚的。

(二)现实逻辑与形式逻辑背离

然而,在当下的学位管理体制之下,学位制度发展的现实逻辑与基于行政许可而推导出的形式逻辑结论之间大相径庭。立足我国学位制度的实践面向,政府与高校之间的学位授权审核关系是行政法律关系;高校与学生之间的学位授予关系同样也是行政法律关系。在学位授予环节,高校是经法律授权的行政主体;高校行使的学位授予权是行政权;学位授予行为是行政行为。具体而言,学位授予是在对学生学术能力水平进行评价基础上颁发学位证的行为,也是一种典型的行政许可行为。实践中也有不少司法案例直接将高校的学位授

---

[1] 张春生、李飞:《中华人民共和国行政许可法释义》,法律出版社2003年版,第6页。

予行为定性为行政许可行为。因学位授予行为而引发的纠纷经由行政诉讼途径解决。

基于行政许可的形式逻辑分析路径与基于现实逻辑而形成的制度现实严重背离,由此形成一种特殊而吊诡的行政法现象:高校还是那个高校,在学位授权审核和学位授予环节中,高校的身份和地位迥然不同;同样,在学位授权审核和学位授予环节中,学位授予权的法律属性也迥然有异。详言之,在政府和高校的学位授权审核法律关系中,高校是行政许可的外部行政相对人,经由学位授权审核而获得学位授予权,这种学位授予权具有权利属性。但是在高校与学生的学位授予关系中,高校又转而成为学位授予这一行政行为的行政主体,学生成为学位授予的行政相对人,高校所行使的学位授予权转化为一种行政权。这种背离让我们难以置信,却又客观存在。这种现象在我们传统行政法中找不到对应物和参照系,显得诡异而令人费解。由此可见,若单纯遵循行政许可的一般原理加以推导,很难解释学位授权审核与学位授予过程中高校法律地位的转化以及学位授予权法律属性的转化过程。因而,"许可说"也不足以全面准确揭示学位授权审核制度的法律属性,学位授权审核制度的许可化改造也难以消弭其所面临的法治化困境。

四、学位授权审核法律属性的定位与重构

(一) 对"授权说"和"许可说"的再认识

如前文所述,"授权说"主张学位授权审核的法律性质是行政授权,但这里的授权并非行政法意义上的授权,"授权说"存在结构性困境;"许可说"认为学位授权审核的性质是行政许可,并对现行学位授权审核制度进行许可化改造,但"许可说"也存在明显理论上的矛盾之处。换言之,学位授权审核的法律属性既非单纯的行政授权可以概括,也非单纯的行政许可可以界定。无论传统的"授权说"还是新近的"许可说"都难以自圆其说。

虽然"授权说"和"许可说"都有其理论短板,都不能独自揭示学位授权审核的法律属性,但转换一下思路,我们会发现,这两种理论主张其实都存在一定的合理性,都能够从某个侧面揭示学位授权审核的法律特征。

其一,"许可说"能够揭示学位授权审核中资格审核的性质特征。诚如前文所述,将学位授权审核定性为行政许可,其最大的理论短板是在解释学位授权审核的后续行为——学位授予行为之时会面临理论困境。但不可否认的是,行政许可的定性对于解释学位授权审核过程中政府和高校之间的法律关系,揭示政府对高校的申报条件与资格进行审核的行为属性,并不存在任何理论障碍。遵循行政许可的一般原理和解释路径,学位授权审核与行政许可行为高度契合,呈现出行政许可的一般法律特征。首先,在行为内容上,学位授权审核表现为一种权利赋予的授益行政行为。对于通过审核获得学位授予权的高校来说,学位授权审核赋予其从事学位教育的权利,使其获得从事授予学生学位的行为资格。其次,在行为性质上,学位授权审核表现为一种需经审查的行政行为。学位授权审核以作为行政相对人的高校和科研机构的申请为前提,但是行政相对人的申请只是取得学位授予权的前提条件,并不意味着高校一经申请就必定获得认可,进而获得学位授予权。针对高校的申请,是否给予

行政许可,行政机关还必须依法审查。学位授权审核的实质就在于审查申请人是否具备从事学位教育和授予学生学位的资格与条件。再则,在行为范围上,学位授权审核表现为一种外部行政行为。在学位授权审核关系中,政府是享有学位管理职权的行政主体,是学位授权审核主体;高校则是受学位管理权限约束的外部行政相对人,是学位授权审核的相对人。最后,在行为功能上,学位授权审核是一种事前控制手段和社会规制行为,具有抑制学位授予过程中公益上的危险或抑制影响学位教育和学位管理秩序负外部性的功能。

其二,"授权说"能够揭示学位授予权和学位授予行为的法律特征。如前文所述,"授权说"不能反证政府和高校之间的学位授权审核法律关系属性。在《学位条例》颁布实施后的较长时间段内,传统"授权说"之所以能够占据主导地位,其根本原因在于现行《学位条例》侧重调整高校与学生之间的学位授予关系,而"授权说"在学位授予权和学位授予行为的定性方面具有较强解释力。在行政法学的知识体系中,很少直接使用"行政授权"这一概念。行政法上的授权,通常是以"授权行政主体""经法律、法规授权的组织"等形式出现。盖因行政法上的授权并非行政行为法层面的行政行为类型,而是行政组织法层面行政职权转移的制度安排。行政法上授权的最主要功能是创设行政主体,即通过授权,把某些行政职权授予特定的社会组织行使。这些社会组织也就成为被授权组织而取得行政主体资格,成为授权行政主体。基于授权基本原理,在学位授权法律关系中,政府授出的学位授予权的法律属性和高校所获得的学位授予权的法律属性应当是同质的。换言之,既然政府授出的学位授予权具有行政权属性,则作为事业单位的高校所获得的学位授予权也必当具备行政权属性。正是基于授权,高校成为授权行政主体,其行使的学位授予权具有行政权属性。基于学位授予权的行使,学位授予行为是行政行为,在高校与学生之间形成行政法律关系。因学位授予行为而发生的纠纷是行政纠纷,作为授权行政主体的高校具有行政诉讼的被告资格。

(二) 法律性质重构:兼具许可与授权双重属性

正如周佑勇教授所评价,传统分析径路采取一种非此即彼的绝对一元化立场,先入为主地认为,学位授权审核要么是行政许可,要么是行政授权;学位授予权要么是权力,要么是权利,二者只能居其一。[1] 学位授权审核既不是单纯的行政许可,也不是单纯的行政授权,但是否存在这样一种可能性:学位授权审核既是行政许可,又是行政授权?这种理论假设看似大胆而荒谬,实则具有其现实合理性。

基于法理逻辑分析,行政主体的同一行政行为不可能既是行政许可,又是行政处罚,这是形式逻辑上"排中律"的必然结果。究其原因,行政许可和行政处罚虽是不同性质、不同类型的行政行为,但都是具体行政行为的下位概念,且是处在同一位阶层次上相并列、相排斥的概念范畴。行政主体的某一特定行政行为不可能既是授益性的行政许可,又是负担性的行政处罚,二者必有一真,否则必然违反形式逻辑的"排中律"。但是,对于行政授权和行政许可这两个概念而言,其行为性质、行为模式、行为效果和行为功能完全不同。行政许可是

---

[1] 周佑勇:《法治视野下学位授予权的性质界定及其制度完善》,载《〈中华人民共和国学位条例〉修订专题研讨会论文集》,2018年,第3页。

针对外部行政相对人的行政行为方式和事前监管手段;行政授权则是行政权在行政机关与社会组织之间进行转移的途径,其主要功能是创设行政主体。正因为行政许可和行政授权不是同一逻辑层次的概念,也不具有相并列、相排斥的逻辑关系,因而难以适用形式逻辑的"排中律"。这就为我们运用辩证逻辑全面客观揭示学位授权审核的法律属性提供了可能性。基于此,学位授权审核同时兼具许可和授权的双重属性在法理逻辑上并无障碍。

基于规范实证分析,《学位条例》第八条是学位授权审核制度的法律依据,该法条直接使用了"授权"的概念表述,但对"审核"并没有加以明确规定。这也是长久以来将学位授权审核定性为"授权"的规范根源。值得注意的是,虽然《学位条例》没有对"审核"进行直接规定,并不意味着审核欠缺法律基础。与之相反,笔者认为,"审核"恰恰是《学位条例》第八条所蕴含的固有之义:在授权之前需要对申请者进行条件和资格审核,只有经过审核认定的高校、学科、专业才能获得学位授予权。事实上,《学位条例》第八条正是《博士硕士学位授权审核办法》《学位授权审核申请基本条件(试行)》等直接调整学位授权审核的规范文件的法源根据。由此可见,所谓学位授权审核,是审核与授权的结合,审核是授权的前提、基础,授权赋予审核结果以特殊的法律效力。

基于社会实证分析,一个真实而完整的学位授权与授予过程由以下行为环节组成:对高校的条件与资格进行审核—对经审核认定的高校进行授权—高校获得学位授予权授予学生学位。简言之,完整的学位制度实则包括条件审核、学位授权、学位授予三个行为环节。对于学位授权审核制度而言,则包括"授权前审核"和"审核后授权"两个行为环节。因此,所谓"学位授权审核",完整而周延的表述应该是这样的:依申请对高校的条件与资格进行审核,并对经审核确定的高校进行授权。对于学位授权审核制度而言,审核和授权既相对独立,又紧密联结。

笔者注意到,与本文从行为视角直接论证学位授权审核行为的法律属性不同,很多研究者从国家学位与大学学位、政府教育行政权与高校学术自由相分离的视角切入,试图首先证成学位授予权的法律属性,进而反推学位授予审核行为的法律性质。[1] 这一研究视角极具启发意义。但需指出的是,这种分析路径更多的是一种应然层面学位制度规制模式与立法模式选择的问题。笔者认为,学位授予权究竟是权力还是权利,或者既是权力又是权利,关键还是要立足于实定法规范,看调整学位授予权取得与行使的规范依据的法律属性。无论是行为属性还是权力(权利)属性都是规范依据调整之后所呈现的效果特征。

对于学位授权审核的法律属性界定,一方面要立足《中华人民共和国教育法》《中华人民共和国高等教育法》《学位条例》的实定法规定,尊重已经形成的制度共识,尽可能维护法的安定性;另一方面要及时总结学位制度在实践探索过程中形成的有益经验,推动实践经验上升为法律规范。同时,应面向未来,为学位法的出台和学位制度进一步发展提供法治空间。基于以上考量,笔者赞同周佑勇教授所主张的"双阶层"观点,即学位授权审核是基于行政

---

[1] 龚向和:《高校学位授予权:本源、性质与司法审查》,载《苏州大学学报(哲学社会科学版)》2018年第3期。

许可的法律授权,或是"资格审核"前提下的"法律授权"。[1]申言之,所谓学位授权审核,包含授权前的审核和审核后的授权两个行为环节。首先,授权前须经条件与资格审核。政府与高校之间的资格审核行为具备行政许可的一般特性,其行为性质是行政许可。高校基于行政许可而获得学位授予的权利与资格。其次,审核确认后的高校因《教育法》《高等教育法》和《学位条例》的调整而获得法律授权。基于法律授权,高校获得行政主体资格。因而,学位授权审核在法律属性上兼具许可和授权的双重属性。

---

[1] 周佑勇:《法治视野下学位授予权的性质界定及其制度完善——兼述〈学位条例〉修订》,载《学位与研究生教育》2018年第11期,第1-9页。

论硕博士学位授予的学术标准*

龚向和 张颂昀**

摘 要 学术标准是学位制度的核心部分,也是把控高等教育质量的关键要素。随着我国高校招生规模的扩大、高等教育的大众化,高等教育领域矛盾开始浮出水面,尤其是我国《学位条例》对学位授予学术标准只有原则性的规定,导致在实践过程中时常出现学位授予的司法纠纷。通过梳理英国、美国、法国、德国四个典型西方国家学位授予学术标准,从学位制度历史演变、学位授予程序以及学位授予具体要求各个方面比较西方硕博士学位授予学术标准,可以概括出西方硕博士学位授予是以学位论文为核心、课程学分并重的学术标准模式。这种学位授予学术标准模式对改进我国硕博士学位授予制度、解决学位授予纠纷、从根本上提升学术水平具有重要意义。

关键词 学术标准 学位授予 比较研究 启示

20世纪90年代,我国经济高速发展带动着教育的快速变革,使得我国教育呈现出跨越式的进步,特别是在高等教育领域启动的"211工程"(面向21世纪、重点建设100所左右的高等学校和一批重点学科的建设工程)和"985工程"(目标是建设若干所世界一流大学和一批国际知名的高水平研究型大学),又为后续我国经济持续发展提供了人才永动力。随着高等教育的全面铺开,招生规模逐年扩大,高等教育从精英化教育发展成为大众化教育。[1] 然而,在高等教育飞速发展、欣欣向荣的背后却隐藏着挑战和危机,教育质量的下降以及教育纠纷的剧增引起了社会广泛的关注。特别是近年来,由学位授予具体标准引起的各种诉讼层出不穷,例如是否需要通过英语四六级考试、计算机等级考试,是否需要发表相应数量、相应等级期刊的资格论文,受到纪律处分的学生是否能获得学位,等等。尤其是对硕博士学位授予学术标准的设定,学术界争议较大,实务界如法院对同类型案件也存在不同判决。与此同时,作为利益最直接的相关人——学生对实践中各高校学位授予学术标准的设定也怨

---

* 基金项目:教育部教育立法研究基地项目"《学位条例》修改中的学位授予法律问题研究"(项目编号:2242018S30031)。

** 龚向和,东南大学教育部教育立法研究基地副主任,教授;张颂昀,东南大学博士研究生。

〔1〕 教育部《2016年全国教育事业发展统计公报》:全国各类高等教育在学总规模达到3 699万人,高等教育毛入学率达到42.7%。教育部《1998年全国教育事业发展统计公报》:普通高等学校在学研究生198 885人,本专科在校生340.87万人。2016年相较于1998年短短18年时间内,我国高等教育规模呈几何倍数的增长。

声载道,就是否需要发表一定标准的论文才能授予学位这一典型问题甚至在2006年左右掀起了媒体大讨论。[1] 这归根结底是因为1980年我国颁布的《中华人民共和国学位条例》(以下简称为《学位条例》)历经30多年的实施后,已经不能适应学位制度实践的快速发展。《学位条例》对硕博士学位授予学术标准仅有原则性的规定,各学位授予单位制定的学位授予标准差别较大,我国学术界对学位授予学术标准也没能达成共识。而西方的学位制度已经有上百年历史,因此,有必要对西方硕博士学位授予学术标准进行比较分析,以为我国学位制度的立法完善提供参考与借鉴。

一、学位授予学术标准之源起

探寻学术标准的源起是下文比较分析各国学位授予学术标准的关键,只有溯清本源方能探寻出正确的研究路径。学术标准这一概念是从什么时候产生?其内涵、外延又分别是什么?

(一)学术标准的内涵

学术一词最早见于汉代《史记·张仪列传》:"始尝与苏秦俱事鬼谷先生学术,苏秦自以不及张仪。"但这里的学术仅指治国之术,后逐渐演变成一个多义词,开始有了学问、学识的含义。我们现代意义上的学术则是19世纪末20世纪初从西方引进,学是指真理、知识,而术是指实践、应用,两者分而使用,有所区别。[2] 与此同时,学术对应的英文是"academics","academics"除了学术这一释义以外,还可以翻译为学院、学园等,主要是因为这一英文名词最开始来源于一个古希腊地名,当时的柏拉图在雅典建立了一所阿基米德学院供大家进行学习与交流。后来到了17世纪,学院、学园也被英国、法国学者惯用于称呼高等的教育机构,也就成了现代大学的开端。

对在《牛津高阶英汉双解辞典》《剑桥国际英语辞典》《美国传统辞典》中"academic"的所有释义进行归纳总结,可以发现有这样两个共同点:一是与学院有关,二是非实用性。[3] 学术与大学、学院之所以密切相关,除了学术是大学、学院的发源以外,还因为学术从来都不是大众可以参与的活动,必须是在特定的地点由特定的人来进行;换而言之,学术只能是由受过专门训练的有一定资格的讲师、副教授、教授等在特定的环境下如高等教育机构才能进行的社会活动。除此之外,学术的非实用性也决定了学术曲高和寡的特殊境地。高等教育不同于学前教育、小学教育、中学教育、职业教育等,同理大学也不同于幼儿园、中小学校、职

---

[1] 参见武卫政:《研究生发表论文不再一刀切》,载《人民日报》2006年1月5日第11版;张美红、杨君伟:《也谈研究生发表论文》,载《光明日报》2006年4月5日第7版;王有佳:《学位与论文,脱钩还是挂钩?》,载《人民日报》2006年8月1日第11版;张苑:《研究生发表论文成负担》,载《桂林日报》2006年9月25日第6版。

[2] 严复在《原富》译本的按语中提到:"盖学与术异,学者考自然之理,立必然之例;术者据已知之理,求可成之功。学主知,术主行。"王栻:《严复集》(第四册),中华书局1986年版。

[3] 李伯重:《论学术与学术标准》,载《社会科学论坛》2005年第3期。

业学校,前者的核心价值追求就是学术自由,后者的核心价值是为了保障公民受教育的基本权利。学术是一个追求真理的过程,设立大学就是为了保障学术的纯洁性,能够自由追求真理,大学自治由此而来。因此,评判硕博士学术水平,认定是否满足授予硕博士学位条件是大学学术自由的权利、大学自治的权利。

学术标准是学术评价的客观参照,从字面意义上可以解释为评价学术水平高低的标尺。而学术评价是一个现实的、由不同的要素构成的、系统的文化活动,包括主体、客体和连接两者的学术评价活动。[1] 从上文对大学本质的解析可以得出学术评价的主体就是受过专门学术训练、有学术资格的特定人,学术评价的客体则是学术研究整体(包括研究行为、研究过程与研究结果)。而学术评价这一活动更多的是一个纯粹的专业判断过程,但是这个判断过程需要受到来自内在和外在两方面的学术标准影响。内在的学术标准包含学术创造标准、学术规范标准和学术道德标准三个方面。[2] 这种内在的学术标准是由学术评价主体形成的价值判断,而外在的学术标准是由学术权威或官方机构制定的一种量化评价机制,例如由学术刊物等级彰显的文章质量,学术水平的期刊等级划分机制如 SCI、SSCI、CSSCI、中文核心等。而刊物等级划分与评定却又不是文章质量、学术水平单纯所决定,更多掺杂着其他评定因素如论文引用率、论文影响因子、作者职称、作者学术地位等。对于学位授予中的学术标准,目前在实践中更多的是狭义地将其理解为学术评价的外在标准,即学位对应的学术水平所需满足的各种硬性条件。例如,各大高校自行增设的公开发表小论文的学位授予要求。这样就导致了在学术评价活动中,纯粹以外在的学术标准进行评判,这背离了学术的本质,也不利于大学学术自由及其发展。但是在学术评价活动中仅遵从内在的学术标准,完全不参考外在的学术标准,则不利于对学术评价结果的具象化,不利于学术管理与激励。我们不能割裂内在的学术标准和外在的学术标准,学术标准的内在和外在必须有机统一。一般而言,学位授予中学术标准需要符合两个必要条件:一是学术标准要由专门的人进行设定,设定的范围也必须在法律法规的框架内进行;二是对学生学术水平的评价者或者说学术标准的执行者也必须是专门的人——有学术职业资格的教师或研究人员。

(二) 学术标准的外延

从各国的学位法律、学生守则、学术质量评价建议来看,根据学位授予中学术标准的性质大致将学术标准分为三类:一是语言类标准,对硕博士有外语要求是为确保学生在专业领域学习研究中有获取广博知识的能力;二是课程(学分)类标准,由连贯一致模式的课程组成,通过频繁的综合测试和论文或者是在创新项目中以相同的方法来达成一定的学术水平;三是论文(作品)类标准,通过一篇论文、一篇实习报告、一项案例调查研究、一场音乐演奏会、一次画展要求硕博士展示其独立创造的能力。论文类标准又可以细分为学位论文(作品)和发表非学位论文(作品)两种。与学术标准相对应的是非学术标准,学位授予中的非学

---

[1] 刘昌庆:《学术评价的主体资格、内在标准与价值追求》,载《中国社会科学评价》2017 年第 3 期,第 117-124 页。

[2] 刘昌庆:《学术评价的内在标准》,载《山西大学学报(哲学社会科学版)》2017 年第 5 期。

术标准通常是指品行要求、纪律要求、政治要求等,保持良好道德品质、遵守法纪校规等等。

在学术标准、非学术标准以及学位授予标准的概念区分上需要讨论两个关键的、有争议性的问题:一个是学术不端行为的标准属性问题,另一个是学位授予中非学术标准是否包含政治标准的问题。

目前学术界对学术不端行为这一标准属性归纳有着很大的争议。有学者认为它属于学术标准,因为一旦学生有学术不端行为就决定了其未达到学术标准,就不能被授予学位。还有学者认为学术不端行为就是道德层面上的不良行为,直接违反的是校纪校规。[1] 教育部在2016年通过的《高等学校预防与处理学术不端行为办法》中明确列举了七种学术不端情形:"(一)剽窃、抄袭、侵占他人学术成果;(二)篡改他人研究成果;(三)伪造科研数据、资料、文献、注释,或者捏造事实、编造虚假研究成果;(四)未参加研究或创作而在研究成果、学术论文上署名,未经他人许可而不当使用他人署名,虚构合作者共同署名,或者多人共同完成研究而在成果中未注明他人工作、贡献;(五)在申报课题、成果、奖励和职务评审评定、申请学位等过程中提供虚假学术信息;(六)买卖论文、由他人代写或者为他人代写论文;(七)其他根据高等学校或者有关学术组织、相关科研管理机构制定的规则,属于学术不端的行为。"[2] 综合上述列举的七种学术不端行为,对比《学位条例》第五条、第六条,《中华人民共和国高等教育法》(以下简称《高等教育法》)第十六条,《中华人民共和国学位条例暂行实施办法》(以下简称《学位条例暂行实施办法》)第七条、第八条、第十一条、第十二条对学术标准的规定,可以看出学术不端行为不属于学术标准。学术标准涵盖的是正面的、积极的、为获得学位授予而需作出的努力,而非学术标准则涵盖否定的、消极的、违反某种规范的行为。由于以上列举的学术不端行为,其本质就是一个否定的、消极的、违反校规的现象,所以即使从字面上看似是与学术相关,实质上从理论的角度分析还是属于非学术标准范畴。

关于学位授予中非学术标准是否包含政治标准的问题,政治标准简而言之就是表明一定政治立场的要求,从标准属性上属于非学术标准,但并不当然就成为学位授予标准中的一部分,需要通过规范固定下来。《学位条例》第二条,《中华人民共和国教育法》(以下简称《教育法》)第六条、第四十四条,《高等教育法》第五十三条都是对高等学校学生的非学术要求,包含了思想道德标准、法律法规标准、政治标准,其中《学位条例》第二条规定"拥护中国共产党的领导、拥护社会主义制度"就是典型的政治标准。凡政治标准都需要立法明确规定,因为政治标准不同于道德标准,道德标准有个社会公认的底线,而政治标准会随时代变化发生改变,具有不稳定性。学位实质上是一种权利,学位授予是一种法律行为,公民倘若要获得这种权利必须符合相关法律法规的要求。[3] 如果没有通过规范固定下来,单纯的政治立场要求就不能成为学位授予中的非学术标准,其背后隐含着的就是学位授予标准法定原则。学位授予标准从属性上可以分为学术标准和非学术标准,反之,学术标准和非学术标准却不

---

[1] 林玲、胡劲松:《论学位授予中的非学术标准》,载《高等教育研究》2013年第2期,第43-49页。

[2] 中华人民共和国教育部令第40号《高等学校预防与处理学术不端行为办法》。

[3] 林玲、胡劲松:《论学位授予中的非学术标准》,载《高等教育研究》2013年第2期,第43-49页。

能全额推出学位授予标准,学位授予标准需法定。这三者在概念上的关系如下图所示。

二、西方硕博士学位授予学术标准之比较

通过选择西方教育发达国家的典型高校学位制度,从入学要求、教育理念、课程设计、学业评价、学位授予程序和要求多方面进行比对,从而分析得出一个确切的结论,为我国《学位条例》修订提供具有参考价值的建议。

(一) 英国

英国学位制度分为三个等级,分别是学士学位、硕士学位以及博士学位,然后又会根据学位类型的不同划分不同的级别。而这些级别的划分是由英国高等教育质量保障机构(Quality Assurance Agency for Higher Education,简称 QAA)在《英格兰、威尔士和北爱尔兰高等教育资格框架》中具体规定。在这个框架中还规定了各个级别学位授予标准。学位授予标准还分为两个部分:学位授予前的成果、能力描述与学位授予后应当具备的能力表现。博士学位授予标准可以概括为四个方面的特性:(1) 原创性;(2) 前沿性;(3) 扩展性;(4) 方法性。而在能力方面,则要求博士具备沟通能力、研发能力和就业应变能力。[1]

在 QAA 规定了学位授予程序性内容和原则性实体内容后,各个学校还会制定本校的内部学位条例,共同构成学位法。以《剑桥大学哲学博士学位内部学生条例(2007—2008)》为例,申请授予学位环节与我国相差无几,一共有两个阶段。第一阶段,成为哲学博士候选

---

〔1〕 博士学位授予标准:(1) 通过原创性的研究或者其他先进的学术工作,创立并解释新的知识,其质量足以获得同行专家评审通过,并能扩展本专业的前沿,有出版价值;(2) 系统地获取和理解处于本学科或专业实践领域前沿知识中的重要部分;(3) 具有为在本专业前沿发展新的知识、新的应用或新的认识,而构思、设计和实现一个项目的综合能力,并具有在无法预料困难的情况下调整项目设计的能力;(4) 详尽地认识用于研究和先进学术探索的各种应用方法。博士学位持有者应当具备的素质如下:(1) 在缺乏完整资料的情况下,对专业领域中的复杂问题作出有见地的判断,并能将其观点和结论清晰而有效地与专家和非专家沟通;(2) 能在先进的水平上,持续开展纯学术性的或者应用性的研究和开发,为发展新技术、新观点和新方法作出重要贡献;(3) 具备为就业所需的素质和应变能力。这种就业要求个人能承担责任,并在工作或其他相当的环境中,在复杂、不可预见的情况下,很大程度地发挥自主首创精神。参见 The Frame Work for Higher Education Qualification in England, Wales and Northern Ireland, The Quality Assurance Agency for Higher Education(QAA). Frontier Print & Design Limited,2001.

人,该条例仅在时间和资质上有要求。[1] 第二阶段,提交学位论文并考试,这个考试就相当于论文答辩,形式包括笔试和口试,在特殊情况下还可以灵活取消。该条例共有19条,其中第一条是关于教育理念、培养目标总体性的规定:"根据本规章,希望获得哲学博士学位的候选人应就其为学术发展作出的重大贡献给出证明。"第二至四条则是关于成为哲学博士候选人的时间、资质规定。剩下的其他条款都是关于提交学位论文以及论文考试的规定。

(二) 美国

美国学位制度在传统的三级学位制度之上增设副学士学位形成了四级学位等级制度,分别是副学士、学士、硕士、博士。副学士学位这一创举最早开端于英国的达勒姆大学的自然科学学院授予完成两年学业的学生证明,但并没有延续使用下去,而是由美国将其继承并沿用至今。[2] 由于副学士是中等教育和高等教育的衔接,不是高等教育的必经阶段,所以美国的学位制度仍旧在"学士—硕士—博士"三级框架内。美国的学位获得要分三个明显的步骤,首先是成为学位候选人,然后撰写学位论文,并答辩通过,最后由学校学位委员会综合评定授予相应学位。

根据美国研究生院委员会所制定的一项关于哲学博士的政策声明,成为学位候选人的应该具备五个方面的要求:第一,正规课程的完成;第二,通过语言考试或精通其他研究工具;第三,综合写作考核和口试;第四,一篇或多篇能证明其具备原创性工作能力的研究论文(例如发布在专业会议上的论文);第五,被接受的博士生学位论文计划(论文开题通过)。在这份声明中,美国哲学博士学位授予的学术标准被抽象地提及。当所有的课程、研究和学位论文都已完成,所有的考试都已通过,学生应该已经获得了学者所被期望拥有的知识和技能,这样的学者对自己的专业领域作出了原创性的贡献,获得了必要的专业知识、技能并且继续学习研究下去。但是美国研究生院委员会制定的硕博士政策声明仅供所有高校参考,不属于法律法规强制性要求。因此,所有美国高校都在此项声明的基础上对学位授予的学术标准自行进行了增减。

例如,加利福尼亚大学伯克利分校博士学位条例中授予博士学位的学术标准包括:学生掌握了广博的专业知识,并对重大知识和观念有原创性贡献,在所学专业领域卓有成就。学生将被授予哲学博士学位,作为对以上努力的肯定。学生的研究必须显示其具有很高的批判能力、想象能力以及综合能力。而获得候选人资格可以具体到各项规定:(1) 学分学时的要求;(2) 外语要求,使学生能够了解自己所学领域的国外的最新发展;(3) 资格考试,这

---

[1] 《剑桥大学哲学博士学位内部学生条例》:任何剑桥大学的研究生以及:(a) 自其获得剑桥大学第一个学位起已满至少六年;或(b) 自其获得某一其他大学第一个学位起已满至少六年并且:(ⅰ) 已经担任大学某行政职务或担任某独立学院院长职位或院士职位,并且(ⅱ) 根据章程B第三章第六条的规定获得文学硕士学位(M.A.)或通过学历互认取得大学某一学位的人都可成为哲学博士学位候选人。参见 SPS Annual Report 2007—2008—Department of Psychology, Accessed June 20, 2018. https://www.psychol.cam.ac.uk/archivesdp/spsannualreport07_08/view.

[2] 余雪莲、李巧针:《高等教育专科层次学位的国际比较与设置规律》,载《比较教育研究》2005年第5期,第38-42页。

个资格考试由研究生理事会批准的委员会执行,委员会成员为四到五人,考试形式为口试。[1]

(三) 法国

与其他西方国家学位制度相比,法国的学位制度表现为中央集权式。[2] 国家为颁发大学文凭与称号的唯一主体。国家文凭由被授权某一大学文凭或称号的学校所颁发,这些学校的名单由依据全国高等教育与研究委员会建议而制定的法令确立。1997年教育部部长提出教育改革,倡导实行新的学制"LMD"(Licence-Master-Doctorat),也被简称为"358"学制,意为从高中会考后开始用bac+X的形式表示接受高等教育的年限。[3] 法国高等教育一共可以分为三个阶段:第一个阶段bac+3,即大学本科三年;第二个阶段bac+5,即硕士5年;第三个阶段bac+8,即博士8年。这种学位制度在架构上与国际通常采用的学位制度更为接近,使得法国学位与国际开始接轨。

除此之外,教育改革还包括了全面推行欧洲学分转换系统(ECTS)。按照欧洲学分转换系统的学分转换,在欧盟新的学分体制之下,攻读硕士学位的学生需要修满300个左右的学分才能获得硕士学位候选人资格。如果是合同制博士的话,要按照事先合同的约定完成一定工作量的劳动任务,每年大约为1067小时,在给出的两个选项中自行选择,要么选择所有的工作时间用于准备学位论文,要么选择教学工作、鉴定、学术信息发布或科学成果开发。由机构主管和博士生签署的博士合同确定博士生工作的类型。研究工作之外的工作目录每年可以根据博士生的意愿和工作需要,通过修订条款加以调整。无论是硕士还是博士,从2000年7月公布的《教育法典》来看,学位授予学术标准抽象地概括为与学位称号相符合的论文或原创科研工作成果。

(四) 德国

德国最初是传统的两级学位制度:硕士学位与博士学位。在1999年开始的博洛尼亚改革之后,德国的学位制度开始逐步放弃自己传统的硕士—博士两级学位制度,在学位类型上与国际接轨,即确立学士、硕士和博士三级学位制度。但是改革的进程是缓慢的,仍旧有许多德国高校还在颁发硕士学位Diplom和Magister,法律、医学、教师等专业还是可以通过国家资格考试获得读博士的资格。

1999年,29个国家共同签署了《博洛尼亚宣言》,该宣言的主要目标就是在欧洲范围内建立一个易理解、可比较的学位体系和可以转换的学分体系,保证交流的畅通无阻。在签署《博洛尼亚宣言》前,德国于1998年修订了《联邦大学基准法》,从法律上正式确立了"学士(Bachelor)—硕士(Master)"学位制度,并于1999年依照修订后的《联邦大学基准法》,各州

---

[1] University of California at Berkeley Degree Regulations, Accessed June 19, 2018. https://www.law.berkeley.edu/.

[2] 马怀德:《学位法研究——〈学位条例〉修订建议及理由》,中国法制出版社2014年版,第13页。

[3] 杨少琳:《法国学位制度研究》,西南大学2009年博士学位论文,第79页。

文教部制定了《学士和硕士学位课程结构计划书》。[1]

德国学位制度的规定都是散见于法律、法规、规章和校规之中，例如联邦层面的《联邦大学基准法》，各州的高等学校法和高等学校录取法，高校的录取规章，各专业的学业规章、考试规章以及博士规章。以柏林洪堡大学教育学硕士学位为例，从柏林洪堡大学的《录取规章》以及教育学专业的《学业规章》和《考试规章》来分析取得硕士学位应当达到的能力标准。柏林洪堡大学教育学硕士专业分为两个阶段：学习阶段和毕业阶段。学生在教育学领域共需修满100个学分，其中70个学分是在学习阶段（第1—3学期），30个学分在毕业阶段（第4学期）。柏林洪堡大学将所有的学分对应设置了相应的课程模块，毕业论文也是模块之一，值得注意的是，所有的模块（模块1至模块16）的考试由教育学系负责相关模块的全职的高校教授和私立讲师负责实施。完成所有的模块后，学生可以申请撰写硕士论文，接着参加论文答辩，最后获得硕士学位。

从上述四个典型西方国家硕博士学位授予学术标准的考察中，可以分析得出以下几点结论：

第一，各个国家学位制度不完全相同，发展历史也长短不一，有以美国、法国、德国为代表的"地方分权式学位管理体制"，还有以英国为代表的"分类管理的学位管理体制"等，但学位的三级阶梯学位制度"学士（Bachelor）—硕士（Master）—博士（Doctor of Philosophy）"已经成为国际通行的学位级别制度。美国、法国、德国都没有全国性的学位管理机构，其中美国由州政府授权高校授予学位，法国由国民教育部审批授权给高校，德国由州立科教部审批授权给高校。[2] 无论是美国、德国、法国的"地方分权式学位管理体制"还是英国的"分类管理的学位管理体制"，都是由国家、州通过法律法规的形式授权高校，使得高校获得学位授予权，高校在法律法规的指导下制定本校学位授予细则。

第二，各个国家学位制度的立法体系不一致，以英国、美国为代表的普通法系国家与以法国、德国为代表的大陆法系国家有着明显的区别。[3] 英美等判例法国家不制定统一的学位法，法德等大陆法系国家在学位立法上更加完备，它们相同之处在于从入学的录取资格到在校期间课程与学分的规定直至毕业阶段论文与答辩的程序性要求和原则性规定都有所涉及，整个获得学位的全过程都有所体现，学位制度立法较为全面。

第三，西方硕博士学位授予形成了以学位论文为核心，课程学分并重的学术标准模式。西方硕博士学位授予学术标准的核心始终围绕课程学分和学位论文两个方面，对于语言方面的学术标准和发表非学位论文等其他学术标准，个别国家有所提及，但并不视为学位制度的核心以及学位授予学术标准的关键。以美国为代表的西方国家学位制度中规定的发表非学位论文的根本立意在"公开"，只要能独立公开发表论文以证明硕博士生具有独立创造的能力，并不以论文发表的期刊等级、会议等级来衡量硕博士生的学术水平。

---

[1] 马怀德：《学位法研究——〈学位条例〉修订建议及理由》，中国法制出版社2014年版，第20页。

[2] 吴本厦：《中国学位与研究生教育的创立及实践》，高等教育出版社2010年版，第177页。

[3] 申素平：《学位立法的国际比较与借鉴》，载《学位与研究生教育》2004年第11期，第42-47页。

三、我国硕博士学位授予学术标准

上文通过深入分析与探讨西方各国硕博士学位制度、学位授予学术标准等，得出了西方各国形成了以学位论文为核心，课程学分并重的学术标准模式这一结论，这对当前我国《学位条例》的修订具有重要的借鉴意义。下文将结合我国硕博士学位制度发展以及学位授予学术标准实施中存在的问题，找出形成不同学位授予学术标准模式的深层次原因，提出借鉴西方硕博士学位授予学术标准的可行性建议。

（一）我国硕博士学位授予学术标准问题

1980年我国颁布的《学位条例》标志着具有中国特色的学位制度开始建立，在学位制度实施的30多年间，我国的经济体制发生了重大转变，由计划经济转向社会主义市场经济，我国的高等教育也在不断发展变革。其间虽先后于1995年通过了《教育法》、1998年通过了《高等教育法》对学位制度予以规定，但是在具体实践中学位授予学术标准问题仍然没有得到解决。在改革开放初期颁布的《学位条例》受计划经济和苏联教育模式的影响，学位制度与现实脱节严重。对比西方硕博士学位授予学术标准制度，我国硕博士学位授予制度中存在以下三个方面的问题。

首先，我国高校学位授予权定位不明，导致在实践中高校授予硕博士学位时有发生突破法律法规界限的状况。学术界关于学位授予权的争议已久，学位授予权的性质究竟是"权力"还是"权利"众说纷纭。因为学位授予权是学位制度的核心，是完善学位制度的基础，因此有必要明确学位授予权的属性。《学位条例》第八条第一款规定了硕博士学位由国务院授权的高等学校与科研机构授予，《教育法》第二十三条规定了"国家实行学位制度"，这两个条款是将学位授予权视为行政权力的法律依据，但《教育法》第二十九条关于学校的"权利"中又列举了"对受教育者颁发相应的学业证书"的权利，使对受教育者颁发相应的学业证书成为学位授予权的重要内容。学位授予行为具有一定的复杂性，既要保障高校学术自由权，又要保障学生获得公正学术评价的受教育权，兼具了行政色彩的"权力"与学术自由的"权利"的双重属性，因而导致了司法实践中高校学位授予权性质的论证冲突，进而导致同案不同判的结果。[1]

其次，我国学位制度法律法规不健全，在学位授予学术标准方面仅有原则性、总体性的规定，导致在各大高校授予硕博士学位时学术标准的缺位，条款规定的不清晰、不明确使得执行容易出现偏差。以博士学位授予学术标准为例，《学位条例》第六条规定："高等学校和科学研究机构的研究生，或具有研究生毕业同等学力的人员，通过博士学位的课程考试和论文答辩，成绩合格，达到下述学术水平者，授予博士学位：（一）在本门学科上掌握坚实宽广的基础理论和系统深入的专门知识；（二）具有独立从事科学研究工作的能力；（三）在科学

---

[1] 龚向和：《高校学位授予权：本源、性质与司法审查》，载《苏州大学学报（哲学社会科学版）》2018年第3期，第52-62页。

或专门技术上作出创造性的成果。"与之配套的《学位条例暂行实施办法》第十条至十五条是关于博士学位授予基本条件的相关规定,其中第十条是关于博士学位申请人资质与期限的规定,第十一条是对博士学位课程考试以及语言的要求,第十三条至十四条是关于博士学位论文答辩的程序性规定。而对于获得博士学位应当具备的能力在《高等教育法》第十六条第二款第(三)项进行了描述:"博士研究生教育应当使学生掌握本学科坚实宽广的基础理论、系统深入的专业知识、相应的技能和方法,具有独立从事本学科创造性科学研究工作和实际工作的能力。"

虽然在法律法规层面,对学位授予学术标准从学位获得者的能力、语言、课程、学位论文都有所涉及,但是这些规定都过于宽泛。例如课程类学术标准,《学位条例暂行实施办法》第十一条只规定应当具有的课程内容,缺少了其他课程内容、学分学时以及课程评价标准。这就导致存在两个问题:一是对课程学习与评价的不重视,没有将其上升至法律法规层面;二是高校可以结合培养计划安排课程内容、学分学时、课程评价标准,将程序性的规定权下放给高校,使得高校自主权过大,与我国国家主导的学位制度不相符,也不利于学位授予的具体管理。

最后,现实中我国硕博士学位授予重结果轻过程,本末倒置,忽视课程教学,形成以发表非学位论文为主的学术考核标准,高度依赖第三方学术评价主体,高校自身参与学术程度弱化。在高校内部管理规定层面上,硕博士学位授予学术标准设定和管理十分混乱。长久以来,我国高校教育给公众的普遍印象是"严进宽出",与西方高校的"宽进严出"形成鲜明的对比。主要是高校在教育中价值取向异化,重结果轻过程,忽视课程教学、培养在学位授予条件中的重要性,"一刀切"式的高校学位授予模式,以证书、非学位论文定"生死",使得中国学术论文数量井喷式上升,但质量堪忧。正是由于高校课程教育质量下降,教育部也开始意识到教育过程的重要性,提出要对大学生进行"增负","全面整顿教育教学秩序,严格本科教育教学过程管理"[1],严格把控课程类学术标准。而绝大多数高校增设了英语四六级、计算机等级证书、发表非学位论文等学位授予学术标准,这种通行的做法值得重新考量。司法实践中部分判决认为,高校内部规定设置英语四六级的学术标准这一行为是高校在学术自治范围内制定学位授予标准的权力和职责,属于学术自治的范畴。高等学校依法行使教学自主权,自行对其所培养的本科生教育质量和学术水平作出具体的规定和要求,是对授予学士学位的标准的细化,并没有违反《学位条例》第四条和《学位条例暂行实施办法》第二十五条的原则性规定。[2] 实质上,上述这种判决理由是对《学位条例》《学位条例暂行实施办法》以及学术自治的错误理解。关于语言类学术标准,在《学位条例暂行实施办法》第七条有所规定,要求会一门外语,能比较熟练地阅读本专业的外文资料。但是对外语的掌握程度的考察方式,已经章规定下来是以修学分、课程考试的方式来考察。加上英语四六级考试本就不

---

[1]《教育部关于狠抓新时代全国高等学校本科教育工作会议精神落实的通知》(教高函〔2018〕第8号)。

[2] 湖北省武汉市中级人民法院(2009)武行终字第61号。

属于培养计划的一环,因此将英语四六级与学位授予挂钩缺乏法律依据。关于硕博士学位授予基本条件,在有法律明确规定的情况下,高校可以依据法律的规定,结合实际制定自己专属的实施细则,但是不能增设新的学位授予条件。制定的细则要以国家设置的最低学术标准为指引,遵循合理性原则和比例原则的立法理念。同理,要求获得计算机等级证书、发表非学位论文等学位授予学术标准亦是如此。

(二) 我国硕博士学位授予学术标准完善

纵观西方各国硕博士学位授予学术标准,包括培养理念、课程设计、课程评价以及学位论文评判标准,结合上述我国硕博士学位授予学术标准在实践中存在的主要问题,可以为我国学位制度改革提供建设性意见。总之,我国学位制度改革应在国家学位制度的基础上,既要满足国家培养人才的需要,又要尊重高校学术自由权,保障公民的受教育权。

《学位条例》的修订已经不能简单地满足现实的需求,《中华人民共和国学位法》(以下简称《学位法》)的制定在近年来呼声高涨,无论是教育界还是法学界都认为,《学位法》的制定势在必行。我国现行的《学位条例》《教育法》《高等教育法》和《学位条例暂行实施办法》对我国学位制度规定不完善,特别是学位授予学术标准方面只有宽泛的原则性规定,我们也无法回避这几十年实践中出现的各类问题,这些应当在新的《学位法》中得到有效解决。

第一,明确学位授予权的法律性质,具有行政权和学术自由权的双重属性。合理把握大学自主权与国家监管权之间的尺度,掌握自治与法治之间的平衡,在明确学位授予权性质的基础上,争取尽快出台《学位法》。避免模糊的高校学位授予权法律性质导致司法实践中的分歧与差异,从而影响司法审判的公平与公正。

第二,明确学位授予的基本条件与完善学位授予的程序。国家通过立法确立硕博士学位授予的基本条件,而高校基于法律授权获得的学位授予权可以在国家确立的基本条件下对其进行细化,但注意不能超过法律的底线创新的学位授予条件。建议《学位法》增加一条:"学位授予单位可根据上述基本条件,结合本单位实际,确定具体的学位授予要求,但不得设定减损学位申请人权利或者增加其义务的要求。"硕博士学位授予基本条件在有法律明确规定的情况下,高校可以依据法律的规定,结合实际制定自己专属的实施细则,但是不能增设新的学位授予条件。制定的细则要以国家设置的最低学术标准为指引,遵循合理性原则和比例原则的立法理念。

第三,重视课程教育,合理设计培养方案。目前我国教育部关于研究生培养方案的设置不合理,课程学习的学分、学时设置比重较低。例如,《关于制订工程类硕士专业学位研究生培养方案的指导意见》(学位办〔2018〕第14号)规定课程学习不少于24学分,课程学习16—20学时可计作1学分。学生的学术能力可以通过课程论文、课程教学的形式得到提升,学术水平又可以通过课程论文得到呈现。西方国家往往在学位论文环节也设有一定的学分,认为学位论文的撰写和答辩环节也是必修的课程之一,也是学术训练的一种,可以用学分的形式将其固定下来。

第四,加强导师与学生的学术交流,学位论文答辩形式多样化。西方硕博士学位授予制度十分重视口头答辩、定期汇报、导师以及答辩委员会在学位论文写作中发挥的重要作用。

建议将《学位条例》第五条、第六条修订为"在学位授予单位注册学籍的硕士、博士学位申请人,通过硕士、博士学位的课程考试,取得规定的学分,通过论文、报告、设计、作品等其他形式答辩,达到下述水平,可授予其硕士、博士学位……"另外,与我国粗放式、大规模、批量生产的大型国有企业模式相比,西方硕博士培养则更像是精细化、一对一、手工打磨的家庭式作坊。应当充分发挥导师在学位授予全过程中的重要作用,除了在硕博士招生、培养中有决定性的作用,导师在学位授予中也要起到关键性的作用。

第五,正确行使高校自治权,尊重学术自由。学位论文是大学学术自由最大的体现,学术的评价权由学位评定委员会掌握;而我国发表非学位论文的学术标准,则是将学术评价的权力转交到杂志社编辑手中,不利于学术的自由,还容易导致权力寻租。同样,外语语言能力是否达标的评判权也应该由学校教师掌控,不应转交给第三方。硕博士学术水平的评价以及计算机水平、外语语言能力的评价都应由高校具有一定职称的教师进行,这才是正确地行使了高校自治权。

第六,建立多元的学校排名机制与学术评价机制。影响我国学校排名的关键要素是科研,主要体现为发表的论文和获得的科研项目的数量和质量,而其他要素如师资力量、学生质量、科研经费、升学率、就业率等都与之息息相关。学校为了提高排名,往往喜欢采用直观、简单的数字来规定,首先受到影响的就是教师职称晋升和学生的学位授予。而西方重视学校特色、专业发展,对学校排名不盲目追求。此外,学校排名的评价机制多元化,除了将论文发表作为科研成果的一部分纳入考查范围,还包括了教学质量、生源质量、国际化程度以及校友捐赠等因素。我国学校要排除"以论文发表论英雄"的单一学术评价机制。

博士学位授予资格论文要求的法理分析
——以 40 所法学一级学科博士点院校为例

张颂昀　龚向和[*]

摘　要　大学授予博士学位前要求博士生发表一定数量与刊物级别的资格论文,存在合法性、合理性与可行性问题。我国国家学位制度的选择、传统特别权力关系的突破以及基本权利冲突下对公民受教育权的偏重导致了大学自治的有限性,削弱了大学制定学位授予标准的合法性,要求发表资格论文的规定没有现行法律的明确依据。发表资格论文的难易程度与教育质量不成正比以及不公正的学术评价机制又致使其合理性缺乏。而毕业博士生论文发表数量与期刊承载量之间的巨大矛盾、博士论文刊发难的现实情况以及延期毕业现象的泛滥,导致发表资格论文要求的可行性较低。当前我国大学授予博士学位前要求发表资格论文的规定要求过高而法理依据不足。

关键词　资格论文　博士学位授予　合法性　合理性　可行性

一、引　言

2018 年 9 月 10 日,习近平总书记在全国教育大会讲话中指出,新时代新形势,要深化教育体制改革,扭转不科学的教育评价导向,坚决克服唯分数、唯升学、唯文凭、唯论文、唯帽子的顽瘴痼疾。[1] 在依法治教的背景之下,近四十年前颁布的 1980 年《中华人民共和国学位条例》(以下简称《学位条例》)已经不能适应新时代高等教育的快速发展,对其修订的需求迫在眉睫。在学位法存在的诸多问题中,比起诸如学位授权审核制度之惑、学位授予权性质之争、大学学术自由边界之辩,大学为博士学位授予自行增设的一项前置程序——要求发表一定数量、一定刊物等级的资格论文这一问题引起的争议最大,亟待学术界讨论和解决。本文

---

[*] 张颂昀,东南大学法学博士研究生,东南大学教育立法研究基地研究人员;龚向和,东南大学法学院教授,博士生导师,东南大学教育立法研究基地副主任。本文系 2019 年教育部人文社会科学规划基金项目"新时代公平优质受教育权:教育平衡充分发展的国家义务研究"(项目编号:19YJA820012)和 2019 年东南大学人文社科重大引导项目"依法治校视野下高校学位制度的理论与实践问题研究"(项目编号:2242019S10001)的阶段性成果。

[1] 习近平:《坚持中国特色社会主义教育发展道路 培养德智体美劳全面发展的社会主义建设者和接班人》,http://www.xinhuanet.com/politics/leaders/2018-09/10/c_1123408400.htm,访问时间:2019 年 1 月 19 日。

中的博士学位授予资格论文(以下简称"资格论文")特指研究生培养单位要求博士生毕业和拿到博士学位前必须发表的论文。

资格论文这一规定,大学惯行了几十年,尽管反对声不断,却逐渐壮大。从十几年前大学一般要求发表一至两篇北京大学中文核心期刊论文即可获得学位,到近几年,大学普遍要求发表两三篇CSSCI来源期刊论文才能获得博士学位。发表资格论文作为学位授予的前置程序制度涉及学生、教师、大学、政府教育主管部门四方主体,尽管学生、教师群体反对强烈,在政府教育主管部门沉默中立态度下,大学作为这一制度的获益者理所当然地大力推行。直至今日,为落实国家的依法治教要求,响应习近平总书记摘掉唯论文帽子的号召,社会各界就这一学位授予前置程序提出了发人深省的追问。大学要求发表资格论文是否具有法理依据?围绕这一问题,下面将从大学博士学位授予资格论文要求的合法性、合理性、可行性三个方面分别进行论证分析。

二、博士学位授予资格论文要求的合法性

各大学通过制定本校的规章制度来实现大学自治,那么大学自治的法律来源是什么,大学自治是不是无限制的、神圣不可侵犯的?在任何一个推行法治的国家,合法性原则都是其法律制度的重要原则。大学代表国家颁发学位证书同样也必须遵循合法性原则,不仅应依据法律、符合法律,还不得与法律相抵触。而大学是否有权制定要求博士学位授予发表资格论文的校规,需要从大学自治理论以及法律规范两个方面进行考察。

(一)大学有限自治之探索

第一,从大学自治的根本目的来看,大学自治是为了保障学术自由。过去由于政治体制、历史背景以及社会环境等因素的影响,大学受到思想的压迫和限制较多,学术界压抑太久,因此学术自由被写入宪法,进一步发展成大学自治。但是这种对自由、自治的推崇也容易陷入一个误区,仿佛大学就是一个法外之地,学术自由、大学自治没有边界。要厘清大学自治、学术自由的理论核心,需从教育的本源出发。人在生命诞生之初并不完整,所谓人格都是通过后天长期历练累积、环境影响、教育习得。教育者和教育环境对人格的形成有重要的影响力,如果教育者与环境不自由,将难以实现受教育者的自我探索。因此,自我实现成了自由教育环境的导向,也就成了教育的目的。[1] 无论是人的个性发展还是人的自我实现最终都要以人为本,尊重人的发展规律。而大学自治产生于学术自由的诉求,主要是为了防止国家公权力侵害,确保学术自由的完整。既然大学自治的目的就是防止国家干预学术自由,那么是否意味着大学完全拒绝国家权力的介入,排斥法律保留原则,或者说大学可以成为法律上的真空地带不受法律约束?事实上是不可能的,任何自治以及权利享有都不是绝对的,所有的自由都是具有边界的。没有边界的自由往往是不能实现的,是空享的自由。尽管学校的大部分事务应当实现自治,但是不可否认部分事项的法律保留仍具有重要意义。

---

〔1〕 许育典:《教育宪法与教育改革》,台北五南图书出版公司2005年版,第3页。

尤其是涉及受教育者的核心权利,大学自治应当止步于此,还权于法律,不忘以人为本的教育初心。

第二,从大学学位制度发展历史来看,我国目前是典型的国家学位制度。鸦片战争之后,西方牧师在建立教会大学的过程中引入了大学学位制度,直至民国政府时期,教育部颁布《大学令》,标志着中国现代大学学位制度的诞生。[1] 新中国成立后,受到苏联的影响,我国学位制度不断改进完善,最终形成了国家学位制度。相较于传统的西方大学学位制度,国家学位制度最鲜明的特点就是大学并不当然具有独立颁发学位的权力,而是代表国家颁发学位,学位授予单位由公权力介入进行审核,大学运行资金全部来自政府划拨。而西方大学自行颁发学位,仅代表学校自身,学位授予单位由第三方组织进行审核。[2]

我国由公权力介入、政府教育部门审核的学位授予权本身就表明了大学的有限自治。又由于我国大学是代表国家颁发学位,学位证书上需要有国家的签章才具有法律效力,颁发学位的目的是为国家和社会培养人才,因此不能与西方大学学位制度完全追求学校荣誉相提并论。而且,西方私立大学运行资金绝大部分自行筹措,西方公立大学运行资金受到政府部门部分资助后需要完成一定的政府指标,例如招收一定比例的指定地区学生。我国大学主要依靠政府财政拨款,政府通过财政拨款的形式来加强对大学学校事务的管控,因此大学自治难以完全落实,受到来自法律的制约,大学自治不受法律保留原则约束的理论壁垒已被突破。

第三,从特别权力关系来看,传统的特别权力关系被突破,大学自治受到法律的规制。传统的特别权力关系是基于特别的法律原因,于一定范围内,对于相对人享有概括命令的权力,而相对人负有高度服从义务的法律关系,例如公务员与国家、军人与军队、学生与学校、罪犯与监狱等。在过去传统特别权力关系下,学校对学生处以批评、警告、记过等处理,受处分人不得提起诉讼。近年来,传统的特别权力关系受到挑战而转变成特别的法律关系。"从台湾地区大法官解释第 380 号、第 382 号、第 563 号、第 684 号侵害学生受教育权或其他基本权利,即使不属于退学或此类处分也可以提起救济等,综上大法官解释可以被认为突破了传统特别权力关系的藩篱。"[3] 当涉及学生的受教育权等基本权利时,法院不得以学术自由、大学自治为由拒为裁判。

第四,从宪法基本权利来看,大学自主制定校规,规定博士学位授予要发表资格论文的要求可能引起大学学术自由与公民受教育权的冲突。学术自由与受教育权都属于宪法的基本权利,共属同一个权利位阶。但任何基本权利的行使都有边界,以牺牲公民的受教育权来换取大学自治,从而提升学术自由,这样的做法是违背了宪法精神的。一味地强调大学学术自由,忽视公民的受教育权是不能被接受的。"根据受教育权产生、发展的时间顺序,可以将

---

[1] 苏兆斌:《我国学位制度的历史与现状研究》,东北师范大学 2013 年博士学位论文,第 1 页。

[2] 张冉、申素平:《国家学位制度与大学学位制度比较分析》,载《学位与研究生教育》2013 年第 9 期,第 39-44 页。

[3] 苏满丽:《校园法律与生活〈性别平等教育篇〉》,台湾元照出版公司 2012 年版,第 9 页。

受教育权分为三个阶段的子权利：学习机会权、学习条件权以及学习成功权。"[1]大学制定关于博士学位授予资格论文要求的校规，直接影响博士学位的授予，而学位授予又关乎受教育者的学习成功权的实现与否。因此，大学根据学术自由自主制定学位授予学术标准的学术权力在面对学生的受教育基本权利时，必然受到限制，以防其侵害学生的学习成功权。

（二）法律规范依据之追溯

所有权力正当性都来自宪法的授予，所有公民权利都受到宪法的保障。大学权利的宪法来源涉及两个宪法条款即第四十六条以及第四十七条。正是在这两个条款背后隐含着大学学位授予权的授权。除了宪法上的依据还需要寻求法律法规的依据。

大学自治权利直接源自《教育法》和《高等教育法》的规定。《中华人民共和国教育法》（以下简称《教育法》）第二十八条规定"学校有权按照章程自主管理"，《中华人民共和国高等教育法》（以下简称《高等教育法》）第十一条规定高等学校依法自主办学。大学的自治性主要体现在"自主"两字，但在规定中又暗含了预设性前提，那就是依法合规，大学自治的底线不可以突破法律的规定。由于大学章程的制定权是由法律授权享有，因此，大学只能在上位法授权范围内对大学事务管理进行细化、具体化，不能超越法律授权范围。

大学学位授予权具有教育行政权和学术权的双重属性，[2]故而大学在制定涉及学位授予的条款时，需要注意区分大学学位授予的具体行为类型。对于学术评价权，公权力无权干涉；对于学术标准制定权而言，必须有法可依，例如《高等教育法》第二十二条第二款规定了申请授予学位的标准，"公民通过接受高等教育或者自学，其学业水平达到国家规定的学位标准，可以向学位授予单位申请授予相应的学位"。国家在《学位条例》第四、五、六条分别规定了学士、硕士、博士学位授予学术标准，并通过《中华人民共和国学位条例暂行实施办法》（以下简称《学位条例暂行实施办法》）第三、七、八、十一、十二、十三条予以进一步的细化。因为《学位条例》中对于博士学位授予学术标准的规定过于抽象，所以《学位条例暂行实施办法》在第十三条将证明学术水平和能力的载体固定下来，博士学位论文是证明博士学术水平的凭证。因此，大学只能在法律设定的学位授予学术标准之下制定具体的实施细则，以防自行增设的学术标准增加了学生获得学位的义务负担。

三、博士学位授予资格论文要求的合理性

合理性原则是行政法治的另外一个重要的组成部分。博士学位授予资格论文要求的合理性也是教育法治的重要内容，主要是指大学自治行为的内容要客观、适度、合乎理性。

（一）资格论文要求的合理性之判别

下面以最早获批的40所法学一级学科博士点院校为例进行实证研究，调查这些学校法

---

[1] 龚向和：《受教育权论》，中国人民公安大学出版社2004年版，第37页。

[2] 龚向和：《高校学位授予权：本源、性质与司法审查》，载《苏州大学学报（哲学社会科学版）》2018年第3期。

学博士学位授予资格论文的具体要求,以期归纳总结出博士学位授予资格论文要求的合理与否。

表1 案例高校法学博士资格论文统计表[1]

单位:分

排序	学校名称	发表要求	发表数量	刊物等级	一作比重	合计
1	东南大学	3篇CSSCI	7.5	8	10	25.5
2	北京大学	1. 权威(期刊)1篇 2. 法C1篇+C集/C扩1篇 3. CSSCI 2篇 (达到以上任一标准均可。下同)	5	8	6.6	19.6
2	海南大学	CSSCI 2篇/ SSCI 1篇	5	8	6.6	19.6
2	山东大学	SSCI /权威1篇/CSSCI 2篇	5	8	6.6	19.6
5	南京大学	1. 1篇Ⅰ类(SSCI) 2. 2篇Ⅱ类(CSSCI) 3. 1篇Ⅱ类、2篇Ⅲ类(C集、C扩) 出版刊物,论文集可折算Ⅲ类	5	7.5	6.6	19.1
6	重庆大学	1. 权威期刊1篇 2. 重要期刊2篇 3. 重要期刊1篇,CSSCI 2篇 4. 重要影响的CSSCI 3篇 学生可二作("第二作者"),但发表1篇以上的须有一篇一作("第一作者")。	7.5	8	3.3	18.8
7	中国政法大学	2篇核心(C刊+部分刊物)	5	7	6.6	18.6
8	西南财经大学	1. 在中文A级或外文B级发1篇 2. 在中文B级或外文C级发2篇 3. 在中文B级或外文C级发1篇,且在CSSCI发2篇 学生可二作	7.5	10	0	17.5

---

[1] 资料来源:截至2018年12月31日,笔者对40所法学一级学科博士点院校章程中对发表资格论文要求的规定进行统计。预设论文发表数量、刊物等级、第一作者(简称"一作")比重分值最高各10分,总分值30分。40所院校中要求论文发表数量最高要求为4篇计为10分,因此1篇分值2.5分。多种等级期刊的资格论文评价方式,以中文社会科学引文索引(简称"CSSCI")期刊等级为评价中心,期刊等级大致为CSSICI LAW> CSSCI > 北京大学中文核心> CSCD> 科技核心,所代表分值依次为10>8>6>5>4。40所院校中要求学生一作比重最高为3篇计为10分,故而1篇分值为3.3分。CSSCI集刊简称"C集",CSSCI扩展版简称"C扩",CSSCI Law简称"法C",除CSSCI Law以外其他CSSCI简称"普C"。

续表

排序	学校名称	发表要求	发表数量	刊物等级	一作比重	合计
9	湖南师范大学	1. CSSCI、CSCD 发表 2 篇,硕博连读至少有 1 篇学校规定的重要刊物(法 C) 2. 权威刊物(《法学》、《求是》、《中国社会科学》)、SSCI、A&HCI 发表 1 篇	5	5	6.6	16.6
10	上海交通大学	2 篇 SSCI/CSSCI,导师一作算 1/2 篇	5	8	3.3	16.3
11	对外经贸大学	CSSCI 4 篇(C 扩等同 C;C 增刊、专刊按原期刊层次降低一层次统计,最多使用 1 次;2 篇 C 集折算为 1 篇 C,最多折算 1 篇) 导师可一作	10	6	0	16
12	中国社会科学院	2 篇核心(C 刊、中文核心、中国人文社会科学核心)	5	4	6.6	15.6
13	湘潭大学	CSSCI 3 篇 导师可一作	7.5	8	0	15.5
13	四川大学	1. A 级期刊/权威期刊/SSCI 发 1 篇 2. CSSCI 发 3 篇 导师可一作	7.5	8	0	15.5
13	上海财经大学	3 篇上海财经 C 级刊物(普 C) [1A=6C(A:《法学研究》、《中国社会科学》) 1B=3C(B:法 C)] 导师可一作	7.5	8	0	15.5
13	厦门大学	1. Ⅰ类刊物 1 篇(部分 C) 2. Ⅱ类刊物 3 篇(其余 C) 导师可一作	7.5	8	0	15.5
17	南京师范大学	Ⅱ类权威期刊或 CSSCI 收录期刊上发表 2 篇学术论文,导师一作可 1 篇,C 扩可 1 篇	5	7	3.3	15.3
18	清华大学	1. 最重要学术期刊 1 篇+重要学术期刊 2 篇 2. 权威/法 C 1 篇+普刊 2 篇(中文核心、211 学报、C 集刊等) 导师可一作	7.5	7	0	14.5
18	大连海事大学	在 SSCI、CSSCI 或国内核心发 3 篇,其中 2 篇为 SSCI、CSSCI 检索论文 导师可一作	7.5	7	0	14.5

续表

排序	学校名称	发表要求	发表数量	刊物等级	一作比重	合计
20	苏州大学	苏大核心或C、C扩2篇,其中1篇导师可一作	5	6	3.3	14.3
21	中国人民公安大学	2篇公安期刊(C扩、C集、高等院校期刊、会议论文集、公安类期刊)	5	2	6.6	13.6
21	辽宁大学	发表2篇(CSSCI/CSCD/中文核心/科技核心/人文社会科学核心/人文社科学报核心)	5	2	6.6	13.6
23	北京航空航天大学	1. CSSCI、C集3篇(可2篇C扩) 2. CSSCI来源或集刊2篇(可1篇C扩)并指定刊物1篇(部分中文核心) 导师可一作	7.5	6	0	13.5
24	中南财经政法大学	在CSSCI发1篇;且在学院认定期刊发1篇 导师可一作	5	8	0	13
24	安徽大学	1篇安大二类论文/人文社科研究导向性C类(部分法C+新华文摘+人大复印) 导师可一作	5	8	0	13
26	湖南大学	在CSSCI、CSCD发表3篇 导师可一作	7.5	5	0	12.5
26	中南大学	在SCI、EI、SSCI、A&HCI、CSCD、CSSCI发表3篇,被转载视为1篇 导师可一作	7.5	5	0	12.5
28	浙江大学	SSCI、A&HCI、SCI 1篇/浙大一级刊物1篇+核心1篇(CSCD、CSSCI) 导师可一作	5	7	0	12
28	中国人民大学	2篇核心(C刊为主) 导师可一作	5	7	0	12
28	复旦大学	2篇核心B类(C刊为主),导师可一作,A类1篇抵2篇B类	5	7	0	12
28	郑州大学	B+类及B类2篇,其中至少1篇B+类(其余法C+985学报) 导师可一作	5	7	0	12
28	吉林大学	C类以上论文1篇/CSSCI检索2篇(C扩、C集仅占1篇) 导师可一作	5	7	0	12
33	云南大学	CSSCI(含扩)2篇 导师可一作	5	6	0	11

续表

排序	学校名称	发表要求	发表数量	刊物等级	一作比重	合计
34	武汉大学	SSCI\SCI\A&HCI 武汉大学社会科学研究院规定奖励期刊1篇/CSSCI期刊(集、扩)2篇 导师可一作	5	6	0	11
34	黑龙江大学	CSSCI/中文核心2篇(其中CSSCI 1篇) 导师可一作	5	6	0	11
36	中国海洋大学	2篇海大重要核心,导师可一作(CSSCI+部分中文核心)/一作专著1本/参编专著2本	5	5.5	0	10.5
36	南开大学	2篇南开核心(CSSCI为主),可增刊 导师可一作	5	5.5	0	10.5
36	西南政法大学	在C类及以上发表1篇 导师可一作	2.5	8	0	10.5
39	华东政法大学	2篇核心(CSSCI来源、扩、集,中文核心、社科核心)/5篇省级期刊,导师可一作,省级以上项目主要参与人可折抵1篇	5	4	0	9
39	中山大学	在中山大学人文社会科学重要核心期刊发2篇,且论文所在刊物不可同为中山大学出版的(CSSCI、集刊、港澳台刊) 导师可一作	5	4	0	9

从表1中可以直观看出,绝大多数大学对论文篇数要求超过2篇,半数以上学校以CSSCI来源期刊等级作为资格论文考核的中心评价因子,40所大学博士生发表资格论文要求差距巨大,表1中排名第一的、发表资格论文难度最高的东南大学分值25.5,与排名末尾的、发表资格论文难度最低的中山大学、华东政法大学分值9之间相差16.5分,仅差距分值16.5都远远高于表中后30所院校,说明了部分院校制定关于博士学位授予资格论文要求的章程存在一定的不合理性。

通过对比各院校法学博士发表资格论文要求难易程度排行与教育部学位与研究生教育发展中心2018年公布的第四轮法学学科评估结果[1],法学博士发表资格论文要求难度排名倒数的四所院校分别是南开大学、西南政法大学、华东政法大学、中山大学,但在2018年

---

[1] 数据来源:中国学位与研究生教育信息网,http://www.cdgdc.edu.cn/xwyyjsjyxx/xkpgjg/,访问时间2019年1月19日。

法学学科评估结果为 B+、A、A、B+，表现十分突出。从表1评估结果的比对中可以分析得出结论，学校法学博士发表资格论文要求难度高低与学校法学学科实力的强弱、教育质量好坏并不必然存在直接联系。从理性的角度来看，法学学科评估结果应当与法学博士发表资格论文难易程度成正相关性，而目前部分院校法学博士发表资格论文难度畸高，与其大学排名、学位含金量不成正比，存在一定程度的不合理性。

（二）资格论文评价机制的合理性之剖析

资格论文的学术评价机制存在不合理性的理由有四。其一，大学是评价博士研究生是否达到获得博士学位学术水平的唯一主体。迫于大学科研压力以及借助第三方评价等原因，大学将自身最重要的自治权利——学术评价权转交给第三方实属推卸大学学术监督之责。狄骥的国家教育理论也认为，"国家有权也有必要要求学校的管理者和施教者在道德保障之外还应具有专业的从事教学以及科研的能力，这些能力条件可以由全部都是大学教授组成的审查委员会进行认可"[1]。其二，我国现有的学术期刊评审机制不完善，双向匿名评审尚未完全建立，这不利于博士生发表论文。第三方学术评价配套监管机制不完善，容易市场化，导致权力寻租，滋生学术腐败现象。其三，以期刊等级和论文数量作为考核博士学位授予的学术要求的主要指标，无法真实地反映博士是否达到授予学位的学术水平和科研能力。主要是因为期刊等级的划分掺杂着太多其他因素，不是仅仅以论文的学术水平作为衡量标准，还包括论文的影响因子、论文的引用率、论文的下载率。其四，对比西方学位授予的学术标准评价机制，西方博士学位学术评价始终以学位论文为核心。[2]虽然以美国为代表的部分西方大学学位授予学术标准中规定了发表资格论文的要求，但是与我国大学资格论文的规定存在重大的区别。西方大学不以论文数量、期刊等级来衡量博士生的学术水平，设立发表资格论文的根本立意在于证明博士具有独立创造、独立研究的能力，而且资格论文只需公开发表即可，公开范围包括自行印刷、参加会议、发表于期刊。因此资格论文的学术评价机制不合理之处直接影响到受教育者的权利，最后又决定着受教育者的命运。

四、博士学位授予资格论文要求的可行性

可行性不等同于合法性与合理性，其更加注重现实的可操作性，是保证制度生命力的关键要素之一。大学规定博士学位授予资格论文要求是否可取，博士生发表全部资格论文的可行性是判断的重要参照物。

---

[1] [法]莱昂·狄骥：《宪法学教程》，王文利、庄刚琴、马利红等译，辽海出版社、春风文艺出版社1999年版，第197-201页。

[2] 龚向和、张颂昀：《论硕士、博士学位授予的学术标准》，载《学位与研究生教育》2019年第3期，第56-64页。

(一) 博士生论文发表数量与期刊承载量之矛盾

根据我国教育部公布的 2017 年度博士在校生人数,高达 361 997 之多。[1] 就博士生论文发表数量与期刊承载量之间的矛盾用一个假设性的计算方法,可以粗略得出发表资格论文要求在某种程度上不具有可行性。假设每名博士毕业生被要求发表至少 2 篇资格论文,博士生学制 4 年,每年毕业人数约 90 499,那么每年博士毕业生一共需要发表 180 998 篇论文。CSSCI(2017—2018 年)收录来源期刊目录显示,各个学科共有 553 种期刊被收录,553 种期刊中绝大多数期刊为双月刊甚至季刊,仅有极小部分为月刊。随机抽取 10 种刊物,就 2017 年度不同月份刊物承载的论文篇数进行统计,获得每本期刊的承载论文数量平均数,约等于 14 篇。那么 553 种 CSSCI 来源期刊每年总承载论文数量为 46 452(553×6×14)篇。每年博士毕业生发表论文需求篇数 180 998,以将近 4 倍数远远大于模拟计算得出的 CSSCI 来源期刊总承载篇数 46 452,目前 CSSCI 来源期刊难以满足博士生发表资格论文的需求,博士生发表资格论文的缺口巨大。

在模拟计算过程中,预设的条件是所有 CSSCI 来源期刊 100% 发表博士生论文。然而更为残酷的是,在论文发表过程中,竞争者不仅有毕业博士生,还包含了在校教师、科研机构研究人员以及公职人员、部分社会人士,这进一步压缩了博士毕业生发表资格论文的空间。据粗略统计,全国人文社科研究人员对 CSSCI 来源期刊的需求量在六七十万篇。从期刊的角度来看,学术界现在最主要的矛盾就是人们日益增长的 C 刊需求与 C 刊供给严重不足的矛盾。[2] 实践中,还有部分 CSSCI 来源期刊对在校博士生发表资格论文"友好程度"不高,甚至在期刊征稿启事中明确表示不接收博士生论文投稿,致使博士生发表资格论文的可行性再次大打折扣。

据此,以 21 种法学类 CSSCI 来源期刊 2018 年度期刊刊登的论文为例,表 2 中统计了以下几个关键性的数据。从表 2 我们可以看出,法学类 CSSCI 来源期刊对博士生以第一作者身份发表论文的接收程度总体不高,虽然一些综合类期刊包括学报也会刊登法学类的文章,但法学类 CSSCI 来源期刊依然是主要发表平台。对博士生群体最为"友好"的期刊《政治与法律》《行政法学研究》博士一作占比最高也不过 20% 左右。《中国法学》《环球法律评论》则是完全排斥刊发作者是博士生的论文。博士生以第一作者身份刊登论文的占比低于 10% 的刊物达到 2/3,这些刊物均对博士生论文稿件不甚"友好",稿件投稿成功率极低。而在职博士的一作论文刊发率更是低迷。以此类推,我们可以发现,目前国内大学对博士生发表资格论文要求可行性不容乐观。

---

[1] 中华人民共和国教育部,http://www.moe.gov.cn/s78/A03/moe_560/jytjsj_2017/qg/201808/t20180808_344681.html,访问时间 2019 年 1 月 19 日。

[2] 《华中师范大学教授"炮轰"博士毕业发论文规定》,http://hb.sina.com.cn/news/w/2017-12-10/detail-ifypnyqi3185859.shtml,访问时间 2019 年 6 月 19 日。

表 2　法学类 CSSCI 来源期刊刊文数量和作者特征统计表[1]

排序	名称	出版周期	合计（篇）	博士（人）	一作占比（%）	全日制（人）	一作占比（%）	在职（人）	一作占比（%）	独立一作（人）
1	中国法学	双月	88	0	0.00	0	0.00	0	0.00	0
2	环球法律评论	双月	65	0	0.00	0	0.00	0	0.00	0
3	政法论丛	双月	86	1	1.16	0	0.00	1	1.16	1
4	中外法学	双月	79	2	2.53	1	1.27	1	1.27	2
5	法学研究	双月	69	2	2.90	2	2.90	0	0.00	2
6	比较法研究	双月	78	3	3.85	3	3.85	0	0.00	3
7	清华法学	双月	70	3	4.29	3	4.29	0	0.00	3
8	现代法学	双月	85	5	5.88	4	4.71	1	1.18	5
9	法商研究	双月	103	6	5.83	5	4.85	1	0.97	6
10	东方法学	双月	95	9	9.47	6	6.32	3	3.16	9
11	法学家	双月	78	6	7.69	5	6.41	1	1.28	6
12	政法论坛	双月	92	9	9.78	8	8.70	1	1.09	9
13	法学评论	双月	102	10	9.80	9	8.82	1	0.98	10
14	法律科学	双月	111	11	9.91	11	9.91	0	0.00	11
15	当代法学	双月	87	11	12.64	9	10.34	2	2.30	11
16	法学杂志	单月	172	23	13.37	15	8.72	8	4.65	22
17	法制与社会发展	双月	78	13	16.67	13	16.67	0	0.00	11
18	华东政法大学学报	双月	94	16	17.02	14	14.89	2	2.13	16
19	法学论坛	双月	99	18	18.18	18	18.18	0	0.00	18
20	政治与法律	单月	153	34	22.22	29	18.95	5	3.27	34
21	行政法学研究	双月	74	16	21.62	15	20.27	1	1.35	14

（二）博士生延期毕业反噬社会之恶果

博士生毕业延期日益成为一种普遍现象。以法学专业为例，法学博士生每级延期毕业人数均为预计毕业人数的 2/3。[2] 我国博士生延期毕业率自 2002 年起始终在 60% 上下徘徊，最高可达 64.81%，博士生延期毕业情况不容乐观。[3]

---

[1] 数据来源：笔者对 23 种 CSSCI LAW 期刊 2018 年度刊文情况进行了统计，其中《法学》和《中国刑事法杂志》因作者身份信息部分缺失，故暂未被统计进表 2。

[2] 数据来源：中华人民共和国教育部网站，http://www.moe.gov.cn/s78/A03/ghs_left/s182/，访问时间：2019 年 1 月 19 日。2015 年法学博士实际毕业人数 2 631 人，预计毕业人数 8 655 人；2016 年法学博士实际毕业人数 2 661 人，预计毕业人数 8 933 人；2017 年法学博士实际毕业人数 2 839 人，预计毕业人数 9 714 人，可大约计算出法学博士每年延期毕业人数占比。

[3] 刘文、廖炳华、廖文武：《我国博士生延期毕业实证研究》，载《现代教育科学》2016 年第 8 期，第 1-8 页。

此外,延期率过高也有可能促发一系列不良的后果,诸如期刊腐败、学术剽窃、论文买卖、论文灌水、博士生群体抑郁率高、因毕业无望引发的博士生自杀等社会问题。据研究调查表明,博士研究生抑郁状况和毕业要求之间存在关联性,毕业要求的压力是致使研究生抑郁的重要因素。[1] 发表资格论文成为压在学生心头的大石,导致博士群体抑郁风险增大,从而引发一系列社会悲剧。

另外,买卖论文已经成了一条庞大的地下产业链。据学者调查得知大学学生学术不端行为与发表资格论文要求之间存在一定的关联性。[2] 而且将发表资格论文与博士学位进行挂钩,增加了受教育者的学术负担。随着学生权利意识的觉醒,越来越多由资格论文引发的学位纠纷案件产生。2019年3月20日,上海大学2014级的博士研究生柴丽杰向上海市浦东新区人民法院提起行政诉讼。柴丽杰一直没能获得博士学位,原因在于按照上海大学经济学院的培养方案,他未能在核心期刊上发表足够数量的学术论文。另外,在两会期间全国政协委员傅道彬提案,"严格限制博士学位授予随意设置附加条件,切实减轻广大博士生的额外负担,让学术回归学术"[3]。至此,越来越多的社会人士开始呼吁,反对大学随意设置发表资格论文的要求。

五、余 论

曾几何时,博士学位授予资格论文要求沦为各大学竞争排名的功利手段,学术不再是求知欲的引领而变成由上自下的任务摊派。为深化教育体制改革,全面推进依法治教精神,也为近期《学位条例》的修订提供理论支撑,对于大学要求发表资格论文才能获得博士学位的这一前置性程序的创举,本文从其合法性、合理性以及可行性三方面展开,逐一论证。最后得出,大学博士学位授予资格论文要求过高而未能遵循比例原则导致法理依据欠缺。事实上,与大学规定发表资格论文要求相关的很多问题值得我们去讨论。例如在学位论文答辩过程中,面对学生权益受到侵害,如何进行救济?主观抽象的学术评价,如何进行指标量化?最终,需要依赖完善大学学位授予制度,建立科学的学术评价体系,才能实现依法治教、依法治国的远大理想。

---

[1] 余督督:《博士研究生抑郁状况和毕业要求之间关系的调查》,载《中国健康心理学杂志》2008年第3期,第243-244页。

[2] 叶继红:《高校研究生学术不端行为及与论文发表制度关联性思考》,载《研究生教育研究》2018年第5期,第7-12页。

[3] 胡京春:《傅道彬委员呼吁 严格限制博士学位授予随意设置附加条件》,http://www.rmzxb.com.cn/c/2019-03-10/2307328.shtml,访问时间:2019年3月22日。

同等学力研究生教育应予取消

龚向和　卢肖汀*

摘　要　同等学力研究生教育作为特定历史阶段的教育制度在更新在职人员专业知识、提高其专业能力方面发挥了重要作用。然而随着社会的快速发展，人们的学习方式、途径发生巨大变化，同等学力研究生教育模式的缺点逐步显现，与此同时专升本、非全日制专业学位研究生教育等高等教育模式发展迅速并取得显著成果，对同等学力研究生教育造成了一定冲击。传统同等学力研究生教育已难以适应社会需要，取消同等学力研究生教育具有必要性及可行性。

关键词　同等学力　研究生教育　非全日制研究生教育　非全日制专业学位

我国自20世纪50年代开展研究生教育，历经半个多世纪的发展，已为国家建设培育了一批又一批的高水平人才。我国现行研究生培养体系可划分为全日制研究生教育与非全日制研究生教育两种类型。其中非全日制研究生教育是指在非工作时间开展不离岗教育，从而更新在职人员专业知识、提高其专业能力，并取得相应研究生学位的一种教育模式。[1]

当前，我国已形成以同等学力研究生教育及非全日制专业学位为主要形式的非全日制研究生培养体系。随着我国自2016年开始实施全日制与非全日制研究生招考并轨政策，非全日制研究生教育培养愈发正规严格，同等学力研究生教育这一极具中国特色的教育模式正面临时代的拷问。

一、我国同等学力研究生教育发展

（一）同等学力概念解析

学力是指一个人学习、理解、运用知识的能力及所掌握的知识水平，在某些情况下还特指一个人的受教育程度及学术水平。我国自1985年开始开展同等学力研究生教育工作，时

---

* 龚向和，东南大学法学院教授，博士生导师，东南大学教育立法研究基地副主任；卢肖汀，东南大学法学院硕士研究生。本文系2019年教育部人文社会科学规划基金项目"新时代公平优质受教育权：教育平衡充分发展的国家义务研究"（项目编号：19YJA820012）、2019年东南大学人文社科重大引导项目"依法治校视野下高校学位制度的理论与实践问题研究"（项目编号：2242019S10001）的阶段性研究成果。

[1] 周文松、朱爱红：《关于我国非全日制研究生教育改革的建议》，载《江苏社会科学》2010年第S1期，第51-54页。

至今日学界仍未对同等学力的含义达成共识。根据中国学位与研究生教育信息网的释义,同等学力是指"学习经历虽存在差异,但在学习能力和知识储备方面达到了同等水平"[1];秦惠民在其主编的《学位与研究生教育大辞典》中主张同等学力人员是"申请学位者或报考研究生的考生中,虽然未取得大学本科或硕士研究生学历,但通过自学或其他途径达到了大学本科或硕士研究生毕业申请论文答辩时相应学识和学术水平的人员"[2];黄德峰、王正平则认为可以把同等学力的概念表述为未经过相应的教育阶段且未获得该教育层次的国家法定学历证明,但通过自学等途径取得了与该学历层次相当的专业知识和能力水平。[3]

上述观点虽在表述上不尽相同,但都承认同等学力考生虽未取得本科或硕士毕业证书,其知识和能力水平却已达到相应水平。因此,本文将同等学力考生界定为:尚未取得本科或硕士毕业证书,但通过自学等途径达到本科或硕士毕业同等知识与能力水平的人员。

(二) 同等学力研究生教育工作历史沿革

1. 试点摸索阶段:1985—1990年

1985年2月,国务院学位委员会第六次会议决定开展针对在职人员的非全日制研究生培养工作;同年9月,国务院学位委员会办公室印发《关于在职人员申请硕士、博士学位进行试点工作的通知》,1986年9月发布并实施《国务院学位委员会关于在职人员申请硕士、博士学位的试行办法》,在北京大学、北京科技大学等10个单位试点开展面向具有研究生毕业同等学力的在职人员的硕士、博士学位授予工作。

试点初期,各单位主要面向本单位在职人员开展学位授予工作,目的在于验证在职人员申请研究生学位的可行性。从1985年9月至1986年4月,各试点单位先后向193名在职教师和科研人员授予硕士、博士学位,授予学位数量占总申请人数的78.2%。

随后,在总结、分析首批试点单位培养工作经验的基础上,国务院学位委员会第七次会议决定在一部分条件好的高等院校和科研机构中进一步扩大试点范围。其间国务院学位委员会办公室又先后下发《关于扩大在职人员申请硕士、博士学位试点工作的通知》《国务院学位委员会关于在职人员申请硕士、博士学位的试行办法(送审稿)》《国务院学位委员会办公室关于批准第二批在职人员申请硕士、博士学位试点单位的通知》《关于批准第二批在职人员申请硕士、博士学位试点单位的补充通知》等文件,进一步明确各试点单位及学科开展同等学力研究生教育应具备的条件以及申请授予学位的对象、标准、程序、考核管理办法等问题。

2. 正式开展阶段:1990—1998年

1990年10月,国务院学位委员会第九次会议审议通过《国务院学位委员会关于授予具

---

[1] 中国学位与研究生教育信息网:词典释义,http://www.chinadegrees.cn/xwyyjsjyxx/xwbl/cdsy/260614.shtml,访问时间:2018年9月23日。

[2] 秦惠民:《学位与研究生教育大辞典》,北京理工大学出版社1994年版,第59页。

[3] 黄德峰、王正平:《试论正确对待同等学力人员报考研究生问题》,载《江苏教育学院学报(社会科学版)》2001年第5期,第22-24页。

有研究生毕业同等学力的在职人员硕士、博士学位暂行规定》及其实施细则,并于1991年3月29日正式发布实施。该文件对申请授予学位的条件、流程、考核办法、监督管理等方面进行了详细规定。自此,我国结束了在职人员申请学位试点工作,授予具有研究生毕业同等学力的在职人员硕士、博士学位工作进入正式开展及完善阶段。

随着同等学力研究生教育的不断推进,申请学位的社会在职人员人数逐年攀升,同等学力研究生教育工作中也出现了许多问题。比如,放宽对申请人的学历、课程成绩等资格要求,学位课程考核或论文答辩流于形式,学位授予工作中存在权钱交易等。为此,国务院学位委员会于1995年2月下发《国务院学位委员会关于进一步做好在职人员以研究生毕业同等学力申请硕士学位工作若干问题的通知》,对申请人条件及学位授予程序作出新的规定;并于1997年9月发布的《关于调整在职人员以研究生毕业同等学力申请学位工作有关政策的通知》中对越级申请现象予以明确禁止。

3. 规范发展阶段:1998年至今

从1985年同等学力研究生教育开始起步到1998年十余年间,国务院学位委员会针对实际操作中的具体问题先后出台众多政策文件,但各文件之间内容分散,未形成一个完备合理的政策体系,直到在1998年6月国务院学位委员会第十六次会议上审议通过《国务院学位委员会关于授予具有研究生毕业同等学力人员硕士、博士学位的规定》(以下简称《规定》)。

从工作的指导原则和思想,到申请学位人员资格审查、水平认定,再到学位授予单位的组织管理,《规定》都进行了科学、规范的规制保障。《规定》的出台标志着我国同等学力研究生教育正式进入规范化、标准化管理阶段,在原有工作的基础上实现了良性、稳定发展,拥有研究生毕业同等学力的在职人员的研究生学位质量也得到了进一步的提升与保障。[1] 为贯彻终身教育理念,满足当前国家建设和民族复兴对高精尖人才的需要,2011年8月,国务院学位委员会办公室下发《关于进一步完善授予具有研究生毕业同等学力人员硕士学位有关规定的通知》,进一步推进我国同等学力人员硕士研究生培养教育工作。

(三) 我国同等学力研究生教育现状

同等学力研究生教育作为我国非全日制研究生教育培养体系的主要组成部分,其规模不断发展扩大。据教育部统计,2018年同等学力申硕考试报名人数为14.15万人,比上年增长1.83万人,创我国自开展同等学力研究生教育以来历史新高。同等学力研究生教育在一定程度上改变了我国研究生教育体系中全日制教育一统天下的局面,促进我国研究生教育培养形式的多元、灵活发展。

在办学规模快速扩张的同时,同等学力研究生教育长期以来也饱受社会各界诟病,遭遇种种挑战。究其原因,一是以同等学力申请学位的研究生社会竞争性差。同等学力研究生毕业时可拿到与其研究阶段相应的学位证书但无毕业证书。当同等学力研究生毕业求职或

---

[1] 刘舟帆:《广西高校同等学力人员申请硕士学位教育质量保障现状及对策研究》,广西师范大学2014年硕士学位论文。

职称评审时,有相当一部分用人单位认为仅拿学位证的研究生要比拿"双证"(毕业证和学位证)的含金量低,从而拒绝录用或不作为申报依据。[1]二是国家大力扶持非全日制专业学位研究生教育。自2016年开始,我国研究生培养领域非全日制研究生与全日制研究生共用招生政策与培养标准,其学位学历证书也具有同等法律地位与效力。2018年8月8日,教育部、财政部、国家发展改革委三部门联合印发《关于高等学校加快"双一流"建设的指导意见》,提出加快我国博士阶段专业学位研究生教育发展,不断扩大我国博士研究生招生范围,为我国高精尖领域发展输送一大批急缺人才。在国家政策的倾斜作用下,我国非全日制专业学位研究生培养工作迅速发展,很大部分在职人员开始转战非全日制研究生全国统考,同等学力研究生教育面临巨大冲击。

二、取消同等学力研究生教育的现实性

(一) 同等学力研究生教育何去何从?

同等学力研究生教育的出发点在于满足在职人员学习深造的需求,其培养质量应等同甚至高于全日制研究生教育。当前,学位申请者求学背景和培养需求越发复杂、多样,非全日制专业学位教育也对同等学力研究生教育带来巨大的压力与挑战,传统同等学力研究生教育模式已难以适应社会需要。

如何摆脱我国同等学力研究生教育的困境,促进我国非全日制研究生教育的良性进步,目前学界尚有许多争议。较大多数学者主张非全日制研究生教育应在坚持专业学位研究生教育与同等学力研究生教育"共生"的基础上,"修补"当前同等学力研究生教育体系。他们认为同等学力研究生教育尚有很大的发展潜力,根据《专业学位设置审批暂行办法》规定,我国非全日制专业学位研究生培养工作的目的在于为特定行业培养实践应用型的高级专业人才,是一种来自实践并回归实践的专门教育;而我国现行同等学力研究生教育则主要为学术型学位。由于二者的设置目的不同,非全日制专业学位教育并不能满足同等学力研究生对学术型学位的渴求。此外,非全日制专业学位教育服务于行业发展需求,同等学力研究生教育则是产业创新升级的动力来源。行业的发展与创新是推进经济高质量发展的两条并行轨道,二者缺一不可,因此,与之相对应的同等学力研究生教育和非全日制专业学位教育也是相互依存、密切相连的。[2]只要我国多样化的研究生招生方式制度继续存在,同等学力研究生教育就有其存在的价值。

笔者认为,此观点是值得商榷的。支持非全日制专业学位教育与同等学力研究生教育共生的学者都承认当前同等学力研究生教育模式存在一定的缺陷,应对其进行改革完善。

---

[1] 李慧敏、马永红、孙黎萌:《我国硕士同等学力与专业学位教育发展研究》,载《国家教育行政学院学报》2010年第9期,第78-82页。

[2] 黄瑶、王铭:《研究生毕业同等学力申请硕士学位教育的发展、定位与改革》,载《教育理论与实践》2015年第36期,第9-11页。

而具体的改革措施主要有以下几种：一是针对我国"重学历,轻学位"的人事制度,在同等学力研究生教育领域实施"双证"政策改革,对修满课程学分且论文答辩合格的同等学力毕业生同时授予学位证与毕业证。二是为解决各招生单位审查在职人员申请学位资格做法不一的问题,在全国范围内推行统一的入学考试,各单位按照统一标准择优录取。三是在教学工作中根据培养对象的需求制定个性化培养方案,对高校教师和从事实验研究的科研人员,按学术型研究生的标准来要求；对从事实践工作的在职人员,按专业学位研究生的标准进行培养。[1] 然而仔细看来,这些改革措施是仿照我国现行全日制研究生教育及非全日制专业学位研究生教育培养标准及方式确立的,是对已有研究生培养模式的重复叠加。这不仅难以改变我国同等学力研究生教育的现存问题,更会导致我国研究生培养体系的混乱。

（二）同等学力研究生教育所存问题分析

同等学力研究生教育作为特定历史阶段的教育改革举措发挥了重要的作用,但随着社会发展,人们的学习方式发生巨大变化,同等学力研究生教育呈现出诸多问题。

一方面,我国同等学力研究生资质考核工作不严谨。首先,我国同等学力研究生培养工作缺乏统一的资质考核标准。我国高等教育领域实行学位、学历双轨制,其中学位是指由国家授权的高等学校和科学研究机构授予的表明专门人才学术水平的称号[2]；而学历则是指人们在教育机构中接受科学、文化知识训练的学习经历[3]。当前各招生院校在同等学力资格审核工作中,学位学历标准混用,不仅造成实际操作的复杂,也导致国家同等学力教育体系的混乱。以北京大学2019年研究生招生简章为例,要求以本科同等学力报考硕士研究生的考生需获得国家承认的高职高专毕业学历（满2年或2年以上）或为国家承认学历的本科结业生；而以硕士同等学力报考博士研究生的考生则需符合获得学士学位满6年这一硬性条件。

其次,同等学力资格审查工作弹性大,考生质量难以评估。各研究生招生单位主要对申请人的学历、学位和工作年限进行审查,但对是否达到"同等学力"水平很少涉及。在同等学力硕士研究生招生工作中,尽管招生单位要求考生提供上一学习阶段的成绩单等证明材料,但考生所填内容的真实性无从考证。因此,大专或本科毕业工作满一定年限者基本都可取得同等学力研究生报考资格。另外,各招生单位对在职人员以同等学力申请研究生学位的资格审查缺乏统一标准。就入学方式来说,有的单位要求申请者需参加全国研究生统一招生考试,有的要求参加本专业的综合能力测试并达到一定的等级,也有单位仅要求申请人提供可证明其能力的相关材料；而对于考生资格评审材料,有的招生单位要求考生已公开发表数篇经同行专家评审通过的专业学术论文,而有的单位要求考生发表一篇即可,并且不同招

---

[1] 钱旅扬、张慎忠:《对在职人员同等学力申请学位工作的探讨》,载《中国高等教育》2002年第13期,第39-40页。

[2] 台湾中华书局辞海编辑委员会:《辞海》,台湾中华书局1982年版,第19页。

[3] 李安萍、陈若愚、潘剑波:《学位与学历关系的误读分析——由高职"工士"学位授予引发的思考》,载《职业技术教育》2015年第18期,第39-42页。

生单位对论文发表期刊的级别要求也是千差万别。[1]

另一方面,当前同等学力研究生教育未能有效保障在职人员的受教育权。教育作为一种塑造人的社会实践行为,其根据一定的社会需求,向个体传递从事社会生产、生活所必需的经验,帮助社会个体实现自身身心的健康发展,从而实现个体的社会化并达到人类社会延续、发展的终极目标。[2]受教育权作为一项宪法权利,我国公民应平等地享有该权利。每个公民都有权要求国家积极提供均等的受教育条件和机会,通过学习来发展其个性、才智和身心能力,以获得平等的生存和发展机会。[3]研究生教育作为我国高等教育的最高层次,其目的在于培养建设社会主义现代化所必需的高级专业人才,是我国教育体系中不可或缺的重要一环。随着我国本、专科教育规模的扩大,我国教育层次逐步上移,人们也越发认识到接受研究生教育的必要性,期待能够接受高质量教育。然而,来自工作及生活方面的压力使很大一部分人已无暇应付研究生入学考试,接受全日制研究生教育不具备可行性。在这种情况下,同等学力研究生教育的初衷在于最大限度地保障在职人员公平接受教育的权利,体现了教育均等原则,推动我国研究生教育的多样化发展。同等学力研究生作为受教育权的主体之一,对其受教育权的保障主要是保障其学习的自由,即可自由选择所接受的课程、教师等。但在实际操作中,某些学校仅仅注重经济效益,没有提供符合研究生教育水平规格的教育,反而把同等学力研究生教育作为创收的重要来源,导致同等学力研究生的受教育权未能得到保障。这一问题在研究生课程进修班尤为严重。在生源不断增长、招生调控机制缺乏的状况下,培养单位通过扩大招生规模及提高收费标准实现收支平衡。由于进修班实行全成本收费,部分高校为获得更多的经济收入肆意增加进修班数量,其中不乏大量异地开设的"分校",授课方式也多为提前录制、反复使用的视频课程,授课内容缺乏针对性与时效性,教学质量难以得到保障。

三、取消同等学力研究生教育的可行性

(一)高等教育扩招,研究生招生环境改变

20世纪80年代,我国开始建立学士、硕士、博士三级学位制度。此时全日制研究生教育招生人数少、入学门槛高,注重理论知识的积累,忽视实际操作能力的训练,录取政策对有工作经验的在职人员十分不利。而国家建设又亟须数以千万计的高级专业人才,同等学力研究生教育得以快速发展。

直到1998年,为刺激受亚洲经济危机波及的中国国内消费,亚洲开发银行首席经济学

---

[1] 李谱华、王亚平、王玉环:《同等学力研究生教育的可持续发展探讨》,载《西北农林科技大学学报(社会科学版)》2003年第9期,第55-58页。

[2] 宁艳平、刘鸿:《非全日制研究生教育发展的理念蕴涵》,载《湖南医科大学学报(社会科学版)》2008年第5期,第227-229页。

[3] 龚向和:《受教育权论》,中国人民公安大学出版社2004年版,第29页。

家汤敏在向中央政府提交的《恢复中国经济的些许想法:高等教育的双倍招生》报告中建议,在未来3至4年内,全国高校应扩大招生规模并向新生收取全额学费,通过高等教育的扩招带动基础设施建设从而拉动中国经济快速增长。[1] 随后,1999年6月全国第三次教育工作会议决定将当年的招生工作计划提高22%。自此,我国高等教育领域开始从精英教育向大众教育转变。

此时,我国全日制研究生教育与西方发达国家之间仍有很大差距。20世纪90年代,我国研究生在校生所占人口比例尚不及美国的1/15、英国的1/14、日本的1/3。为缓解我国研究生教育的落后状况,党中央、国务院决定扩大研究生招生规模。[2] 国家统计局数据显示,自进入大众教育阶段以来,我国研究生招生人数持续增长。2018年全国研究生教育招生85.7万人(含全日制硕士研究生、非全日制硕士研究生和博士研究生),是1998年7.2万人的近12倍。截至2018年底,我国共培养668万余名研究生,根据《学位与研究生教育发展"十三五"规划》要求,我国研究生培养规模将继续保持稳定适度增长,到2020年在学研究生数量达290万人(含全日制和非全日制研究生)。[3] 我国研究生教育规模已基本满足社会各领域的高层次人才需求,并逐步实现从研究生教育大国向研究生教育强国的转变。

表1 1998—2018年全国研究生招生人数和毕业人数一览表

年份	招生人数(万人)	毕业人数(万人)
1998	7.2	4.7
1999	9.2	5.4
2000	12.8	5.8
2001	16.5	6.7
2002	20.2	8.0
2003	26.8	11.1
2004	32.6	15.0
2005	36.4	18.9
2006	39.7	25.5
2007	41.8	31.1
2008	44.6	34.4
2009	51.0	37.1
2010	53.8	38.3

---

[1] 王晓燕、刘健、高瑞:《中国高等教育扩招与经济振兴》,载《大学教育科学》2012年第2期,第81-89页。

[2] 杨颉:《对研究生教育的扩招以及发展的若干思考》,载《中国高教研究》2004年第5期,第40-43页。

[3] 参见《教育部学位管理与研究生教育司负责人就〈学位与研究生教育发展"十三五"规划〉答记者问》,http://www.moe.edu.cn/jyb_xwfb/s271/201701/t20170120_295346.html,访问时间:2018年10月3日。

续表

年份	招生人数(万人)	毕业人数(万人)
2011	56.0	42.9
2012	58.9	48.6
2013	61.1	51.3
2014	62.1	53.5
2015	64.5	55.1
2016	66.7	56.3
2017	80.6	57.8
2018	85.7	60.4

数据来源：根据国家统计局公开的相关数据整理。

(二) 同等学力研究生教育"替代品"发展迅速

当前，以同等学力考生身份申请学位者主要为获得国家正规学历的大专毕业生及获得学士学位的人员（包括普通高等院校本科结业生和成人高等院校应届本科毕业生）。他们希望通过系统的课程学习，进一步提高自己的专业水平。但由于同等学力研究生教育所存在的各种弊端，此种教育方式并不是他们的万全之策。

一方面，相比以同等学力身份申请硕士学位，"专升本"考试既是国家和企业提升人才素质的重要途径，也是专科毕业生实现自我发展的有效方式。允许高职、高专毕业学历满2年或2年以上的社会在职人员报考研究生招生考试，不仅给招生单位的录取工作造成了麻烦，而且培养质量也难以得到保障。我国当前大学本科学制一般为4年，而大学专科学制则为2年、3年不等，在比本科学制少近1—2年的情况下，高职、高专院校在课程开设、学生培养等方面与本科院校有很大差距；并且相较普通高校本科学生来说，高职、高专学生文化课基础较为薄弱。客观来讲，专科毕业生经过工作期间两年的自学很难达到与本科毕业生相当的知识储备和学术水平，进入研究生学习阶段后专业知识学习困难重重，甚至无法按时完成研究生学业。而通过"专升本"选拔考试，优秀高职、高专生有机会升入本科学习，这促进其知识体系的完善和职业素养的提高，也为他们选择进一步的研究生教育打下坚实基础。同时，"专升本"选拔考试将竞争机制引入高职学习阶段，充分调动在校生的学习积极性，也在一定程度上消除了他们的自卑心理。[1]

另一方面，我国非全日制专业学位研究生培养工作蓬勃发展，拥有良好的社会基础。从培养结果角度说，非全日制专业学位更具有吸引力。2014年、2015年国务院学位委员会曾两度发文，决定自2016年开始以非全日制研究生教育形式代替在职人员硕士学位研究生培养工作，并纳入全国硕士研究生招生入学考试体系，今后不再单独举办相应的在职人员硕士研究生招生考试。2016年9月14日，教育部办公厅同日下发《关于统筹全日制和非全日制

---

[1] 徐达奇：《发展普通高校"专升本"教育之我见》，载《教育与现代化》2007年第1期，第12－16页。

研究生管理工作的通知》与《关于2017年全国硕士研究生招生计划初步安排方案的通知》，根据文件要求，对2016年12月1日以后录取的研究生按照全日制和非全日制两种教育模式进行划分。全日制和非全日制研究生毕业时，均可依据相关规定取得与其修业年限、学习成绩、学习方式相应的毕业证书；同时，非全日制硕博毕业生也可根据其所达到的学业水平，在参照国家学位标准的基础上申请授予相应的学位证书，非全日制与全日制研究生的学历学位证书具有相同法律效力。[1] 通过改革，我国原在职研究生改为非全日制研究生，仅在培养方式上与全日制研究生进行区分，非全日制研究生（原在职研究生）由过去毕业时仅可获得证明其学术水平的学位证书改为可一并获得可证明其学习经历的学历证书，并且非全日制研究生的学历学位证书与全日制研究生的学历学位证书具有同等地位与作用，原非全日制单证硕士研究生教育实现了与原全日制双证硕士研究生教育的"并轨"。这对只有学位证而无毕业证的普通高等院校本科结业生和成人高等院校应届本科毕业生具有极大吸引力。

其次，我国实施的新一轮学位与研究生培养综合改革，对非全日制研究生进行了全新的理论界定，完善和丰富了现有的学位体系，实现了非全日制专业学位研究生学习方式和功能定位的历史性突破。

第一，学习方式更加灵活。传统同等学力研究生课程班学制一般为2年，由于大部分学生为在职人员，上课时间一般安排在周末或在某一时间段集中授课。在完成相应学习后，学校会安排他们参加由学校自主命题的结业考试，通过后可获得结业证书。而改革后的非全日制专业学位研究生可"在从事其社会实践活动或其他工作的同时，灵活安排时间借助多种途径开展实施非脱产学习"。通过调查我们发现：对于理论类课程，大多数学校通常安排非全日制研究生与全日制研究生共用相同师资、同堂上课，并通过举办专家学者讲座、学术沙龙等方式拓宽非全日制研究生的知识面；而某些实践类课程则安排在周末，避免耽误学生的正常工作。此外，非全日制研究生的修业年限也可根据其实际情况在基本年限或学校规定年限基础上适当延长。

第二，功能定位更加丰富。传统的在职研究生教育侧重于满足在职人员对高层次专业教育的现实需求，开辟了一条社会从业人员接受研究生教育的全新途径；而当前我国非全日制专业学位研究生培养工作在提升我国研究生教育质量、促进学习型社会建设方面发挥了巨大作用。一方面，高质量的研究生教育是建设世界一流大学和一流学科的重要标志之一，非全日制专业学位教育作为我国研究生培养教育体系的重要一环，其发展必将大幅提升我国研究生培养工作的总体质量[2]；另一方面，当今时代知识层次结构深邃复杂、更新速度日

---

[1] 参见教育部《关于统筹全日制和非全日制研究生管理有关工作答记者问》，http://www.moe.gov.cn/jyb_xwfb/s271/201609/t20160914_281149.html，访问时间：2018年10月27日。

[2] 周文辉、曹镇玺：《非全日制研究生招生新形势、问题及对策》，载《中国高教研究》2018年第1期，第81-86页。

新月异,"多点进入、多次教育"的新时代继续教育理念已成为主流。[1] 通过开展非全日制研究生教育,人们可以在人生中的任何时间节点重返课堂,不仅满足了人民群众对终身教育的内在需求,也更加符合国家的教育发展战略和人才储备战略,促进学习型社会建设。

结　语

在过去三十余年里,同等学力研究生教育作为我国培养高层次专门人才的一种渠道,对完善我国研究生培养体系起到了不可忽视的作用。随着我国非全日制专业学位研究生教育的快速发展,同等学力研究生教育本身的局限性越发明显,已难以适应我国当前高等教育环境。然而,研究生教育体系的转型升级不是一蹴而就的,取消同等学力研究生教育应逐步进行。在今后一段时间内,可通过修改《中华人民共和国学位条例》《中华人民共和国高等教育法》等相关法律条文,使同等学力研究生教育字样不再出现,为未来时机成熟时彻底取消该项工作预留法律空间。

---

[1] 杨颉、张卫刚:《我国非全日制研究生教育的发展与问题》,载《现代大学教育》2001年第6期,第59-62页。

学位撤销法律规定的现存问题与厘清完善
——以《学位条例》的相关修订为例

李 川[*]

摘 要 当前以《学位条例》第十七条为代表的学位撤销法律规定极不健全,成为引发诸多学位撤销争议的深层根源。而要修订完善《学位条例》中对学位撤销制度的具体规定,就必须厘清学位撤销法律规定的诸多问题:在规制范围上应明确学位撤销法律规定与学位授予单位内部规定之界分,确立《学位条例》对学位撤销关键事项统一规定的规范边界;进一步在内涵层面上明确学位撤销制度相对于学位授予制度的负面限权特质,因此应设置比学位授予制度更严格的独立规定;就内在分类而言,应根据学术性与非学术性学位撤销的不同要求进行分类规定,前者基于学术自主需要仅规定原则性标准,后者则基于权利保障需详细列明标准;最后在具体内容上,学位撤销法律制度不仅需要注重实体性的原则与标准的明确规定,更应全面规定保障被撤销人利益的正当程序。

关键词 学位撤销 法律保留 办学自主 《学位条例》修订

近年来,我国发生多起学位撤销争议,诸如于艳茹案、陈颖案等典型学位撤销司法案件均引发社会高度关注与热烈讨论,在撤销学位行为的条件、程序等问题上一时聚讼纷纭、出现较大实践适用分歧,总体上体现出学位撤销制度尚缺乏明确完善的一致性规范,这已经引发诸多运行难题。与其他学位争议问题相比,学位撤销是在学位已经授予相对人,甚至已经为相对人带来职业、荣誉、晋升、财产等重大利益的情形下对相对人釜底抽薪式的权益减损,因此会对相对人带来超越单纯受教育权损害的更严重的利益损失、更广泛的权利限制,因此更有迫切必要性对学位撤销权的设置与行使标准进一步厘清明确,解决适用争议问题。而在法治时代,要解决这一问题就需要对当前规定学位撤销的法律规范进行分析检视,在明确其规范缺失的基础上进行科学完善,方能在适用源头上为学位撤销提供可靠的制度适用依据与定纷止争标准。

一、学位撤销法律规定的基本问题:《学位条例》的规范缺失

深入探究造成学位撤销诸多问题的背后原因可以发现,以《中华人民共和国学位条例》

---

[*] 李川,东南大学法学院教授,博士生导师。本文系教育部教育立法研究基地项目"《学位条例》修改中的学位授权法律问题研究"(项目编号:2242018S30030)的阶段性成果。

(以下简称《学位条例》)为代表的规制学位撤销制度的相关法律缺陷是造成学位撤销制度严重缺失、争议不断的源头所在。由于我国采行学位授予资格国家许可与法律授权机制[1]，因此包括学位撤销制度在内的整体学位制度之完善程度首要取决于相关授权法律规定的明确与完善程度，而当前规制学位撤销制度的法律法规不仅规定过于简单、原则性，且极不完善，而且寥寥数条规定还存在语义模糊与不尽合理的问题。其中最为严重而亟须修正完善的是作为学位制度基本法律的《学位条例》，该条例中涉及学位撤销的条款仅有第十七条的高度概括性规定："学位授予单位对于已经授予的学位，如发现有舞弊作伪等严重违反本条例规定的情况，经学位评定委员会复议，可以撤销。"这一规定体现出《学位条例》在学位撤销方面存在严重的规范缺失。

(一)《学位条例》的学位撤销规定过于简单

《学位条例》第十七条仅原则性地概括规定了学位撤销的基本标准与行使要求，但对学位撤销的基本条件与程序规定过于简单而欠缺可适用性，尚待体系性补充完善，其中最大的缺失是对学位撤销相对人的参与性程序完全没有规定。[2] 撤销学位严重影响相对人重大权益，如果在这一过程中无法予以撤销相对人诸如申请听证、申辩等基本的参与性程序保障，不仅无法保证学位撤销结论的公正性，更可能造成对被撤销人权利的重大损害。

(二)《学位条例》的学位撤销规定模糊不清且不尽合理

除具体规范欠缺外，《学位条例》第十七条的简单规定本身，也存在过于模糊与不合理之处。条例将学位撤销的标准概括为"有舞弊作伪等严重违反本条例规定的情况"，唯一明确列举的情形是"舞弊作伪"，但该语词本身相对抽象，其内涵、对象、范围与程度都不明确，既可能指考试作弊与论文抄袭，也可能指入学资格或评奖舞弊造假等不同程度与范围的多种情形，由此在实践中造成了相同的舞弊作伪行为在不同的学校有的学位被撤销、有的未被撤销，差异较大。[3] 而除了"舞弊作伪"的明确列举之外，"严重违反本条例规定的情况"的概括性撤销标准则更加模糊不清，"本条例规定"是仅限于条例中的学位授予规定还是包括一切学位相关规定无从判断，"严重"的程度也无法明确，而且《学位条例》规定本身的高度原则性使得这一概括性规定几无定纷止争的适用机能，总体而言无法起到作为学位撤销一般标准的作用。

此外，"经学位评定委员会复议"的规定则存在不尽合理问题。就学位授予程序而言，通常各学位授予单位存在基于专业的学位评定分委员会进行学位专业水平审查、代表授予单位的学位评定委员会形式审查的双重审查机制，其中前者是基于专业学术立场而进行的实质审查，而后者则一般只进行形式审查而非专业学术审查，由此实现学术审查与形式审查相结合。就当前学位撤销的现实状况而言，资格论文或学位论文造假抄袭是主要的撤销学位理由，而论文的造假或抄袭恰恰需要进行专业学术的实质判断方能作出可靠结论。如果按

---

[1] 周慧蕾：《高校学位授予权研究》，中国社会科学出版社2016年版，第7页。
[2] 张善燚、李旭：《论我国高校学生学位撤销制度》，载《现代大学教育》2009年第5期，第65-70页。
[3] 徐雷、沈思言、王颖：《学位撤销纠纷的司法审查路径研究——基于案例的类型化分析》，载《学位与研究生教育》2016年第6期，第45-50页。

照《学位条例》规定在学位撤销时将决定权交给通常仅有形式审查机能的学位评定委员会复议,则专业学术的实质审查就会实际阙如,导致复议结论丧失可靠性。因此单靠学位评定委员会复议而未以专业学术进行评定则无法保证学位撤销结论的准确有效。

虽然除了《学位条例》之外,《中华人民共和国学位条例暂行实施办法》《学位论文作假行为处理办法》《国务院学位委员会关于在学位授予工作中加强学术道德和学术规范建设的意见》等法规规章与规范性文件对学位撤销的局部标准如"舞弊作伪"等有所展开规定,但这些文件的规定相对限于局部而缺乏系统性,且法规规章与规范性文件的效力尚无法达到法律授权的层次要求。[1] 因此,基于法律授权对学位制度的决定性影响,要从根源上解决现有学位撤销的种种争议,首要的是应对《学位条例》中的学位撤销的相关规定进行修改完善,明确学位撤销的原则、标准与程序,在此基础上再对相关实施细则与大学学位规定进一步细化,方能保障学位撤销制度的可靠性与稳定性。在这一过程之中,对《学位条例》相关规定的修订完善是学位撤销整体完善的核心环节与首要前提。而要完成这一修订,就不得不厘清事关学位撤销规制的几个关键问题:首先在规制范围上明确学位撤销的法律规定与授权单位内部规定的具体界分,进而在规制内涵上明确学位撤销规定与学位授予规定的关系、在分类规制意义上明确学术性与非学术性撤销的区别规定意义,在此基础上科学设置实体性与程序性相结合的完善规定。

二、学位撤销法律规定的范围:基于与授予单位内部规定的比较界分

当前,学位撤销既通过《学位条例》为代表的相关教育法律法规进行简单规定,也在学位授予单位的各自内部学位与学术相关规范中有详细规定。[2] 这样的二分规定模式体现出我国学位制度所具备的国家授权与办学自主的双重属性,有其设置的合理必要性。但要明确《学位条例》对学位撤销制度的应然规定范围,还需要进一步在规范原理上明确学位撤销的法律规定与学位授予单位内部规定的具体关系,确定二者合适的规定分界。

(一)学位撤销的法律规定是学位授予单位内部规定的法律渊源

基于学位制度上国家授权的基本原则,学位撤销的基本法律规定是各学位授予单位内部关于学位撤销的具体规定的法律渊源,而各学位授予单位关于学位撤销的内部具体规定则是对学位撤销的基本法律规定的展开细化。这就要求《学位条例》作为规定学位撤销事项的基本法律不需要面面俱到,而应就学位撤销的关键共性事项如撤销原则、标准与程序作出具备授权属性的基本规定,既要保障学位撤销制度关键事项适用标准保持一致,也要遵循学术自主原则,为各学位授予单位根据其各自学术与学科特点制定相适应的内部细化规定留

---

[1] 湛中乐、王春蕾:《于艳茹诉北京大学案的法律评析》,载《行政法学研究》2016年第3期,第97—107页。

[2] 如于艳茹案中所示,《北京大学学位授予工作细则》与《北京大学研究生基本学术规范》对学位撤销均有相关规定。

出足够空间。例如就学位撤销的关键标准,《学位条例》可以规定必修课考试作弊,资格论文与学位论文剽窃、抄袭和作假等关键底线条件,而对考试作弊与论文剽窃作假的具体认定标准可授权各学位授予单位进行细化规定;而就学位撤销的关键程序,《学位条例》可以相对简要规定书面通知、申辩、听证、决定异议、救济等关键程序机制,而对这些程序机制的具体要求、时限、材料等可由各授予单位内部进行细化。

(二)学位撤销的法律规定适用法律保留原则

基于学位撤销对撤销相对人的受教育权、名誉权甚至财产与职业等重要权益都有可能产生重大影响,因此在确定学位撤销的法律规定范围时应坚持法律保留原则,对可能使得被撤销人的权益严重受损的事项如撤销标准、救济程序等都只能由法律加以明确规定,各学位授予单位只能在法律规定的范围内进一步细化规定。[1]如前所述,当前《学位条例》对撤销学位的规定仅限一个过于简单的条文,从而导致了法律保留原则难以彰显,留给各学位授予单位的内部规定空间过大。[2]具体实践中学位撤销的适用规范除了少量来自法律法规与行政规范性文件之外,主要来自学位授予单位的各自规定,由此不仅撤销标准极不一致,而且过分倾斜性地强调了授予单位的学位撤销权。授予单位既是学位撤销的规则制定者,也是单边决定者,极有可能造成对学位被撤销人权利的不当侵害。当前学位撤销争议频发也在某种程度上体现了这一问题。

(三)学位撤销法律规定适度尊重学位授予单位的规范自主权

基于办学自主原则,各学位授予单位在法律授权的限度内保有相对自主规范与决定学位撤销事项的权利,学位撤销的相关法律规定应尊重与体现学位授予单位的规范自决权,不能过度侵入学术授予单位的自主决定领域,特别是基于专业学术的判断决定领域。因此,一方面,相关法律应尊重学位授予单位在学位撤销问题上适度的规范权能,《学位条例》规定的学位撤销事项不需要过度细化与量化,对需要结合授予单位具体情况才能制定的学位撤销运行规范应交由授予单位内部进行规定。实际上由于各学位授予单位内部情况的千差万别与专业学科的不同特质,统一制定详细的适用规范既不合理也不可行。《学位条例》只需要根据规范授权与法律保留原则规定学位撤销的原则、标准、程序等关键事项即可满足规范一致性的基本要求,具体细化的运行与适用机制应交由学位授予单位进行具体规范。另一方面,相关法律应尊重学位授予单位在法律授权范围内的学位撤销决定权,即便是出于完善《学位条例》的目的,也无须在学位授予单位的决定之上另行设置由其他机关行使的申诉或复议机制。学位撤销资格与学位授予资格一样均来自国家授权性行政许可,在许可范围内学位授予单位享有充分的学位自主决定权限。特别是学位撤销与学位授予的核心都是以专

---

[1] 宋烁:《设定学位撤销条件的原则与要求》,载《学位与研究生教育》2018年第1期。
[2] 《中华人民共和国学位条例暂行实施办法》第二十五条的概括规定:"学位授予单位可根据本暂行实施办法,制定本单位授予学位的工作细则。"而《中华人民共和国学位条例暂行实施办法》对学位撤销的规定比《学位条例》的规定还要简单,具有原则性,却给予了学位授予单位制定学位撤销规定的明确授权,这就导致各学位授予单位可以规定学位撤销的权限过宽,法律保留原则几乎落空。

业水平是否达到相应学术标准为基础的带有强烈学术性评价色彩的活动,因而是学位授予单位学术自主的重要体现。由此如果设置学位授予单位之外的申诉或复议行政机关,不仅破坏了办学自主的基本原则,而且行政机关的非学术型特征可能导致申诉、复议因缺乏学术评价能力而形同虚设或形成误判。当然,即便没有单位外部的申诉或复议机制,被撤销人仍然可以根据司法终裁原则,提请对学位撤销争议进行司法审查,因此并不会因此而影响被撤销人获得救济的权利。

三、学位撤销法律规定的独特内涵：基于与学位授予规定的显著差别

(一) 学位撤销制度以学位授予制度为基础

通过明确学位撤销的法律规定与学位授予单位内部规定的关系界分,可以厘清《学位条例》在学位撤销事项上的规定范围。在此基础上想要进一步完善学位撤销的法律规定,还需进一步厘清学位撤销与学位授予规定的相互关系。不可否认,学位撤销制度与学位授予制度有密不可分的逻辑联系。一方面学位撤销要以学位授予为基本前提,只有合法授予的学位才可能存在学位撤销问题,学位尚未授予的情形如尚在学位评定委员会审议中等情况下产生的学位争议尚属于学位授予争议而非撤销问题；而不具有学位授予资格的单位违法授予的学位本身就是虚假学位,更无从产生学位撤销问题。另一方面,学位撤销权是基于学位授予权的自然权利派生,学位授予单位之所以能够享有学位撤销权是基于国家通过法律许可而赋予的学位授予资格。获得学位授予资格的单位享有在法律授权的范围内自主制定学位授予规范标准并依此判断决定学位申请人是否达到标准而授予学位的权力。因此当学位申请人通过作假舞弊等方式伪装达到授予标准而取得不应被授予的学位的情形下,自然应该允许学位授予单位恢复原状,撤销授予的学位。

(二) 学位撤销法律规定的独特内涵

基于学位撤销与学位授权的紧密关系,有观点认为,无需对学位撤销主体、标准与程序进行过多的法律规定,只需将学位撤销视为学位授予制度的组成部分,把学位授予的主体、标准与程序直接适用于学位撤销制度即可。学位授予的主体也是学位撤销的主体,学位授予后发现的原来未能达到的学位授予标准可直接被视为学位撤销的条件,学位授予的调查、决定与处理程序可以直接被套用在学位撤销制度上。[1] 这种观点最大的问题就是将学位撤销制度依附于学位授予制度,而忽略了学位撤销制度的独特之处。

虽然学位授予制度是学位撤销制度的基础,但这并不意味着在法律制度中学位撤销没有独立规定的必要而只需照搬学位授予的相关规定。基于学位撤销不同于学位授予的三个基本特点,《学位条例》应对学位撤销制度作出不同于学位授予制度的更严格的专门规定。

---

[1] 汤建、张晶：《高校学位撤销制度的完善——北京大学撤销于艳茹博士学位案的法理评析》,载《沈阳大学学报(社会科学版)》2015 第 6 期,第 781-783 页。

首先,就行为属性而言,学位撤销与学位授予存在显著不同。学位授予是形成、赋予学位的行为,对相对人来说是获取学位利益的受益性行为;而学位撤销是取消、剥夺学位的行为,对相对人来说是学位利益丧失的负担性行为[1],相对而言,作为负担性行为的撤销学位相比受益性行为的授予学位应受到更严格的法律规定约束,这就要求《学位条例》中关于学位撤销的标准与程序的规定应该比学位授予的规定更加严格与明确具体。其次,就行为效果而言,与行为属性相适应,学位授予对相对人来说体现为获得学位利益、实现受教育权的效果,而撤销学位对相对人来说恰恰相反,代表着重大的权益损失。特别是当相对人获取学位后,随着通过学位所获取的权益逐渐增多,其所能实现的权利并不限于受教育权,还包括荣誉权、劳动权、财产权等多项权利及其利益。因此,撤销学位不仅是对相对人受教育权的限制,还可能使得相对人丧失基于学位而获得的荣誉、职业、财产等多项权能,造成重大权益损失。因此,撤销学位应采用比授予学位更严格的标准,并非只要未能满足授予学位的标准之要求,就必然进行学位撤销。《学位条例》第十七条规定的"严重违反本条例规定的情况"标准中,"严重"两个字就表明了学位授予标准与学位撤销标准有所差别,并非一切违反规定的情形包括学位授予规定的情形都直接达到撤销学位的标准,相比于学位授予标准,只有部分达到严重违反授予标准程度的情况才适用学位撤销。《学位条例》通过"严重违反"规定的表述明确体现出学位撤销标准应更为严格规定的逻辑,但其不足之处在于并未明确这种更加严格的标准是否是针对学位授予标准而言,也未对更加严格的撤销标准进行明确列举,仍然存在前述的模糊抽象的不足。最后,相对学位授予而言,学位撤销本身体现出学位授予单位在之前审查决定授予学位时存在一定的过失,未能将学位申请人并不满足学位授予标准的问题予以发现,因此学位撤销时学位授予单位也应自我承担一定的责任。因此《学位条例》在规定撤销标准时应设置相对较高标准,只有严重的未能达到学位标准的理由如严重抄袭剽窃、必修课考试作弊等才能作为撤销标准,而不能采取简单参照学位授权标准规定,无视学位授予单位部分自身过失而造成相对人权益受损的问题,形成办学自主与相当对人权利保障之间的平衡比例关系。

四、学位撤销法律规定的内在分类:基于学术性与非学术性撤销的差异

(一)学位撤销事由的学术性与非学术性划分

在通过区分学位撤销与学位授予制度而确立学位撤销法律规定的独特内涵之后,就完善学位撤销的法律规定而言,还需进一步明确在学位撤销体系内部不同类型的撤销事由所可能带来的规定差别。按照《学位条例》目前规定的学位授予标准,不管是何种层次还是何种类型的学位,均可以划分为学术与非学术两类标准。其中非学术标准就是指基于《学位条

---

[1] 肖鹏:《论撤销学位的法律规制——对中山大学撤销陈颖硕士学位案件的法律思考》,载《中国高等研究》2008第2期,第43-45页。

例》第二条衍生的"对学位授予人员的遵纪守法、道德品行的要求"[1],而学术标准就是指《学位条例》第四到第六条规定的取得学位应达到的考试成绩、论文答辩以及专业知识与能力标准。受到这一学位授予分类的决定性影响,对学位撤销的具体标准也可以分为学术性与非学术性两大种类,分别指涉严重违法学术标准而未达专业知识与能力要求与严重违反道德法律标准而未达到规范品纪要求。如就《学位条例》第十七条所列举的舞弊作伪的学位撤销标准而言,既可以指学术性上的毕业论文剽窃抄袭与考试舞弊等情形,也可以指非学术意义上的入学资格造假、犯罪等违反法律与道德要求的情形。

(二) 学术与非学术的分类对学位撤销法律规定的必要意义

而在学位撤销标准上进行学术与非学术的划分对学位撤销的法律规定有其类型化的必要,这是因为:一方面,按照办学自主与学术自由的原则,是否达到学术标准的问题通常适宜由学位授予单位基于专业性进行审查决定,法律应尊重学位授予单位的自主专业学术判断。因此《学位条例》在规定学位撤销的学术类标准时,只应进行基本的原则性列举规定而无须进行具体适用规定,给高校学术自主规范与判断留出足够的空间,如《学位条例》可以规定必修课考试、资格论文与毕业论文严重剽窃、抄袭或作假作为学位撤销的列举式标准,但无需对认定剽窃、抄袭及作假的适用性标准作进一步规定,而是应将其留给学位授予单位予以规范与判断。另一方面,基于非学术的严重违法违纪等道德法律类学位撤销标准具有超越不同类型与不同层次学位标准的一致性,为了充分保障学位撤销相对人的相关权利与落实法律保留原则,则应在《学位条例》中对非学术的学位撤销标准加以较为详细的列举,以形成较为明确的行为指引与统一的适用标准,防范因规范模糊而对相对人权益造成重大损害。[2] 当前《学位条例》第二条即便对学位授予标准而言都相对模糊,更遑论作为更需严格明确的学位撤销的列举标准,因此需要未来修订时对非学术撤销标准另外加以明确列举规定。

五、学位撤销法律规定的内容完善:实体性与程序性规定相结合

综合上述分析可见,当前《学位条例》关于学位撤销的法律规定不仅过于简单而且规定模糊不合理,亟须修订完善。而要保证学位撤销法律规定的修订合理性与科学性,就需考虑学位撤销的法定范围、独特内涵与内在分类,在平衡法律保留与办学自主两大原则的基础上,对学位撤销的主体、标准、程序等关键事项进行明确规定,形成实体性规定与程序性规定有机结合的合理规范机制。

(一) 实体性规定的完善

在实体性规定层面,应明确将《学位条例》的相关规定作为学位撤销关键事项的基本原

---

[1] 2003年《国务院学位委员会关于对〈中华人民共和国学位条例〉等有关法规、规定解释的复函》:"《中华人民共和国学位条例》第二条规定,申请学位的公民要拥护中国共产党领导、拥护社会主义制度,其本身内涵是相当丰富的,涵盖了对授予学位人员的遵纪守法、道德品行的要求。"

[2] 林玲、胡劲松:《论学位授予中的非学术标准》,载《高等教育研究》2013年第2期,第43-49页。

则与撤销标准。

1. <u>应通过法律明确规定学位撤销遵循法律保留与学术自主两大基本原则</u>。一方面,法律保留原则是基于学位撤销可能对相对人造成重大权益损害而加以设置,这一原则的内容是法律应对学位撤销的关键事项进行具体规定,而这些法律规定对学位授予单位的内部规定有决定性作用,学位授予单位关于学位撤销的内部规定只能在这些法律规定的限度内展开,而不能超越法律规定。例如《学位条例》规定了必修课考试作弊视为学位撤销的标准之一,则各学位授予单位就不能在内部规定中将选修课考试作弊也视为学位撤销的标准。另一方面,学术自主原则是基于尊重学位授予单位办学自主权而设立的[1],这一原则的内容是当学位撤销中涉及专业学术判断的问题时应充分赋予学位授予单位自主决定权限,法律仅就学位撤销的学术标准做原则性规定,而具体适用规则交给学位授予单位依学术规律自主规定;而且对学位授予单位基于专业学术标准得出的审查决定予以尊重,不进行进一步的审查干涉。对于基于学术标准引发的学位撤销司法争议,即便司法审查也仅进行正当程序审查,而对学位授予单位作出的相关学术审查决定予以尊重。当前《学位条例》对法律保留与学术自主的原则均未加以规定,未来应在修订学位撤销条款时明确规定两大基本适用原则。

2. <u>应通过法律明确规定学位撤销的基本条件或标准</u>,这是学位撤销的实体性法律规定的核心。当前学位撤销的主要争议就是围绕学位撤销的基本标准产生,而《学位条例》仅列举舞弊作伪的高度模糊规定远远无法为学位撤销争议提供定纷止争的判断基准,因此应针对性地对学位撤销的基本标准进行列举式明确。如前所述,基于不同类型学位撤销标准的差异性规定需要,应将学位撤销的标准区分为学术与非学术两大类型。一方面,基于对学术自主的尊重,对学位撤销的学术标准应以必要的原则性列举为限,为学位授予单位进行具体学术判断留出必要的空间。结合《学位条例》中规定的学位授予的具体学术标准及学位撤销的"严重违反"的严格要求,可以在《学位条例》中将学位撤销的学术标准规定为必修课考试、资格论文或学位论文的剽窃、抄袭或造假等严重学术不端行为。相较于选修课考核、其他论文,必修课考试、资格论文与学位论文对学位授予起到了必要、直接的决定作用,因此只有在这些考试与论文上剽窃、抄袭与造假才会造成严重违反学位授予标准的后果,有撤销的必要性。而具体严重学术不端行为的认定可以授权学位授予单位予以规范与判断。另一方面,基于法律保留原则与对被撤销人的权利保障,对学位撤销的非学术标准应进行相对细化的列举式明确规定,达到法定判断标准可以统一直接适用的程度。在完善《学位条例》中的学位撤销非学术标准时,基于开除学籍与学位撤销的违法违纪程度相当,可以借鉴《普通高等学校学生管理规定》第五十二条列举的开除学籍的八种具体情形,借鉴相关严重的违法违纪非学术标准作为学位撤销非学术标准的列举式规定[2],并适当补充诸如舞弊伪造入学资格

---

[1] 龚向和:《高等学位授予权:本源、性质与司法审查》,载《苏州大学学报(哲学社会科学版)》2018年第3期,第52-62页。

[2] 陈智峰、苏苗罕、赵张耀:《美国学位纠纷的解决及其对我国的启示》,载《中国高教研究》2004年第8期,第28-31页。

的严重违法违纪的其他非学术撤销标准。

(二) 程序性规定的完善

程序正当作为基本法律原则,是包括学位撤销在内的学位活动应遵循的基本要求。正当程序对保障学位撤销活动中被撤销人的权利、防范学位授予单位滥用权力具有决定性意义。因此,如果没有正当程序的规定,学位撤销制度就无法实现其运行的正当性与决定的有效性。[1]而当前《学位条例》仅有"学位评定委员会复议"这一简单且不尽合理的规定,远远不能满足正当程序的要求。为保证程序的正当性,应在明确决定程序机制的前提下设置告知、申辩、听证、通知等完整的正当程序,保障被撤销人充分主张与获得救济的权利。[2]

1. 应将《学位条例》的学位评定委员会单议程序机制修正为学位撤销的双重决定程序机制,即学位撤销受到基于专业的学位评定分委员会与学位授予单位的学位评定委员会的双重审查。这是因为如前所述,学位授予实践中能够进行专业学术审查决定的通常是基于专业(学院、学系)的学位评定分委员会,而学位授予单位的学位评定委员会因为是由全单位来自各专业的代表组成而实际上无法承担专业学术审查的实质职能,通常仅进行形式要件的审查。目前《学位条例》第十七条将学位撤销的审查决定主体仅界定为学位评定委员会,就可能导致学位撤销无法实现专业学术审查的机能而仅限于形式审查,当面对大量的涉及专业学术的撤销标准审查需求时就自然无法保障撤销结论的公正性与合理性。因此应将《学位条例》第十七条的主体决定机制改为学位评定分委员会初审与学位评定委员会复议的双层机制,以此满足基于实质专业学术审查决定的可靠性。

2. 应全面体系性设置以充分保障学位撤销相对人权利为核心的正当撤销程序,《学位条例》中规定告知、申辩、听证、决定与撤销的完整程序。在启动学位撤销时,首先应规定书面告知程序,明确告知相对人学位撤销审查的启动与流程,告知相对人学位撤销标准与原因,告知其提交书面申辩材料与参加后续听证等程序,特别是应当明确告知相对人在撤销程序中可以行使的具体权利。其次,应规定设置相对人申辩程序,给予相对人先行书面申辩的机会,并规定适当的书面申辩准备时限与学位评定委员会对申辩材料进行审查的当然义务。再次,在申辩基础上,应规定设置学位撤销的听证程序,这一程序可由学位评定分委员会与学位评定委员会与相对人分别召开,充分听取相对人的意见,进行充分对话交流,在此基础上进一步通过前述双重审查决定机制作出撤销学位与否的决定。最后,应规定将最终学位撤销的结论书面通知相对人,使得相对人了解最终学位撤销与否的结果。充分的正当程序规定是保证学位撤销正当性与保障相对人权利的基本前提,未来应在《学位条例》中进行统一周全的细致规定。

---

[1] 肖鹏、汪秋慧:《对撤销学位的行政法思考——以中山大学撤销陈颖硕士学位案件为例》,载《行政与法》2008年第6期,第87-90页。

[2] 徐雷:《大学学位撤销审查路径:美国的经验与启示》,载《高校教育管理》2017年第5期,第62-68页。

第三编 司法审查与多元化纠纷解决机制

高校学位授予权：本源、性质与司法审查

龚向和*

摘 要 当前关于高校学位授予权的本源大概有三种观点即法赋权力、国赋权力和天赋权利，与此论相对应，存在行政权说、高校自主权说和双重性质说三种性质定位。这些观点虽已触及了高校学位授予权的外在属性和实质内容，但还存在定位片面单一或研究视角高度不够的问题。从教育宪法视角探究，学位授予权的最终来源是公民的受教育权和学术自由权，具有为受教育权而设的行政权力和为学术自由权而设的学术权力的双重属性。相应地，司法审查的双轮驱动是：对行政权性质的学位授予权主要进行合法性审查；对学术权力性质的学位授予权则区别对待，对学术评价权应以合法性原则与正当程序原则为主进行审查而予以尊重，对制定学术标准的权力应以合理性原则和比例原则为主进行审查。

关键词 学位授予权　行政权力　学术权力　司法审查

高校对学位论文答辩附加发表一定级别和数量的资格论文标准、授予学位时的品行标准、纪律处分标准，等等，引起了越来越多的学位纠纷甚至诉讼，争议的焦点是高校是否有权制定学位授予标准，这取决于学位授予权的法律性质。高校学位授予权法律性质的不同定位，决定了高校学位授予标准的制定权归谁拥有，进而决定了高校制定的学位授予标准的合法性。而 1981 年实施的《中华人民共和国学位条例》（以下简称《学位条例》）以及其他教育法律规定的模糊不清，甚或"我国现有法律规范体系中存在对高校学位授予权法律性质定位的规范缺失"[1]，引起了法学界和教育界关于学位授予权法律性质的持续激烈争议，至今尚未达成共识；与此同时，在最近二十年才出现的新案件——学位纠纷案中，法院的裁决对学位授予权法律性质的认定也存在严重分歧，甚至出现同类案件不同裁判的混乱局面。高校学位授予权法律性质争议成为政府与高校、高校与学生、校规与法律之间矛盾与冲突的最终

---

* 龚向和，东南大学法学院教授、博士生导师，东南大学教育立法研究基地副主任。本文系教育部教育立法研究基地项目"《学位条例》修改中的学位授予法律问题研究"（项目编号：2242018S30031）、中国法学会项目"立法对社会权的限制及其合宪性控制研究"[项目编号：CLS(2017)D26]的阶段性成果。

[1] 周慧蕾：《从规范到价值：高校学位授予权法律性质的定位》，载《法治研究》2014 年第 12 期。

根源。[1] 面对越来越多的高校与学生之间学位诉讼纠纷，正在讨论修改中的《学位条例》必须作出回应，从法理学和法律上解决学位授予权性质定位这一问题已经刻不容缓。

学术界对此作出了大量的研究，提出了很多富有启发性的建议。然而，现有研究成果至少存在两个方面的疏漏或不足：一是忽视了从最高层次的最终本源即宪法中去探寻其内在本质，多从《学位条例》或其他教育法律法规规章中寻找依据；二是认识视角单一，单纯从国家行政权或高校自主权或学术自由层面去分析其性质，忽视了学位授予权内容的复杂构成与不同性质。作为法律权力（利）的学位授予权，其最终本源应该从宪法中寻找。因此，本文在比较分析现有高校学位授予权本源与性质各种观点的基础上，首先从教育宪法角度探讨高校学位授予权的本源，然后从宪法本源出发分析高校学位授予权的双重法律性质，最后基于高校学位授予权的双重法律性质定位检讨其司法审查的现实困境，指出"双轮驱动"的司法审查路径。

一、高校学位授予权的本源

事物的本源是指事物的根源、起源，以及事物存在的正当性依据。高校学位授予权的本源需要回答的问题是：高校学位授予权从哪里来？是高校本身固有的，还是国家和法律赋予？为什么高校应当享有学位授予权？这些是认真探究学位授予权性质不可回避的基本理论问题。

（一）高校学位授予权本源之理论争鸣

大学起源于中世纪由教师与学生组成的行业公会，大学要想颁发学位证，需要从教皇、国王或市政当局等特权阶层获得特许状，其学位授予权来源于教皇、国王或市政当局颁发的法令。近代以来，随着民族国家的形成与崛起，国家获得了对大学的控制权，实行统一的国家学位制度，传统大学通过特许状获得的学位授予权，通过习惯或国家法律的形式获得认可或授予。西方大学发展的不同阶段，学位制度大致经历了从大学学位到国家学位再到大学学位的轮回反复，学位授予权的内涵与本源也相应地不断变化。受特殊的政治和社会环境影响，自清末效仿西方建立大学制度以来，我国大学从诞生之初就处于被政府管理或者隶属的地位，学位授予权属于政府的教育权。新中国成立后，直到1980年才制定学位法，有关学位授予权本源与性质的讨论更晚，直到1999年"田永诉北京科技大学拒绝颁发毕业证、学位证行政诉讼案"出现后，学位授予权才引起学术界与实务界的广泛争论。由于我国学位制度实行时间不长，学位纠纷案件出现时间更晚，加上学位法律规定过于简单、不够清晰，关于学

---

[1] 很多学者认识到了学位授予权性质的极端重要性。例如，周慧蕾认为，高校学位授予权究竟属于国家行政权还是高校自主权这一法律争议焦点的背后是以学生权利为中心和以高校权益为中心的两股力量的博弈。参见周慧蕾：《从规范到价值：高校学位授予权法律性质的定位》，载《法治研究》2014年第12期，第91-99页。黄厚明指出，高校学位授予权法律性质存在着"国家行政权"和"高校自主权"两种不同定位，这是高校学位授予标准在校规与法律之间冲突的根源。参见黄厚明：《高校学位授予案件司法审查进路研究：基于两种法律性质定位的考察》，载《高教探索》2017年第6期，第24-28页。

位授予权本源的理论争议不断。归纳起来大概有三种典型观点：法赋权力、国赋权力和天赋权利。

1. 法赋权力：来源于法律法规授权

法赋权力说认为，高校学位授予权由法律法规授权，高校由此而成为行政法上的行政主体——法律法规授权组织。这种观点自我国首例学位争议案即1999年"田永诉北京科技大学拒绝颁发毕业证、学位证行政诉讼案"判决后，成为实务界和学术界的主流观点。具体来说，作为学位授予权本源的法律法规主要是指《学位条例》及《中华人民共和国学位条例暂行实施办法》《中华人民共和国教育法》（以下简称《教育法》）和《中华人民共和国高等教育法》（以下简称《高等教育法》）。

人民法院对学位纠纷案件充分发挥能动司法的作用，形成了直接与间接两种思路探寻高校学位授予权的法律本源。一是直接从教育法中寻找学位授予权的法律依据，二是把学位授予权视为高校自主权，将高校自主权的法律依据作为学位授予权的本源。直接思路用来论证高校学位授予权本源的主要法律依据是《学位条例》和《教育法》。《学位条例》第八条第一款规定："学士学位，由国务院授权的高等学校授予；硕士学位、博士学位，由国务院授权的高等学校和科学研究机构授予。"《教育法》第二十三条规定："国家实行学位制度。学位授予单位依法对达到一定学术水平或者专业技术水平的人员授予相应的学位，颁发学位证书。"这两条也是人民法院用来论证高校学位授予权属于国家行政权从而接受司法审查的主要规范依据。在田永案中，北京市海淀区人民法院依据这两个法律的两个条款作出判断："本案被告北京科技大学是从事高等教育事业的法人，原告田永诉请其颁发毕业证、学位证，正是由于其代表国家行使对受教育者颁发学业证书、学位证书的行政权力时引起的行政争议，可以适用行政诉讼法予以解决。"[1]由于该案成为最高人民法院公报案例和指导性案例，之后其他法院也遵循了这一审判思路，如张福华诉莆田学院颁发学位证书纠纷案的法院判决书："本院认为：国家实行学位制度，被告作为学士学位授权单位，应根据《中华人民共和国学位条例》规定的条件，对达到一定学术水平或专业技术水平的人员，授予相应的学位，并颁发学位证书……"[2]法院的间接思路用来论证高校学位授予权本源的主要法律依据是《教育法》和《高等教育法》。《教育法》第二十九条第一、五项规定："学校及其他教育机构行使下列权利：（一）按照章程自主管理；……（五）对受教育者颁发相应的学业证书……"《高等教育法》第十一条规定："高等学校应当面向社会，依法自主办学，实行民主管理。"这两条则是人民法院用来论证高校学位授予权属于高校自主权的主要法律依据，因而高校自主权的法律依据就是高校学位授予权的法律本源。例如，在赖文浩与华南师范大学不履行授予学士学位法定职责纠纷上诉案中，一、二审法院的判决认为：《中华人民共和国教育法》第二十八条规定……由此可见，《教育法》及《高等教育法》等法律法规已赋予了被告一定的自主权利，教育者在对受教育者实施管理中有相对的教育自主权。……不授予原告学士学位，是学校在行使教学管理方面的自

---

[1] 北京市海淀区人民法院(1998)海行初字第142号。
[2] 福建省莆田市城厢区人民法院(2010)城行初字第22号。

主权,是学校在落实教学计划及提高学术水平方面的具体表现……"[1]

与此同时,学术界展开了对学位纠纷案这类新型案件的理论研究,大部分学者接受了法院的观点,认同高校是法律法规授权组织,认为高校学位授予权的法律依据是《学位条例》第八条、《教育法》第二十三条。例如,胡锦光教授认为《学位条例》是学位授予权的法律依据,"《学位条例》第八条规定……高等学校根据学位条例规定的条件,对学位申请人进行审查并对合格者颁发学位证书,包括学士学位证书、硕士学位证书和博士学位证书"[2]。湛中乐教授也认同《教育法》第二十三条是学位授予权的法律依据,"我国实行国家学位制度,高等学校颁发学位证书的权力来源于法律、法规的明确授权"[3]。还有一部分学者通过将高校自主权视为高校学位授予权而间接指出了高校学位授予权的法律依据即《教育法》第二十九条和《高等教育法》第十一条。

2. 国赋权力:来源于国家授权或批准

国赋权力说与法赋权力说直接相关,因为法治国家中的国家权力同时也是法律规定的权力,但国赋权力说从国家学位制度出发,更加强调高校学位授予权的国家属性,强调其来源于国家授权或批准,是国家权力的一部分。

持有该观点的学者认为,高校是一个"法律法规授权组织",高校学位授予权来源于国家权力的授予,高校学位授予权法律性质属于"国家行政权"。例如,劳凯声教授认为,学位授予权属于国务院行使的国家行政权,是学校通过行政授权所获得的一种特别权力,而不是法人权利,也不是一般意义上的学校自主权。[4] 周光礼教授从我国学位授予权的源头分析高校学位授予权的来源,指出国务院学位委员会是职权行政主体,学位授予权属于国务院学位委员会固有的行政权,高校学位授予权来自国务院学位委员会的授权,其国家行政权性质不因授权而改变。[5] 我国的学位是国家对申请者学术能力、学术水平的认可与确认,我国实行国家学位制度,高等学校颁发学位的权源是国家的授权,授予学位的高等学校及其可以授予学位的学科名单,由国务院学位委员会提出,经国务院批准公布。[6] 学位"还被视为国家学术信誉的一种公共资源","学位授予权还被视为国家对教育、文化管理权力中的一部分,国家对此拥有强制的权力"。[7] 还有学者从高校办学自主权的本质探讨中指出高校学位授予权来自国家的教育权。即使不认可高校是法律法规授权组织这一观点的学者也坚定认为高校学位授予权来自国家权力,"高校不是法律法规授权组织,其学位授予权来自国务院的

---

[1] 广东省广州市中级人民法院(2006)穗中法行终字第 323 号。
[2] 胡锦光:《北大博士学位案评析》,载《人大法律评论》2002 年第 2 期。
[3] 湛中乐、李凤英:《刘燕文诉北京大学案——兼论我国高等教育学位制度之完善》,载《中外法学》2000 年第 4 期。
[4] 劳凯声:《我国教育法制建设任重而道远》,载《国家教育行政学院学报》2001 年第 1 期,第 6-12 页。
[5] 周光礼:《论学位授予行为的法律性质》,载《科技进步与对策》2004 年第 3 期,第 57-59 页。
[6] 丁伟、阎锐:《以论文发表数量作为学位论文答辩前提的法理追问》,载《政法论坛》2008 年第 2 期,第 164-169 页。
[7] 朱平、赵强、程诗婷:《我国学位授予权的三重属性探析》,载《学位与研究生教育》2013 年第 3 期,第 41-44 页。

行政授权,学位授予权的权力来源包括教育权和管理权"〔1〕。

3. 天赋权利:来源于高校本身固有

与法赋权力说或国赋权力说不同的是,天赋权利说认为高校学位授予权既不是来自法律法规规定,也不是源自国家授权,而是高校作为社会组织从诞生之时起就应享有的权利,为高校本身所固有,法律法规规定只不过是对高校固有权利的事实确认而已。这种观点受到西方学校学位制度的影响,常常将高校学位授予权视为高校自主权或自治权,将我国高校授予的学位理解为学校学位。

天赋权利说首先针对法赋权力说的主流观点提出了质疑,也否定了国赋权力说的高校学位授予权的国家权力属性,进而提出学位授予权的高校本身固有属性。较早提出并论证天赋权利说的学者是袁明圣教授。袁教授在其《解读高等学校的"法律法规授权的组织"资格——以田永诉北京科技大学案为范本展开的分析》一文中,直指法赋权力说的核心理论依据——"法律法规授权的组织"资格,认为法院在田永案中并没有证成高等学校具有"法律法规授权的组织"资格,高校与"法律、法规授权的组织"之间建立的联系异常脆弱;指出尽管学位授予权具有单方面性、强制性等行政权的属性,但并非所有具有这些属性的权力都是行政权;进而从高校颁发学业证书的固有权利推断出高校颁发学位证书同样属于高等学校自主权,是其固有权利;最后从高校学位授权点申报到审批的学位授予权获得过程,推衍出国务院学位委员会所谓的"授权"最多不过是对高校是否具有授予学位的资格的一种"确认"或"许可"而已。〔2〕张勇博士在对"授权说"分析与辩驳的基础上指出,高校学位授予权是包括学术评价权和颁发学位证书权的高校办学自主权,是以学术评价权为核心的"高校内生或与生俱来的权利"。〔3〕

(二) 高校学位授予权本源之宪法追溯

当前我国学术界与实务界关于高校学位授予权本源的三种观点,分别从三个不同角度探寻并论证其本源的合理性,从三个方面展示了高校学位授予权内在复杂的多重本质,为我们进一步认识高校学位授予权的本源提供了更加广阔的视野。然这些观点都失之偏颇,最重要的是都停留在法律法规层面,没有进一步追根溯源上升到宪法高度,以致没有看清高校学位授予权本源的全面的规范依据。学位授予权是《学位条例》《教育法》和《高等教育法》等法律规定的权力(利),在其法律性质模糊不清且从这些法律本身无法求证时,应该求助于这些法律的立法依据——《中华人民共和国宪法》(以下简称《宪法》)。〔4〕在1980年全国人大常委会制定《学位条例》时,没有将《宪法》规定为立法依据,并不是说不以《宪法》为依据,马怀

---

〔1〕 蔡洁:《高校学位授予权的法律性质和特征研究》,载《教育评论》2008年第6期。

〔2〕 袁明圣:《解读高等学校的"法律法规授权的组织"资格——以田永诉北京科技大学案为范本展开的分析》,载《行政法学研究》2006年第2期,第1—6页。

〔3〕 张勇:《我国高校学位授予权研究》,上海交通大学2014年博士学位论文,第69—71页。

〔4〕 《教育法》第一条规定,为了发展教育事业,提高全民族的素质,促进社会主义物质文明和精神文明建设,根据宪法,制定本法。《高等教育法》第一条规定,为了发展高等教育事业,实施科教兴国战略,促进社会主义物质文明和精神文明建设,根据宪法和教育法,制定本法。

德教授课题组向国务院学位办提交的《中华人民共和国学位法》(修订建议稿)[以下简称《学位法》(修订建议稿)]中填补了这一空白,增加了"根据宪法和教育法,制定本法"的规定。[1]

1. 教育宪法：学位授予权本源的宪法释义学

规定高校学位授予权的《学位条例》《教育法》和《高等教育法》等教育法律都是根据宪法制定,那么究竟是根据宪法的什么条款制定,这些宪法条款如何作为立法依据体现在教育法律当中？这就需要发挥宪法释义学的功能,对宪法内容进行系统诠释与整合。然而,由于我国宪法审查制度没有发挥应有的作用,宪法释义学(又称为宪法教义学)发展缓慢,宪法规范与社会现实之间的落差、宪法与法律之间的割裂、新旧规范之间的冲突等问题严重影响了宪法释义学功能的发挥。针对宪法释义学发展的困境,我国台湾地区政治大学苏永钦教授指出了一条宪法释义学的新路径——部门宪法。他认为,针对宪法规范间的割裂以及规范与社会现实间的脱节,释义宪法学的可能回应是建立部门宪法的论述方式,即从部门的角度切入,来整合"国情"被割裂处理的规范,并借部门的事实分析注入规范的社会性。[2]"部门宪法基本上是从部门的高度尝试把相关规范整合成有意义的体系,使同一领域的问题不是以头痛医头、脚痛医脚的方式解决。"[3]

那么,作为规范,教育部门的教育宪法同样具有部门宪法的宪法释义学功能,应从现存的教育部门切入,去认识与整理教育部门的一般法律规范、最高规范与规范结构,形成完整的教育宪法体系。教育的目的是"鼓励人的个性和尊严的充分发展"[4]。小学要认识自己,以"成己"作为目标；中学要教育群己之间的关系,以"成人"为目标；大学要将知识贡献给宇宙,以"成事"为目标。[5]或者说教育的目的是人,而宪法的目的也是人,因而教育宪法的构建基础是人,在宪法中的具体表现是公民的教育基本权。事实上,教育宪法在德国的讨论,也是由宪法上具体的教育相关基本权辐射而展开,集中在德国基本法中明文规定的父母教育权、私立学校设立自由、职业训练自由及学术自由,从这些教育相关基本权出发,关注其宪法应然与实然面的落差,而聚焦在宪法变迁的实然面探讨,最后落实在教育机会均等、教学课程大纲、学校自我行政、学校参与及决定程序等具体的教育行政领域上。[6]从我国教育宪法体系来看,高校学位授予权的本源有二：公民的受教育权和学术自由权。

---

[1] 马怀德：《学位法研究——〈学位条例〉修订建议及理由》,中国法制出版社2014年版,第202页。

[2] 苏永钦：《部门宪法——宪法释义学的新路径？》,载苏永钦：《部门宪法》,台湾元照出版公司2006年版,第10页。

[3] 苏永钦：《部门宪法——宪法释义学的新路径？》,载苏永钦：《部门宪法》,台湾元照出版公司2006年版,第30页。

[4]《经济、社会和文化权利国际公约》第十三条第一款规定,本公约缔约各国承认,人人有受教育的权利。它们同意,教育应鼓励人的个性和尊严的充分发展,加强对人权和基本自由的尊重,并应使所有的人能有效地参加自由社会,促进各民族之间和各种族、人种或宗教团体之间的了解、容忍和友谊,和促进联合国维护和平的各项活动。

[5] 李惠宗：《教育行政法要义》,台湾元照出版公司2004年版,第15页。

[6] 许育典：《教育宪法与教育改革》,台北五南图书出版公司2005年版,第11页。

2. 学位授予权的宪法文本依据

《中华人民共和国宪法》(以下简称《宪法》)第四十六条"中华人民共和国公民有受教育的权利和义务"规定了公民的受教育权,第四十七条"中华人民共和国公民有进行科学研究、文学艺术创作和其他文化活动的自由。国家对于从事教育、科学、技术、文学、艺术和其他文化事业的公民的有益于人民的创造性工作,给以鼓励和帮助"规定了公民学术自由权。[1]这两条是高校学位授予权的最终法律依据。《教育法》《高等教育法》以及《学位法》(修订建议稿)也根据《宪法》第四十六条和第四十七条作出了一致的细化规定。[2]特别是《学位法》(修订建议稿)第一条和第四条分别明确规定了"保障学位申请人合法权益"的立法目的和"保障学术自由"的学位授予活动基本原则。宪法是规范国家权力、保障公民权利的根本大法,公民权利是国家权力的唯一目的,决定了国家权力的产生和范围。为了保障公民的受教育权,宪法与法律设立了相应的国家机关——国务院及其学位委员会,行使国家教育权(包括学位授予权)。[3]从教育宪法的高度来看,"我国的学位授予权力是归全体人民共同所有的,由政府代表人民行使所有权"[4]。有学者认为,《宪法》第八十九条不是国务院获得学位授予权的法源依据,《学位条例》第七条的规定只是规定由国务院学位委员会负责领导全国学位授予工作,没有明确其享有学位授予权,[5]这是没有把教育部门中的基本和最高规范整合成一部整体的教育宪法来思考的传统宪法释义学思维。作为部门宪法的教育宪法是一个以教育基本权为基础构建起来的教育宪法体系。学术自由权是公民的基本权利,作为公民的高校教师自然享有;为保障学术自由权,国家有义务建立实现学术自由的高等学校,学术自由权的制度性保障功能也使高校成为学术自由权的主体。

二、高校学位授予权的性质

事物的本源是事物性质的重要依据,甚至是决定性依据。基于学位授予权本源的不同

---

[1] 王德志:《论我国学术自由的宪法基础》,载《中国法学》2012年第5期。

[2] 《教育法》第九条规定,中华人民共和国公民有受教育的权利和义务。公民不分民族、种族、性别、职业、财产状况、宗教信仰等,依法享有平等的受教育机会。《高等教育法》第九条第一款规定,公民依法享有接受高等教育的权利。第十条第一款规定,国家依法保障高等学校中的科学研究、文学艺术创作和其他文化活动的自由。《中华人民共和国学位法》(修订建议稿)第一条规定,为规范学位授予活动,保障学位申请人合法权益,提升科学研究水平,保证人才培养质量,促进科学事业发展,根据宪法和教育法,制定本法。第四条规定,学位授权审核、学位授予、学位质量监督等活动,应当遵循公平、公正、公开原则,遵守正当程序,保障学术自由,维护学术声誉。参见马怀德:《学位法研究——〈学位条例〉修订建议及理由》,中国法制出版社2014年版,第202页。

[3] 《宪法》第八十九条第(七)项规定,国务院行使下列职权:……(七)领导和管理教育、科学、文化、卫生、体育和计划生育工作。《学位条例》第七条规定,国务院设立学位委员会,负责领导全国学位授予工作。《学位条例》第八条第一款规定:学士学位,由国务院授权的高等学校授予;硕士学位、博士学位,由国务院授权的高等学校和科学研究机构授予。

[4] 林玲、胡劲松:《学位授予纠纷的实质》,载《高教探索》2015年第3期。

[5] 周慧蕾:《从规范到价值:高校学位授予权法律性质的定位》,载《法治研究》2014年第12期。

认识,催生出了相对应的学位授予权性质的各种观点。

(一) 高校学位授予权性质之观点博弈

关于我国高校学位授予权的性质问题,学术界和实务界一直存在各种观点博弈。最早的观点来源于"特别权力关系理论",认为高校学位授予权是对学生的绝对管理权。这种观点因"特别权力关系理论"的不合时宜而式微。与前文中的高校学位授予权本源典型理论相对应,关于高校学位授予权性质的典型观点有三:行政权说、高校自主权说和双重性质说。

1. 学位授予权是行政权

这种观点在高校学位授予权本源上来自法赋权力说和国赋权力说,认为高校学位授予权来源于法律法规授权或国务院授权,高校是法律法规授权的行政主体,学位授予权是被授予高校行使的行政权力。其法律依据主要包括:《学位条例》第八条第一款规定:"学士学位,由国务院授权的高等学校授予;硕士学位、博士学位,由国务院授权的高等学校和科学研究机构授予。"《教育法》第二十三条规定:"国家实行学位制度。学位授予单位依法对达到一定学术水平或者专业技术水平的人员授予相应的学位,颁发学位证书。"

行政权说为多数派观点。例如,胡锦光教授根据《学位条例》第八条认为高校颁发学位证书并不是高校自身具有的权力,而是国务院授予的权力,高校是作为法律法规授权组织来行使行政职权。[1] 湛中乐等认为,"我国实行国家学位制度,高等学校颁发学位证书的权力来源于法律、法规的明确授权,从这一点上来讲,高等学校的学位授予行为属于法律、法规授权的组织行使行政职权的行为,应纳入具体行政行为的范畴"。[2] "学位授予权作为国家管理学位事务的权力,它实质上是一种行政权。因为学位授予权不仅是一种具有国家强制力的法定权力,而且是一种以公共利益为出发点的自由裁量权。"[3] 在这一理论潮流下,许多社会公权力组织均在不同条件下成为行政主体,特别是在我国,对法定授权组织加以判断的概念弹性,很大程度上归于权利保障需要。而人民法院通过田永案的审判第一次确定高校行政主体地位后,行政权说被最高人民法院以公报案例和指导性案例形式获得认可。

当然,也有部分学者质疑行政权说。例如,沈岿教授认为:"单单根据《教育法》第二十条、第二十二条之规定,断言学校颁发毕业证、学位证是一种代表国家的行政权力,论理上并不十分周延。"[4] 黄厚明更全面指出,"依照文义解释,《学位条例》第八条的相关规定并不能解释为高校学位授予权属于国家行政权。《教育法》第二十二条的相关规定,从文义解释来看,也难以将其解读为我国实行的是国家学位制度。我国高校学位授予标准各不相同的现实情况也难以认定我国实行的是国家学位制度,高校学位授予权属于国家行政权"。[5]

---

[1] 胡锦光:《北大博士学位案评析》,载《人大法律评论》2002年第2期。

[2] 湛中乐、李凤英:《刘燕文诉北京大学案——兼论我国高等教育学位制度之完善》,载《中外法学》2000年第4期。

[3] 周光礼:《论学位授予行为的法律性质》,载《科技进步与对策》2004年第3期。

[4] 沈岿:《公法变迁与合法性》,法律出版社2010年版,第119页。

[5] 黄厚明:《高校学位授予案件司法审查进路研究:基于两种法律性质定位的考察》,载《高教探索》2017年第6期。

2. 学位授予权是高校自主权

该观点虽然把高校学位授予权的性质定位于高校自主权(又称为高校自治权、办学自主权),但在权利本源上却有法赋权力说和天赋权利说两种,从而导致对高校自主权性质的理解分歧。

以法赋权力说为依据,则高校自主权来自法律的授权,主要包括《教育法》第二十九条、《高等教育法》第十一条和第三十二条至三十八条,其中,《高等教育法》第三十二条至三十八条全面规定了高校自主办学权,具体包括招生、教育教学、自主科研、机构设置、人事管理、学生管理、经费使用等七项自主权。一部分法院明确指出高校学位授予权法律性质为"高校自主权"。例如,在赖文浩诉华南师范大学案中法院作出的判决为,根据《教育法》第二十九条(原文为第二十八条,2015年该法已修改,作者注)的相关规定和《高等教育法》第十一条的相关规定,高校享有教育自主权,高校有权自行制定学位授予标准,并且依据自行制定的学位授予标准颁发学位证书。[1] 其他法院也作出了类似判决。[2] 这种来自法律的高校自主权的性质,是一种行政权,是政府放权的结果,不能与一般的高校自主权等同。[3] 当然,也有学者否定了《教育法》第二十九条、《高等教育法》第十一条的规定包括了高校学位授予权这一说法。[4]

以天赋权利说为依据,则作为高校学位授予权的高校自主权是高校成立之日就具有的固有权利。持有该观点的人基本认同这种固有权利的学位授予权也有法律的明确规定,但只不过是法律对高校固有权利的确认而已。《高等教育法》第三十二条至三十八条规定的七项高校自主权可以视为一种与"生"(成立)俱来的权利,是高校的"自然权利"。[5] 这种学位授予权的性质不是行政权,"颁发学业证书和学位证书等权利属于高等学校自主权的范畴,是其固有权利"[6]。但也有个别学者认为,高校学位授予权属于高校自主权不是依据法律而来,而是从学术评价行为的本质进行论证。其论证逻辑是:高校学位授予的本质是一种学术评价行为,高校必然要求学术的自由与独立,假若没有学术自由的保障,高校学位授予

---

[1] 广东省广州市中级人民法院(2006)穗中法行终字第323号。

[2] 例如,重庆市沙坪坝区人民法院判决书(2004)沙行初字第32号,重庆市第一中级人民法院判决书(2008)渝一中法行终字第225号。

[3] 劳凯声:《教育体制改革中的高等学校法律地位变迁》,载《北京师范大学学报(社会科学版)》2007年第2期,第5-16页。

[4] 黄厚明:《高校学位授予案件司法审查进路研究:基于两种法律性质定位的考察》,《高教探索》2017年第6期,第24-28页;周慧蕾:《从规范到价值:高校学位授予权法律性质的定位》,《法治研究》2014年第12期,第91-99页。

[5] 胡娟:《厘清权利性质是落实高校办学自主权的关键》,载《中国高教研究》2009年第6期,第38-41页。

[6] 袁明圣:《解读高等学校的"法律法规授权的组织"资格——以田永诉北京科技大学案为范本展开的分析》,载《行政法学研究》2006年第2期。

就容易被侵犯,因而必须赋予高校一定的自主权,作为保障高校学位授予的重要制度安排。[1]因而高校自主权包含了高校的学术自由。

3. 双重性质说

鉴于高校学位授予行为的复杂性,学术界对高校学位授予权的法律性质除了前述从单一角度认定为行政权或高校自主权外,大部分学者坚持其具有行政权力与学术权力的双重属性,并且以学术权力为核心。例如,学位授予权是国家或某种公认的教育机构对具备一定学术水平或受教育水平的公民授予相应学位的一种法定权力,具有行政权和学术权的双重属性。[2]具体来说,《学位条例》已经为学位授予中行政权与学术权的行使分别划定了一定的空间:学校作为行政主体授予学位时行使的是行政权;学校包括其内部的学位论文答辩委员会、学位评定委员会在对以学术论文为载体的学术水平进行专业评价时行使的是其学术自由权。[3]"由于学位首先是一种学术水平的象征,因而学位授予权首先是学术权力,学位授予权的行使必须强调以学术权力为核心。"[4]因此,学位授予权是以学术权力为核心的行政权;行政权力与学术权力能够也应该共存于学位授予权中,学位授予是两者相互结合、共同作用的过程。[5]

(二) 高校学位授予权性质之法律定位

前文关于高校学位授予权性质的行政权说、高校自主权说以及双重性质说的观点博弈,已经触及了高校学位授予权的外在属性和实质内容。之所以争议不断,既有每种观点本身定位片面单一的问题,又有研究视角高度不够的问题。行政权说只看到学位授予行为的法定性、强制性、单方面性、执行性、裁量性等行政权属性,高校自主权说对其权力(利)性质本身是权力还是权利还定位不清(实际上是指行政权或学术评价权),作为行政权的高校学位自主权是否属于高校自主权的范围还存在争议。而这三种观点共同的特征是,基本上从教育法律层面进行规范分析,很少或没有追根溯源到宪法层面,更没有把有关学位授予权的法律规范作为一个有机整体,从作为部门宪法的教育宪法高度进行系统思考。

根据人民主权、尊重和保障人权与法治的宪法基本原则,宪法是人民与国家之间的契约,人民将其权利委托给国家,从而形成由国家机关行使的国家权力,国家权力为人民所有,国家权力的唯一目的就是保障人民的权利,并通过健全法制予以实现。宪法就是为保障公民权利而规范国家权力的权利保障书。"人是国家的目的,国家是为了人而存在,成为近代立宪主义的实质理念。因此,人民基本权写在宪法最前面,成为明白揭示宪法灵魂的立宪之

---

[1] 黄厚明:《高校学位授予案件司法审查进路研究:基于两种法律性质定位的考察》,载《高教探索》2017年第6期,第24-28页。
[2] 石正义:《论学位授予权:法理学的视角》,载《咸宁学院学报》2005年第1期,第89-94页。
[3] 丁伟、阎锐:《以论文发表数量作为学位论文答辩前提的法理追问》,载《政法论坛》2008年第2期,第89-94页。
[4] 郑炎、张昶:《从法律视角重新认识学位与学位授予权》,载《学位与研究生教育》2006年第4期。
[5] 刘丽华:《对我国学位授予权性质的几点认识》,载《中国高教研究》2005年第11期,第89-94页。

道。之后,再经由国家组织的设计,去维护与实践这个宪法灵魂。"[1]作为教育部门的教育宪法,同理是以公民的教育基本权保障为目的而规范国家权力的法律体系,公民的教育基本权是教育宪法的基础与逻辑起点。具体来说,公民的教育基本权包括受教育权和学术自由权,二者成为学位授予权的最终来源。

1. 作为行政权力的学位授予权:以受教育权为本源

教育宪法以教育基本权为出发点和核心基础,借助基本权利功能理论及其衍生的国家义务理论展开框架体系。基本权利功能理论主要来自德国的宪法学传统,并经我国台湾地区的引介与发展而成为有关基本权利领域最重要的理论体系之一。虽然学者对基本权利功能分类众说纷纭,但大同小异,大致包括防御权功能、受益权功能、客观价值秩序功能、制度性保障功能和组织与程序功能。[2]我国大陆学者张翔教授还从基本权利理论出发建构了国家义务理论系统,即国家的消极义务、国家给付义务与国家保护义务。[3]

我国《宪法》将第二章"公民的基本权利和义务"放在第三章"国家机构"之前,明白表达了二者的目的与手段、决定与被决定的宪法关系。基本权利功能产生了基本权利的保护法益,即"透过基本权的主观法功能与客观法功能,交织而成各种不同的基本权作用方式,从而建构宪法上实现基本权的最大可能保护网"。为了保障公民基本权利的最大程度实现,宪法要求国家承担相应的法律义务,"国家义务是公民权利的根本保障"[4],包括国家对基本权利承担的消极不侵害的尊重义务、防止第三人侵害的保护义务和公民无法通过自身努力获得有尊严生活时的给付义务。受教育权的功能及其衍生的国家义务遵循同样的逻辑进路。受教育权的各项功能产生了国家的对公民权利的各种法律义务。为了履行这些国家义务,国家设立了相应的国家机关如国务院、教育行政主管部门等,并赋予这些国家机关相应的教育行政权。但该教育行政权的范围以履行受教育权的国家义务为限。为此,《宪法》第八十九条规定了国务院的教育行政职权,并通过教育法律将这一职权合理分配给具体负责的国家机关。其中,通过《学位条例》将学位授予权分配给国务院学位委员会行使,国务院学位委员会再将其行使的学位授予权授权给符合条件的高校,由高校对达到学位授予条件的公民颁发学位证书,公民受教育权因而最终得到具体落实。因此,以受教育权为本源的高校学位授予权是国家教育权,是一种行政权。"在现有高等教育体制下,高校授予学位是国家教育管理权的延伸,其目的是保证学生受教育权和提供高等教育服务。"[5]

---

[1] 许育典:《教育宪法与教育改革》,台湾五南图书出版公司2005年版,第2页。
[2] [德]康拉德·黑塞:《德国联邦宪法纲要》,李辉译,商务印书馆2007年版,第226页;李建良:《基本权利理论体系之构成及其思考层次》,载《人文及社会科学集刊》1996年第1期;许宗力:《基本权的功能与司法审查》,载许宗力:《宪法与法治国行政》,台湾元照出版公司1999年版,第156页;李惠宗:《宪法学要义》,台湾元照出版公司2006年版,第91-99页;等等。
[3] 张翔:《基本权利的双重性质》,载《法学研究》2005年第3期。
[4] 龚向和:《国家义务是公民权利的根本保障——国家与公民关系新视角》,载《法律科学(西北政法大学学报)》2010年第4期。
[5] 张勇:《我国高校学位授予权研究》,上海交通大学2014年博士学位论文,第58页。

2. 作为学术权力的学位授予权：以学术自由权为本源

高校学位授予权的内容，除了源于受教育权而作为国家行政权的颁发学位证书权之外，主要是对学位申请人的学位论文作出学术评价的学术评价权即学术权力，其来源于宪法上公民的学术自由权。作为基本权利的学术自由权，具有防御权功能、客观价值秩序功能和制度性保障功能，其保护法益至少包括研究自由、讲学自由、学习自由、国家的学术促进义务以及大学自治。其中，大学自治是学术自由作为制度性保障的基本权利保护法益，体现于为了人民的学术自我实现，国家或社会所形成的有利于人民从事学术之自由开展环境的制度，是学术自由主要的保护法益。[1] 因而学术自由权功能的发挥，需要国家履行其宪法义务建立高等学校并形成有利于大学成员实践其受宪法学术自由保障内涵的制度，高等学校应该成为学术自由权的主体，行使学术权力，包括对学位申请人的学位论文作出学术评价的学术评价权。

从宪法与教育法的规定来看，高校已经享有学术自由权，有权对学位申请人的学位论文作出学术评价。宪法规定的学术自由权为所有公民享有，自然包括从事学术评价的作为学位论文答辩委员会和学位评定委员会成员的高校教师。作为教师团体，高校成了学术自由权的主体。"从学术自由的发展历史来看，学术自由最初是保障从事研究学术的大学教授所组成的团体，也就是'大学'，在此种理解下，学术自由权系属'集体权'。"[2]《学位法》（修订建议稿）第四条规定了"保障学术自由"的学位授予活动基本原则。《高等教育法》第十条第一款"国家依法保障高等学校中的科学研究、文学艺术创作和其他文化活动的自由"，更以法律的形式确认了高校的学术自由权主体地位。事实上，高校从设立日起就享有高校自主权，其中就包括来自宪法的学术自由，即使没有获得学位授予权也如此，对本科毕业论文的答辩审查、课程论文的评价等就是行使学术评价权。高校获得学位授予权之时，学术评价权成为学位授予权不可分割的组成部分，因为国家在审批学位授权点时就是将申报时该高校学科整体水平和学术能力作为依据，学位授权意味着对代表高校学科水平和学术能力的学术评价权的认可与确认。

以上分别从受教育权和学术自由权本源来定位高校学位授予权的法律性质，一方面是为受教育权而设的教育行政权，另一方面是为学术自由权而设的学术权力，其具有行政权力与学术权力的双重属性。"行政属性作为一种外在的力量维系着学位授予权的存在和发展，学术属性作为一种内在力量支撑着学位授予权的本质和方向。学术属性可以通过行政属性加以确认，行政属性通过程序的约束和规则的制定，为学术属性提供相应的制度和环境保障，使之不仅仅流于一种学术魅力或学术影响。"[3]

三、高校学位授予权的司法审查

学术界与实务界关于高校学位授予权本源及其产生的性质之争，突出地表现在人民法

---

[1] 许育典：《法治国与教育行政——以人的自我实现为核心的教育法》，台湾元照出版公司 2013 年版，第 239 页。

[2] 李惠宗：《教育行政法要义》，台湾元照出版公司 2004 年版，第 289 页。

[3] 朱平、赵强、程诗婷：《我国学位授予权的三重属性探析》，载《学位与研究生教育》2013 年第 3 期。

院审理学位纠纷案件的过程中。法院之间长期存在分歧,使高校与学生之间的权利义务关系处于不确定状态,也有损司法公信力与司法权威。教育宪法作为宪法释义学的一种尝试,或许能够有助于减少纷争、达成重叠共识,对未来学位法的制定有所助益。

(一)高校学位授予权司法审查之现实检讨

为掌握我国法院审查高校学位授予权的实践,从"中国法律文书网""北大法宝"搜索到了40个学位纠纷案件作为分析对象。由于这类案件争议的焦点是高校是否有权制定学位授予标准,这又取决于学位授予权的法律性质。因而下面从高校学位授予权的法律性质出发,整理这40个案件中法院的观点与论证逻辑,包括法院对高校工作细则中的学位授予学术标准(如英语成绩、发表论文等)和非学术标准(纪律处分)的合法性定性及其理由、典型案例(见表1)。这里的法院定性及其理由,只是对高校根据《中华人民共和国学位条例暂行实施办法》(以下简称《学位条例暂行实施办法》)制定的学位授予工作细则本身的判断,不一定是综合其他事实后的法院审判结果。

表1 高校学位授予权的司法审查案例整理

标准与审查		性 质	
		行政权	高校自主权
学术标准(英语成绩、发表论文等)	法院定性1	符合学位法	合法有效
	定性理由1	细则制定权等同标准制定权	先确认学位授予细则制定权,再视为高校自主权
	典型案例1	洪萍等诉中南大学拒绝授予学士学位证书纠纷案(2003)等6件	任伟军与山西大同大学不授予学士学位上诉案(2017)等9件
	法院定性2		合法有效
	定性理由2		仅从自主权本身推理
	典型案例2		吕广观诉西南政法大学颁发毕业证、学位证书的法定职责纠纷案(2004)
非学术标准(因考试作弊或打架等的纪律处分)	法院定性1	符合学位法	合法有效
	定性理由1	细则制定权等同标准制定权或符合《学位条例》第二条	先确认学位授予细则制定权,再视为高校自主权
	典型案例1	时间与台州学院教育行政管理上诉案(2017)等16件	褚明诉天津师范大学不授予学士学位案(2004)等2件
	法院定性2	与学位法抵触	
	定性理由2	细则不能超越授权	
	典型案例2	樊兴华诉郑州航空工业管理学院案(2003)等6件	

从表1可以看出,法院对高校学位授予权性质的观点分为两种:行政权和高校自主权。基于此,分别从学术标准和非学术标准对高校学位授予工作细则的法律效力展开分析论证。

第一种观点与论证逻辑是,高校学位授予权是行政权,对高校制定的学位授予细则中规定的是学术标准还是非学术标准进行合法性审查。如果是学术标准,法院将细则制定权视为《学位条例暂行实施办法》的授权而将其等同于学位授予标准制定权,作出符合学位法的判断。如果是非学术标准,法院从两条不同的思路得出完全相反的结论:一是将细则制定权视为《学位条例暂行实施办法》的授权而将其等同于学位授予标准制定权,或者认为符合《学位条例》第二条及国务院学位委员会的解释[1],作出符合学位法的判断;二是严格按照行政法治要求,认为学位授予标准由法律法规设定,高校制定的学位工作细则抵触上位法而无效。

第二种观点与论证逻辑是,高校学位授予权是高校自主权,因而推断出其制定学位授予工作细则、自定学位授予标准的合法性或合理性。具体论证思路分为两种。针对学术标准,大部分法院首先确认高校根据《学位暂行实施办法》享有制定学位授予细则的权力,然后将该权力视为根据《教育法》和《高等教育法》享有的高校自主权,从而解决高校制定细则的合法性;而少部分法院仅根据《教育法》和《高等教育法》的高校自主权,视高校学位授予权属于高校自主权,从而论证高校自定的学位标准的合法性。针对非学术标准,法院首先确认高校根据《学位暂行实施办法》享有制定学位授予细则的权力,然后将该权力视为根据《教育法》和《高等教育法》享有的高校自主权,从而学位授予工作细则合法有效。

以上两种观点和论证逻辑都存在问题:两种观点都把高校学位授予工作细则制定权等同于学位授予标准制定权,违反了法律原意[2];后一种将学位标准制定权视为高校自主权,

---

[1] 《国务院学位委员会关于对〈中华人民共和国学位条例〉等有关法规、规定解释的复函》(学位〔2003〕第65号)答复道:"1.《中华人民共和国学位条例》第二条规定,申请学位的公民要拥护中国共产党领导、拥护社会主义制度,其本身内涵是相当丰富的,涵盖了对授予学位人员的遵纪守法、道德品行的要求。2. 国务院学位委员会和教育部联合发布的《关于做好应届本科毕业生授予学士学位准备工作的通知》(〔81〕学位字022号文件),明确规定了政治、道德、法纪方面的标准。文件所作的规定,不仅是当年,现在仍然是授予学士学位应执行的规定。"

[2] 学术界大多对高校通过再授权获得的学位细则制定权持谨慎态度。例如,依照授权立法原理,再授权要有授权法(母法)的明示规定,否则,作为被授权者不得(在子法中)进行(制定孙法的)再授权。参见陈伯礼:《授权立法研究》,法律出版社2000年版,第242页。学校依照国务院授权取得的只是"工作细则"的制定权,而不是授予标准、条件、前提的创制权。"工作细则"强调了学校制定的文件属于"细则",目的和范围只限于"工作",表明学校的规定是在学位授予工作中对国家法律、行政法规的同一内容作更详细的规定,是在质不变的情况下对量的明确、程序的分解,并没有赋予学校超越法律、法规规定附加学位授予条件、前提的权力。参见丁伟、阎锐:《以论文发表数量作为学位论文答辩前提的法理追问》,载《政法论坛》2008年第2期,第164-169页。"对于《学位条例》和实施办法中所规定的学位授予标准,高校学位授予工作细则只能细化(具体化)而不能提高或降低。"参见周慧蕾:《高校学位授予权研究》,中国社会科学出版社2016年版,第74页。

却找不到相应的法律依据,而且高校自主权本身内容复杂、性质多样。[1]另外,同一类型案件因对学位授予权性质的定位不同而出现截然相反的审判结果,如对于纪律处分等非学术标准,如果将学位授予权定位为行政权则该标准可能抵触学位法而无效,如果定位为高校自主权则该标准合法有效。比较突出的案件是,同样是考试作弊受记过纪律处分,在2004年褚明诉天津师范大学不授予学士学位案中,法院认为高校制定学位授予细则是高校自主权而不违法,而在2003年樊兴华诉郑州航空工业管理学院评审学位程序违法请求重新评审并授予学士学位证书案中,法院径直认定学校所制定的学位授予标准与法律相抵触而无效。

司法实务中对高校学位授予权法律性质的分歧,以及基于这种分歧的甚或不合逻辑的推演,使本已模糊不清的权力性质更加难辨,进而导致司法裁决的同案不同判。而这种司法实务的分歧与差异,无疑影响了司法的严肃性与公正性。

(二)高校学位授予权司法审查之双轮驱动

尽管学术界对高校学位授予权的研究很多,但对高校学位授予权司法审查的法律规范依据的质疑和同类案件不同判决的矛盾,至今仍然没有解决。作为部门宪法的教育宪法或许能提供别样的思路,发挥其宪法释义学功能解决这一难题。

如前文从教育宪法视角对高校授予权本源与性质的分析,教育宪法是以公民的教育基本权保障为目的而规范(包括设立、保障与限制)国家权力的法律体系,公民的教育基本权是教育宪法的基础与逻辑起点。具体来说,公民的教育基本权包括受教育权和学术自由权,二者成为学位授予权的最终来源,由此决定了高校学位授予权的法律性质:一方面是为受教育权而设的教育行政权,另一方面是为学术自由权而设的学术权力,高校学位授予权具有行政权力与学术权力的双重属性。那么,高校学位授予权内容相应地包括两部分:一是作为行政权的高校颁发学位证书和制定学位授予具体的非学术标准的权力,二是作为学术权力的学术评价权(由答辩委员会、学位评定分委员会、学位评定委员会具体行使)和制定学位评价具体的学术标准的权力。如此从教育宪法高度进行体系化建构,则法院面临的质疑和矛盾就迎刃而解。

1. 作为行政权力的学位授予权的司法审查

依据法治国家基本原理,无法律则无行政,作为行政权力的高校学位授予权必须依法行使,并接受司法的审查。法院在审理该类案件的时候也必须遵守合法性原则。在上文40个典型学位纠纷案件中,有28个案件中的法院把学位授予权认定为行政权力。其中,6个案件中的法院把高校学位授予工作细则制定权等同于学位授予标准制定权,从而认可了作为行政权力的学术标准制定权;而在非学术标准制定权的定性上,法院竟然作出完全相反的结论,其中的16个案件把学位授予工作细则制定权等同于学位授予标准制定权而符合学位法,另外6个案件则认为高校制定的学位细则超越了法律法规的授权,与学位法相抵触而无效。

---

[1] 我国《教育法》和《高等教育法》规定的高校自主权中没有学位授予权,高校成立后只有依照学位法向国家或省学位委员会申请学位授权才有可能获得学位授予权。

针对法律规范之间的割裂、法律规范与社会现实之间的脱节,需要发挥宪法释义学的功能,运用教育宪法对相关法律规范进行系统诠释与整合。具体来说,为破除作为行政权力的高校学位授予权司法审查的困局,首先必须坚持合法性审查原则,高校制定学位授予工作细则的权力是来自法规授权的行政权力,只能在上位法授权范围内进行具体的量化工作;其次必须坚持行政权力与学术权力分工的原则,制定学术性标准由学术权力负责,非学术标准的量化才能由行政权力负责,因而对案件中高校制定的学术标准,作为行政权力的学位授予权无权干涉;最后,非学术标准的制定须有上位法的依据。法院对非学术标准的审查出现完全相反的两种结论,是因为对上位法依据有无的判断观点不一。有6个案件因为上位法没有明确规定而被判断为没有依据。那么是否上位法隐含了学位授予的非学术标准呢?这就需要对法律进行系统解释。《国务院学位委员会关于对〈中华人民共和国学位条例〉等有关法规、规定解释的复函》(学位〔2003〕第65号)发布后,上述16个案件中有5个,法院在判决中援引了"《中华人民共和国学位条例》第二条规定,申请学位的公民要拥护中国共产党领导、拥护社会主义制度,其本身内涵是相当丰富的,涵盖了对授予学位人员的遵纪守法、道德品行的要求"的行政解释,判决高校学位授予工作细则中的非学术标准具有合法性。

因此,法院对作为行政权力的高校学位授予权的审查逻辑已然清晰。作为行政权力,只能依据上位法制定具体的学位授予标准,根据《学位条例》第二条享有且仅享有制定非学术标准的权力,而无权制定学术标准;作为行政权力,也只能严格按照法律规定的条件和标准给合格的学位申请者颁发学位证书。这种司法审查主要为形式审查,不越权也不懈怠。

2. 作为学术权力的学位授予权的司法审查

上文作为样本分析的40个典型案件中,有12个对高校学位授予权的法律性质及合法性论证逻辑是,高校学位授予权是高校自主权,因而推断出其制定学位授予工作细则、自定学位授予标准的合法性或合理性。这种观点和论证逻辑产生的问题已在上文中予以批驳,应该寻找新的思路和论证方法来填补法律漏洞和规范缺失。

从教育宪法高度观察,高校学位授予权来源于宪法上的学术自由权。学术自由权是宪法基本权,高校自成立时起就自然获得了学术自由权,但高校只有在获得学位授予权之后,学术自由权才成为学位授予权不可分割的组成部分。这时的高校学位授予权既有作为行政权的颁发学位证书和制定学位授予非学术标准的权力,又有作为学术权力的高校学位授予权,包括由答辩委员会、学位评定分委员会、学位评定委员会行使的学术评价权和制定学位评价学术标准的权力。

基本权利受到法律保留原则保护,国家非依法律不得干预,立法至多只能做低密度规范,司法机关也应保持谦抑。正是由于学术权力直接来自宪法基本权利,其位阶优于一般的法律权力,对作为学术权力的学位授予权的司法审查的强度和密度必然低于对作为行政权力的学位授予权的审查。

但基本权利也有其限度,学术权力不得侵犯其他基本权利及公共利益。特别是学生享有的获得公正评价权这一受教育权基本权利,学术权力的行使受到受教育权的制约。高校学位授予学术权力应在依据学位法规定的学位授予条件的前提下,制定学位授予具体的学术标准,对学位申请者提交的学位论文的学术水平进行公正评价。

因此,法院对作为学术权力的学位授予权的司法审查,要进一步细化为对学术评价权与学术标准制定权的区别审查,采取不同的审查原则和方式。对于学位论文答辩委员会、学位评定分委员会和学位评定委员会行使学术评价权作出的决议、决定,应以合法性原则与正当程序原则为主进行审查,对作为学术核心实质内容的决议和决定应予以尊重,不能越俎代庖。对于高校制定的学位授予学术标准,应以合理性原则和比例原则为主进行审查。对于规定发表一定数量和级别学术论文的学术标准的司法审查,尤其如此。[1]

关于高校学位授予权的本源、性质及其司法审查的理论与实践争议,既有研究视角高度不够或定位片面单一的问题,也有现有相关法律与社会现实严重脱节的问题。从教育宪法的角度追根溯源,探讨其教育基本权的两个本源,进而推断出其行政权力与学术权力的双重属性,展示其颁发学位证书、作出学术评价及制定学位授予具体标准的权力,从而为司法审查提供两条可行路径,犹如车之两轮平稳前行。当然,法律规范与社会现实之间的博弈与冲突,在通过法律释义学难以或无法弥合规范与事实之间的差距时应及时对法律进行修改,诸如纪律处分等作为非学术标准的上位法依据问题,正是《学位条例》修改的目的和价值所在。

---

[1] 以发表论文作为学术标准,从比例原则的狭义比例性要求来看就存在正当性问题。参见黄厚明:《高校学位授予案件司法审查进路研究:基于两种法律性质定位的考察》,载《高教探索》2017年第6期,第24-28页

高校惩戒学生行为的司法审查
——基于最高人民法院相关指导性案例的观察

周佑勇*

摘　要　针对高校惩戒学生行为的司法审查，目前最高人民法院发布的指导性案例建构了一套以"品行标准"严格审查与"学术标准"有限审查相区分的双重审查规则。虽然两者都试图落脚于"条件式"的法律保留原则，但因分别遵循了不同的裁判逻辑，所以在审查结论上产生了分歧与冲突。为破解此矛盾与分歧，需要重新考量国家与社会之间二元对立形态的转变。在民主法治国家中，两者呈现出了交互与融合，产生了功能性的区分标准，高校惩戒学生行为的司法审查进路也应随之调整与重构。基于功能主义的"目的性"审查进路，在遵循法律保留原则之下，亦应承认高校的教育自主权，并通过合法性审查与正当性审查的双重面向，实现对学生权益的法律保障与对高校自治尊重的同步推进。

关键词　高校惩戒　司法审查　规范主义　功能主义

2018年10月，一则关于华中科技大学有18名学生从本科转为专科的消息，[1]引发社会广泛关注。《人民日报》对此发表题为《把牢高等教育的"出口"》的"人民时评"，指出把牢毕业"出口"是大学必然的选择，建立教育淘汰机制是各国高校的通行做法。[2]但也不乏网友的反对声音，他们认为，学生好不容易考上"985"高校，岂能因为学生个人发展过程中的"一时疏忽"和"错误"就被降学历和退学，而且大幅提高"退学率"，也不可能从根本上解决大学生的合格率、就业率等问题，进而倡导应科学理性地形成高校的退学机制。争议的背后，综合反映了高校在学术秩序与学生权益之间的衡量与取舍。需要追问的是，华中科技大学的此番惩戒是否具有合法性甚至合宪性？基于实质法治国的要求，在特别权力关系内享有之权利与利益的重要性，例如有关教育机关之学位授予、退学处分等，并不亚于一般权力关系支配下所有者，非经慎重之法律程序（给予当事人陈述或救济的机会），不得加以剥夺。[3]那么，高校在惩戒学生时，又应当如何在国家法律与高校自治规范之间确立其应有的权限范

---

* 周佑勇，法学博士，东南大学法学院教授、博士生导师，长江学者特聘教授，东南大学教育立法研究基地主任。

〔1〕根据《华中科技大学普通本科生转专科管理办法（试行）》（校教〔2017〕第16号）规定，未按要求完成本科学分的学生将降为专科。

〔2〕石羚：《把牢高等教育的"出口"》，载《人民日报》2018年10月29日，第5版。

〔3〕翁岳生：《论特别权力关系之新趋势》，载翁岳生：《行政法与现代法治国家》，台湾大学法学丛书编辑委员会1976年版，第157页。

围与自治限度?要探寻此问题的答案,我们可以透过对司法裁判案件的观察,去感知法院在处理高校自治与国家法律之间关系的基本立场,进而归纳和提炼法院裁决高校惩戒学生行为的司法逻辑。特别是,最高人民法院公布的指导性案例往往代表了该类型案件所应遵循的特定论证逻辑与法治基础。[1] 在此,笔者拟选取最高人民法院公布的两则典型指导性案例即"田永诉北京科技大学拒绝颁发毕业证、学位证案(简称"田永案")[2]和"何小强诉华中科技大学拒绝授予学位案"(简称"何小强案")[3]展开分析。

一、高校惩戒学生行为的裁判逻辑及其分歧

所谓高校惩戒学生行为,是指高等院校为教育或管理之目的,依国家立法和学校规范,对违反特定义务或未达到规定要求的在学学生所采取的致使学生承受不利负担,并做成书面决定的非难性或惩罚性措施。基本包括:取消入学资格、取消学籍,课程考核成绩记为无效,重修或补考,留级或降级,休学、退学,不予学历证书或学位证,以及警告、严重警告、记过、留校察看或开除学籍等。[4] 针对高校对学生惩戒行为的司法审查,透过最高人民法院发布的"田永案"和"何小强案"两则典型指导性案例来看,其分别建构了"品行标准"严格审查与"学术标准"有限审查的双重审查规则。虽然两者都试图落脚于"条件式"的法律保留原则,但因分别遵循了不同的裁判逻辑而导致在审查结论上产生了分歧与冲突。

(一) 品行标准的严格审查:"田永案"的裁判逻辑

在教育行政诉讼中,"田永案"不仅确立了高校在行政诉讼中的被告资格以及对高校惩戒处分决定司法审查的可能性,而且在一定程度上奠定了高校惩戒行为司法审查的基本规则——法院的严格审查与考试作弊退学惩戒处分的法律保留原则。在该案中,原告田永因考试作弊,被北京科技大学根据其于1994年制定的校发〔94〕第068号《关于严格考试管理的紧急通知》(简称《通知》)之规定"凡考试作弊的学生一律按退学处理,取消学籍",给予原告取消学籍的退学处分。但法院认为,被告制定的《通知》与国家教育委员会1990年发布的《普通高等学校学生管理规定》(简称《规定》)第十二条"凡擅自缺考或考试作弊者,该课程成绩以零分计,不准正常补考,如确实有悔改表现的,经教务部门批准,在毕业前可给一次补考机会。考试作弊的,应予以纪律处分"之规定相违背。且在该《规定》第二十九条并没有规定不遵守考场纪律或者考试作弊应予退学的情形。因此,认定《通知》不仅扩大了"考试作弊"这一品行标准的范围,而且对"考试作弊"的处理方法明显重于《规定》第十二条的惩戒情形,

---

[1] 自2010年最高人民法院发布《关于案例指导工作的规定》以来,有关指导案例的法源地位及其效力等,逐渐获得统一认识,指导性案例已成为司法裁判中基于附属的制度性权威并具有弱规范拘束力的裁判依据,具备"准法源"的地位。参见雷磊:《指导性案例法源地位再反思》,载《中国法学》2015年第1期,第272-290页。

[2] 指导案例第38号,《最高人民法院关于发布第九批指导性案例的通知》(2014年12月25日发布)。

[3] 指导案例第39号,《最高人民法院关于发布第九批指导性案例的通知》(2014年12月25日发布)。

[4] 湛中乐:《大学自治、自律与他律》,北京大学出版社2006年版,第131页。

也与第二十九条规定的退学条件相抵触,由此,法院判决北京科技大学败诉。总体说来,法院依据法律规范中关于"退学"处分要件的具体规定,来审查被告制定的校规及惩戒行为的合法性。在此案中法院实际上认为,无国家法律之授权,高校制定的自治规章不得干预人民之自由及权利,即使法律进行介入也必须具体明确,以满足法律保留原则的要求。[1]因而,法院采用的是一种独立心证式的严格审查模式。

(二)学术标准的有限审查:"何小强案"的裁判逻辑

在"何小强案"中,原告何小强以《中华人民共和国学位条例》(简称《学位条例》)没有明确规定英语四级为授予学士学位条件为由,主张适用"田永案"确立的"法无授权不得为"的严格审查规则。而法院则认为,针对本科生教育质量和学术水平,被告华中科技大学有权在法定范围内自行制定授予学士学位的学术标准和规则。华中科技大学将英语四级考试成绩与学士学位挂钩是在法律法规授权范围之内,并没有违反《学位条例》第四条和《中华人民共和国学位条例暂行实施办法》(简称《学位条例暂行实施办法》)第二十五条的原则性规定。[2]由此可见,法院对因学术问题不予授予学位的惩戒处分降低了审查强度,并没有遵循"田永案"所确立的审查逻辑。相反,基于上位法的概括授权条款,法院对高校制定的学位授予标准予以了极大的尊重,并认为高校可以根据自身的教学条件和实际情况,确定各自的学术标准。[3]很显然,法院采用了一种有限司法审查的尊重模式。

(三)两种裁判逻辑的分歧及其适用冲突

显然,上述两个指导性案例所建构的两种审查模式分别基于不同惩戒处分类型——"田永案"中的考试作弊(品行标准)与"何小强案"中的英语四级不达标(学术标准)——而确立了法院审查高校教育行政争议的不同规则。在"田永案"中,法院一方面认为,教育者在对受教育者实施管理的过程中,具有相应的教育自主权,被告可以根据本校的规定对田永违反考场纪律的行为进行处理。另一方面其又认为,被告制定的校规不能与法律规范相抵触。法院分别以《规定》第十二条有关考试作弊处分中没有"退学"之效果,以及《规定》第二十九条有关"退学"情形中没有"考试作弊"为由,认定被告制定的校规与法律规范相抵触。言下之意,针对考试作弊者给予退学处分应由法律规范来规定;在法律规范未规定或未明确规定的情形下,高校校规无权涉入。因而,法院其实试图建构一种高校"自主性规范"与国家"法律规范"相分化的二元规范结构式审查进路。[4]换言之,法院既承认高校具有独立于法律规

---

[1] 饶亚东、石磊:《〈田永诉北京科技大学拒绝颁发毕业证、学位证案〉的理解与参照——受教育者因学校拒发毕业证、学位证可提起行政诉讼》,载《人民司法》2016年第20期,第13-21页。

[2] 《学位条例》第四条规定:高等学校本科毕业生,成绩优良,达到下述学术水平者,授予学士学位:(一)较好地掌握本门学科的基础理论、专门知识和基本技能;(二)具有从事科学研究工作或担负专门技术工作的初步能力。《学位条例暂行实施办法》第二十五条规定:学位授予单位可根据本暂行实施办法,制定本单位授予学位的工作细则。

[3] 石磊:《〈何小强诉华中科技大学拒绝授予学位案〉的理解与参照——高等学校在学术自治范围内有依法制定学术评价标准职权》,载《人民司法》2016年第20期,第22-26页。

[4] 朱芒:《高校校规的法律属性研究》,载《中国法学》2018年第4期,第140-159页。

范之外制定校规的教育自主权,又认为对考试作弊者给予退学处分属于法律保留范畴,不属于高校自治的权限范围。

在"何小强案"中,法院同样明确指出,各高等院校根据自身的教学水平和实际情况,在法定范围内确定授予学士学位的学术标准,是学术自治原则在高等院校办学过程中的具体体现。不过,与"田永案"不同的是,本案确立了如下原则:对学士学位授予的司法审查不能干涉和影响高等院校的学术自治原则。虽然法院并未继续确立高校(社会)与国家的二元分化,但是,由此进一步阐明"有权"是指,《学位条例暂行实施办法》"赋予"学位授予单位在不违反《学位条例》有关"授予"学士学位基本原则的基础上,制定学士学位授予标准的权力。因此,高校可以自行对其本科教育质量和学术水平依法作出具体规定,即对授予学士学位法律规范予以"细化"。可以说,"何小强案"下的高校学术自主权实质上是法律规范授权下的教育行政权,高校制定的学位授予学术标准也是对法律规定授予学位要件的落实与细化,因此,高校制定校规的内容构成了行政职权行使要件本身。换句话说,高校的自主权没有得到认可,其获得的仅仅是执行性的规范设定权限,即使高校事实上存在自主设定的空间,但其合法性仍然需要由能否被上位法规范涵摄来决定,〔1〕而非基于高校自治权。因此,法院不仅未再继续延续"田永案"所确立的"自主性规范"与"法律规范"二元区分式审查进路,相反,凭借法律规范的概括授权规定,将高校制定的校规视为一种具有行政职权属性的"介入性规范"。〔2〕此种审查进路下高校的学术自主权并非源于宪法,而是基于法律规范的授权。事实上,学术自治权相当于行政裁量权——严格意义上属于事实要件中的判断余地。可见,法院遵循的是一种一元规范结构的法律适用式审查进路。

但是,此种一元规范结构式审查进路实质上否认了高校拥有独立于法律规范的自治权,法院不仅消除了高校自治与法律规范之间的应有界限,相反,高校自治权限的来源与范围还需由法律规范来规定,即法律成为高校职权行使的前提条件和依据。其实,在"田永案"中,法院并没有正面回应"何小强案"这类学术标准应该如何审查,以及是否属于高校自治权的范围。因而,当学术标准适用"田永案"的审查进路时,便可能会出现与"何小强案"相反的审查结论。同样,在"何小强案"中,法院也没有正面回应"田永案"这类品行标准是否应给予同样的尊重。因而,当品行标准适用"何小强案"的审查进路时,同样可能会形成与"田永案"相矛盾的审查结论。〔3〕由此可见,尽管最高法院发布的指导性案例尝试从"品行标准"与"学术标准"两个层面,分别对高校惩戒行为的司法审查建构出一套"严格审查"与"有限审查"的

---

〔1〕 陈越峰:《高校学位授予要件设定的司法审查标准及其意义》,载《华东政法大学学报》2011年第3期,第110-120页。

〔2〕 朱芒:《高校校规的法律属性研究》,载《中国法学》2018年第4期,第140-159页。

〔3〕 譬如,在"李向荣与襄樊学院退学处分纠纷上诉案"中,与"田永案"情节相类似,原告李向荣因代考被学校给予退学处分。但法院遵循"何小强案"的一元规范结构式审查进路,认为学校依据法律授权对受教育者作出涉及其受教育权的处分决定,是学校实施的特殊行政管理行为,襄樊学院对李向荣给予勒令退学处分,即根据教育法律法规授权实施的行政管理行为,判决原告败诉。参见(2000)鄂行终字第41号行政判决书。

区分式审查规则,但是,由于审查进路上的分歧,在司法审查实践中出现了适用上的冲突与矛盾。从根本上来说,这源于高校自治权的范围与高校惩戒行为法律性质定位的模糊性:是否如同"田永案"中所确立的,高校对学生因品行甚至学术问题作出的惩戒行为并非高校自治的范畴;[1]抑或如同"何小强案"所确立的,高校的学术自主权其实只是一种应获得法院尊重的教育行政权。

二、高校惩戒学生行为的法律性质界说与法律保留原则

如果按照"何小强案"确立的一元规范结构式审查进路,高校的惩戒权必然需要从上位法获得可以解释适用的依据;但如果高校对学生作出的惩戒处分属于高校自治范畴,那么,即使法律未作规定,高校依然可以自主决定,法律过度干预甚至还有侵犯高校自治的违宪嫌疑。对此,采用二元规范结构式审查进路的"田永案"首先提出,"根据我国法律、法规规定,高等学校对受教育者有进行学籍管理、奖励或处分的权力,有代表国家对受教育者颁发学历证书、学位证书的职责。高等学校与受教育者之间属于教育行政管理关系"。由此可以确认,在"田永案"中,法院认为高校的惩戒处分其实是一种教育行政权,需要遵循依法行政原则,非属高校自治事项。此种学生与学校之间的教育行政管理关系是教育外部事项,应透过法律规定予以形成。[2]同时,法院又进一步指出,"被告北京科技大学作出的退学处理决定涉及原告的受教育权利"。既然认为高校惩戒行为是一种行政行为,而退学惩戒行为又侵犯了学生的基本权利,那么,基于基本权利限制只能由具备民意基础的立法机关行使之法治逻辑,高校如擅自作出退学处分,便违反了依法行政的法律保留原则。可见,"田永案"从退学惩戒所侵犯学生权益法律规范的法律位阶与惩戒行为的法律性质两个层面,试图理清高校自治与法律规范之间的界限。

(一) 高校惩戒学生行为的"教育行政权说"——法律保留原则的适用

法院为何会将退学、不授予学位等惩戒行为排除在高校自治权的范围之外,并且认为其

---

[1] 譬如,在"袁某与苏州大学授予学位纠纷上诉案"中,原告袁某因在税法考试中作弊,被苏州大学给予该科成绩零分并留校察看一年的处分,取消其学位授予资格。一审、二审法院虽然都采取了"田永案"审查进路,但二者对高校教育自治权限的范围存在认知上的冲突。一审法院认为,《中华人民共和国学位条例》(简称《条例》)、《中华人民共和国学位条例暂行实施办法》(简称《办法》)以及《普通高等学校学生管理规定》(简称《规定》)都没有规定考试作弊者不授予学士学位,被告苏州大学根据自己制定的《苏州大学学分制学士学位授予工作实施细则》给予原告取消学位授予资格的处分于法无据,判决苏州大学败诉。但二审法院对此予以了否决,其认为,关于授予学士学位的条件,《条例》第四条、《办法》第三条第二款对学位申请者必须达到的学术水平作出了规定,但学位申请者的学术水平,只是学位申请者获得学士学位的必备条件,而不是所有条件。根据上位法的授权,上诉人苏州大学既可就本校授予学士学位工作制定学术水平方面的具体标准,也可依据上位法的规定、精神制定其他方面的具体规定。关于对考试作弊者是否可以不授予其学士学位,我国现行法律未作明确规定,学校在授权范围内可以进行补充规定。易言之,苏州市中级人民法院认为"田永案"中的品行标准同样属于高校自治的权限范围。参见(2006)沧行初字第045号行政判决书,(2006)苏中行终字第0097号行政判决书。

[2] 李惠宗:《教育行政法要义》,台湾元照出版公司2004年版,第43-44页。

属于教育行政管理权？在"教育行政权说"看来，其一，虽然高校享有为保障宪法上学术自由的制度性保障之高校自治权，但学术自由与高校自治之间并不能画等号。学术自由是基本权，而非制度；高校自治是一种制度，而非基本权。基本权所保障者为个人之自由权利，而非特定制度；制度性保障所保障者为制度本身，而非个人之自由权利。制度性保障本身为宪法体制上之制度，基本权则先于宪法而存在。因此，高校享有学术自由之基本权，与高校享有之自治权，是两个层面的问题。高校自治之目的在于实现学术自由，自治与学术自由之间其实是手段与目的的关系。高校实施自治固然有助于学术自由之实现，但不能倒果为因。因此，授予高校自治权之目的在于协助大学实现其学术自由，防止国家不当干涉大学学术活动，而非在于使大学以自治之名，主张限制他人（学生、老师）之权利。即自治权应该是对国家主张，而非对其内部成员主张。[1] 易言之，为保障学术自由而产生的高校自治权，主要在防阻外来的"权力作用"，特别是旨在防止来自立法与行政权对大学本质的作用产生非制度性的干扰，以保障学术自由，而不是强调高校可以对学生如何具有惩处权力，故单纯从高校自治权尚无法导出高校有将学生退学之权力。[2]

其二，所谓的学术自由，其实"只能用于处理学术事务：传授他们依靠长期深入的钻研而得出的正确结论，与同事们自由地交流心得，将那些经过系统研究和缜密分析的结论付梓，这才是正当的学术自由"[3]。因此，教师对学生学习成绩的评定和学生能否毕业，与能否产生退学的结果，是两种不同性质的行为。教师对学生学习成绩的评定属于教育自主权范畴（学术自由），而学校以相应学术成绩或品行来确定学生学籍的剥夺、退学或学位的授予等，则属于教育行政权范畴，后者并不存在任何的学术研究与评价成分，往往只是学校的教务行政部门通过数学的计算，再依据各校规章而导出之结果，甚至对学生道德品行的评价都与大学本质之学术自由无关。[4] 因此，即便高校自治具有排除国家法律干预的防御功能，但与学术无关的教育行政管理行为并不属于高校自治权范畴。正如，"保障大学自治之目的在于防止国家不当干预大学的营运、管理；退学处分涉及学生之受教育权，甚且影响其日后职业选择权，就此等事项应有法律保留原则之适用，况且退学处分如涉及学生学习品行，应认与学术自由无涉，尤应由立法机关以法律明文定其要件"[5]。因此，作为教育行政权的高校惩戒行为自然就应该适用法律保留原则。由此看来，"何小强案"与"田永案"对高校惩戒处分——无论是退学还是不授予学位——的法律性质，似乎不约而同地走向了一致——教育行政权。但其实，"何小强案"将学生的学习成绩与高校对学生学位授予的行政管理行为直接挂钩，融合了本应属于高校教育自治的学术评价权，形成了与"田永案"明显不同的审查进路。即"田永案"所确立的教育行政权仅仅指高校惩戒行为本身而不包括学术评价，而"何

---

[1] 许春镇：《大学自治与学生法律地位》，载《台湾海洋法学报》2006年第1期。
[2] 李惠宗：《制度性保障之学术自由与大学自治权》，载《台湾本土法学杂志》2002年第38期。
[3] ［美］爱德华·希尔斯：《论学术自由》，林杰译，载《北京大学教育评论》2005年第1期。
[4] 李惠宗：《从学术自由及大学自治行政权论大学退学制度之合宪性》，载《台湾本土法学杂志》2002年第32期。
[5] 法治斌、董保城：《宪法新论》，台湾元照出版公司2004年版，第233页。

小强案"则统一了惩戒行为的条件部分——学术评价,将其共同作为法律规范的执行行为。所谓的司法尊重,只是涉及法律保留之下法律规范密度的问题,而非高校学术标准的制定权与法律规范之间权限划分的应然逻辑。

(二)高校惩戒学生行为的"高校自治权说"——法律保留原则的排除

与"教育行政权说"不同,"高校自治权说"认为,高校自治不仅具有对外的防御作用,而且也具有对内的规制功能。其一,高校自治,"在作为法律制度基础的政治哲学层面,其基本思路立基于政治国家与市民社会的二元区分,强调市民社会优先,大学作为市民社会的组织部分,自治权是个人自然权利的延伸,并不需要特别的合法化理由论证;国家权力对大学的干预才需要合法化理由(公共利益考虑)予以论证"[1]。即高校的核心任务在于独立于国家权力之外,以发展人类知识,延续人类共同文化精神为目的,而非单纯为政治服务的团体。为达成此种目的,高校应享有"自治权",避免其学术自由之精神被掏空。具体言之,学术自由包括三个层面:在主观法面向的防御权功能上,形塑研究自由、讲学自由与学习自由的保护法益;在其客观法面向的客观价值秩序功能上,形塑文化国之学术促进义务的保护法益;在其客观法面向的制度性保障功能上,形塑大学自治或学术自治的保护法益。而这些主客观法面向的作用方式所形塑的学术自由的保护法益,就是大学法制的建构基础。[2]因此,宪法上的学术自由之意旨,不仅仅指作为主观防御权的大学及其成员对知识与真理的追求、评价与传授的自由,还在于要求高校乃至国家积极形塑一个为促进学术自由有利发展的良好制度环境。易言之,大学自治的目的,不仅具有排除国家干涉的内在基础,而且从大学自治而来的限制其成员的决定,也是其内部成员所产生的自治结果,就如同社会本身的自我拘束一般。[3]由此看来,那种认为学习自由权是大学生学习权这一宪法基本权利的"灵魂"而应该由"法律予以保留规范"的观点是错误的。对学习权的宪法保障是一种制度保障,仰赖于大学自治体制的完善,而不是相反,由法律进行事无巨细的具体调整。[4]

其二,高校惩戒处分并不必然侵犯大学生宪法上的受教育权。国民教育以外的大学教育并非宪法受教育权的保障范围,因此,涉及毕业条件、退学等事项,大学的校规并非不得作出规定。[5]"高校自治权说"认为高校的惩戒行为虽然侵犯了大学生的学习自由权,但并不触及宪法上的受教育权。这是因为受教育权是指国民教育基本权,属于基本权利范畴;而大学生的学习自由,只是学术自由的保护法益,并非基本权利范畴。大学教育与国民教育不同,前者以促进学术自由为目的,是由学术自由保护法益所建构的大学法制;后者则以促进

---

[1] 金自宁:《大学自主权:国家行政还是社会自治》,载《清华法学》2007年第2期。

[2] 许育典:《学习自由VS.学习权/受教育权》,载《成大法学》2004年第4期。

[3] 许育典:《学术自由作为大学法制的核心建构——二一退学宪法争议的省思》,载翁岳生教授祝寿论文编辑委员会:《当代公法新论(上)——翁岳生教授七秩诞辰祝寿论文集》,台湾元照出版公司2002年版,第175页。

[4] 倪洪涛:《论法律保留对"校规"的适用边界——从发表论文等与学位"挂钩"谈起》,载《现代法学》2008年第5期,第14-28页。

[5] 陈爱娥:《退学处分、大学自治与法律保留》,载《台湾本土法学杂志》2001年第27期。

中小学生人格自由开展为目的,是由国民教育基本权利保护法益所建构的学校法制。[1] 因此,作为防御性质的学习自由不同于给付请求权性质的受教育权,后者不仅应该考量国家财政能力等因素,还要考量应当由哪个公权力机关决定此事。换句话说,"学习自由并不当然包含(或等于)学习权(或受教育权),更不当然包括(或等于)'不论学业表现如何,都必然可以毕业而取得学位'或'不论成绩如何,都可以无限期修业'的权利"[2]。也就是说,大学生的学习自由作为学术自由的保护法益,并非意味着大学生享有不学习的自由,大学生如果不学习,实在无助于学术自由的落实,在维护学术自由的目的下,自然会形成退学淘汰机制,这是大学自治作为学术自由制度性保障功能的宿命作用。[3] 当然,即便承认高校惩戒行为属于高校自治而无须法律规定即可行使,也与"何小强案"对高校惩戒行为行政权属性的认定不同。高校自治权下的惩戒行为属于独立于法律规范之外的高校自有的权力,即使具备行政管理之特征,该行为的行使也不需要获得法律的授权。

(三) 从分化到融合:争议的规范主义归结与法律保留的功能主义转变

综上可知,相比于一般行政行为而言,高校惩戒行为的司法审查因涉及国家法律与高校自治规范双重交叉关系而变得尤为复杂。即便如此,其共通性依然存在。无论是"田永案"与"何小强案"审查进路的分歧,还是高校惩戒行为"教育行政权说"与"高校自治权说"的争论,法院都试图落脚于法律保留原则,以规范主义的法治理念,寻求获得合法性裁判逻辑上的自洽。尽管"田永案"二元规范结构的审查进路承认高校自治规章的存在,但排斥高校自主惩戒权的运用,如同"何小强案"与"教育行政权说"一样,如果没有法律规范的明确规定,那么,高校将不得不承受学生的违规行为。同样,"如果相关法律没有跟上,特别权力部门依据内部规则而实施的高权行为一旦放开进入司法审查程序,就可能因缺乏合法性依据而全部被认定无效"[4];如果事事都依赖于法律规范,那么,"反使学校关系陷入另一种'经由编织巨细靡遗法网所控制之特别权力关系形式'"[5]。如此看来,所谓的大学自治之制度性保障只会形同虚设。同样,如果将高校惩戒视为高校自治的当然权限,则意味着学生可能要承受高校对任意行为的规范,言下之意,对特别权力关系的消解只是打开了诉讼大门,学生至多可以获得一点程序上的最后保障。由此可见,此种立基于形式理性的"条件式"审查进

---

[1] 许育典:《学术自由作为大学法制的核心建构——二一退学宪法争议的省思》,载翁岳生教授祝寿论文编辑委员会:《当代公法新论(上)——翁岳生教授七秩诞辰祝寿论文集》,台湾元照出版公司 2002 年版,第 171 页。

[2] 黄昭元:《二一退学制度的宪法争议》,载廖义男教授六秩诞辰祝寿论文集编辑委员会:《新世纪经济法制之建构与挑战——廖义男教授六秩诞辰祝寿论文集》,台湾元照出版公司 2002 年版,第 90 页。

[3] 许育典:《学术自由作为大学法制的核心建构——二一退学宪法争议的省思》,载翁岳生教授祝寿论文编辑委员会:《当代公法新论(上)——翁岳生教授七秩诞辰祝寿论文集》,台湾元照出版公司,第 178 页。

[4] 李学永:《我国台湾地区特别权力关系理论的变迁——以"大法官"解释为视角》,载《行政法学研究》2013 年第 4 期,第 70—78 页。

[5] 赖恒盈:《告别特别权力关系(上)——兼评大法官释字第六八四号解释》,载《月旦法学杂志》2011 年第 197 期。

路并不能消除高校惩戒行为司法审查的各种分歧与矛盾。而且,这种立基于国家与社会严格对立分化的单向性审查进路,也不能完全适应现代分散、多元化的社会现实。

事实上,"在民主政治之下,国家与社会此二领域具有相当紧密的关联性,且互为条件,亦即国家事务唯有在此二领域交互作用之下,方能有所成就;相对地,社会的活动也绝非自外于国家,成为一种与国家分隔的'自我统制'或是一种独特的自我规制领域"[1]。因此,国家与社会是一种"辩证式的单一体",其兼有"歧义性"与"同一性"。在此种"对抗中融合、融合中对抗"的关系中,国家与社会的区分则是一种"功能性"的——国家重点在于统治与政治上公共福祉的决定,而社会则侧重于个人及团体的自我发展,即二者之间的区分并非立基于事物的概念范畴,而是按照该事物的功能范畴——它能做什么以及适合做什么。基于国家与社会的融合与功能性的区分,传统特别权力关系的封闭疆域不仅随着德国基本法的出台逐渐被消解,而且也随着基本权利的法律保留一起走向了"重要性保留"[2]。而所谓的"重要性",不是严格按照"干预""给付"等原始事物概念——行政行为的概念类型——的区分,而是以对"基本权利重要"抑或"基于不同功能结构因其不同的特殊性分别适合解决不同种类、性质的国家事务"作为衡量标准。[3]"重要性"本身不是绝对的客观精神范畴,"而是某个规则对共同体和公民个人的意义、分量、基础性、深远性及其强度等,因此,'重要性'不是确定的概念,而是一个阶梯"[4],是进迁性与沟通性的,它随着社会环境、时代的发展而变化,以此满足不同时期、不同领域对尊重和保障"人性尊严"的不同需求。[5]很明显,"功能主义风格倾向于体现一种经验主义的而不是形而上学的法律观。它更关心法律做什么而不是法律是什么"[6]。

---

[1] 李建良:《自由、人权与市民社会——国家与社会二元论的历史渊源与现代意义》,载李建良:《宪法理论与实践(二)》,学林事业文化有限公司2000年版,第20页。

[2] 特别权力关系之所以于基本法时期以来逐渐纳入法律保留的范畴,其原因在于,德国基本法建构了一个以保障宪法基本权利为中心的闭锁的合法性体系。而根据法律的法规创造力原则,若不将特别权力关系纳入法律保留范畴,则行政机关对于该等不可能只是逐案个别认定之事务领域(如受刑人之管理、中小学校制度之建制等),只好以行政规则之内规方式为实质规范,内规形式上不具有对外法效力,加上特别权力关系作祟,相对人往往无法获得有效之权利保护。唯一突破此等藩篱之道,便是扩大法律保留范围,不再以自由权与财产权之干预为指标,而是对基本权之行使与享有"重要"的事项为依归。蔡宗珍:《法律保留思想及其发展的制度关联要素探微》,载《台大法学论丛》2010年第3期。

[3] 许宗力:《论法律保留原则》,载许宗力:《法与国家权力(一)》,台湾元照出版公司1999年版,第180页。

[4] [德]哈特穆特·毛雷尔:《行政法学总论》,高家伟译,法律出版社2000年版,第110页。

[5] 关于特别权力关系的司法审查问题,在德国1980年联邦行政法院有关公务员调职的判决中,就已经完全忽略乌勒所提的经由"基础关系与经营关系"两概念构成的折中理论,即从"行政行为"中心主义转向了"基本权利"中心主义。"因为权利救济之有无与行政行为的类型区分,实属二事,以经营关系或基础关系之措施来判断司法救济之可能性,并不恰当。司法救济取舍的核心在于'个人性考量'"。程明修:《法治国中"特别权力关系理论"之残存价值》,载《中原财经法学》2013年第31期。

[6] [英]马丁·洛克林:《公法与政治理论》,郑戈译,商务印书馆2013年版,第187页。

三、高校惩戒学生行为的功能主义审查进路

(一) 高校与国家之间关系的交互性与目的性导向

国家与社会并非绝对对立的二元,而是"辩证式的单一体",并且,随着规范主义向功能主义的转变,高校与国家之间的关系也逐渐发生了变化。其一,就整体而言,如今的大学早已不再是人文主义者理想中"我们贡献这个大学于宇宙的精神"的单纯研究及教学场所,公私立大学在彼此竞逐政府辅助经费,透过各种招生措施争相获取更多政府严格管制的学费及学分费,争取表现较佳的学生以获得社会认同并初步规划未来捐款来源等等,这不断凸显大学特许产业隐藏多年的市场性格。[1] 同时,大学作为连接研究与教学的制度化的学术研究团体,长久以来也提供了执行"较高层级职业"者所必需的精神基础,大学为履行此项职业养成的任务,必须适当满足相关专业的需求,于是,其自主决定权限也因此受到适当的限制。[2] 因而,国家可以根据战略性发展需求,对高校专业设置以及学术研究作出一定程度的指引或限制,使得高校的科研教学符合社会发展的整体趋势。其二,基于学术自由的制度性保障,国家有义务也有权力创造良好的学术研究环境。可以说,学术自由既是高校自治的目的,又是法律介入的界限。所谓"大学自治的范畴不容立法者侵犯",并不表示大学自治与国家公权力之间处于一种"各据一方"的对立关系,或者"互不干涉"的各自独立关系,而是意味着大学自治权的行使必须有利于强化对学术自由的保障,并基于实现学术自由的宗旨,免除国家包括立法者的干预。正因为大学自治系为学术自由而存在,所以大学自治本身绝不被容许成为限制学术自由的来源;也正因为保障大学自治就是为了促进学术自由,所以一旦大学自治无法承担维护学术自由的任务,国家就必须基于学术自由保障所需而介入干预。[3] 总而言之,为实现与保障学术的自由与发展,国家一方面应积极配置功能发挥之制度,满足大学教学研究的基本需求;另一方面,还应采取组织法措施,以保障其学术自由空间。[4]

(二) 权力与权利:高校惩戒学生行为的双重属性

基于高校与国家之间的交互性与目的性导向的转变,高校对学生的惩戒处分始终兼具"行政权力"和"学术权利"的双重属性。[5] 这既不同于"田永案"所确立的二元规范结构体

---

[1] 石世豪:《释字第684号解释撼动特别权力关系后——正常化的大学校园法制架构"施工中"》,载《法令月刊》2011年第6期。

[2] 陈爱娥:《大学自治的宪法要求与其对教育行政的规范效果》,载《世新法学》2014年第1期。

[3] 黄舒芃:《学术自由、大学自治与国家监督》,载黄舒芃:《框架秩序下的国家权力——公法学术论文集》,台湾新学林出版股份有限公司2013年版,第209-213页。

[4] 葛克昌:《大学自治与国家监督》,载国际刑法学会台湾分会:《民主·人权·正义——苏俊雄教授七秩华诞祝寿论文集》,台湾元照出版公司2005年版,第538页。

[5] 周佑勇:《法治视野下学位授予权的性质界定及其制度完善——兼述〈学位条例〉修订》,载《学位与研究生教育》2018年第11期,第1-9页。

系,认为高校自治与国家法律是各自独立的二元,也不同于"何小强案"所确立的一元规范结构体系,认为高校惩戒行为只是法律授权下的一种教育行政权。

作为"行政权力"的高校惩戒行为源自重要性法律保留对学生基本权利保障以及国家对学术秩序保障的共同要求。针对前者,尽管高校对学生予以退学或不授予学位是否侵犯了学生的受教育权存在争议,但剥夺学生的学位必然会影响到学生的就业等工作权,因此,对于学生的退学或不予学位的惩戒处分同样涉及大学生的重要性权利,应该有法律的依据。针对后者,则意味着并非所有的高校均具有学位授予的资格,在实行国家学位制度的情况下,基于国家对学位授予制度和人才培养质量的保障,只有符合条件的高校方可有权授予学位。同时,在现代社会中,学位的稀缺性和较高的功能定位给自己获得了较高的社会美誉度,这种社会美誉反过来又助推了学位的制度价值,学位的授予意味着学校或者国家以其信用作为学位申请人的学术水平和道德水准的担保。[1] 为维护此种制度价值,便需要由国家对学位授予的条件制定法律进行统一规范,以保障学术秩序的稳定。因此,从某种程度上说,国家负有积极形塑高校惩戒行为的法律规范,及时调整与修订不相适应的规范条款,填补规范空白的国家义务。

而作为"学术权利"的高校惩戒行为则源于高校教育自主的规范要求。无论是针对学生的品行问题还是针对学生的学术问题进行惩戒,其实都属于高校对学生是否达到学位授予条件的一种评价。为确保高校形成良好的学习氛围,塑造各具特色的办学形态,各高校有权对学生的品行和学术等问题设立相应的行为规范和考核标准,并由此形成相应的惩戒与淘汰机制。对此,我国台湾"司法院"释字第 563 号解释就明确阐释道:为维持技术品质,健全学生人格发展,大学有考核学生学业品行之权责,其依规定程序订定有关章则,对成绩未符合一定标准或品行有重大偏差之学生予以退学处分,亦属大学自治之范畴,立法机关对有关全国性之大学教育事项,固得制定法律予以适度之规范,唯大学于合理范围内仍享有自主权。[2] 源于大学自治的"学术权利",意味着高校可以自主对学生进行惩戒,并不需要等待主管机关的具体指令方可作出惩戒处分;而源于对学术秩序稳定追求的"行政权力"则意味着,高校对学生的惩戒需要具备法律上的依据,遵循法律保留原则的要求。只是基于高校与国家之间交互性关系的转变,法律应该为大学自治预留一定的空间。也就是在合作模式下,应"先由国家建立基本法律秩序之框架,再与大学及其他学术研究机关合作,针对各种形形色色的教学研究需要,授权由其填补其他具体细致之要件、程序与其他规范内容"[3]。

(三) 合法性与正当性: 司法审查的双重面向

基于高校惩戒行为"行政权力"与"学术权利"双重属性的要求,司法审查也就内在具备合法性审查与正当性审查的双重面向。合法性审查意味着,高校惩戒自治必然是在法律规

---

[1] 于志刚:《学位授予的学术标准与品行标准——以因违纪处分剥夺学位资格的诉讼纷争为切入点》,载《政法论坛》2016 年第 5 期,第 83 - 96 页。

[2] 我国台湾地区"司法院"释字第 563 号解释。

[3] 林明锵:《大学自治与法律保留》,载《月旦法学杂志》2001 年第 77 期。

范之下的自治,也即所谓的依法治校而非依校规治校。因此,如果高校的惩戒规则违反了法律的规定,则属于违法惩戒。譬如,在"甘露不服暨南大学开除学籍决定案"[1]中,当被告暨南大学基于原告提交的课程论文存在抄袭之事实,主张原告违反了《普通高等学校学生管理规定》第五四条第(五)项规定,剽窃、抄袭他人研究成果,情节严重的,学校可以给予开除学籍处分。但法院认为,《规定》中规定的"剽窃、抄袭他人研究成果"是指"高等学校学生在毕业论文、学位论文或者公开发表的学术文章、著作,以及所承担科研课题的研究成果中,存在剽窃、抄袭他人研究成果的情形",课程论文不是学术文章、著作,因此,判决被告暨南大学适用法律、法规错误。

  正当性审查意味着,尽管为尊重高校的教育自主权,法律往往仅作一种框架性的规定,具体的惩戒细则由各高校根据自身的教育理念、教学条件等进行自主设定,但在该框架秩序下,高校对学生的惩戒只能是以促进学术自由的实现为目的,而不能任凭高校滥用其教育自主权。因此,即便承认高校具备惩戒自治权,也不意味着,在法律规定不具体明确的情况下,高校可以任意决定。在民主法治社会中,在程序层面上,即使法律没有明确规定高校惩戒处分程序,高校的惩戒行为依然应该满足正当程序原则的要求。譬如,在"刘燕文诉北京大学学位评定委员会不批准授予博士学位决定纠纷案"[2]中,法院就因被告校学位委员会在作出不批准授予刘燕文博士学位前,未听取刘燕文的申辩意见,在作出决定之后,也未将决定向刘燕文实际送达,影响了刘燕文向有关部门提出申诉或提起诉讼权利的行使,认定被告违反了程序正当原则,判决被告败诉。在实体层面上,则需要在合法性基础上满足比例原则等实质理性的要求,要求高校对学生作出惩戒处分具备正当理由。因此,在"何小强案"中,即使从法律规定的权限上看[3],可以肯定高校有权将通过大学英语四级作为学位授予的学术标准,但该标准的设置是否正当合理,是否属于过高的学术要求反而限制了学生的学术自由,抑或是否为高校基于自己不正当的学术竞争目的而对学生设置苛刻标准,则需要法院综合审查该高校自身的教学条件、学生整体的学习素质、学生通过该学术标准的比例、未通过学生的学习状况等原因,甚至需要综合考量该学术标准所涉的社会公知等等。同时,还应该审查学术标准设置的过程中,学生的诉求是否获得了充分的表达且被正当地考量。很明显,所谓的正当性审查,其实更多的是从行政权力的判断过程等经验层面上进行审查与判断。[4]

  因此,相比于规范主义的"条件式"审查进路而言,功能主义偏向于一种"目的性"的审查进路,它认为法律仅仅是实现某些特定目标的工具,评价法律决策的唯一根据就是它们的结

---

[1] 参见最高人民法院(2011)行提字第 12 号行政判决书。
[2] 参见北京市海淀区人民法院(2000)海行初字 157 号行政判决书。
[3] 根据《学位条例暂行实施办法》第二十五条的规定,法律规范对高校制定学位授予标准仅作了概括性规定,具体实施标准由各高校自己制定。
[4] 许宗力:《比例原则与法规违宪审查》,载许宗力:《法与国家权力(二)》,台湾元照出版有限公司2006年版,第 78 页。

果。[1]总体而言,基于"目的性"取向的功能主义审查进路,法院并非仅限于对"输出项"的高校惩戒行为进行单一的法律定性,抑或周旋于学生权利保障的法律位阶,而是需要法院在法律的框架秩序下,充分考量高校惩戒行为的"行政权力"与"学术权利"双重属性之要求,综合运用价值衡量、经验判断等实质理性的方式,借以在尊重高校实现其学术自由与发展、维护学术秩序的稳定、确保学生的学术素质水平与保障学生基本权利等"输出项"之间,获得实质性的衡量与理性的取舍。

结　语

随着国家与社会之间传统二元对立形态的逐渐消解,在民主法治国家中,二者其实已经呈现出交互融合的姿态,因此,"以传统上行政阶层的理解无法掌握学术以及学术行政,而需以合作与合议原则才能加以掌握"[2]。取向于国家与社会的功能性区分标准,面对高校对学生惩戒处分的司法审查,也需要从规范主义的"条件式"审查进路转向功能主义的"目的性"审查进路,指向立基于旨在促进宪法基本价值实现的目的性考量,在高校自治与法律保留之间,综合遵循正当性审查与合法性审查的双重面向,实现在学生权益司法保障和对高校教育自主权尊重之间的平衡。

---

[1] [英]马丁·洛克林:《公法与政治理论》,郑戈译,商务印书馆2013年版,第288页。
[2] [德]施密特·阿斯曼:《秩序理念下的行政法体系建构》,林明锵等译,北京大学出版社2012年版,第126页。

高等教育质量保障的法律纠纷及其解决机制研究
——基于德国与美国的经验考察

姚 荣[*]

摘 要 作为大学法研究的前沿议题——高等教育质量保障的法律规制,在以德国与美国为代表的两大法律体系,分别被纳入公法规制与普通法规制的范畴。在德国,高等教育认证行为属于行政行为,高校与认证代理机构之间的纠纷属于公法争议。申诉、行政诉讼与宪法诉愿等公法救济机制,构成德国高等学校与认证代理机构之间纠纷的解决渠道。如何避免认证对学术自由构成侵害,已成为德国公法学界与实务界关注的核心议题。受联邦宪法法院大学课程认证裁定的影响,德国高等教育认证体系正在进行深刻变革与调整。在美国,高等教育认证机构具有非营利性组织的法律地位,其需履行诚实信用以及基本的正当程序等普通法的一般义务。高等教育认证机构对"认证联邦化"的抵制以及高等教育机构对认证决定的抱怨或不满,构成美国高等教育质量保障纠纷的焦点议题。穷尽内部救济与"司法终局性"原则,被视为美国高等教育质量保障纠纷的解决机制。

关键词 高等教育质量保障 法律纠纷 纠纷解决机制 公法规制 普通法规制

一、问题的提出

当前,在高等教育"放管服"改革与"管办评分离"的背景下,我国高等教育质量保障活动的类型与方式日趋丰富。基于行政审批与命令等形式的高权管制方式,开始被更加柔性的新型规制工具所取代。教育督导、专业认证、学位授权审核、本科教学质量审核、学科评估以及专业学位水平评估等形式的高等教育质量保障活动持续增加。然而,受既有的行政化与官僚化体制的支配与影响,此类质量保障活动往往存在透明性、公正性与专业性不足的问题。"管评"长期不分的难题,始终未能获得有效解决。吊诡的是,教育部学位与研究生教育发展中心(以下简称"学位中心")等具有事业单位法律身份的高等教育质量保障机构,却将

---

[*] 姚荣,华东师范大学高等教育研究所副教授,管理学博士,主要从事教育法律与政策、高等教育组织与管理研究。本文系国家社会科学基金教育学青年课题"高等教育质量保障的法律规制研究(课题批准号:CIA180271)"的阶段性研究成果。

自己界定为独立的第三方组织,强调其质量保障活动(如学科评估等)的非政府性、公益性与服务性,进而遮蔽其履行国家公务,行使公权力的本质。受此影响,与高等教育质量保障有关的纠纷与争议,长期游离于法律规制之外。除此之外,长期以来政府与高等学校之间客观存在的"特别权力关系"或"内部行政关系",使高等学校在很大程度上沦为政府的"附属机构"。在此背景下,面对政府主导的各类质量评估或认证行为,高等学校往往缺乏权利救济与保障的渠道。例如,在备受关注的西北政法大学"申博案"以及同济大学法学一级学科博士学位授权点撤销争议中,高等学校均无法通过行政诉讼途径实现其权利的法律救济。未来,我国《中华人民共和国高等教育法》《中华人民共和国学位条例》的修订以及教育行政诉讼制度的改革,如何积极有效地回应高等教育质量保障中的法律争议问题,显得尤为紧迫。

与我国相比,以德国与美国为代表的两大法律体系,尤为强调高等教育质量保障活动的法治化,关注高等教育机构与高等教育质量保障机构之间纠纷的解决机制建设。具体而言,在以德国为代表的大陆法系国家和地区,将高等教育质量保障活动视为公共服务的重要组成,并将其纳入公法规制的范畴。与此相关的法律纠纷,被视为公法纠纷。有关高等教育质量保障活动(如认证行为、评估等)合宪性与合法性的争议,是德国公法学界与实务界普遍关注的议题。与此截然不同的是,以美国为代表的英美法系,坚持普通法的传统,将外部高等教育质量保障机构视为非营利性组织而非政府实体。高等教育质量保障机构通常仅需履行普通法上的一般义务,且拒斥政府公权力的不当干预与监管。基于比较法的研究视角,借鉴以德国与美国为代表的两大法律体系的经验,对于促进我国高等教育质量保障的法治化,实现高等教育质量保障活动中高等学校乃至教师、学生的权利保障与救济,具有重要与紧迫的现实意义。

二、教育行政监督的法治规约:德国高等教育质量保障纠纷的公法解决机制

长期以来,学术自我规制构成德国学术质量保障的传统路径与经典模式。它强调学者个体的自律与学术自治机制的有效运转,并排斥国家力量的介入与干预。传统上,以取得大学教授资格(Habilitation)的程序作为进入学术世界的仪式,被视为德国高等教育质量保障的有效方式,而这是一种建立在内部及同行评价之上而免受外力影响的方式。此外,在德国还有一种迷思,即认为所有的大学都一样好,因此直到20世纪90年代时,德国高等教育界所盛行的信念是,学术研究自有其内在的质量保障机制,因此身为学术工作者,原就具有努力求取学术表现的内在动力。在强调学术自由的前提下,过去高等教育中的教学只有在某些层面上受到监督。例如,有关教师义务的规定,以及"考试规章"中对于国家考试的规范等。[1] 在此背景下,德国一直到20世纪90年代初期才开始讨论教学与学习的质量问题。

---

[1] 杨莹:《欧盟高等教育品质保证制度》,台北高等教育文化事业有限公司2008年版,第314-315页。

例如,1998年修订的《高等学校总纲法》(HRG)第6条规定:高等学校必须接受有关研究、教学、科学后备力量的支持,以及男女平等机会的保障等方面工作的定期评估。

值得指出的是,认证是随着世纪之交博洛尼亚进程(Bologna-Prozess)的发生而引入德国的,这一方面是为了推动高校学位的可比较性和欧洲高等教育领域的流动性,另一方面也是在引入了"本科—硕士"学位结构之外将认证作为质量保证的统一元素。在德国,外部质量保障机构的建立,取代了传统上受国家较多规制的学习与考试事务。具体而言,在20世纪90年代末之前,基于高等教育的一体性理念(Der Gedanke der Einheitlichkeit)以及对学生职业自由基本权利的保障,国家通常对学习与考试等事务采取"输入式"的管理方式(如制定总纲性的考试规章)。[1] 根据1998年修订的《高等学校总纲法》的规定,德国专门成立了一个全国性的"认证委员会"(Akkreditierungsrat),由它负责审核和监管其他具体开展高等教育认证工作的认证代理机构(Akkreditierungsagenturen)。此后,基于德国文教部长联席会议(Ständige Konferenz der Kultusminister der Länder)和高校校长联合会(Hochschul Rekrektoren Konferenz,HRK)的共同决议,认证委员会于1999年成立。认证委员会最初有三年的试验期,试验期之后,经过国际专家小组的评估,认证委员会在2002年成为一个常设性机构,2005年成为设立于北莱茵-威斯特法伦州的"德国专业认证基金会"的一个机构。"德国专业认证基金会"不是联邦政府或州政府的附属机构,而是一个独立于政府的公法法人,独立运营,可以向相关机构征收费用。不过作为公法法人,基金会需要接受所在联邦州的法律监督。[2]

具体而言,在这一体系中,各州须根据《高等学校总纲法》(HRG)第9条第2款的规定,遵守该法所规定的学士和硕士学位课程认证(the accreditation of Bachelor's and Master's study courses)的共同的结构性规则(common structural guidelines),履行其高等教育责任。在这一时期,《高等学校总纲法》(HRG)构成认证的约束依据。值得指出的是,随着2004年12月16日就"德国学习课程认证基金会"(Stiftung zur Akkreditierung von Studiengängen in Deutschland)达成协议,各州已将认证委员会的职责移交给"德国学习课程认证基金会"(transferred the duties of the accreditation council to a foundation-Foundation for the Accreditation of Study Programmes in Germany)。按照北莱茵-威斯特法伦州的法律,该基金会具有公法人的法律地位。因此,北莱茵-威斯特法伦州于2005年2月15日颁布了关于设立"德国学习课程认证基金会"的法律,该法于2005年2月26日生效。[3]

---

[1] Charles J. Russo. Handbook of Comparative Higher Education Law. Maryland: Rowman and Littlefield Education,2013:121-133.

[2] 孙进:《德国高等教育认证——机构、程序与标准》,载《高等教育研究》2013年第12期,第88-95页。

[3] 根据2018年1月1日施行的《州际学习认证条例》第五条第一款的规定,现有的"德国学习课程认证基金会"不会解散,而是以"基金会认证委员会"之名继续作为各州的联合机构(a joint institution of the states under the new name "Foundation Accreditation Council")。具体而言,由2014年9月16日修订的法律(北莱茵-威斯特法伦州法律和法规公报第547页)将"德国学习课程认证基金会"改为"基金会认证委员会"。基金会认证委员会是各州的联合机构,负责德国高等学校教学与学习质量的认证与保障。

(一) 合宪性与合法性的双重检视：德国高等教育认证的法律纠纷

作为一种新生的事物，高等教育认证自产生以来，就受到德国学界的诸多批评，包括：1. 财务人力花费高；2. 缺乏对持续结果的认证；3. 认证结果往往只用来服务政策的决定者，让结果作为削减政府预算开支的理由，而认证的实施也将教授的自我决定转变为外部的控制；4. 压缩了可以用于教学的经费；5. 让教师为了应付认证而减少研究的时间。针对学界的质疑，各州开始提出具体的因应策略，以降低高等教育质量保障的"规制强度"。例如，2006年2月北莱茵-威斯特法伦州的州高等学校校长会议决定，以"体系认证"（System Akkreditierung）取代"专业认证"。2005年7月巴伐利亚州的学术部长及德国高教联盟在2006年5月也建议采用"过程认证"（Prozessakkreditierung）来改进现有的认证系统。而全国认证委员会（AKR）则于2008年引进体系认证，以作为专业认证以外的另一种选择。[1] 与规制强度较高的专业认证不同，"体系认证的对象不再是高校各个专业或专业的集合，而是整个高校内部的质量管理体系。体系认证旨在审查高校内部与教学相关的质量管理体系能否保证该校所开设的学士和硕士专业符合既定的质量标准。这里的质量标准包括：《欧洲高等教育质量保证标准和准则》(*European Standards and Guidelines for Quality Assurance in Higher Education*, ESG)、德国文教部长联席会议以及认证委员会出台的相关标准。"[2]

然而，认证体系的调适与改造，并未完全消解学界乃至实务界的质疑与担忧。2016年2月17日，联邦宪法法院受理了阿恩斯贝格市行政法院（VG Arnsberg）（注：阿恩斯贝格市是北莱茵-威斯特法伦州霍赫绍尔县的一个城市）法官提请的具体法规审查之请求，裁定北莱茵-威斯特法伦州关于大学课程认证的规定违宪（BVerfGE 141, 143）。具体而言，联邦宪法法院在大学课程认证裁定（Akkreditierung von Studiengängen）[3] 中，列举了以下论证理由：

论证理由1：高校课程认证的规定涉及基本法第5条第3款第1句的保护范围（Schutzbereich），这一保护范围涵盖作为私立高校的高等专科学校和教师的评估程序（Bewertungsverfahren der Lehre）。基本法第五条第三款第1句的保护范围包括高校的教学、学院、专业和高校、大学、高等专科学校和按照私法组织的学术团体（die privatrechtlich organisierte Wissenschaft）。这样本案涉及的私立高等学校、它的下级单位与教师也在基本法第5条第3款第1句的保护范围。

论证理由2：涉诉条款对高校课程施加的间接的认证义务严重侵犯了学术自由。涉诉条款没有赋予立法者直接的行为上的义务以一种特定的方式（in einer bestimmten Art）形

---

[1] 杨莹：《欧盟高等教育品质保证制度》，台北高等教育文化事业有限公司2008年版，第336-337页。

[2] 孙进：《德国高等教育认证——机构、程序与标准》，载《高等教育研究》2013年第12期，第88-95页。

[3] BVerfGE 141, 143.

成高校课程。原因诉讼中,当时的州高校法在规定私立高校时和国立高校不一样,既没有明确地规定要对课程认证,也没有明确地规定不能提供未经过认证的课程,仅仅只是规定,当私立高校被国家承认时,需要强制满足州高校法第 72 条第 2 款第 6 句和第 72 条第 1 款第 3 句的承认条件(Anerkennungstatbestand)。

论证理由 3:侵犯学术自由不能在合宪性上正当化。首先,伴随"博洛尼亚进程"而来的高等教育欧洲化(Europäisierung des Hochschulraums)并不能正当化认证。因为根据德国法,认证需要通过制定欧洲协议来执行。但是,目前欧盟并没有就高校的教学享有统一的权力(Harmonisierungskompetenz)。博洛尼亚进程需要通过成员国的教育部门按照欧洲整合的目的通力合作,这也就是说教学内容和教育体制的形成都是各个成员国保留的责任。其次,虽然学术自由可以受到教学质量保障(Sicherung der Qualität der Lehre)的限制,但是立法者应该在基本法的意义上自行规定质量保障的重要问题,而不是委托其他主体行使,而本案就是这样。根据法治国原则(Rechtsstaatsprinzip)和民主律令(Demokratiegebot),在涉及基本权实现(Grundrechtsverwirklichung)的问题上应该由立法者自行完成。什么是重要问题,就是关系到基本法的原则和基本权的问题。立法者可以为了保证教学质量,不详细规定教学内容,否则,就会侵犯学术自由的自我理性。

联邦宪法法院指出,2006 年 10 月 31 日的《北莱茵-威斯特法伦州高校自治法》(Hochschulfreiheitsgesetz)关于高校的第 72 条第 2 款第 6 句和第 1 款第 3 项间接地设置了大学课程认证的义务。这一义务虽然主要适用于私立高校,但是其也意图适用于国家认证的高校。此外,私立高校因为其提供的课程需要得到市场的检验而被要求强制进行课程认证。这种"预防性的全面审查"(präventive Vollkontrolle)缺乏足够确定的立法依据,而无法正当化。立法者在没有具体规定的情况下,不可以将认证的实质事项委托给第三方,主要是认证代理机构来行使。换言之,《北莱茵-威斯特法伦州高校自治法》(Hochschulfreiheitsgesetz)第 72 条第 2 款第 6 句关于大学课程认证的规定,与基本法第五条第三款第一句(Art. 5 Abs. 3 Satz1 GG)不符合,因为学术的广泛参与不能仅仅通过认证来保证。该条款规定的认证严重侵犯了学术自由,一方面其不符合立法保留(Gesetzesvorbehalt),另一方面其将高校课程认证的规定在事实上(tatsächlich)交给其他主体来行使,且没有规定这些主体行使的必要法定条件(die notwendigen gesetzlichen Vorgaben)。

质言之,基本法第 5 条第 3 款第 1 句(Art. 5 Abs. 3 Satz1 GG)规定的学术自由基本权(Das Grundrecht der Wissenschaftsfreiheit)在原则上并不排斥大学课程(Studienangebot)的质量保障,但是立法者不能将认证的实质权限(Wesentliche Entscheidungen zur Akkreditierung)委托给其他活跃分子(Akteur),而是应该关照学术的自我特质(Eigenrationalität der Wissenschaft)。

最终,联邦宪法法院作出以下裁定:1. 2006 年 10 月 31 日的《北莱茵-威斯特法伦州高校自治法》(Hochschulfreiheitsgesetz)关于高校的第 72 条第 2 款第 6 句,第 7 条第 1 款第 1 句和第 2 句,以及 2014 年 9 月 16 日修订的《北莱茵-威斯特法伦州高校法》(Gesetz über die Hochschulen des Landes Nordrhein-Westfalen)第 73 条第 4 款,第 7 条第 1 款第 1 句和第 2

句,与基本法第 5 条第 3 款第 1 句和第 20 条第 3 款不一致。2. 2006 年 10 月 31 日的《北莱茵-威斯特法伦州高校自治法》(Hochschulfreiheitsgesetz)关于高校的第 72 条第 2 款第 6 句,第 7 条第 1 款第 1 句和第 2 句,以及 2014 年 9 月 16 日修订的《北莱茵-威斯特法伦州高校法》(Gesetz über die Hochschulen des Landes Nordrhein-Westfalen)第 73 条第 4 款适用到新法出台为止,最迟不能延长到 2017 年 12 月 31 日。

根据联邦宪法法院作出的大学课程认证裁定,说明德国高等教育认证体系能否提供有意义的质量保障,抑或只是官僚式的妄断,不无争议。在这个背景下,2017 年 5 月 17 日科隆大学(Universität zu Köln)举办的第 12 届高校法大会[1](12. Deutscher Hochschulrechtstag)就确定了"认证的未来"这一主题,旨在系统地讨论大学课程认证裁定以及由此引发的高等教育认证的合宪性与合法性问题。[2] 除此之外,科隆大学德国与欧洲学术法研究所[3](Instituts für Deutsches und Europäisches Wissenschaftsrecht, Universität zu Köln)的主任克里斯提安·冯·克尔恩(Christian von Coelln)教授在《学术法》(Wissenschaftsrecht, WissR)[4]季刊 2017 年第 3 期刊发题为《认证与再认证》(Akkreditierung und Reakkreditierung)的论文,对德国高等教育认证的合宪性问题及其改革的最新动向进行深入剖析。总体而言,他对 2016 年大学课程认证裁定案以后德国高等教育认证体系的新发展抱有审慎的批判立场。他认为,新的法律并未抓住实现法律确定性与法律和平的机会(the chance to create legal certainty and legal peace has not been seized)。[5]

---

[1] 德国高校法大会(Deutscher Hochschulrechtstag)是一个会期一天的学术研讨会,每年轮流在埃尔朗根(Erlangen)、科隆(Köln)、汉诺威(Hannover)和波恩(Bonn)举行。大会的目的在于:通过研究高校法的最新问题,促进在高校中讨论这些问题从而形成解决方案。同时,大会也致力于在理论界和实务界之间,就高校法领域提供一个思想交流的平台。

[2] Christian Jasper. Die Zukunft der Akkreditierung von Studiengängen - 12. Deutscher Hochschulrechtstag in Köln, 12. Die Öffentliche Verwaltung(DÖV),2017:911-913.

[3] 科隆大学德国与欧洲学术法研究所由 Hartmut Krüger 教授创建于 1990 年,该研究所不仅关注传统的涉及高等学校的法律问题,也关注非高等学校的研究机构。该研究所的活动范围广泛,包括开设大学法与学术法的常规课程(regular courses on higher education and research law),出版了德国和欧洲学术法的系列丛书(Schriften zum Deutschen und Europäischen Wissenschaftsrecht)。此外,该研究所与德国和国外学术法领域的研究人员和高级管理人员开展合作,探讨大学法领域的基本与前沿议题。

[4] 由摩尔·兹贝克(Mohr Siebeck)出版社出版的《学术法》(Wissenschaftsrecht, WissR)是关于德国与欧洲学术法研究的法学季刊,1968 年创刊。目前,该刊的执行主编是波恩大学的盖尔迪茨教授。作为一本学术法领域的专业期刊,该期刊旨在帮助大学管理人员、律师、法官、议员和学者更好地理解现代大学研究与教学的法律挑战。此外,WissR 提供对学术法领域的现有法律规范、改革建议和特定法院裁判的分析与评估。

[5] Christian von Coelln. Akkreditierung und Reakkreditierung. Wissenschaftsrecht(WissR),2017:209-233.

表 1　德国第 12 届高校法大会的发言概况

发言人	发言题目
乌特·马杰教授（海德堡大学德国和欧盟行政法研究所）	大学课程认证的合宪性框架条件（Verfassungsrechtliche Rahmenbedingungen der Akkreditierung vo Studiengängen）
诺贝特·詹兹（波茨坦大学教授/勃兰登堡州审计署咨询专家）	请付款——从财政监督的视角看大学课程认证（Zahlen bitte! -Die Akkreditierung von Studiengängen aus Sicht der Finanzkontrolle）
马赛厄斯·施特策（耶拿应用技术大学教授）	认证作为质量保证的工具？——陷阱和迷途（Akkreditierung als Instrument der Qualitätssicherung? Fallstricke und Irrwege）
托马斯·格吕内瓦尔德博士（北莱茵-威斯特法伦州创新、科学、研究和技术部秘书长）	一种受保护的质量保证的继续发展——认证的新规定（Weiterentwicklung einer bewährten Qualitätssicherung-Die Neuregelung der Akkreditierung）
奥拉夫·巴茨博士（德国大学课程认证基金会负责人和董事会成员）	认证委员会和认证代理机构在当前和今后的角色（Die bisherige und die zukünftige Rolle des Akkreditierungsrates und der Akkreditierungsagenturen）

在此次大会中，第一位报告人乌特·马杰教授（Professorin Dr. Ute Mager）首先对德国高等教育认证的历史进行了回顾。她指出，认证作为质量保证工具（Qualitätssicherungsinstrument）从一开始就因为会产生官僚机构臃肿和带来巨大开支而遭到拒绝。自 2005 年以来，认证规定遭受了法律界的合宪性责难，因为其缺少充足的立法依据，这些观点也被联邦宪法法院所确认。她也同意联邦宪法法院的观点，即认证规定严重侵犯了学院和高校的课程形成自由（Studiengestaltungsfreiheit）以及教学自由（Lehrfreiheit），还侵犯了每个学者（Wissenschaftler）的权利。但是，她接着论证，正当化认证的合法目的，除了依据基本法第 3 条第 1 款规定的机会均等（Chancengleichheit），主要是依据基本法第 12 条第 1 款规定的职业自由（Berufsfreiheit），其要求保障受到合格的培训是职业自由的组成部分。培训自由（Ausbildungsfreiheit）的保护内容可以为限制学术自由提供正当化依据。虽然从学术自由的观点来看，立法者不能独自规定学术质量保证的所有内容，但是立法者必须制定其中的实质内容。为了保证学术自由，高校只是拥有在确定课程的范围和内容以内的权利，立法者可以在引入外部质量监督的条件下保持合比例性的限度。只要能避免过度规制（Überregulierung）和固化现有的制度，那么认证就是必要的。最后，她建议，认证应该以高校的主动申请为条件，从而避免将已经被广泛认可的、效果良好的课程纳入无意义的过度审查中。认证程序应该有助于保障学术。

与乌特·马杰教授的视角不同，诺贝特·詹兹教授（Professor Dr. Norbert Janz）作了题为"请付款——从财政监督的视角看大学课程认证"的主题发言，他承认审计监督和学术自由之间的关系同样问题重重。同其他州一样，勃兰登堡州审计署从世纪之交开始，审查了勃兰登堡州 2005—2009 年度的认证程序。截至 2009 年年底，勃兰登堡州高校共提供 357 个本科和硕士课程，其中 47% 的课程经过了认证。他强调，认证是非常贵的。在这 5 年中，勃兰登堡州高校共花费了480万欧元,其中不到20%的费用是花在7个授权的认证代理机构上,其他约80%的费用是用于高校的人事支出上,而实物支出不到1%。26个再次认证的课程总共花了550欧元,和第一次认证一样贵。为此,他建议,为了减少支出,应改变认证的5年有效期,延长到10年。

在下午的发言中,耶拿应用技术大学马赛厄斯·施特策教授(Professor Dr. Matthias Stoetzer)以《认证作为质量保证的工具?——陷阱和迷途》为题,从法律上批评了目前的认证实践。他通过大量的例子证明,目前的认证并未有效改善课程的质量。他断言,认证即使在今天也未必是经验性的。对于马赛厄斯·施特策教授的质疑,北莱茵-威斯特法伦州创新、科学、研究和技术部秘书长托马斯·格吕内瓦尔德博士(Dr. Thomas Grünewald)予以回应并发表了不同的意见。他指出,虽然认证在实践中存在不足,但是不能说认证就没有正当的基础。此外,国际上的雇主就非常看重求职者是否从经过认证的课程中毕业。他强调,德国的高校体制复杂,经过一套程式化的外部质量保证程序,即"同行评审程序"(Peer-Review-Verfahren),能保证认证的效果。德国从认证中受益,从而成为强有力的学术居留地。因此,各州已经签署了认证的州际协议。[1]

最后,德国大学课程认证基金会负责人奥拉夫·巴茨博士(Dr. Olaf Bartz)汇报了德国大学课程认证基金会未来的工作,今后他们将承担认证和再次认证工作,而这些工作目前由认证代理机构承担。尽管认证代理机构被剥夺了认证的权限,但是也要与这些认证代理机构加强合作。还有一项重要工作就是要加强质量保证领域的国际合作。

在最后的讨论环节,大家都认为,如何保证认证代理机构和认证委员会的合作是一个复杂的法律问题。这种情况尤其出现在:高校或者学院认为认证代理机构在评估程序中有瑕疵,因此在由此引发的行政诉讼中,德国大学课程认证基金会应该作为相关人加入讨论。认证委员会在考虑认证代理机构的观点时,也要考虑相关高校或者学院的立场。显然,在德国高等教育质量保障的法律纠纷中,认证代理机构与高等学校以及认证委员会之间的法律关系是错综复杂的。[2] 据此,厘清高等教育认证行为的法律性质,进而为高等学校寻求权利救济与保护的法律渠道显得尤为重要。

(二)申诉、行政诉讼与宪法诉愿:德国高等教育认证的纠纷解决机制

回顾大学课程认证裁定的基本案情,为梳理德国高等教育认证的纠纷解决机制提供了有益的"观察窗口"。在该案中,原因诉讼中的原告是一所于2005年成立并为国家承认学历的私立高等专科学校(private Fachhochschule)。从2005年9月起,它开始承担物流本科学

---

[1]《关于德国高校在学习和教学中推进质量保证的统一认证体制的组织的州际协议》(Der Staatsvertrag über die Organisation eines Gemeinsamen Akkreditierungssystems zur Qualitätssicherung in Studium und Lehre an Deutschen Hochschulen)已经由部长会议于2017年6月1日通过,由出席会议的13个州的州总理签署,其他3个州,梅克伦堡-前波莫瑞州(Mecklenburg-Vorpommern)、北莱茵-威斯特法伦州(Nordrhein-Westfalen)和石勒苏益格-荷尔斯泰因州(Schleswig-Holstein)也已陆续签署。

[2] Christian Jasper. Die Zukunft der Akkreditierung von Studiengängen - 12. Deutscher Hochschulrechtstag in Köln,12. Die Öffentliche Verwaltung(DÖV),2017:911-913.

位(Logistik mit Bachelorabschluss)的校内和远程课程(Präsenz- und im Fernstudiengang)。原因诉讼中的被告是一家认证代理机构,它于2002年第一次被认证,2005年再次被认证。

2008年5月2日,北莱茵-威斯特法伦州创新、科学、研究和技术部(Das Ministerium für Innovation, Wissenschaft, Forschung und Technologie)在该私立高等专科学校的再次认证申请(Reakkreditierungsantrag)没有通过后,发出通知,拒绝了私立高等专科学校的招生申请;并告知,一旦私立高等专科学校的课程得到认证,该拒绝通知(Bescheid)理应撤销。对创新、科学、研究和技术部的这一拒绝通知,私立高等专科学校并未就此提请行政诉讼。

而在之前的2007年5月,私立高等专科学校向认证代理机构提交了物流本科学位再次认证的申请,因为它于2004年申请的认证到2008年9月就到期了。认证代理机构召集了一个小组对私立高等专科学校的认证材料进行了鉴定(Begutachtung),并于2008年2月向代理机构内设的认证委员会(die Akkreditierungskommission der Agentur)提交了一份建议,建议认证不通过。专业委员会(Fachausschuss)于2008年3月28日作出了和认证委员会(Akkreditierungskommission)同样的决定。2008年4月14日,认证代理机构的总经理告知了私立高等专科学校这一结果,并附上了最终报告。此后,认证代理机构又补充了不认证的理由。在认证代理机构的告知书中,还提及了权利救济渠道(Rechtsbehelfsbelehrung),即通过申诉(Beschwerde)的方式进行。基于此,私立高等专科学校向认证代理机构内设的申诉委员会(Beschwerdeausschuss der Akkreditierungsagentur)提出了申诉申请。

2008年8月6日,由认证代理机构内设的申诉委员会裁定申诉不成立,并于2008年9月3日以书面的形式告知了私立高等专科学校。私立高等专科学校于2008年8月12日向行政法院提出了签发"临时处分"(einstweilige Anordnung)的要求,即要求认证代理机构履行认证的临时义务,同时它还提请了行政诉讼。行政法院于2008年10月19日拒绝了签发"临时处分"的申请。行政法院认为,私立高等专科学校在临时处分上并没有正当的理由,因为再次认证的不通过并没有对大学生录取造成直接的法律影响。唯一相关的是创新、科学、研究和技术部的拒绝通知,然而私立高等专科学校并未就此提请行政诉讼。问题在于:依据《北莱茵-威斯特法伦州高校自治法》(Hochschulfreiheitsgesetz)第72条第3款第2句,创新、科学、研究和技术部的拒绝通知不无疑问。

值得关注的是,2009年7月27日,行政法院作出裁定,受理私立高等专科学校提请的行政诉讼。2010年4月16日,行政法院又作出裁定,中止行政案件的审理,并将案件移送联邦宪法法院,要求联邦宪法法院判断:《北莱茵-威斯特法伦州高校自治法》(Hochschulfreiheitsgesetz)第72条第2款第6句(§ 72Abs. 2 Satz 6 HG NRW a. F.)是否与基本法的第5条第3款和第20条第3款相符合?行政法院认为,《北莱茵-威斯特法伦州高校自治法》(Hochschulfreiheitsgesetz)第72条第2款第6句是违宪的,因为从这一条款规定的"认证"中,看不出认证的程序、认证的主体、认证的标准和认证的过程,也看不出课程需要满足最低的认证条件。2016年2月17日,联邦宪法法院受理了行政法院的宪法诉愿,并作出大学课程认证裁定。显然,围绕高等教育认证所产生的法律纠纷,高等学校可以通过认证代理机构内设的申诉委员会构建的申诉机制以及向行政法院提起行政诉讼乃至向联邦宪法法院提起宪法诉愿等渠道，实现其权利救济。

申诉、行政诉讼以及宪法诉愿等公法救济渠道适用的理由在于，德国高等教育认证体系具有特定的公权力色彩。在德国，认证代理机构可能是独立的，而认证委员会不是。认证委员会不得在未经州代表同意的情况下就项目评估的结构性指导方针和规定等问题方面作出决定，或对学习项目进行评估。在某种意义上，认证历史，应被解读为反对联邦政府代表的规制行动、争取组织独立性的持续斗争过程。实际上，在许多方面，认证委员会都受到德国各州文教部长联席会议（the Standing Conference of the Ministers for Culture and Education of the German States）政策的约束。联席会议负责德国教育政策的制定和规划，是认证委员会的主要出资者。此外，联席会议的代表构成了半数以上的认证委员会指导委员会（the steering committee of the Accreditation Council）成员。认证委员会将采纳联席会议的决议，并将其纳入对认证代理机构工作具有法律约束力的框架性规定（forge them into legally binding framework regulations）。认证代理机构自身在不断地争取其独立性，因而认证委员会夹在权力增强的联席会议和相对自主的认证代理机构之间左右为难。[1] 德国认证委员会的成员中有 4 名成员来自州政府，另外，认证委员会的成员也是由各州文教部长联席会议和高校校长联合会共同任命的。通过任命成员和参与认证委员会，政府可以对认证工作发挥影响。[2] 不难发现，尽管德国是少数几个允许质量保障机构在国家范围内相互竞争的国家之一，但是德国的高等教育认证体系依旧还是受制于联邦政府管控下的市场环境。[3]

从某种意义上而言，作为高等学校服务提供者的私法机构（主要是认证代理机构）与行使公权力的认证委员会（the accreditation council that exercises public authority）之间建立了明确的行政法律关系。而根据《州际学习认证条例》[4]第 3 条第 5 款规定，"认证委员会的最终决定包括：1. 根据第 2 条第 2 款确定遵守形式标准的情况。2. 根据第 2 条第 3 款确定遵守学术标准的情况。依据第 1 项作出决定的依据和标准，完全是来自本州际条例以及根据本条例颁布的规定（the regulations enacted on the basis of this interstate treaty）。依据第 1 项所作决定是德国《联邦行政程序法》第 35 条所指的行政行为（an administrative act within the meaning of § 35 of *the German Administrative Procedure Act*）"[5]。根据这一条款的规定，认证决定被明确界定为行政行为（第 3 条第 5 款之条款 4）。而根据《联邦行政

---

[1] David D. Dill, Maarja Beerkens. Public Policy for Academic Quality: Analyses of Innovative Policy Instruments. Springer, 2010: 227-248.

[2] 孙进：《德国高等教育认证——机构、程序与标准》，载《高等教育研究》2013 年第 12 期，第 88-95 页。

[3] 刘晶：《法、德高等教育评估中的政府角色》，载《比较教育研究》2014 年第 10 期，第 61-66 页。

[4] Akkreditierungsrat. Studienakkreditierungsstaatsvertrag, http://www.akkreditierungsrat.de/fileadmin/Seiteninhalte/AR/Sonstige/Studienakkreditierungsstaatsvertrag，访问日期：2018 年 11 月 20 日。

[5] 《联邦行政程序法》于 1976 年 5 月 25 日通过，该法对行政决定形成的过程及其控制等问题作出了规定。到目前为止，该法于 1998 年 9 月 21 日作了最后一次修订颁布。参见[德]弗朗茨-约瑟夫·派纳：《德国行政程序法之形成、现状与展望》，刘飞译，载《环球法律评论》2014 年第 5 期，第 112-116 页。

程序法》第 35 条的规定,"行政行为是指当局为处理公法领域的具体事务,作出发生直接外部法律效力的命令、决定或者其他的高权措施"。此外,《州际学习认证条例》第 3 条第 7 款规定,"高等学校可通过诉诸行政法院对第 5 款规定的决定提出异议"。据此,高等学校可针对认证代理机构作出的认证决定,向行政法院提起行政诉讼。

总体而言,德国高等教育认证行为的公法属性以及学术自由基本权的宪法保障,为检视德国高等教育认证体系的合宪性与合法性、正当性提供了法律基础与前提。[1] 申诉、行政诉讼乃至宪法诉愿等公法救济机制,为高等学校以及教师合法权益的保护,提供了明确的法律途径。

(三) 法院与认证体系的互动:大学课程认证裁定的后续影响

当前,由联邦宪法法院作出的大学课程认证裁定(BVerfGE 141,143),为德国高等教育质量保障的法律规制提供了方向指引。尽管联邦宪法法院的大学课程认证裁定直接涉及北莱茵-威斯特法伦州的法律,但是其也在联邦范围内发生效力。事实上,这一裁定关系到所有州的高等教育认证事项。依据联邦宪法法院的裁判标准,州关于认证的规定不太符合基本法(GG)的要求。当然,通过外部认证(externe Akkreditierung)实现质量保证的模式并未受到联邦宪法法院的异议,事实上还得到了联邦宪法法院合宪的支持。实际上,在大学课程认证裁定中,联邦宪法法院已就高等教育认证制度的法律要求作出了基本的规定。在内容方面,通过认证对教学形成具有约束力的外部质量保证方法得到了确认,不仅包括科学和与学科有关的专业标准(scientific and subject-related and professional criteria),还包括对学习项目的组织评估、学术要求以及学业成功。然而,这在法律实施方面存在缺陷(shortcomings are seen in the legal implementation),因为认证的关键决定必须由立法机构自己作出(the key decisions for an accreditation have to be taken by the legislature itself),这包括:有关内容的标准化、认证程序和组织的要求、主要参与者构成的科学与正当以及制定和修订评估标准的程序。

据此,在联邦宪法法院作出大学认证裁定之后,德国各州文教部长联席会议宣布赞成制定针对各州的联合性规则,旨在提供全国范围内的解决方案,以强化高等教育认证体系的合宪性、合法性与正当性。在此背景下,各州文教部长联席会议于 2016 年 12 月 8 日通过了《州际学习认证条例》并于 2018 年 1 月 1 日起施行。应该认识到,各州文教部长联席会议制定该条例的重点是执行联邦宪法法院有关大学课程认证裁定的要求(the implementation of the requirements defined by the court),特别是要建立令人满意的质量保证制度的法律基础(the creation of a satisfactory legal basis for a quality assurance system)。在 2016 年 6 月 17 日的决议中,各州文教部长联席会议承认认证是外部质量保证的一种形式(acknowledge accreditation as a form of external quality assurance)。它确认各州需要采取行动,并认为迫切需要根据联邦宪法法院的裁定,实施必要的法律规制。它还认为有必要进一步优化认证

---

[1] Christian von Coelln. Akkreditierung und Reakkreditierung. Wissenschaftsrecht(WissR),2017: 209-233.

制度（further optimization of the accreditation system），因此同意不仅要从法律层面回应联邦宪法法院的裁定（the legal implementation of the stipulations of the Federal Constitutional Court），还提出了使外部质量保障制度更加灵活，使高等学校享有更大自主权，以及简化程序、减少工作量，从而减少成本等建议。

值得指出的是，2018年1月1日施行的《州际学习认证条例》的规定，为基于以下指导原则的认证制度，奠定了法律基础：1. 高等学校对教学质量保证和提高的首要责任；2. 认证为外部的、学术主导的教学和学习质量保证体系（science-led quality assurance system for teaching and learning），以保证学术标准和高等教育资格的专业相关性；3. 根据HRG第9条第2款的规定，州政府有责任使相应的学习和考试结果等值（the equivalence of corresponding study and examination results），以及在认证制度范围内高等学校之间学历转换的条件和可能；4. 专业认证和体系认证（programme and system accreditation）作为认证工具以及通过认证促进质量保证发展的选择（试验条款）；5. 符合《欧洲高等教育质量保证标准和准则》。[1]

具体而言，《州际学习认证条例》对认证的程序与标准作出了更为明确与清晰的规定。其中，认证标准被区分为形式标准（formal criteria）与学术标准（academic criteria）两类。根据《州际学习认证条例》第2条第2款的规定，形式标准包括：学习方案的结构和期限、学习方案的概况、入学要求和不同学习规定之间的转换（transitions between different study provisions）、资格和资格认定、模块化（modularisation）、流动性和学分制度（mobility and the credit points system）、学士和硕士学习课程与之前学位/文凭的平衡（equation of the Bachelor's and Master's study programmes with the former diploma）、国家考试和硕士学位课程（state examination and Magister courses of study）、旨在改变高等学校或学习方案识别结果的措施（measures to recognize results when changing the higher education institution or study programmes）以及在高等教育之外取得的成果（results achieved outside higher education）。

而根据《州际学习认证条例》第2条第3款的规定，学术标准包括：1. 与预期学位水平相对应的学习方案的资格目标，以及与科学/学术或艺术能力领域、合格就业能力以及人格发展相关的其他事项；2. 条件目标与连贯的学习方案概念的一致性，及其通过适当的资源、相应的教师资格、相应的以能力为导向的测试加以实施；3. 最新科学研究水平的主题——内容标准（subject-content standards at the latest level of science and research）；4. 取得充分学术成功的措施；5. 确保男女平等以及补偿残疾或慢性病等处境不利学生的措施；6. 质量管理体系的概念（目标、流程和工具）以及实施这一概念的措施。形式标准与学术标准的区分，有利于实现程序的简化：形式标准不需要认证代理机构专家的核实，其履行情况由该机构办公室自身核实。而同行评审只涉及学术部分，这就使专家无法评估纯粹的形式标准

---

[1] Akkreditierungsrat. Studienakkreditierungsstaatsvertrag, http://www.akkreditierungsrat.de/fileadmin/Seiteninhalte/AR/Sonstige/Studienakkreditierungsstaatsvertrag，访问时间：2018年11月20日。

(discharges the experts from assessing purely formal criteria)。此外，《州际学习认证条例》在确定参与认证的教授时也采取了上述分离方式(第 4 条第 3 款)。[1]

三、私人规制传统的法律透视：美国高等教育质量保障纠纷的普通法规制模式

在美国的高等教育协会中，最关心高等教育机构教育使命及其项目的是高等教育认证机构。由私人协会而非教育部或其他政府机构开展的教育认证，是美国高等教育系统所特有的。随着高等教育系统的发展，私人认证机构在制定和维护高等教育标准方面承担起了重要角色，对试图获得或保留认证的高等教育机构和项目发挥着重要影响。目前，主要有两种类型的认证：机构（或区域）认证和项目（专业）认证。机构认证适用于整个机构及其所有项目和院系，而项目认证则适用于特定院系或项目。其中，机构认证由 6 个区域性机构负责组织实施。由于每个区域性认证机构涵盖该国的一个单独的、明确的部分，每个高等教育机构只接受一个区域性认证机构的管辖。项目认证由大量增加的"专业"（或"专业"或"职业"）认证机构实施，认证机构常常由其认证的教育项目的特定专业或职业赞助，这些专门机构的管辖权分布在全国各地。从 1975 年到 1993 年，作为私人组织的高等教育认证委员会（COPA），为区域性和专业认证机构开展了一场非政府的民间认证进程，并在国家层面作为其代表。该组织于 1993 年 12 月 31 日解散。作为继任组织，高等教育认证委员会（CHEA）于 1996 年通过一批大学校长的倡议开始运作。毋庸置疑，与大陆法系国家和地区的公共服务模式不同，行业自律模式构成美国高等教育认证的传统与特色。

（一）自治与控制的博弈：美国高等教育认证的法律纠纷

在美国，高等教育认证的法律纠纷主要涉及高等教育认证机构与高等教育机构以及联邦政府之间的法律纠纷。通常而言，许多针对包括高等教育认证机构在内的教育协会提起的诉讼，都是由于机构或个体被拒绝接收成为协会会员或被终止会员资格而引起的。高等教育认证机构对于高等教育机构的主要的制裁形式，包括撤销和拒绝认证两类。近年来，由于广泛的公共（主要是联邦政府）和私人（主要是高等教育消费者）对认证机构的决定的依赖，这种私人制裁（private sanctions）的力量大大增强。具体而言，联邦政府部分依靠这些认证机构来鉴别高等教育机构及项目（尤其是那些受美国教育部管理的）是否有资格从广泛的教育援助方案中获益。从国家豁免认证机构或项目免于各种许可或其他监管要求中可以看出国家对高等教育认证活动的依赖，一些州还通过认证来确定学生或机构在其国家资助计划下的资格，州专业和职业许可委员会将从认证机构或项目毕业作为获得在该州执业许可的先决条件。私人专业学会可以利用专业认证来确定谁有资格成为会员，学生与家长可以将认证作为选择学校的标准。高等教育机构本身往往依靠认证来确定学分转换的可接受

---

[1] Akkreditierungsrat. Studienakkreditierungsstaatsvertrag, http://www.akkreditierungsrat.de/fileadmin/Seiteninhalte/AR/Sonstige/Studienakkreditierungsstaatsvertrag，访问时间：2018 年 11 月 20 日。

性,以及决定什么样的学历证书将使候选人有资格申请特定学术职位。

诚如美国高等教育法律专家威廉·卡普琳与芭芭拉·李(William A. Kaplin & Barbara A. Lee)所言:"由于公共和私人对认证机构广泛的依赖,大学管理人员通常认为有必要保持机构和项目认证,即便他们并不同意协会的标准或评估程序。因而,大学管理人员和法律顾问必须准备与众多认证机构维持工作关系,并应了解对认证机构权力的法律限制。例如,当认证机构拒绝或撤销认证时,高等教育机构可能适用的法律或专业依据;或者当高等教育机构或者其项目失去(或自愿放弃)认证时,高等教育机构和学生可能面临的法律影响及实际后果。"[1]当前,随着认证机构私人制裁权的强化,与高等教育认证活动相关的法律纠纷案件也持续增加。从一定意义上而言,这些案件是测验对私人协会权力的法律限制的试验场,这种诉讼通常是由寻求法律保护其作为协会成员或潜在成员权利的高等教育机构所提出的。[2]

首先,认证机构与高等教育机构之间的法律纠纷。

在与高等教育认证有关的司法实践中,涉及认证机构权力的第一个案件出现在1938年。在北方中央学院和中学协会威胁撤回对北达科他州农业学院的认证后,州长对法院寻求对北方中央学院和中学协会的禁止令。使用传统的法律分析,法院否认了州长的要求。法院的裁判指出,"在没有欺诈、串通、武断或违反合同的情况下,这些自愿协会的决定应在法院诉讼中被接受"。[3]

另一个案件则发生在1967年。在这起案件中,帕森斯学院起诉北方中央学院和中学协会。起因是北方中央学院和中学协会于1963年认为学院具有试用期会员资格,但于1965年将其取消,并规定该学院的认证状态在三年内可得到复审。1967年,该协会对该学院进行了为期两天的实地访问,此后,访问团队发表了一份报告,指出学院承诺的一些改进"没有实现","其他缺陷仍然存在"。在学院在会议中陈述和回答问题之后,执行委员会建议帕森斯学院不再担任协会会员,协会的全部会员投票接受这项建议。此后,学院向董事会提出了上诉,董事会维持了原协会的决定,因为该学院未能"为学生,特别是那些能力有限的学生提供充分的教育计划"。当学院试图阻止协会实施其取消认证的决定时,联邦地区法院拒绝了其要求,这反映出传统上司法不愿意审查私人协会的内部事务。法院认定协会不受联邦宪法正当程序要求的约束,协会在撤回对学校的认证时遵循了自己的规章制度,并未武断行动或违反"基本正当程序"。质言之,帕森斯学院案(Parsons College v. North Central Association of Colleges and Secondary Schools)中,法院形成了如下观点:在履行普通法一般义务

---

[1] William A. Kaplin, Barbara A. Lee. The Law of Higher Education. San Francisco:Jossey-Bass, 2013:1811-1849.

[2] William A. Kaplin, Barbara A. Lee. The Law of Higher Education. San Francisco:Jossey-Bass, 2013:1811-1849.

[3] North Dakota v. North Central Association of Colleges and Secondary Schools, 23 F. Supp. 694 (E. D. Ill.), affirmed, 99 F. 2d 697(7th Cir. 1938).

的前提下,认证机构制定的标准和程序,构成调整认证机构和高等教育机构之间关系的适用法。[1] 根据这起案件的裁判观点,高等教育认证机构的权力将受到普通法原则的法律限制。

值得指出的是,在帕森斯学院案中,争论的焦点在于如何界定高等教育认证机构所须履行的正当程序义务。在该案中,学院辩称如果认证机构的行为"违反基本的正当程序或基于任意性作出",即使符合机构自身的规则,该协会的行动也无效。法院未承认这一法律标准适用于认证机构,并分析了普通法标准下该协会采取的行为。法院裁定,基本的正当程序包括:1. 充分地听取意见的机会;2. 告知法律程序;3. 告知具体费用;4. 足够明确的评价标准;5. 作出决策的实质性的适当理由。在审查了协会作出不予认证的整个过程之后,法院的结论是"该学院没有能够证明认证机构违反上述任何一条规则的充分证据"。法院认为,该学院几乎在诉讼的每一个阶段都有机会发言和听证,也收到了充分的诉讼程序通知。北方中央学院和中学协会的评估标准也足够明确并告知了学校什么是他们所期望的。实际上,无论是在宪法还是在普通法的标准下,程序公平都是一个灵活的概念。在不同案件中需做不同的考虑,正当程序并不意味着完全成熟的对抗性听证会。通常而言,只要高等教育认证机构的行为符合基本的公正原则,只要认证机构对大学进行了告知并给了其申辩的机会,法院一般都会尊重(defer)认证机构的决定。法院一般仅要求认证机构给予高等教育机构以告知与申辩等"最基本的正当程序保护"(rudimentary due process)即可。[2] 在一些案件中,法院甚至明确指出,诸如正式的听证制度等更为正式的程序,将会给认证机构带来过重的负担。值得关注的是,"对于那些被联邦教育部认可的认证机构,联邦法律要求认证机构与高等教育机构的争议必须由联邦法院管辖,当认证机构拒绝、吊销和终止高等教育机构的认证时,需要遵循'联邦普通法'(federal common law)。事实上,联邦普通法与州普通法的差别并不大,认证机构所承载的正当程序义务并没有达到联邦宪法对政府部门的要求"[3]。

1938年与1967年的这两起案件表明,认证机构在制定和执行其认证标准和程序时,须履行联邦与州普通法上常见的一些义务。根据普通法的要求,认证机构要公正地、合理地执行其制定并公布的标准和程序(standards of fairness),作出决定时要有充分的证据,不能武断,也不能存在欺诈[4],要为高等教育机构提供一些"最基本的正当程序保护"。如果某些协会违反了这些规则并危害到了个人或组织的利益,将会受到司法审查。[5]

---

[1] Parsons College v. North Central Association of Colleges and Secondary Schools, 271 F. Supp. 65 (N. D. Ill. 1967).

[2] 张冉、申素平:《国家学位制度与大学学位制度比较分析》,载《学位与研究生教育》2013年第9期,第39-44页。

[3] 张冉、申素平:《国家学位制度与大学学位制度比较分析》,载《学位与研究生教育》2013年第9期,第39-44页。

[4] North Dakota v. North Central Association of Colleges and Secondary Schools, 23 F. Supp. 694 (E. D. Ill.), affirmed, 99 F. 2d 697(7th Cir. 1938).

[5] Parsons College v. North Central Association of Colleges and Secondary Schools, 271 F. Supp. 65 (N. D. Ill. 1967).

当然，联邦和州的反托拉斯法(antitrust law)可能限制具有反竞争或垄断效应的协会活动，破产法(bankruptcy law)以及诽谤法(defamation law)等其他法令在某些情况下可能对某些协会提出一些特殊要求。联邦或州的反托拉斯法有时也可以保护高等教育机构不受某些认证行为的干预，这些行为干扰了高等教育机构与其他机构竞争的能力。在 Marjorie Webster Junior College v. Middle States Association of Colleges and Secondary Schools，302 F. Supp. 459(D. D. C. 1969)一案中，上诉法院认为谢尔曼法案的禁令是"为商业世界量身定制"的，而不是为教育活动创制的。法院注意到，由于认证过程是一种和商业活动明显区分开来的活动，更接近教育活动，只有当认证决定试图影响职业的商业领域时才可能违反该法案。随后，美国最高法院在 Goldfarb v. Virginia State Bar，421 U. S. 773(1975)一案中拓展和强化了反托拉斯途径，这是法院首次在判例中明确批准联邦反托拉斯法的适用性。这些法律对认证的适用性，在随后最高法院的两个判例中获得了认可。法院再次肯定了在 Goldfarb 一案中的判决，即非营利专业协会的标准制定活动受到反托拉斯法律的审查。法院认为，如果代理人有"明显权力"(apparent authority)采取行动，专业组织可以对其成员和其他代理人(包括无偿的志愿者)的反竞争行为负责，美国机械工程师协会(American Society of Mechanical Engineers，ASME)承担反垄断责任(antitrust liability)的特征类似于可归因于认证机构的特征。

ASME 认为，它不应承担其代理人以明显授权行为所犯的反垄断侵权行为的风险，因为它是一个非营利组织，而不是寻求利润的商业团体。但毫无疑问，在反托拉斯法下，非营利组织也可以承担责任，虽然 ASME 可能不会为了利润而运营，但它确实从其规则中获益，包括社会为与其规则相关的出版物和服务所支付的费用，其法规在社会中发挥的威信，社会允许 ASME 行使的影响，以及为机械工程专业提供的标准等。在本案中，如果没有 ASME 的法规及其管理这些法规的手段，反托拉斯侵权不可能发生，让 ASME 对该违规行为所造成的损害承担责任并非不合适。ASME 是非营利组织这一事实并没有削弱反托拉斯和代理原则的力量。正如这些判决明确表明的，联邦反托拉斯法是高等教育机构及其学生和教职工有意义的权利来源，如果他们的利益受到具有反竞争性质的认证活动的损害。这种权利不仅可以针对拒绝、终止或约束高等教育机构的认证(如在 Marjorie Webster 初级学院一案中)决定，而且还针对认证机构或其代理人在制定和适用标准过程中进行的其他活动。

帕森斯学院案[1]和 Marjorie Webster 初级学院案[2]等判例，形塑了司法审查介入高等教育认证的基本原则。总体而言，根据这些判例，法院将对认证机构与高等教育机构的互动施加一些限制。尽管在上述判例中认证机构大多获胜，但法院意见都对认证机构拒绝或

---

[1] Parsons College v. North Central Association of Colleges and Secondary Schools，271 F. Supp. 65 (N. D. Ill. 1967).

[2] Marjorie Webster Junior College v. Middle States Association of Colleges and Secondary Schools，302 F. Supp. 459(D. D. C. 1969).

撤销认证的权力提出了一些限制。然而,同样明确的是,法院仍然以适度限制的眼光对待认证机构。既有的判例表明,法院并未让它们受到州和联邦政府对其下属机构施加的全面控制。虽然关于认证的司法裁判经验仍不够充分,或者相对单一,甚至难以准确描述高等教育机构在处理与认证机构之间纠纷可能涉及的所有权利,但这些基础的判例经过后续发展补充,确实为美国高等教育认证的法律规制,提供了有价值的指导。

其次,"认证联邦化"趋势引发的法律纠纷。

尽管认证具有明确的重要性,认证机构也长期存在,但是近年来认证机构的作用时常面临争议,并且经常被误解。大学校长,联邦和州的评估官员,国会、认证机构和其他高等教育协会的工作人员围绕高等教育认证,经常进行激烈的辩论。自20世纪90年代初以来的许多辩论都涉及认证机构与联邦政府的关系。在1992年的高等教育法修正案中,国会在"高等教育法"(Pub. L. No. 102-325, §499, 106 Stat. at 634)的第四篇增加了一个新的H部分,在这个新的部分首次确立了教育部部长必须遵循的审查和"认可"认证机构(教育部利用其认证结果来鉴别机构是否有资格参与Title IV的学生资助计划)的法定标准。[1]根据1992年高等教育法修正案的规定,认证机构如果要获得联邦教育部的认可,它们不仅要关注其一贯监管的学术内容,如课程、教职员、设施等,还要多考虑如学生取得与院校使命相关的学术成就、学生的抱怨记录、学生贷款拖欠率、学费的合理性、符合联邦学生资助要求的义务的执行情况等。此外,1992年的高等教育法修正案还规定了认证机构必须建立一些新的程序,如加强对分校的监管、通过认证信息公开以保护学生的利益等。由此可以发现,联邦政府旨在通过法律增强认证机构作为联邦政府学生资助经费"看门人"(gate keeper)的责任。[2]而"依据1998年高等教育法修正案(*Higher Education Amendments of 1998*)的规定,高等教育机构只有通过联邦教育部所认可的认证机构的认证或预认证,才能接受联邦政府的拨款和资助"[3]。

然而,在1998年的高等教育法修正案中,国会放松了关于高等教育机构的第四条合规责任的标准,并放弃了1992年修正案中规定的州和认证机构之间关于高等教育机构滥用学生资助基金的新的合作事项。1992年至1998年的这一变化是源于对第1099a-3节和美国教育部对该节拟议实施条例的激烈争论,争论的焦点集中在1992年的高等教育法修正案,要求每个州都设有一个州高等教育审查实体即"中学后教育评审机构"(State Postsecondary Review Entities, SPREs),该实体通过与认证机构签订合同来审查机构课程和项目。"SPREs在一定程度上打破了联邦教育部、州政府与认证机构之间三元组合的平衡关系。它

---

[1] William A. Kaplin, Barbara A. Lee. The Law of Higher Education. San Francisco: Jossey-Bass, 2013: 1811-1849.

[2] Jeffrey C. Martin. Recent Developments Concerning Accrediting Agencies in Postsecondary Education. Law and Contemporary Problems, 1994: 57(4): 121-149.

[3] 张冉、申素平:《国家学位制度与大学学位制度比较分析》,载《学位与研究生教育》2013年第9期。

表明了联邦政府对认证机构的空前不信任。"[1]值得指出的是,在中北部协会和其他认证机构的共同努力下,SPREs一直没有得到真正实施,国会在1995年停止了对该机构的授权和经费拨款。

近年来,很多争论也时常集中在认证机构的特定、现有或拟议的职能。例如,监管认证机构在外国或在美国设立的分校校园的赞助项目;并监测宗教附属机构和其他机构的反歧视和学术自由。此外,在21世纪初,关于美国教育部部长认可认证机构的标准自20世纪90年代初期以来再一次成为热点话题。讨论的焦点是国会和教育部部长是否应采取更多行动来要求认证机构使用具体的、明确的测量学生学习质量的手段,特别是"产出"而不是"投入"措施。当前,受2008年的高等教育机会法案(*Higher Education Opportunity Act*,*HEOA*)与2013年高等教育法修正案的影响,认证"联邦化"的趋势正在加剧。其中,在2008年高等教育机会法案通过之后,美国联邦政府对被认可的认证机构提出了更高的要求,在质量监控之外,还要求认证机构引入一系列问责制(accountability)指标。[2] 根据该法案第4章第9部分第5小节"认证机构的认可"(Sec. 495. Recognition of accrediting agency or association)中有关高等教育认证机构的认可条款及内容的表述,高等教育机构若未获认证或需重新认证,将会失去获得联邦贷款、资助项目和本法规定的其他项目的资格。[3] 显然,新的《高等教育机会法案》要求实现对高等教育的联邦监管(federal regulation),让联邦政府在关键领域成为仲裁者,这些领域以前都属于认证机构和大学。

据此,美国高等教育认证委员会(the Council for Higher Education Accreditation,CHEA)主席朱迪斯·伊顿(Judith S. Eaton)提出了"认证联邦化"(federalizing accreditation)的概念。所谓认证的联邦化,指的是联邦法律中对于认证的要求不断增加,认证机构必须符合联邦政府认可的条件,特别是在学术领域。法律或法规通常规定:"认证机构必须确保机构……符合……"当前,联邦政府至少在以下这些学术领域拥有法律或监管权力,而这些学术领域历来都是教师和大学的领域。例如,学分:最新的规则定义了这个学术工作的基本单位,并要求院校符合联邦确定的最低学分基准。学分转换:法律要求制定一项包含学分转让决定标准的政策。远程学习:法律要求机构追踪学生身份。招生增长:法律要求院校监测招生人数的增长。关于学生学习成果,2010年8月发布的全新《准备/审查请愿书和合规报告指南》(*Guidelines for Preparing/Reviewing Petitions and Compliance Reports*)中的合规要素是政府关注的核心问题。该指南是教师学术决策的核心内容,不仅关注学生成绩,还关注普通教育要求、课程设计、学术标准和教师资格证书。[4]

---

[1] 林晓:《美国中北部协会院校认证标准与程序研究》,浙江大学出版社2010年版,第130-133页。

[2] 张冉、申素平:《国家学位制度与大学学位制度比较分析》,载《学位与研究生教育》2013年第9期。

[3] 黄建伟、陈莹:《美国大学学术绩效的外部治理——以政府的"权力依据"为研究线索》,载《复旦教育论坛》2017年第3期,第100-106页。

[4] Judith S. Eaton. Accreditation and the Federal Future of Higher Education. Academe,2010,96(5):21-24.

除此之外,法院关于国家行为(state action)论断能否适用于认证机构的一系列判例,为考察认证机构与联邦政府之间法律关系的变化提供了"观察窗口"。在芝加哥自动变速器学院诉职业学校和学院认证联盟一案[1]中,上诉法院依据1992年高等教育法修正案的相关法定条款,拒绝学校对认证机构的申诉。在被告认证机构拒绝延续原告的认证后,芝加哥自动变速器学院声称该机构的行动违反了该机构自己的规则,因此违反伊利诺伊州法律下的合同法。恰恰相反,该机构认为,案件应根据联邦行政法和联邦行政程序法的原则进行审查,法院同意认证机构对这一案件的看法:"认证服务于联邦职能,两年前国会规定了抗议拒绝或撤销(被认可的认证机构)认证的学校或学院提起诉讼的独家联邦管辖权。"同样地,法院声称联邦法院在制定联邦认证法律时,其原则不应源于州合同法或其他习惯法,"认证机构不参与和州合同法的原则自然匹配的商业交易,学校想要执行的'合同'不是一个讨价还价的交易,而是由具有行政机构属性的实体制定的一套规则。此外,虽然每个州的法律都包含一套自治协会的行为规则,但与合同法不同,这并不是完全正确的匹配;学校没有申请'加入'协会,它想要的只是一把能打开联邦财政的钥匙,认证机构是联邦部门的代理人"。根据这一推理,法院得出结论:"联邦行政法的原则为审查认证机构的决定提供了正确的视角。法院随后利用基本的行政法原则,裁定作为被告的认证机构拒绝延续学校的认证并未违反本身的程序规则。"[2]通过芝加哥自动变速器学院案,可以发现认证联邦化已经客观上导致认证逐渐偏离其行业自律模式的传统。从本质上而言,受联邦高等教育法修正案重新授权的影响,那些获得美国联邦教育部认可的认证机构与教育部部长之间的关系开始变得更为正式。认证机构帮助教育部部长完成确保高等教育机构符合联邦学生援助计划要求的责任,在某些判例中为国家行为发现提供了基础。[3]

当然,"认证联邦化"的趋势,并不意味着高等教育机构与认证机构至此丧失自主性,进而沦为执行联邦政府意志的机构。通常而言,美国联邦教育法分为人权性法律和资助性法律两类。前者具有强制性,后者以联邦资助"换取"教育机构的遵从。高等教育法修正案中的相关规定显然属于后者。由于教育属于州的事务,联邦仅能通过"开支权"(spending power)对高等教育事务的治理发挥间接的影响。这就意味着,从法律性质上来讲,认证机构是否要通过联邦教育部的认可,高等教育机构是否要通过由联邦教育部所认可的认证机构的认证,都是其自愿的行为。联邦政府仅对愿意接受其拨款条件的教育机构具有影响力。

---

〔1〕 Chicago School of Automatic Transmissions v. Accreditation Alliance of Career Schools and Colleges,44 F. 3d 447(7th Cir. 1994).

〔2〕 William A. Kaplin,Barbara A. Lee. The Law of Higher Education. San Francisco:Jossey-Bass,2013:1811-1849.

〔3〕 当然,根据威廉·卡普琳与芭芭拉·李(William A. Kaplin & Barbara A. Lee)的观察与考证,国家行为论断的适用正逐渐减少。他们认为,过去,保护个人权利的州和联邦宪法条款也被用于限制一些私人协会的权力。然而,在目前的趋势下,这些规定很少适用于私人教育协会(private education associations)。See William A. Kaplin,Barbara A. Lee. The Law of Higher Education. San Francisco:Jossey-Bass,2013:1811-1849.

而且，联邦教育部仅能决定是否认可某认证机构，而不能推翻认证机构对高等教育机构作出的认证决定。因此，认证机构仍然具有较大的独立性，其作为非营利性组织与私人实体的法律地位以及普通法规制（common law regulation）模式在高等教育认证领域的适用性，并不会受到实质性的影响和冲击。

（二）穷尽内部救济渠道与司法终局性原则：美国高等教育认证的纠纷解决机制

对于高等教育认证的纠纷解决机制，威廉·卡普琳与芭芭拉·李（William A. Kaplin & Barbara A. Lee）的研究指出，"如果高等教育机构与认证机构的关系变得潜在不利，高等教育机构管理人员应确保他们拥有认证机构的认证标准、认证机构对学校作出不利决定时所遵循的程序，以及学校上诉对其作出的不利决定时可遵循的程序的副本。对标准和程序的充分理解，对于高等教育机构在认证机构面前的有效代表性而言至关重要。机构的管理人员应利用所有争议解决机制和所有程序性权利。如果认证机构的规则模棱两可或没有提供足够的程序保障，高等教育机构的管理人员将需要向认证机构寻求澄清或其他保障措施。此外，机构管理者和法律顾问之间的良好沟通十分重要。因此，可以对机构是否或何时应与认证机构形成对抗性姿态以及是否或何时应当成为该协会的机构发言人作出敏感的决策。如果认证机构对机构作出违反协会自身规则或法院案件中制定的法律要求的不利决定不满，则第一个权利救济渠道通常是利用协会所有的内部申诉程序。同时，机构管理人员和法律顾问可能希望与协会就机构可以减轻协会关注的问题或遵守其裁决进行谈判，而不会对机构造成不适当的负担。如果谈判和内部呼吁未能达成该机构满意的决议，也可能不向法院求助，法庭行动应该是最后的手段，只有在特殊情况下，并且只有在协会内部合理的解决行动结束时才能启动"。他们认为，"解决高等教育认证纠纷的过程与高等教育领域的其他法律问题相似，法院也可能在其中发挥作用，但最终通常是为了学术界的最佳利益，以及大学和私人教育协会发展建设性的解决内部争端的能力。只要受影响的各方能够有机会利用有意义的内部程序，并且保证其程序公正性，法院和政府机构应该允许它有足够的发展空间，并且保障教育专业知识的运行空间，它应该是高等教育机构和教育协会的一个中心目标，以便实现高等教育界各方参与者的利益"[1]。

显然，法院扮演着谦抑与尊让的角色，以捍卫和保障认证的自治性、专业性与独立性。通常而言，只有当内部救济渠道被穷尽时，法院方可介入。换言之，穷尽内部救济渠道与司法终局性原则，构成美国高等教育质量保障法律纠纷的解决机制。值得指出的是，即便是法院的司法审查，也更多被限缩在程序性规范的审查方面。与认证活动的程序性方面不同，认证机构的实质性决定和标准将受到非常有限的审查。法院熟悉程序公平性的问题，并且有能力解决这些问题，但他们没有评估教育质量的经验和专业知识。对于法院而言，司法审查的范围取决于法院应当给予认证机构的尊重程度，这种尊重不仅与案件的主题有关，而且与协会行为造成的不同损害程度相关。

---

[1] William A. Kaplin, Barbara A. Lee. The Law of Higher Education. San Francisco: Jossey-Bass, 2013: 1811–1849.

(三) 从行业自律走向合作规制：美国高等教育认证的变革趋势

从历史的视角来看，美国高等教育机构以及认证机构都以自治和自我规制为基础。这些机构在独立自主运行的同时，也接受问责。被选举而非任命产生的高等教育机构的董事会（而不是政府）被委托确保高等教育机构提供高质量教育、保持财政健全，并为公共利益服务的责任。高校长期以来都不依赖政府，而是依靠认证的合议制、严格的自治和同行评议制度来审查和提高教学、研究和服务质量。与此同时，在多年以来财政资助的驱动下，联邦政府在高等教育领域逐渐扮演着更加重要的角色。1952年，美国教育委员会开始公布"国家认可的认证机构"名单，以确保退伍军人使用财政资助的高等教育机构的教育质量。在同意资助高校开展高质量的教学、学习和研究而不直接对其进行监管的同时，联邦政府有效地界定了自己与高等教育机构和认证机构之间"恰当的关系"，通过让高等教育机构和认证机构进行合作来确保对学术质量的问责。为了尊重认证机构和高等教育机构，政府认可了美国高等教育的价值和有效性，包括其自治和自律的传统，并将认证作为一种可靠和受尊重的手段，以保证它在学生和社会严重的价值。这种关系的特点是相互尊重和平等互利。世界大部分地区所采用的自上而下的、基于政府监管或"教育部"对高等教育的规制模式在美国被认为是不必要的。随后，美国因其缺乏高等教育的国家"系统"以及在政府控制方面的克制而受到称赞，许多观察家指出，美国高等教育的独立性是高等教育普及以及具有高质量的关键因素。1965年出台的《高等教育法案》（*Higher Education Act*, HEA）将高等教育机构和认证机构的自治和自我规制体系，以及联邦对高等教育的投资写入法律。尽管随着时间的推移，法律已经发生了很多变化，但是这种关系的基本特征几乎保持不变。

近年来，认证的联邦化趋势正在打破这种相互尊重与平等互利的关系，传统的行业自律模式正在受到联邦政府"再规制"（re-regulation）的影响。当前，联邦政府通过向认证机构授权，将认证机构看作联邦政府经费的"看门人"，认证机构的性质开始从完全的自律自治机构转变为联邦政府对高等教育机构进行控制的半规制伙伴（semi-regulatory partner）和准政府机构（quasi-government）。在此背景下，认证机构与联邦政府之间的关系开始被认为是一种"不容易"的伙伴关系（an uneasy partnership）。[1] 对于认证联邦化所产生的一系列问题，朱迪斯·伊顿（Judith S. Eaton）提出了五条建议，作为建立认证机构、高等教育机构以及联邦政府之间新型关系的基础，以排除"认证联邦化"和随之而来的对认证机构以及高等教育机构的伤害。它包括：1. 联邦政府需要通过政策或法律公开重申高等教育机构在确定和评判学术质量方面的领导作用，并承认自治的重要性、价值以及认证的自我规制制度。2. 联邦政府需要重新考虑其在认证中的监督作用，要么完全消除这一角色，要么超越认可职能。此次改革将包括重新考虑国家机构质量和诚信咨询委员会（NACIQI）成员的产生方式及其成员对高等教育和公众的代表程度，以及审计 NACIQI 的

---

[1] 彭江：《美国高等教育认证机构的自律与他律分析》，载《高等教育研究》2012年第11期，第97-104页。

政策、程序和运作范围。(国会小组已经提出一个 NACIQI 的替代方案,这个方案可能被包含在再授权的立法中。)3. 高等教育机构需要作出进一步努力以提供绩效证据,向公众提供这些证据,并努力解决高等教育机构间的可比性和教育质量的门槛预期。4. 认证机构还需要迅速处理这些问责问题,并加强认证实践,以确保严格执行解决这些问题的认证标准。5. 高等教育机构和认证机构需要联合起来,在界定和评判质量方面发挥引人注目的领导作用,以兑现其对公共问责的承诺。最后,可能通过高等教育机构和认证机构开发一个全国性的、自愿的、可搜索的数据库,这个数据库包含全国所有机构的绩效情况。这个数据库应该使用户能够获得有关各个学院或大学以及同类大学和学院群体质量的直接、可靠的信息。[1]

朱迪斯·伊顿(Judith S. Eaton)指出:"这些关于新关系的建议,假设联邦政府将继续加强对问责制的期望。然而,这些期望将通过高等教育机构和认证机构来加以实现,政府可以加强对问责制的投资,作为对学术领导力的授权。联邦政府不会篡夺高等教育在界定和评判学术质量方面的主要责任,而是会让认证机构为此项工作负责。"[2]毋庸置疑,传统的不受任何外部因素影响的行业自律模式已经难以为继,而政府对学术领域的过度介入也势必会遭到认证机构与高等教育机构等自治力量的强烈抵制。基于此,美国高等教育认证正在寻求国家监督与行业自律的动态平衡,而认证机构、高等教育机构与联邦政府等多方协商共治、彼此信任的合作规制模式,正在成为一种可能的趋势。

四、结论与讨论

通过比较法的考察,能够发现德国与美国高等教育质量保障的法律规制,分别可以概括为公法规制模式与普通法规制模式。这种模式的区分,集中表现为德国与美国关于高等教育质量保障法律纠纷的属性界定及其纠纷解决机制的差异。当然,德国与美国围绕高等教育质量保障的法律规制议题,也形成了具有较强规律性的基本共识。这些基本共识,为我国高等教育质量保障的法治化,提供了可资借鉴的有益经验。

第一,明确高等教育质量保障机构的自治地位。尽管,德国与美国高等教育认证机构分别具有公益协会与非营利性组织的法律地位。但是,二者均强调认证机构相对于政府和高等学校的自治性与独立性。相比之下,我国教育部"学位中心""评估中心"等外部高等教育质量保障机构却缺乏应有的自治地位。作为教育部直属的事业单位,其与教育主管部门之间的关系并不清晰。在高度"行政化"、官僚化的体制背景下,"管"与"评"不分的弊病与困局日益凸显。应在事业单位体制改革的宏观背景下,通过《中华人民共和国高等教育法》(以下

---

[1] Judith S. Eaton. Accreditation and the Federal Future of Higher Education. Academe,2010,96(5):21-24.

[2] Judith S. Eaton. Accreditation and the Federal Future of Higher Education. Academe,2010,96(5):21-24.

简称《高等教育法》)、《中华人民共和国学位条例》(以下简称《学位条例》)等法律法规的修订，进一步厘清此类机构作为公益性事业法人的法律性质，促进政事分开与管办评分离。对于公益性事业法人的自治地位及其法人治理结构，应借鉴德国公法人制度或法国公务法人制度改革的经验，强化其相对于政府的自治地位及其公益属性。当然，也可以在《中华人民共和国民法总则》区分营利性法人与非营利性法人的背景下，明确从事高等教育质量保障活动的第三方专业机构作为非营利性法人的法律地位，并适用相应的民事法律规范，对其进行规制与治理。

第二，完善高等教育质量保障的规制体系。根据规制法的一般原理，"可将规制体系视为一个控制系统，其中可能涉及很多主体，但我们仍能从中识别出某种类型的标准、探查偏离标准行为的手段以及纠正这种行为的机制。在规制体系中，核心规制能力可能分散于多个政府或非政府主体中，正是这种分散化产生了具有不同法律形式的规制标准"[1]。从某种意义上而言，规制标准的制定是高等教育质量保障规制体系建设的核心要素。当前，美国高等教育认证的标准受到国家认可与行业认可的共同形塑。联邦教育部与高等教育认证委员会对认证标准的价值诉求与侧重点各异。而在德国，高等教育认证作为行政行为，受到合宪性与合法性的检视。为了不对学术自由构成侵害与威胁，认证标准的制定权往往掌握在专业同行之手。此外，根据《州际学习认证条例》的规定，认证标准被区分为学术标准与形式标准。这种二元区分的方式，有利于强化学术自治机制的功能，并简化认证的程序与管制强度。

目前，我国高等教育质量保障的规制标准建设(如专业认证标准、学位授权审核的标准、学科评估标准等)，也已经被纳入政策议程并开始付诸实施，例如，教育部发布的《普通高等学校本科专业类教学质量国家标准》。对此，学界不乏否定与质疑的声音。[2]为破解高等教育质量规制标准建设的"行政化"困局，应借鉴德国与美国的经验，厘清政府与非政府主体、学术自治机制与管理自治机制在高等教育质量标准制定中的角色与功能。在"放管服"改革的背景下，应弱化政府对高等教育质量标准尤其是学术标准的不当介入与干预，强化第三方专业机构的自治地位，并将政府的功能定位为高等教育质量规制市场的监管者。与此同时，应增强"双一流"建设专家委员会、教育部高等学校教学指导委员会等专业委员会作为学术自治机制的功能。预防与警惕这类专业委员会沦为政府的管制工具，进而丧失专业性、独立性与公正性。

第三，强化高等教育质量保障的程序正义。高等教育质量保障法治化的要义，是将认证或评估机构的权限(如私人制裁权或行政权)纳入程序法治的监控之中。对此，以德国与美国为代表的两大法系存在截然不同的理解。前者将认证行为视为行政行为，进而倾向于适用公法上的正当程序原则对其进行规制。与此不同的是，美国高等教育认证的程

---

[1] [英]罗伯特·鲍德温、马丁·凯夫、马丁·洛奇：《牛津规制手册》，宋华琳、李鸻、安永康译，上海三联书店2017年版，第116页。

[2] 温才妃：《国标"锁"死创新之路？》，载《中国科学报》2018年2月6日。

序规制，往往是基于普通法（common law）而非宪法的考量。程序正义在美国是一个灵活的法律概念。通常而言，法院仅需要认证机构履行包括最基本的正当程序保护等普通法上的一般义务即可。显然，相比于美国，德国对高等教育质量保障活动程序规范的强度要求更高。在我国，由教育行政部门组织实施的高等教育质量保障活动，具有明显的公行政属性。据此，应基于行政法上的正当法律程序原则，对高等教育质量保障机构的认证或评估活动进行规范。目前，我国政府高等教育评估的法律程序在法律、法规中尚未有明确的规定。少量的关于评估程序的规定散见于各部门规章之中。其中，1990年的《普通高等学校教育评估暂行规定》第二十三条、第二十四条两个条文，对评估程序作了规定。[1] 未来，应通过行政程序法的颁布实施或《高等教育法》《学位条例》等法律的修订，强化高等教育质量保障活动的程序正义。值得指出的是，国务院学位委员会第三十三次会议审议的《中华人民共和国学位法（审议稿）》第三条明确规定："学位授予权取得、学位授予、学位授予监督等活动，应当遵循公平、公正、公开原则，遵守正当程序，保障学术自由，维护学术声誉。"根据这一规定，政府对高等学校的学位授权审核等各类监督活动，将受到正当程序原则的检视，以保障高等学校的程序性权利。具体而言，对于高等教育质量保障机构而言，应履行告知、说明理由甚至听证（包括正式与非正式）等程序性义务，并赋予高等学校以申辩的权利。

第四，健全高等教育质量保障的多元纠纷解决机制。目前，我国仅有个别的法规与规范性文件规定了高等教育质量保障纠纷的异议处理机制。例如，1990年颁布的《普通高等学校教育评估暂行规定》第二十四条规定："申请学校如对评估结论有不同意见，可在1个月内向上一级普通高等学校教育评估领导小组提出申诉，上一级教育评估领导小组应认真对待，进行仲裁，妥善处理。"此外，教育部于2017年印发的《普通高等学校师范类专业认证实施办法（暂行）》（教师〔2017〕第13号）规定："高校如对认证结论有异议，可在收到认证结论后30个工作日内向认证专家委员会提出申诉，申诉应以书面形式提出，详细陈述理由，并提供相关支持材料。逾期未提出异议，视为同意认证结论。认证专家委员会受理申诉后，应及时开展调查，并在收到申诉的60个工作日内提出处理意见。"而在《高等教育法》、《学位条例》、《教育督导条例》等法律法规中，均未对高等教育质量保障活动的纠纷解决机制予以明确规定。此外，国务院学位委员会印发的《博士硕士学位论文抽检办法》（学位〔2014〕第5号）与《博士硕士学位授权审核办法》（学位〔2017〕第9号）等一系列行政规范性文件中，也未见此类规定。

与我国不同，美国与德国均建立了完善的高等教育质量保障纠纷解决机制。在德国，申诉、行政诉讼与宪法诉愿，构成了德国高等教育认证纠纷的救济渠道。而在美国，在穷尽认证机构内部的纠纷解决机制之后，法院作为终局性的救济渠道，方能审慎地介入与高等教育认证相关的法律纠纷。从长远而言，应通过《学位条例》《高等教育法》以及《教育督导条例》

---

[1] 程雁雷、梁亮：《我国政府高等教育评估法律治理之路径》，载《江淮论坛》2009年第6期，第104-110页。

等法律法规的修订,建立健全申诉、仲裁、专业裁量、调解以及诉讼等高等教育质量保障活动的纠纷解决机制。与此同时,应重视厘清司法审查介入高等教育认证与评估等质量保障活动的范围。

一方面,明确专业认证、学位授权审核等高等教育质量保障活动的法律性质。基于此,将学位授权审核纠纷、专业认证纠纷等类型的高等教育质量保障纠纷,纳入行政复议与行政诉讼的受案范围。当前,亟待扭转司法审查不介入高等教育质量保障纠纷的传统立场,进一步破除高等学校与政府之间客观存在的"特别权力关系",增强教育行政部门组织实施的高等教育质量保障(如学位授权审核等)活动的公法规制。诚如我国台湾地区学者许育典教授所言,"法院对大学的救济,不得以一句大学评鉴属于专业性事项,而须尊重行政机关的判断余地,即完全未加以审查。也就是说,纵使法院认为大学评鉴是属于专业性事项,仍得就其作成的程序、组织进行审查。"[1]实际上,《中华人民共和国学位法(审议稿)》已经明确将学位授予单位对学位管理行为的争议,纳入公法救济的范畴。根据《中华人民共和国学位法(审议稿)》第二十八条的规定:"学位授予单位对国务院学位委员会、省级学位委员会作出的不受理申请、不批准学位授权、撤销学位授权的决定有不同意见的,可以依法申请行政复议或者提起行政诉讼。"另一方面,应秉持司法谦抑与尊让的立场,明确司法审查介入高等教育质量保障纠纷的强度。在此类行政诉讼案件的审理中,法院应更多聚焦程序性审查而非实体性审查,以确保高等教育质量保障活动的自主性与专业性不受影响。

第五,促进高等教育质量保障的合作规制。当前,德国与美国的经验均强调高等教育质量保障中学术自我规制、行业规制以及国家规制的合作互补。在美国,行业自律模式的传统正在被认证机构、联邦政府以及高等教育机构之间的合作规制模式所取代。在德国,学术自由作为宪法保障的基本权,为高等教育质量保障活动提供了根本的指引。根据2018年1月1日起施行的《州际学习认证条例》的规定,高等学校被视为高等教育质量保障的首要责任主体。除此之外,各州高等学校法也将高等学校内部质量保障体系的建立明确纳入法律的规定。例如,依据《巴伐尼亚州高等学校法》第10条第2款的规定,慕尼黑大学评议会须履行支持学校教学与科研质量过程,促进科研后备力量培养以及男女平等,并接受法律规定的外部评估的职责。[2]而根据联邦宪法法院于2016年作出的大学课程认证裁定,德国高等教育认证机构的认证行为,则受到合宪性的控制与检视。为了强化高等教育认证行为的专业正当性,学术自治与同行评议机制在认证活动中发挥着广泛而深刻的影响。据此,高等学校内部质量保障体系的完善与高等教育认证体系的"调适"与改造,构成德国高等教育保障体系变革的方向。

在我国,2015年修订的《高等教育法》第四十四条明确规定:"高等学校应当建立本学校办学水平、教育质量的评价制度,及时公开相关信息,接受社会监督。教育行政部门负责组

---

[1] 许育典:《大学法制与高教行政》,台湾元照出版公司2014年版,第133-172页。
[2] 张国有:《大学章程(第二卷)》,北京大学出版社2011年版,第248页。

织专家或者委托第三方专业机构对高等学校的办学水平、效益和教育质量进行评估。评估结果应当向社会公开。"[1]显然,该规定为高等教育质量保障的合作规制提供了明确的法律依据。然而,如何优化高等教育质量保障体系变革中不同类型规制(尤其是国家规制与学术自我规制)的互动关系,以厘清不同类型规制路径的功能与职责,则亟待更为深刻的规制与治理变革予以回应。

---

[1] 受《高等教育法》修改精神的影响,2017年1月23日召开的国务院学位委员会第三十三次会议讨论的《中华人民共和国学位法(审议稿)》将学位质量保障的法律规制作为此次修法的重要内容。学位法(审议稿)的第二十五条规定:"学位授予单位应当建立本单位学位质量保障制度,及时公开相关信息,接受社会监督,保证授予学位的质量。"

多元纠纷解决机制下我国高校学生申诉制度之定位与完善
——黄某诉中山大学退学处理决定案引发的思考

孔繁华*

摘　要　教育申诉制度是我国教育领域解决学生与学校之间争议的重要途径之一,学生申诉制度覆盖学前教育、初等教育、中等教育、高等教育等不同层次的教育。本文所探讨的教育申诉制度只限于高等教育领域的学生申诉制度,纠纷双方为高校与学生,纠纷发生在学校对学生的教育管理过程中,即"普通高等学校、承担研究生教育任务的科学研究机构(以下称学校)对接受普通高等学历教育的研究生和本科、专科(高职)学生(以下称学生)的管理"[1]。根据受理申诉的主体不同,可以将高校学生申诉制度分为"校内申诉和行政申诉"[2],"校内申诉即由学校成立的学生申诉处理委员会处理学生申诉的制度,行政申诉即学生对学校的处理决定不服向有关教育行政部门提出申诉的制度"[3]。因教育申诉制度性质不清,校内申诉和行政申诉、教育申诉与行政复议和行政诉讼的关系不明,所以各种救济途径交织在一起从而产生了复杂的问题。"当前我国的教育行政法律体系,无法清晰勾勒出教育行政申诉制度的法律属性和法定程序,申诉缺乏明晰的法律规范。"[4]司法实践中,学生与高校之间的行政纠纷案件,多数相对人直接向法院提起诉讼,有的相对人向学校申诉后再向法院提起诉讼,[5]有的相对人向教育行政部门申请复议后向法院起诉,[6]有的相对人则先向学校申诉后再向教育厅申诉最后向法院提起诉讼。[7] 以往学界对教育申诉制度的研究,多着眼于校内申诉制度存在的问题并提出相关建议,或者介绍域外的相关制度;较少关注行政申诉,对教育申诉与行政

---

* 孔繁华,华南师范大学法学院教授,法学博士。本文写作过程中得到广州市中级人民法院汪毅法官的支持,在此致谢! 全文发表于《行政法论丛(第22卷)》,法律出版社2018年版。

〔1〕《普通高等学校学生管理规定》(2017年)第二条。

〔2〕湛中乐:《高等学校大学生校内申诉制度研究(上)》,载《江苏行政学院学报》2007年第5期。

〔3〕孔繁华、崔卓兰:《完善我国高等教育申诉制度的思考》,载《华南师范大学学报(社会科学版)》2007年第3期。

〔4〕湛中乐、王春蕾:《于艳茹诉北京大学案的法律评析》,载《行政法学研究》2016年第3期。

〔5〕例如"耿德志诉天津职业技术师范大学教育行政管理行政判决案"[天津市津南区人民法院(2016)津0112行初31号行政判决]。

〔6〕例如"史才琦诉上海理工大学教育纠纷案"[上海市杨浦区人民法院(2015)杨行初字第34号行政判决]。

〔7〕例如"西北民族大学与林逸杰教育行政上诉案"[甘肃省高级人民法院(2016)甘行终133号行政判决]。

复议和行政诉讼的关系以及司法实践中的突出问题缺乏深入的分析。[1] 本文以"黄某诉中山大学案"为切入点,从纠纷解决机制多元化与系统化的视角出发,对我国教育申诉制度的性质和定位进行剖析。

关键词 高校申诉 高等教育 学生权利

一、问题的提出

(一) 案情回顾

黄某原是中山大学生命科学院的博士研究生。在 2013 年 12 月 16 日的中期考核中,考核结果为不合格。2014 年 3 月 7 日,中山大学生命科学院及研究生院听取了黄某的陈述和申辩。根据《中山大学研究生中期考核办法》(2011 年 7 月修订)"中期考核不合格者不能继续作为博士生培养,应终止攻读博士学位"的规定,2014 年 8 月 18 日,中山大学作出中大研院〔2014〕第 356 号《中山大学关于给予黄某退学处理的决定》。黄某不服,于 2014 年 8 月 25 日向中山大学学生申诉处理委员会提起申诉。2014 年 9 月 12 日,中山大学作出中大申字〔2014〕第 2 号《中山大学学生申诉复查决定书》,维持了原处理决定。黄某向广东省教育厅提出申诉。2014 年 11 月 17 日,广东省教育厅作出粤教法〔2014〕第 16 号《广东省教育厅学生申诉决定书》,认为"中山大学作出的处分决定程序正当、证据充分、依据明确、处分适当。根据《普通高等学校学生管理规定》(2005 年),决定驳回申诉人黄某的申诉请求,维持《中山大学关于给予黄某退学处理的决定》(中大研院〔2014〕第 356 号)的处理决定"。同时广东省教育厅告知申诉人"如不服本决定,可在本决定书送达之日起 60 日内向广东省人民政府或教育部申请行政复议,或者在决定书送达之日起 3 个月内向有管辖权的人民法院提起行政诉讼"。黄某进而向教育部申请行政复议。2015 年 3 月 31 日,教育部作出教复字〔2015〕第 2 号《教育部行政复议决定书》,认为:

> 第一,关于申请人提出"撤销《广东省教育厅学生申诉决定书》(粤教法〔2014〕第 16 号)"的请求,……中期考核系中期考核小组依据考核规则,结合自身专业素养对学生综

---

[1] 参见张学亮:《法学视野中的高校学生申诉制度》,载《国家教育行政学院学报》2006 年第 7 期,第 51-54 页;陈久奎、阮李全:《学生申诉权研究》,载《教育研究》2007 年第 6 期,第 54-57 页;湛中乐:《高等学校大学生校内申诉制度研究(上)》,载《江苏行政学院学报》2007 年第 5 期,第 96-101 页;湛中乐:《高等学校大学生校内申诉制度研究(下)》,载《江苏行政学院学报》2007 年第 6 期,第 100-105 页;陈久奎、蔺全丽:《台湾学生申诉制度述评》,载《重庆师范大学学报(哲学社会科学版)》2004 年第 3 期,第 100-105 页;李登贵:《日本行政申诉制度透视》,载劳凯声:《中国教育法制评论(第 3 辑)》,教育科学出版社 2004 年版;贺日开:《高校学生申诉处理委员会的合理定性与制度重构》,载《法学》2006 年第 9 期,第 40-46 页;孙波:《美国公立高校学生申诉权保障的理论与实践——兼论我国高校学生申诉权的保障与校内申诉制度的完善》,载《政治与法律》2016 年第 6 期,第 93-106 页;等等。

合素质及研究能力进行的学术判断,不属于行政机关审查的范畴。被申请人作出的《广东省教育厅学生申诉决定书》(粤教法〔2014〕第 16 号)认定事实清楚,适用法律正确,不存在违法。第二,关于申请人提出"撤销中大学生申诉处理委员会中大申字〔2014〕第 2 号《中山大学学生申诉复查决定书》及中大研院〔2014〕第 356 号《中山大学关于给予黄某退学处理的决定》,并允许申请人继续完成学业"的请求……根据《普通高等学校学生管理规定》(2005 年)第六十一条、第六十二条、第六十三条的规定,学生对处分决定有异议的,应当逐级提出申诉。被申请人已在《广东省教育厅学生申诉决定书》(粤教法〔2014〕第 16 号)依法作出了答复。维持被申请人作出的《广东省教育厅学生申诉决定书》(粤教法〔2014〕第 16 号)。

教育部同时告知申请人,"如不服本复议决定,可自收到本复议决定书之日起 15 日内向广州市中级人民法院提起行政诉讼"。黄某继续寻求救济,向广州市中级人民法院提起行政诉讼,[1] 请求撤销《教育部行政复议决定书》《广东省教育厅学生申诉决定书》《中山大学学生申诉复查决定书》以及《中山大学关于给予黄某退学处理的决定》,并允许其继续完成学业。

(二) 教育申诉的规范梳理

1. 中央立法

学生申诉权的法律依据可以追溯至 1995 年的《中华人民共和国教育法》(以下简称《教育法》),第四十二条第四项规定:"受教育者享有下列权利:……(四)对学校给予的处分不服向有关部门提出申诉,对学校、教师侵犯其人身权、财产权等合法权益,提出申诉或者依法提起诉讼……"2009 年《教育法》修改继续保留了这一条;2015 年修改《教育法》,关于申诉的内容没变,只是条文从第四十二条变为第四十三条。《教育法》虽然创设了学生申诉制度,但对受理申诉的机关和申诉范围、申诉程序等具体内容都没有作出明确的规定。1990 年颁布的《普通高等学校学生管理规定》(国家教育委员会令第 7 号)则是高等教育学生申诉制度最早的法律渊源,第六十四条规定:

> 对犯错误的学生,要热情帮助,严格要求。处理时要持慎重态度,坚持调查研究,实事求是,善于将思想认识问题同政治立场问题相区别,处分要适当。处理结论要同本人见面,允许本人申辩、申诉和保留不同意见。对本人的申诉,学校有责任进行复查。

可见,最早的高校学生申诉是指学校复查学生不服对其处理决定的制度。2005 年《普通高等学校学生管理规定》(教育部令第 21 号)将高校学生申诉进一步予以制度化,第五条第(五)项规定:"学生在校期间依法享有下列权利:……(五)对学校给予的处分或者处理有异议,向学校或者教育行政部门提出申诉;对学校、教职员工侵犯其人身权、财产权等合法权

---

[1] 本案原告于 2015 年 4 月初向法院邮寄了起诉状,但由于流转问题,法院于 2015 年 5 月 4 日正式立案。故本案应适用修改后的《中华人民共和国行政诉讼法》。

益,提出申诉或者依法提起诉讼……"至此,学生申诉制度进一步细化为校内申诉和行政申诉,并且申诉是与诉讼相并列的一种纠纷解决途径。但申诉与诉讼的关系仍不甚明晰。2016年《普通高等学校学生管理规定》(以下简称《管理规定》)修改[1],在"学生的权利与义务"一章继续保留了学生申诉的相关内容,只是条文由原来的第五条第(五)项变为第六条第(六)项。此外,将"学生申诉"专门作为一章,从五个方面完善其内容:"一是完善学生申诉处理委员会的结构。二是健全学生申诉的具体办法。三是建立暂缓执行制度。四是明确学生通过行政复议或者行政诉讼获得救济的权利。五是赋予学生进行投诉的权利。"[2]

2. 地方立法

除中央立法外,《重庆市学生申诉办法》(重庆市人民政府令第213号,2008年)是唯一一部专门针对学生申诉的地方立法,第二条规定:

> 学籍在本市的国民教育系列的高等学校、中等职业学校(含技工学校)、中小学校及其他教育机构(以下统称学校)的学生,对学校作出的涉及本人权益的处理决定不服,向教育行政部门、劳动保障行政部门或者学校主管部门提起申诉,适用本办法。国家法律法规另有规定的,从其规定。

《重庆市学生申诉办法》与《管理规定》的制定依据都是《教育法》,且两者在立法位阶上均属规章的层级。根据《中华人民共和国立法法》的规定,部门规章与地方政府规章之间具有同等的效力。[3]因此从法律效力上来看,两者在内容上虽然诸多规定不一致,但不能认定重庆市的地方政府规章违反了教育部的规章。

表1 《管理规定》与《重庆市学生申诉办法》对比

	申诉种类	申诉范围	受理主体	申请期限
《管理规定》	向学校申诉和向行政机关申诉	学校给予的处分或者处理,学校、教职员工侵犯其人身权、财产权等合法权益的行为	校内申诉的受理主体是"学生申诉处理委员会",行政申诉的受理主体是"学校所在地省级教育行政部门"	校内申诉:接到学校处理或者处分决定书之日起10日内 行政申诉:接到学校复查决定书之日起15日内
《重庆市学生申诉办法》	向有关行政机关申诉	学校作出的涉及本人权益的处理决定	教育行政部门、劳动保障行政部门或者学校主管部门	收到学校处理决定书之日起30日内

---

[1] 教育部令第41号,2016年12月16日教育部2016年第49次部长办公会议修订通过,自2017年9月1日起施行。

[2] 马怀德:《新〈普通高等学校学生管理规定〉新在哪里》,http://www.moe.gov.cn/jyb_xwfb/moe_2082/zl_2017n/2017_zl06_2147441721/201702/t20170216_296406.html,访问日期:2017年2月20日。

[3] 《中华人民共和国立法法》(2015年)第九十一条规定:"部门规章之间、部门规章与地方政府规章之间具有同等效力,在各自的权限范围内施行。"

3. 规范性文件

学生申诉制度的具体操作细则，更多地依赖大量的规范性文件，主要包括两类：一类是省级教育行政部门（省教育厅）制定的规范性文件，其内容对学生申诉制度的界定存在差异。文件所指的学生申诉，有的仅指行政申诉，有的则既包括校内申诉又包括行政申诉，用语极不统一。《管理规定》作为行政规章，其法律效力高于规范性文件。规范性文件的内容与《管理规定》相抵触的，应当按照《管理规定》修改或废止。另一类是各高校制定的规范性文件，主要针对校内申诉制度的运作，从全国范围来看，各个高校基本都制定了此类文件。以本案所涉及的中山大学为例，《中山大学学生申诉处理暂行办法》(2015年)第二条规定："本办法所称的申诉，是指学生对学校依据有关规定作出的取消入学资格、退学处理或者违规、违纪处分等涉及本人权益依照法律、法规规定可以提出申诉的其他处理决定不服，向学校提出对该处理或决定进行复查的意见和诉求。"

表2 地方规范性文件对教育申诉的规定对比

名称	具体条款	申诉种类
《湖南省普通高等学校学生申诉处理办法》（湘教发〔2015〕第3号）	第二条规定："本办法所称申诉，是指湖南省普通高等学校（不含独立设置的高职院校）和承担研究生教育任务的科学研究机构（以下统称学校）的研究生和本科、专科学生（以下统称学生）对学校'学生申诉处理委员会'作出的涉及本人在取消入学资格、退学处理或者警告、严重警告、记过、留校察看、开除学籍纪律处分方面的复查决定不服，向省教育厅提出的再复查请求。"	行政申诉
《四川省普通高等学校学生申诉办法》（川教〔2010〕第66号）	第二条第一款规定："学生申诉是指学生向学校提出复查申诉和学生对复查决定不服向四川省教育厅提出行政申诉。"	校内申诉、行政申诉
《上海市教育委员会关于受理、处理、答复本市高校学生申诉暂行实施办法》（沪教委学〔2005〕第172号）	本市高校在籍学生向市级教育行政部门提出申诉	行政申诉

（三）案件引申的问题

黄某诉中山大学案件经过了校内申诉、行政申诉、行政复议以及行政诉讼程序，其中有关部门共作出四个行为：《中山大学关于给予黄某退学处理的决定》《中山大学学生申诉复查决定书》《广东省教育厅学生申诉决定书》和《教育部行政复议决定书》。这些行为的关系如何，直接涉及本案的诉讼标的和被告的确定。

其一，本案的诉讼标的是哪个行为？中山大学的退学处理决定是本案争议的起因；后面三个行为都由第一个行为引起，第二和第三个行为是"申诉"决定，第四个行为是教育部的复议决定。本案中只有一个实体处理行为即中山大学的退学处理决定，无论是中山大学的"申诉复查决定"还是广东省教育厅的"申诉决定"以及教育部的"复议决定"，都是有关机关提供的法律救济。表面上看,教育部作为复议机关作出了维持的复议决定,故教育部应作为共同被告参与诉讼。但细究起来,就会发现教育部的复议决定审查的是广东省教育厅的申诉决定,广东省教育厅的申诉决定审查的是中山大学的退学处理决定。如果教育部以复议机关的身份做共同被告,其指向的原行政行为是教育厅的申诉决定。如此,本案就有了两个原行政行为,即中山大学的退学处理决定和教育厅的申诉决定。此外,诉讼标的的明晰又决定了案件的起诉期限问题。

其二,本案的被告如何确定?根据原告的诉请,应将作出上述四个行为的主体即中山大学、广东省教育厅和教育部都列为被告。《中华人民共和国行政诉讼法》(以下简称《行政诉讼法》)(2017年修订)第二十六条第二款规定,复议机关决定维持原行政行为的,作出原行政行为的行政机关和复议机关是共同被告。[1] 表面上看,本案中教育部作为复议机关作出了维持的复议决定,故教育部应作为共同被告参与诉讼;照此思路,应将广东省教育厅作为原行政行为机关亦列为被告。而广东省教育厅的申诉决定审查的又是中山大学的退学处理决定,中山大学亦应作为被告。故本案的被告似乎是三个主体。

出现上述问题的根本原因就在于广东省教育厅申诉决定行为的性质不清。

二、理清我国教育申诉制度的进路

(一) 纠纷解决机制的多元化与系统化

解决社会冲突是社会控制以至人类存续的需要,不同方式的冲突解决形式实现的是不同层面的冲突解决意义,针对不同的冲突选择合适的解决方式可以达到最佳的社会效果。纠纷的多样性决定了纠纷解决形式的多元化。"多元化纠纷解决机制是指一个社会中各种纠纷解决方式、程序或制度(包括诉讼与非诉讼两大类)共同存在、相互协调所构成的纠纷解决系统。"[2] 高等教育领域的纠纷解决机制主要包括信访、调解、申诉、仲裁、复议和诉讼等,教育申诉制度是多元纠纷解决机制之一员,具有不可替代的重要作用。《依法治教实施纲要(2016—2020年)》明确提出:"健全教育领域纠纷处理机制。积极探索建立在法治框架内的多元化矛盾纠纷解决机制,引导公民、法人和其他社会组织通过法治途径,合法合理表达诉求,妥善处理各类教育纠纷。"在多元化纠纷解决机制中,各种途径之间应当相互配合、共同发挥作用。"理想的行政纠纷解决机制是,各种具体的纠纷解决机制彼此独立又各具特色,

---

[1]《行政诉讼法》修改前第二十五条第二款规定:"经复议的案件,复议机关决定维持原具体行政行为的,作出原具体行政行为的行政机关是被告;复议机关改变原具体行政行为的,复议机关是被告。"根据原有立法,学生与高校之间行政争议的被告确定问题并不突出。《行政诉讼法》修改后,复议机关决定维持原行政行为的,原机关和复议机关做共同被告,这一立法变化在高等教育领域的行政纠纷中,凸显了被告确定问题的复杂化。"双被告"之立法变化本身的科学性、合理性也受质疑,参见章志远:《行政诉讼"双被告"制度的困境与出路》,载《福建行政学院学报》2016年第3期,第1-8页;沈福俊:《复议机关共同被告制度之检视》,载《法学》2016年第6期,第101-118页。

[2] 范愉:《当代世界多元化纠纷解决机制的发展与启示》,载《中国应用法学》2017年第3期。

有着不同的作用,而不应互相混淆或者同质化。"[1]从纠纷解决系统化的视角出发,应恰当处理不同纠纷解决途径之间的关系。

一方面,不同纠纷解决途径之间应该具有明显的优势。如果不同纠纷解决途径具有相似性,则两类制度之间必然存在交叉和重叠,抵损整体纠纷解决机制的效果。教育申诉制度中的行政申诉与行政复议具有很多共性。首先,两者都是针对学校决定的救济程序。其次,受理主体都是教育行政部门,有时可能是同一主体,例如对省属高校作出的开除学籍决定不服,该省教育厅既是行政申诉的受理机关也是行政复议的受理机关。最后,审查权力几乎相同。行政申诉中的省级教育行政部门可以作出维持、责令撤销、责令变更或重做的决定。[2]行政复议机关经过审查后可以作出维持、履行、撤销、变更或者确认该具体行政行为违法的复议决定。无论是行政申诉决定还是复议决定,都具有法律上的约束力,学校必须履行决定内容。

既然教育申诉与行政复议如此接近,教育申诉在性质上是否属于行政复议或者是特殊的行政复议?从现有立法的规定来看语焉不详,实践中则将两者作为不同的制度,但其功能定位却没有区分。两者关系无法理顺,亦带来实践的难题。有学者认为"教育行政复议同时也是对教育申诉的救济"[3],"黄某诉中山大学案"中教育部的复议决定只审查省教育厅的申诉决定而拒绝审查中山大学的退学决定即是这种观点的体现。

另一方面,不同纠纷解决途径之间应具有和谐的关系。具体而言,其相互关系可能是平行关系、递进关系或排斥关系。平行关系意味着相对人可以选择任何一种纠纷解决途径;递进关系意味着某种纠纷解决途径的前置应以立法特别规定为例外;排斥关系意味着相对人只能寻求其中一种救济途径,而不能再选择其他途径。针对同一类型的行政纠纷设置不同的解决途径,才是"多元化"的纠纷解决方式。如果特定的纠纷只能寻求一种救济途径,则枉谈纠纷解决机制的多元化与系统化。黄某诉中山大学案件中,校内申诉、行政申诉和行政复议之间是何种关系非常不清晰。表面看起来相对人充分利用了各种相关的纠纷解决渠道,但各渠道之间缺少配合,甚至出现打架现象,难以发挥整体优势。

(二) 特殊救济途径与一般救济途径的有效衔接

所谓一般救济途径是针对所有行政纠纷的救济途径,而特殊救济途径是针对特定种类行政纠纷的救济途径。在一般救济途径对教育行政纠纷失灵的情况下,教育申诉制度具有特殊的价值。但随着特别权力关系理论的衰落和司法权对教育行政纠纷的介入,特殊救济途径与一般救济途径交织在一起,无法有效发挥作用。

由于特别权力关系排斥司法审查,基于此种关系而产生的纠纷应建立特别的救济渠道,

---

[1] 耿宝建:《行政纠纷解决的路径选择》,法律出版社2013年版,第80页。

[2] 参见《普通高等学校学生管理规定》(2017年)第六十三条。教育申诉决定与行政复议决定仍有细微差别,教育申诉机关只能"责令"学校撤销、变更或重新作出决定,不能直接撤销或变更学校的决定;而复议机关则有权直接撤销或变更被申请人作出的决定。

[3] 谢志东:《我国教育行政救济制度问题研究》,载劳凯声:《中国教育法制评论(第1辑)》,教育科学出版社2002年版,第222页。

以回应纠纷解决之需求。特别权力关系理论发源于德国,由德国行政法学鼻祖奥托·迈耶(Otto Mayer)首创,"经由行政权之单方措施,国家即可合法地要求负担特别之义务"。该理论经日本传入我国台湾地区,传统上认为特别权力关系的范围包括:"公法上之勤务关系;公法上营造物利用关系;公法上特别监督关系。"[1]而特别权力关系的重要特征之一就是排除司法审查。学生与学校之间的关系被作为典型的公法上营造物利用关系。实践受特别权力关系理论的影响,将学生与学校之间公法上的争议排除在作为一般救济途径的行政复议和行政诉讼之外。我国台湾地区深受德国理论的影响,传统上法院亦不受理高校与学生之间的公法争议,"最高行政法院"1959年判字第11号认为:"提起诉愿,限于人民因官署之处分违法或不当,而损害其权利或利益者,方得为之。至若基于特别权力关系所生之事项,或因私法关系发生争执,则依法自不得提起诉愿。"随着特别权力关系理论的衰落,其遭受的批评越来越多。德国著名公法学者乌勒教授1956年提出了"基础关系"和"管理关系"之二分法,"凡属主张于前者之行政上处置,应视为行政处分,如有不服得提起诉讼;属于后者范围内之事项,则不得提起诉讼。基础关系系指与设定、变更及终结特别权力关系有关联之一切法律关系"[2]。这一观点逐渐被大多数学者所接受,并用于指导各国法治实践。我国台湾地区司法实务上亦采纳此种见解。台湾地区"司法院"大法官释字第382号解释(1995年)认为:

> 各级学校依有关学籍规则或惩处规定,对学生所为退学或类此之处分行为,足以改变其学生身份并损及其受教育之机会,自属对人民宪法上受教育之权利有重大影响,此种处分行为应为诉愿法及行政诉讼法上之行政处分。受处分之学生于用尽校内申诉途径,未获救济者,自得依法提起诉愿及行政诉讼。

上述解释及理由陈述明确了三点:第一,区分影响权益的行为和影响身份的行为。各级公私立学校依有关学籍规则或惩处规定,对学生所为退学或类此之处分行为,足以改变其学生身份及损害其受教育之机会,此种处分行为应为诉愿法及行政诉讼法上之行政处分,并已对人民宪法上受教育之权利有重大影响。人民因学生身份受学校之处分,是否能提起行政争讼,应就其处分内容分别论断。如学生所受处分系为维持学校秩序、实现教育目的所必要,且未侵害其受教育之权利者(例如记过、申诫等处分),除循学校内部申诉途径谋求救济外,尚无许其提起行政争讼之余地。第二,校内申诉程序优先。如学生所受者为退学或类此之处分,则其受教育之权利既已受侵害,自应许其于用尽校内申诉途径后,依法提起诉愿及行政诉讼。第三,尊重大学自治。受理学生退学或类此处分争讼事件之机关或法院,对于其中涉及学生之品行考核、学业评量或惩处方式之选择,应尊重教师及学校本于专业及对事实真相之熟知所为之决定,仅于其判断或裁量违法或显然不当时,得予撤销或变更。台湾地区《大学法》后来进行了修改并对于予以明确规定,第33—2条规定:"前条申诉人就学校所为

---

[1] 吴庚:《行政法之理论与实用(增订八版)》,中国人民大学出版社2005年版,第144-145页。
[2] 吴庚:《行政法之理论与实用(增订八版)》,中国人民大学出版社2005年版,第144-145页。

之行政处分,经向学校提起申诉而不服其决定,得依法提起诉愿。申诉人就学校所为行政处分以外之惩处、其他措施或决议,经向学校提起申诉而不服其决定,得按其性质依法提起诉讼,请求救济。"

我国大陆地区学生与学校之间的关系也被视为"特别权力关系",以往法院将其排除在行政诉讼受案范围之外。教育申诉制度即是这种背景下诞生的特别救济途径,正因为不能通过一般救济途径化解纠纷,才诞生了特殊救济途径,通过特殊救济途径解决的纠纷不能进入一般救济途径,这意味着两者是平行和排斥关系。但从1998年"田永诉北京科技大学拒绝颁发毕业证、学位证案"[1]开始,各地法院陆续开始受理学生起诉高校有关毕业证、学位证类案件。此后司法实践虽有不同见解,[2]但逐步开始受理开除或退学处理决定的案件,并发展出"改变学生身份行为"可诉的司法审查标准。学校针对学生作出的行为根据其内容不同可以分为两类:一类是对学生权益有影响但不会改变其"学生"身份的行为,包括警告、严重警告、记过、留校察看,可以称之为"影响学生权益的决定";另一类是影响学生身份,直接导致其学生身份存在或不存在的行为,包括开除学籍、取消入学资格、取消学籍、退学等,可以称之为"改变学生身份的决定"。法院对上述两类行为在是否受案上区别对待:"影响学生权益的决定"法院通常以不属于受案范围为由排除司法审查[3];而"改变学生身份的决定"法院一般将其纳入受案范围。实践中行政诉讼受理的"改变学生身份的决定"除了"开除学籍、取消入学资格、取消学籍、退学"外,还包括"与颁发毕业证、学位证有关的行为"。至此,部分传统上不能通过一般救济途径解决的纠纷开始纳入复议和诉讼的范围;同时,作为特殊救济途径的教育申诉依然存在。在特殊救济途径一般化的过程中,不同救济途径之间出现了混乱的关系。

进一步分析,根据《中华人民共和国行政复议法》(以下简称《行政复议法》)和《行政诉讼法》所规定的受案范围和两者之间的关系,可以提起诉讼的行为都可以申请复议,"改变学生身份的决定"属于行政诉讼的受案范围,故针对这类行为也可申请行政复议。这种区分的后果导致了教育申诉与行政复议和行政诉讼之间的复杂关系:

其一,"影响学生权益的决定"不能向法院提起诉讼,但这类行为能否通过复议申请救济?《行政复议法》与受教育权直接相关的规定是第六条第(九)项,即"申请行政机关履行保护人身权利、财产权利、受教育权利的法定职责,行政机关没有依法履行的"属于行政复议的

---

[1] 最高人民法院指导案例第38号。
[2] 2002年北京某大学生因考试作弊被勒令退学案,法院裁定不予受理;2003年重庆市女大学生怀孕被勒令退学案,法院裁定驳回诉讼;2000年天津某大学生被学校勒令退学案,法院予以受理;2000年广州某大学生诉学校勒令退学案,法院予以受理并作出判决。参见程雁雷:《司法审查介入高校学生管理纠纷范围的界定》,载《中国高等教育》2005年第21期,第27-29页。
[3] 参见"聂恒布与河海大学教育行政处理决定上诉案"[江苏省南京市中级人民法院(2014)宁行终字第142号,涉及严重警告];"谷向峰与中央民族大学其他一审行政裁定案"[北京市海淀区人民法院2015年海行初字第01337号行政裁定,涉及严重警告];"崔子阳与中国地质大学教育行政管理行政裁定案"[湖北省武汉市中级人民法院(2016)鄂01行终180号行政裁定,涉及留校察看]等。

受理范围。警告、严重警告、记过、留校察看等行为虽然对学生受教育权有影响,却不属于申请行政机关履行保护受教育权法定职责的行为,难以根据该项规定对"影响学生权益的决定"申请行政复议。

其二,"改变学生身份的决定"属于行政诉讼的受案范围,自然也应属于行政复议的受理范围,而这类行为也属于教育申诉的范围,随之而来的问题是教育申诉是否是复议必经的前置程序?"黄某诉中山大学"案中,教育部的复议决定认为学生对处分决定有异议的,应当逐级提出申诉,可见教育部对这一问题持肯定态度,却无法从现有立法中得出这种结论。

其三,"改变学生身份的决定"是否必须经过前置程序才能起诉?前置程序包括了教育申诉和行政复议。《教育法》没有将申诉作为行政诉讼的前置程序。《管理规定》(2017年)作为规章,既没有规定教育申诉前置也无权作出这样的规定。"开除学籍、取消入学资格、取消学籍、退学"类决定属于教育申诉的范围。从我国现行立法和司法实践的情况来看,针对这类行为的起诉不以申诉前置为起诉条件。[1]"毕业证、学位证"类案件,不属于《管理规定》明确规定的申诉范围,"田永诉北京科技大学拒绝颁发毕业证、学位证案"中田永的部分教师为其向原国家教委申诉,田永没有正式提出申诉,故不能认定为该案经过了申诉程序。[2]"何小强诉华中科技大学拒绝授予学位案"完全没有经过申诉程序。[3] 至于复议是否是诉讼的必要前置程序,我国《行政诉讼法》规定的是选择模式,[4]并以"法律、法规"规定的前置复议为例外,目前教育领域的法律和法规并没有对复议前置程序作出规定。可见,学生对改变其身份的决定可以直接向法院提起诉讼,不需要经过教育申诉或者复议程序。基于上述分析,黄某诉中山大学案中原告完全可以直接向法院提起诉讼,而无须经过校内申诉、行政申诉和行政复议程序。

(三) 司法最终解决原则

司法最终解决原则是指一切纠纷都应当有司法解决的途径,而司法途径对纠纷的解决是最终的和最为有效的解决途径。在这一理念影响下,高校与学生之间的公法争议不再区分"影响学生权益的决定"和"改变学生身份的决定",逐步被司法审查所全部接受。德国联邦宪法法院在1972年3月14日通过监狱受刑人通讯案的判决,彻底抛弃了特别权力关系理论。我国台湾地区"司法院"大法官释字第684号解释(2011年),在教育公法关系领域完全突破了特别权力关系的禁锢,该解释认为:

---

[1] "甘露不服暨南大学开除学籍决定案"[最高人民法院(2011)行提字第12号]中,对于暨南大学第一次作出的暨学〔2006〕第7号《关于给予硕士研究生甘露开除学籍处理的决定》,甘露向广东省教育厅提出申诉,广东省教育厅以违反法定程序为由责令暨南大学对甘露的违纪行为重新作出处理,后暨南大学作出了〔2006〕第33号《关于给予硕士研究生甘露开除学籍处分的决定》,重新作出的处分决定没有经过申诉程序,甘露向法院提起诉讼,广州市天河区法院予以受理。

[2] 最高人民法院指导案例第38号。

[3] 最高人民法院指导案例第39号。

[4] 《行政诉讼法》(2014)第四十四条。

>大学为实现研究学术及培育人才之教育目的或维持学校秩序,对学生所为行政处分或其他公权力措施,如侵害学生受教育权或其他基本权利,即使非属退学或类此之处分,本于"宪法"第16条有权利即有救济之意旨,仍应许权利受侵害之学生提起行政争讼,无特别限制之必要。

该解释改变了第382号解释所确立的原则,明确:第一,有权利必有救济。大学对学生作出的公法上的行为,即使不属于改变学生身份的行为,基于有权利必有救济原则,也应允许受侵害的学生提起诉讼。第二,诉愿及诉讼权是"宪法"规定的人民的基本权利。人民在其权利遭受公权力侵害时,可依法定程序提起行政争讼,以保障其权利获得适当的救济。此项救济权利,不因身份的不同而予以剥夺。第三,重申大学自治的必要。大学的教学、研究以及学生的学习自由均受法律保障,在法律规定范围内享有自治权。为避免学术自由受到不当干预,不仅行政监督应受一定的限制,立法机关也只能在合理范围内对大学事务加以规范,受理行政争议的机关审理大学学生提起行政争议的案件时,应遵循维护大学自治的原则,对大学的专业判断予以适度尊重。

第382号解释依然有特别权力关系理论的影子,并基于此将学校的行为区分为"基础关系"下的行为(改变学生身份的行为)和"管理关系下的行为"(影响学生权益的行为),司法审查对特别权力关系下的行为予以有限介入。但第684号解释则完全抛弃了特别权力关系理论,从公民基本权利出发,基于"有权利必有救济原则",不再区分学校行为对学生身份的影响而剥夺其诉权。与第382号解释相比,第684号解释对是否应遵循校内申诉程序先行没有说明。对此有不同的见解。肯定的观点认为"大学生应先用尽校内申诉途径,仍有不服使得依第684号解释提起行政诉讼,此在维护大学自治与尊重大学专业判断原则下,更应作此种理解始为适当"〔1〕。否定者认为:

>第684号解释未如第382号解释有'受处分之学生于用尽校内申诉途径,未获救济者,自得依法提起诉愿及行政诉讼'的表述,并特别强调应许权利受侵害之学生提起行政诉讼/诉愿及或行政诉讼。校内的申诉途径,除法律特别规定外,应非提起行政争讼之必要前置程序。〔2〕

---

〔1〕 周志宏:《告别法治国家的原始森林?——大法官释字第684号解释初探》,载《台湾法学杂志》2011年第171期。
〔2〕 李建良:《大学生的基本权利与行政争讼权——释字第684号解释简评》,载《台湾法学杂志》2011年第171期。

三、教育申诉制度的发展方向

(一) 准确定位教育申诉的性质

教育申诉制度是一种行政纠纷解决途径,属于行政救济制度。"所谓纠纷解决的途径,是指通过何种路径与渠道,经过什么程序追究行政主体的责任,实现行政纠纷解决的问题。"[1]常见的行政纠纷解决途径包括信访、复议和诉讼等形式。这些纠纷解决途径可以从不同的角度进行分类:以是否经过诉讼为标准,可以分为诉讼与非诉讼纠纷解决机制;以决定是否具有强制性为标准,可以分为合意式、决定式与混合式纠纷解决机制;以纠纷解决主体的权力性质为标准,可以分为行政纠纷解决机制和司法纠纷解决机制。学生申诉制度属于非诉讼式、决定式和行政权提供的纠纷解决机制。行政救济是为合法权益受到损害的当事人提供法律救济的制度,其具有如下特征:对权利进行的救济;对行政所实施的救济;在法律上形成某种制度;一般是事后的救济;行政救济是公民的基本权利。[2]我国现有的一般行政救济途径主要包括行政复议和行政诉讼。教育申诉制度符合上述标准的一切特征。

其一,学生享有的申诉权是一种具体法律上的权利,不同于公民宪法上的申诉权。申诉是我国宪法明确规定的公民权利之一,[3]"申诉权属于公民维护自身合法权益的意愿表达权。除非法律作出限制或者禁止性规定,申诉人表达意愿的对象可以是任何国家机关,申诉的表达方式可以是书面或者口头,申诉的提起没有时间限制。"[4]公民行使宪法上的申诉权不以其合法权益受侵害为前提,不受申诉期限和申诉形式的限制,建立在此种意义上的申诉制度是"一种行政监督行为,属于工作监督范围"。[5]而学生申诉通过《教育法》《管理规定》等具体化为一种法律制度,相关立法规范对受理主体、申请和审查期限、决定种类等都作出了明确的规定,具有制度化的法律特征。教育申诉权是一种具体法律上的权利,申诉提请人以其权益受侵害为前提;学生依法提起申诉的,受理申诉的机关必须依法进行审查并作出答复。

其二,申诉决定是有关机关作出的复查决定,而非一种原始处理行为。有学者认为行政机关处理教师申诉行为是一种"行政认定行为",[6]基于这种观点,行政机关处理学生申诉

---

[1] 林莉红:《法治国家视野下多元化行政纠纷解决机制论纲》,载《湖北社会科学》2015年第1期。

[2] 林莉红:《行政救济基本理论问题研究》,载《中国法学》1999年第1期。

[3] 《中华人民共和国宪法》(2004年)第四十一条规定:"中华人民共和国公民对于任何国家机关和国家工作人员,有提出批评和建议的权利;对于任何国家机关和国家工作人员的违法失职行为,有向有关国家机关提出申诉、控告或者检举的权利,但是不得捏造或者歪曲事实进行诬告陷害。对于公民的申诉、控告或者检举,有关国家机关必须查清事实,负责处理。任何人不得压制和打击报复。由于国家机关和国家工作人员侵犯公民权利而受到损失的人,有依照法律规定取得赔偿的权利。"

[4] 姜明安:《行政法与行政诉讼法(第六版)》,北京大学出版社、高等教育出版社2015年版,第360页。

[5] 卓越:《论行政申诉》,载《政治学研究》2000年第1期。

[6] 王延卫:《论行政机关处理教师申诉行为之性质》,载《行政法学研究》2000年第1期。

的行为也应是一种行政认定。笔者认为,无论是校内申诉还是行政申诉,都是有权机关受理学生认为学校作出的侵犯其合法权益的决定,并进行审查和处理的制度。有关机关进行审查后,并不是作出一个新的影响学生权益的决定,而是对学生提请申诉的行为进行合法性判断,因此教育申诉是一种行政救济制度。其中校内申诉属于异议审查,即"相对人认为行政主体的行为侵犯其法定的程序的或实体的权利,因而在行政管理活动中或行政决定作出后,向实施侵权的行政机关提出异议,并由该行政机关依法定程序对异议进行审查并将相关审查结果送达相对人的制度"。[1]而行政申诉则是行政机关的复查。

基于上述分析,黄某诉中山大学案中只有一个实体处理行为即中山大学的退学处理决定,无论是中山大学的申诉复查决定,还是广东省教育厅的申诉决定,抑或是教育部的复议决定,都是相关主体提供的救济。学校和教育厅的申诉程序是根据《管理规定》(2005年)作出的,两者都不是以复议机关的身份对退学决定进行审查。教育部虽然以复议机关的身份出现,但教育部的复议程序审查的不是中山大学的退学处理决定,而是教育厅的申诉决定。

(二)明晰教育申诉的范围

根据《教育法》(2015年)第四十三条的规定,可以申诉的行为包括"学校的处分和学校、教师侵犯其人身权、财产权的行为"。《管理规定》(2017年)第五十九条第一款则规定校内申诉的范围是学校的"处理或者处分决定",两者相比不能简单地将学校的处理决定等同于"学校、教师侵犯学生人身权、财产权的行为"。"《管理规定》(2005)将《教育法》规定的受理申诉的范围明显缩减。"[2]而2016年《管理规定》修改后依然延续了这一问题。教育申诉的对象是学校的"处分或处理决定",不同于对不当行为的申诉处理。从救济的对象和申诉处理决定的结果来看,[3]教育申诉制度主要是对"违法"行为提供的救济。后者"实际上涉及大量复杂的利益诉求,处理依据包括法律和行政法规,以及行业标准、习惯、情理等社会规范,处理结果不限于撤销或纠正不当行政行为,更重要的是对申诉人的合理诉求进行救济"[4]。

至于"处理和处分"的具体表现形式,根据《管理规定》(2017年)第五十一条的规定,"处分"包括警告、严重警告、记过、留校察看、开除学籍。学生对上述处分决定都可以向学生申诉处理委员会申请复查。《管理规定》(2017年)对可以申请复查的处理决定没有明确规定,但第五十六条规定:"对学生作出取消入学资格、取消学籍、退学、开除学籍或者其他涉及学生重大利益的处理或者处分决定的,应当提交校长办公会或者校长授权的专门会议研究决

---

[1] 耿宝建:《行政纠纷解决的路径选择》,法律出版社2013年版,第169页。
[2] 尹力、黄传慧:《高校学生申诉制度存在的问题与解决对策》,载《高教探索》2006年第3期。
[3] 《普通高等学校学生管理规定》(2017年)第六十三条规定:"省级教育行政部门在处理因对学校处理或者处分决定不服提起的学生申诉时,应当听取学生和学校的意见,并可根据需要进行必要的调查。根据审查结论,区别不同情况,分别作出下列处理:(一)事实清楚、依据明确、定性准确、程序正当、处分适当的,予以维持;(二)认定事实不存在,或者学校超越职权、违反上位法规定作出决定的,责令学校予以撤销;(三)认定事实清楚,但认定情节有误、定性不准确,或者适用依据有错误的,责令学校变更或者重新作出决定;(四)认定事实不清、证据不足,或者违反本规定以及学校规定的程序和权限的,责令学校重新作出决定。"
[4] 范愉:《申诉机制的救济功能与信访制度改革》,载《中国法学》2014年第4期。

定,并应当事先进行合法性审查。"《重庆市学生申诉办法》规定可以申诉的行为包括"取消报考资格或入学资格,停学、休学、复学、转学、退学的处理,以及学校违法要求学生履行义务"。《湖南省普通高等学校学生申诉处理办法》第九条、《四川省普通高等学校学生申诉办法》第三条和《上海市教育委员会关于受理、处理、答复本市高校学生申诉暂行实施办法》第二条则规定可以申请校内申诉的处理行为包括"取消入学资格和退学处理决定"。综合上述规定,可以提起校内申诉的"处理"决定主要包括取消入学资格、取消学籍、退学等涉及学生重大权益的行为。行政申诉的受理范围是校内申诉的复查决定,经过校内申诉后,学生对学校的复查决定不服的,可以进一步申请行政申诉。但上述行为以外的其他处理决定是否能申请校内申诉以及行政申诉则不明确。从《管理规定》的立法精神和实践的情况来看,对所有的处分行为和改变学生身份的处理行为都可以申诉,其他处理决定则被排除在申诉范围之外。

现阶段我国大陆地区对于高等教育领域的特别权力关系争议仍处于有限司法审查阶段,教育申诉制度作为特殊救济途径仍然有其存在价值和发挥作用的空间,但应改变教育申诉的受理范围,使其与复议和诉讼的受理范围相协调,共同发挥多元纠纷解决机制的作用。

一方面,教育申诉的范围限于行政诉讼不及之处,即现阶段教育申诉应针对"影响学生权益的决定",这类决定不改变学生的身份,排斥司法审查,不能进入复议和诉讼救济渠道,故仍应通过"特别"的途径给予救济。至于校内申诉和行政申诉的关系,行政申诉毕竟多了一道监督和救济的屏障,仍可继续保留并实行校内申诉优先原则。另一方面,"改变学生身份的决定"已纳入司法救济的范围,学生可对这类行为申请行政复议和提起行政诉讼,没必要再保留"特别"救济渠道,应排除于教育申诉的范围。黄某诉中山大学案中中山大学作出的退学处理决定属于改变学生身份的决定,可以直接进入一般救济程序,不必再寻求教育申诉程序提供的救济。至于这类行为是否必须以复议为前置程序,基于我国目前的立法和司法实践,相对人可以直接向法院提起诉讼。

上述特别救济途径和一般救济途径在受案范围上的区分在实践中依然会带来一些混乱。一是两种救济渠道有效发挥作用的前提是相关法律规范对"改变学生身份的决定"作出明确的列举,否则学校在校内申诉中面临无法准确判断是否应受理的困境,而这种区分本身面临列举的困难,现阶段也无法通过修改立法得以实现。二是有些情况下行政申诉的受理机关和行政复议机关可能为同一主体,但因学校决定的内容不同而采用申诉和复议两种不用的救济程序,既无充分的理由也无必要。因此,贯彻司法最终解决原则,逐步扩大司法审查对教育争议的受理范围,并在此基础上重新理顺教育申诉制度与其他纠纷解决机制的关系和受理范围。

(三) 逐步取消行政申诉

建立在受教育权等基本权利保障基础上的行政诉讼受案范围标准是未来我国高等教育领域司法审查之必然趋势。"良好的行政纠纷解决机制应该满足三个基本要求:保证所有行政纠纷有出口;保障最低限度的程序正义;坚持司法最终原则。"[1]相信我国大陆地区未来司法实践的发展对此类争议也会突破"特别权力关系"的禁锢,扩大司法审查的范围,实现基本权利保护的司法最终解决。《行政诉讼法》修改后第十二条第一款第（十二）项规定认为"行政机关侵犯其他人身权、财产权等合法权益的"的行为属于受案范围,将之前"认为行政机关侵犯其他人身权、财产权"的规定通过"等"字予以扩大,这一细微变化为高等教育领域的行政纠纷从公民权利角度出发扩大受案范围提供了立法基础。对此问题的突破,期待最高人民法院充分发挥司法能动性予以积极回应。司法救济针对特别权力关系的大门敞开后,特殊救济途径似乎就没有存在的必要了。在多元纠纷解决机制的理念下,不宜将所有的争议都推向法院。教育申诉制度作为分流高等教育行政纠纷的重要途径之一不可或缺,但其中的校内申诉和行政申诉应予以区别对待：校内申诉应继续保留并逐步完善;行政申诉无论在审查程序还是复查决定上都与行政复议非常接近,作为一般救济途径的行政复议完全可以取而代之。

校内申诉虽然是由原行政主体即学校复查其自己作出的决定,因此存在走形式、无实质意义之嫌疑,但其存在的"自己做自己案件的法官"之问题,可以通过完善学生申诉处理委员会的组织和程序在一定程度上保证申诉处理的公正性。《全面推进依法治校实施纲要》将"完善学生申诉机制"作为有效化解矛盾纠纷的举措之一,要求学校"建立相对独立的学生申诉处理机构,其人员组成、受理及处理规则,应当符合正当程序原则的要求,并允许学生聘请代理人参加申诉。学校处理教师、学生申诉或纠纷,应当建立并积极运用听证方式,保证处理程序的公开、公正"。《依法治教实施纲要（2016—2020年）》也明确提出"健全完善学校的学生申诉……吸纳师生代表,公平、公正调处纠纷、化解矛盾",在此基础上研究制定学生申诉办法。

校内申诉的受理范围覆盖学生与学校之间的公法争议,无须区分"改变学生身份的决定"和"影响学生权益的决定",其与行政复议和行政诉讼不再是排斥关系。但在校内申诉、行政复议和行政诉讼之间是否应建立递进式的关系呢？即基于高等教育领域行政纠纷的专业性特点,实行"行政内救济优先"的原则,以维护大学自治和尊重大学的专业性判断。笔者以为,这种主张有一定的合理性,但处理不同纠纷解决途径的关系,既要考虑其特点,也要结合我国的立法传统和司法实践。我国现阶段法院虽然只受理"改变学生身份"的高校决定,但并不要求必须经过校内申诉和行政复议程序,即可以直接向法院提起诉讼。未来高等教育领域行政纠纷解决机制的发展方向,应是逐步扩大司法审查的范围。与此同时,如果实行"行政内救济优先"原则,会颠覆以往高等教育领域纠纷解决机制之间的关系,故笔者建议不采此原则。未来司法审查放宽受案范围后,校内申诉作为特殊救济途径依然存在,但其与行政复议和行政诉讼之间是并列关系,相对人可以选择其中之一,经过校内申诉后依然可以申请行政复议和提起行政诉讼,亦可以直接向法院提起诉讼。

---

[1] 刘莘、刘红星:《行政纠纷解决机制研究》,载《行政法学研究》2016年第4期。

余　论

　　前述分析是对我国高等教育申诉制度的梳理和未来发展方向的分析,但案件的处理还应回到现实状态,解决案件的被告问题。本案中,中山大学的退学处理决定对黄某的权利义务产生影响,但该处理行为并没有经过行政复议程序,因此将省教育厅、教育部以复议机关身份列入共同被告似乎都不恰当。合议庭综合考虑本案的情况,经庭审释明,原告变更其诉讼请求为撤销中大研院〔2014〕第356号《中山大学关于给予黄某退学处理的决定》并允许原告继续完成学业。法院亦只将中山大学列为本案的被告。广州市中级人民法院(2015)穗中法行初字第272号判决认为被告将中期考核不合格作为学生学业成绩未达到学校要求的情形,并未超出《普通高等学校学生管理规定》(2005年)第二十七条第(一)项的规定情形,判决驳回原告黄某的诉讼请求。原告上诉后二审法院维持了一审判决。

高校教师惩戒之司法救济

——基于53件高校人事争议诉讼案例的考察

高延坤*

摘　要　高校对教师的惩戒行为应受司法救济。我国法律将教师惩戒行为纳入劳动争议处理范围,能够在一定程度上实现对惩戒权的监控,但需进一步完善。立足现代大学制度,坚持法治原则,对不涉及身份改变的惩戒行为争议,应明确规定纳入受理范围,减少法院自由裁量空间;应参照用人单位内部规章,将其作为裁判依据的规定,通过附带审理实现对校规的监控;对规章以及其他行政规范性文件的适用应进行必要限制,经审查合法有效的仅可作为裁判说理的依据。

关键词　高校　惩戒　自主权　教师权益　司法救济

兰州交通大学博文学院教师刘伶俐因患肝癌请假未获批准,学校以旷工为由将其开除,导致刘伶俐治病期间无法获得医疗保障,后虽通过诉讼而获得胜诉,但刘伶俐已因病离世。该案经媒体曝光,引起社会广泛关注。高校的管理方式以及教师权益保护问题,一时间成为人们热议的话题。高校在人事管理中,经常会通过除名、辞退、解聘、处分、调岗、扣减津贴工资等方式对违反校纪校规的教职工进行惩戒。从法律角度而言,高校教师惩戒行为如何定性,是否可以得到有效救济,成为一个值得重视的问题。本文拟结合案例统计与分析,就此问题进行探讨。所选取的53件案例,主要来自北大法宝网数据库。[1] 这些案例裁判时间为2001年至2016年,所涉惩戒行为包括除名、开除、辞退、按自动离职处理、解聘、调岗、扣减绩效工资等,其中一部分为一审案例,一部分为二审案例,个别案例为再审案例,所有案例已实际生效,因此具有一定的代表性,能够体现法律制度和司法裁判对待高校教师惩戒行为的基本态度。

一、高校教师惩戒司法救济之必要

高校教师惩戒行为争议的焦点,一般集中于惩戒行为本身,法院也主要针对惩戒行为的

---

* 高延坤,法学博士,上海交通大学文科建设处副处长。

[1] 2016年8月31日在北大法宝网(http://www.pkulaw.cn/Case)选择"标题"项,再选择"精确"匹配方式,分别以"大学""学院"为关键词,以"人事争议"为案由,以2001年1月1日至2016年8月31日为审结时间进行检索,共收集到540份裁判文书,通过逐个研读,最后得到53份涉及惩戒争议的裁判文书。

效力进行裁判。因此,对教师惩戒行为性质的认知具有必要性。

(一)高校教师惩戒权具有法定性

学术自由是大学的天然属性,而大学自治为学术自由提供了制度保障。自治权包含自主惩戒、自我解决自治事务纠纷的权能。[1] 因此,对教师违反法律以及校纪校规的行为进行惩戒,维护内部秩序的稳定、和谐,实现教育之目的,是自治权的应有之义。不同于西方高校有自治的传统,我国高校一般由政府设立、举办,经历了一个由政府直接管理到逐渐放权的过程,[2] 在内部管理方式上也由过去的行政化管理模式,逐渐转向自主管理模式。根据《中华人民共和国宪法》第四十七条,我国已经确立了学术自由原则。《中华人民共和国教育法》(以下简称《教育法》)、《中华人民共和国高等教育法》(以下简称《高等教育法》)关于大学自主权的规定,也为学术自由提供了制度上的保障。大学自治权在我国体现为大学自主权,包括自主管理教师以及对教师实施惩戒的权利。例如,根据《教育法》第二十九条以及《高等教育法》第四十一条、第五十一条的规定,高校享有对教师进行处分、解聘的权利。《事业单位人事管理条例》《事业单位工作人员处分暂行规定》等有关人事法律规范则为高校具体实施教师惩戒行为提供了依据。高校对教师的惩戒权,在制度上得到了确认,具有法律依据。

根据《高等教育法》第四十一条、《中华人民共和国教师法》(以下简称《教师法》)第八条之规定,高校具有制定内部规章的权利,并对教师具有约束力。实践中,教师与高校通过聘用合同建立法律关系,但二者之间的权利义务,主要体现在高校内部规章之中。高校进行日常管理,也主要通过规章制度得以实现。因此,规章制度构成了对法律规定以及合同内容的细化、补充、延伸,对校规的违反即可构成高校实施惩戒行为的事由。

(二)高校教师惩戒权具有权力属性

"权力是合法确认和改变人际关系或者处理他人财产或者人身的能力。"权力一般以公权力的形式体现,具有强制性,包括国家公权力、社会公权力以及国际公权力。作为一种社会组织,高校依据章程、规则对其成员进行监督、制裁等管理权,即属于一种社会公权力,具有权力的特性。

1. 高校的单方强制性。对教师的惩戒权,属于人事管理权范畴,一旦高校认定教师行为符合惩戒事由,即可作出惩戒行为。惩戒行为由学校单方主动作出,无须教师同意。教师处于被动地位,对接受惩戒与否并没有决定权。例如,在陈学迅诉新疆大学案中,学校以陈学迅违反学校纪律为由,对原告按自动离职处理;在杜桂书与首都医科大学案中,学校对于原告违反教学纪律,且连续两年考核不合格的情形,依据学校相关规定予以重新聘任上岗的处理。如果教师不予服从,高校甚至可以采取进一步措施以保证惩戒的执行。虽然都属于惩戒行为,但高校对教师的惩戒,不同于行政机关对公务员的惩戒以及高校对学生的惩戒。

---

[1] 陈红:《公立高校教师处罚行为的法律解析》,载《浙江工业大学学报(社会科学版)》2013年第4期,第414-419页。

[2] 金自宁:《大学自主权:国家行政还是社团自治》,载《清华法学》2007年第2期,第19-34页。

行政机关与公务员之间的法律关系属于一种内部行政关系,发生惩戒争议只能由行政机关本系统处理,不能提起行政诉讼。根据田永诉北京科技大学拒绝颁发毕业证、学位证行政诉讼案所确立的规则,高校对学生的违纪处理,司法实践中一般视为国家授权行政行为,因此可以进入行政诉讼处理。[1] 高校对教师的惩戒则建立在平等的民事法律关系之上,属于一种自主管理行为,一般只能经由仲裁通过民事诉讼处理。

2. 对教师的不利益性。惩戒决定一旦作出,即可对教师发生效力,形成负担,包括名誉、财产、身份上的限制、剥夺。惩戒性解聘,意味着学校不再认可与教师存在聘用关系,通报批评导致教师的声誉在一定范围内受到不利评价,开除直接引起人事关系的解除等。例如,依据《事业单位工作人员处分暂行规定》第七条第五款的规定,事业单位工作人员受到开除处分的,人事关系即可终止。在郑群诉北京外国语大学案中,因原告被公安机关收容审查,学校将其开除公职,其直接结果即是双方不再存续聘用关系。某种情形下,一个惩戒行为还有可能导致另一个惩戒行为的发生。例如在黄某某与上海财经大学案中,学校作出调岗决定,原告未予同意,又不到岗,学校继而作出不予发放绩效津贴的处理。通过校规的明确规定,惩戒的事由和后果得以被预见,具有威慑性,作为理性人的相对方会忌惮于这样的后果而在行为上有所拘束,如若违规则受到制裁,承担不利后果,且对他人构成警戒,大学惩戒权正是通过这样的机制发挥作用。

综上所述,高校教师惩戒权具有法定性,是一种"必要之恶"。惩戒行为本身对包括劳动权在内的教师权益构成侵害,作为教师利益的代表,高校工会组织以及教代会由于存在工作行政化、职权虚化、维权手段软弱无力等问题,在校规制定过程中难以发挥应有作用,无法对作为惩戒依据的校规之合法性进行有效监督、制约。因此,惩戒权的行使存在恣意的可能。"无救济即无权利",依据法治原则,通过司法裁判这一终局性救济途径实现对教师权益的保护就成为必然。

二、高校教师惩戒司法救济之现状

依据现行法律、法规相关规定,与高校人事争议相关的司法救济主要有两种途径。第一种为经由申诉进入行政诉讼。《教师法》第三十九条规定教师不服学校处理决定可以向教育行政部门提起申诉。《国家教育委员会关于〈中华人民共和国教师法〉若干问题的实施意见》第八条规定,对教育行政部门申诉处理不服的,还可以提起行政复议或者行政诉讼,看似架起了申诉与行政复议、行政诉讼连接的桥梁,但由于该部门规章对司法机关没有强制约束力,再加上关于受案范围规定的模糊性以及法律依据的缺失,导致大量争议被法院作出不予受理、驳回起诉或者维持裁判,申诉几乎成了封闭性的行政救济。就少量经由申诉进入行政诉讼的案例而言,高校不具有诉讼主体地位,法院主要针对教育行政部门

---

[1] 饶亚东、石磊:《〈田永诉北京科技大学拒绝颁发毕业证、学位证案〉的理解与参照——受教育者因学校拒发毕业证、学位证可提起行政诉讼》,载《人民司法》2016年第20期。

所作的申诉处理予以审查,属于对行政机关的司法监督,而非对高校行为的监督。不但教师与高校之间的争议得不到实质性解决,还引起教师与教育行政部门之间新的纠纷。可见,经由申诉进入行政诉讼的处理机制不利于定纷止争,也不利于教师权利的保护以及高校自身管理的法治化。[1]因此,实践中一般很少适用这一途径。第二种为经由劳动人事仲裁进入民事诉讼。根据《最高人民法院关于事业单位人事争议案件适用法律等问题的答复》,对人事争议仲裁不服的,可以提起民事诉讼,从而在程序上将人事争议纳入劳动争议处理机制。《中华人民共和国劳动争议调解仲裁法》(以下简称《劳动争议调解仲裁法》)更从法律上对此予以明确,教师惩戒行为争议因此被纳入劳动争议处理途径。就裁判的效果而言,已有的司法实践表明,相对于经由申诉进入行政诉讼的处理机制,经过仲裁前置程序的民事诉讼可以直接对高校人事争议进行裁判,是最为直接有效的司法救济途径,所以也是主要司法救济途径。

(一) 受案范围

按照《劳动争议调解仲裁法》《最高人民法院关于人民法院审理事业单位人事争议案件若干问题的规定》所规定的受案范围,与惩戒行为有关的法定争议类型包括因除名、辞退、履行、变更、解除和终止劳动合同以及劳动报酬等发生的争议。换言之,这些争议可以经由仲裁进入民事诉讼。《人事争议处理规定》第三十六条则规定"因考核、职务任免、职称评审等发生的人事争议,按照有关规定处理",从而将考核、职务任免、职称评审等争议排除在仲裁范围之外,该类争议也就无法进入司法裁判。

在现有53件案例中,47件有关惩戒行为争议的案例得到了法院的受理。这些惩戒行为出现55次,包括12类(如表1所示)。对照法定受案范围,按自动离职处理一般作为辞退对待,其与辞退、开除、除名、单方解除合同、违规不续聘,可以直接从法定受案范围中找到依据。扣减绩效津贴,因涉及劳动报酬,因此也可以找到受理依据。这些争议或者导致教师身份的改变,或者对其财产权构成侵害,出现总数为50次,占总比例90.9%。其他如调岗、批评、一般处理、待岗等惩戒行为争议,找不到明确的依据,因此只能通过对"履行劳动合同发生的争议"进行解释得出。这类惩戒行为共出现5次,占总比例9.1%,其不影响教师身份改变,但对教师的劳动权、声誉等构成侵害。可见,由于法律的明确,涉及教师身份改变及财产权的争议基本都得以受理;而对于其他争议,司法实务中也可能通过对法的解释而纳入受案范围。

---

[1] 郭秀晶、马乐、王霁霞:《北京教育法律救济的现状、问题与发展趋势研究》,载劳凯声:《中国教育法制评论(第4辑)》,教育科学出版社2006年版,第270-295页。

表 1 予以受理的高校教师惩戒争议

争议法定类型	实际发生争议	涉案数量/件	比例/%
辞退	按自动离职处理	19	34.5
	辞退	3	5.5
开除	开除	2	3.6
	除名	3	5.5
解除合同	单方解除合同	17	30.9
终止合同	违规不续聘	1	1.8
	清退	1	1.8
履行合同	调岗	2	3.6
劳动报酬	扣减绩效津贴	4	7.3
其他争议	批评	1	1.8
	一般处理	1	1.8
	待岗	1	1.8

注：部分案例涉及两种惩戒行为争议。

在另外 6 件案例中,一些惩戒行为争议因被视为不属于受案范围而不予受理,包括按自动离职处理、行政开除、待退休、罚款、扣除工资等(如表 2 所示)。具体而言,有 2 件案例中所涉按自动离职处理没有得到受理,相比前述 19 件案例中的按自动离职处理得到受理的情形而言,属于极个别情况,应归因于各地法院对受案范围的认知不同。不受理行政开除争议,则是因为被处分人属于参照公务员管理而非聘用制人员,不属于劳动人事争议受案范围。扣除工资争议被视为考核类争议,也不属于法定受案范围。罚款、待退休争议是否应予以受理,法律没有明确,法院认为其属于高校内部管理行为,因此也不予受理。除行政开除、按自动离职处理等特殊情形外,考核、待退休、罚款等都应属于高校内部管理事项,制度的规定以及司法实践都将其排除在受理范围之外,表明了法院对高校内部管理不予干预的态度。

表 2 不予受理的高校教师惩戒争议

争议类型	按自动离职处理	行政开除	待退休	罚款	扣除工资
涉案数量/件	2	1	1	1	1
法院理由	非人事争议受理范围	属于行政管理行为	属于高校内部管理行为	属于高校行政管理行为	考核类争议,非法定受理范围

通过对表 1、表 2 的对比可以发现,绝大多数涉及身份改变或者直接构成财产侵害的争议基本得到受理,但由于法律规定的模糊性,如调岗、待岗、待退休、批评等争议是否受理,主

要取决于法院的自由裁量。考核结果虽然导致了扣除工资等后果,形成对财产权的侵害,但因法定排除,无法得到受理,由此引起的扣减工资等争议得不到处理。

(二) 法律适用

通过对裁判文书载明的法律依据的梳理发现,除了《中华人民共和国劳动法》《中华人民共和国劳动合同法》(以下简称《劳动合同法》)等劳动法律规范之外,在惩戒行为争议的裁判中,大量将人事方面的法律规范作为结论性裁判依据或者参照。这些人事法律规范共适用25次,也就是说,47.2%的高校惩戒行为争议是依据或者参照人事法律规范作出裁判的。其中,《全民所有制事业单位辞退专业技术人员和管理人员暂行规定》适用8次,占总数的32%;《国务院办公厅转发人事部关于在事业单位试行人员聘用制度的意见的通知》适用6次,占总数的24%(如表3所示)。除《事业单位人事管理条例》《国务院办公厅转发人事部关于在事业单位试行人员聘用制度的意见的通知》属于行政法规及国务院发布的行政规范性文件外,其他皆为部门规章、规范性文件和地方规章、规范性文件,共适用18次,占全部人事法律规范适用次数的72%。司法裁判中还依据、参照这些人事法律规范,将程序作为判断高校惩戒行为合法性的标准之一。这些程序标准包括通知、送达(或者公告)、处分前置、经批评教育等,共28次。其中,通知、送达(或者公告)程序适用最多,达20次,占总数的71.4%,处分前置、经批评教育各2次,其他程序如说明理由、经集体讨论、履行相关手续、说明法律依据等适用极少,各占1次。

表3 依据、参照人事法律规范对高校教师惩戒争议进行裁判的情形

位阶	规范名称	发布机关	发布时间	所涉案例	数量/次
行政法规及国务院发布的规范性文件	《事业单位人事管理条例》	国务院	2014	辽宁金融职业学院诉伊杰案[(2015)北新民初字第02634号]	1
	《国务院办公厅转发人事部关于在事业单位试行人员聘用制度的意见的通知》	国务院办公厅	2002	方彩华与嘉兴南洋职业技术学院案[(2012)浙嘉民终字第650号];金丽娜与武汉大学案[(2014)鄂武汉中民商终字第00160号];李某与新疆某学院案[(2013)乌中民再字第83号];某某诉上海某某大学案[(2010)徐民一(民)初字第2155号];曲阜师范大学诉季某案[(2014)曲民初字第550号];赵某与上海戏剧学院案[(2009)沪二中民一(民)终字第4284号]	6
	《关于出国留学人员工作的若干暂行规定》	原国家教育委员会	1986	朱某某诉某大学案[(2011)苏中民终字第2143号]	1

续表

位阶	规范名称	发布机关	发布时间	所涉案例	数量/次
行政规章及部门发布的规范性文件	《全民所有制事业单位辞退专业技术人员和管理人员暂行规定》(已于2016年废止)	原人事部	1992	哈尔滨理工大学诉郑万昌案[(2014)黑监民再字第1号];李某某与沈阳某某大学案[(2013)经开民初字第489号];辽宁金融职业学院诉伊杰案[(2015)北新民初字第02634号];马海生与新疆师范大学案[(2014)乌中民五终字第1012号];张春玲诉南京审计学院案[(2013)苏审二民申字第674号];张俊与信阳师范学院案[(2008)信中法民终字第1211号];赵某某诉江苏某某学院案[(2012)钟民初字第0368号]等8件	8
	《事业单位工作人员处分暂行规定》	人力资源和社会保障部、监察部	2012	广西艺术学院诉李蔚林案[(2013)青民一初字第543号];曲阜师范大学诉季某案[(2014)曲民初字第550号]	2
	《人事部关于国家机关工勤人员和事业单位工作人员受行政纪律处分工资问题处理意见的通知》	原人事部	1999	王一平与新乡学院案[(2012)新中民一终字第57号]	1
	《人事部关于印发〈事业单位试行人员聘用制度有关问题的解释〉的通知》	原人事部	2003	李某与新疆某学院案[(2013)乌中民再字第83号]	1
地方规章及规范性文件	《上海市事业单位聘用合同办法》	上海市市政府	2003	某某诉上海某某大学案[(2010)徐民一(民)初字第2155号];余××诉上海××大学案[(2008)浦民一(民)初字第2692号];苑诉上海某技术大学案[(2013)松民一(民)初字第5318号]	3
	《浙江省人民政府办公厅转发省人事厅关于浙江省事业单位人员聘用制度试行细则的通知》	浙江省政府	2004	方彩华与嘉兴南洋职业技术学院案[(2012)浙嘉民终字第650号];梁庆梅诉嘉兴学院案[(2013)嘉南民初字第1184号]	2

然而，根据《劳动合同法》《劳动争议调解仲裁法》以及《最高人民法院关于事业单位人事争议案件适用法律等问题的答复》所确立的规则，人事争议裁判应优先适用"法律、行政法规以及国务院另有规定"。这一准用性条款，指向的对象为人事争议，适用的规则应为法律、行政法规以及国务院其他行政规范性文件等关于人事方面的规定。与此同时，根据《最高人民法院关于裁判文书引用法律、法规等规范性法律文件的规定》第六条的规定，民事裁判中，规章仅能作为裁判说理的依据，而不可以作为裁判依据或者参照。高校人事处理争议裁判中，将规章以及其他行政规范性文件直接作为结论性裁判依据或者参照，既违背了上述准用性条款之规定，也违反了民事诉讼法律适用的一般规则。

（三）对校规的处理

校内规章对教师具有约束力，但校内规章在人事争议裁判中的效力如何，并无法律规定，司法实践中，多由法院自行决定。虽然甘露不服暨南大学开除学籍决定案确立了受教育权争议中适用大学校规的裁判规则，[1]但此类案例中校规适用的前提在于将高校对学生的惩戒行为定性为授权行政行为。而人事争议裁判中，一般将高校对教师的惩戒行为视为建立在平等的民事法律关系基础之上的内部管理行为，只能通过"仲裁—民事诉讼"通道予以处理。所以，甘露案中对校规的参考适用规则无法应用于教师惩戒争议处理中。

在现有案例中，有11件案例涉及对校规的处理问题（如表4所示）。例如，在赵立义与陕西服装工程学院案中，法院将校规作为证据，认定学校未出具具备合法要件的校规证明赵某存在违反制度情形，因此证据不足，应承担败诉结果。法院对梁庆梅诉嘉兴学院案也作类似处理。在其他9件案例中，法院则采取了另外一种方式，将校规作为说理依据运用，但这种做法并不统一。有的案例中直接将校规作为说理依据，例如，在广西民族大学与何平案中，法院认为按自动离职处理决定系根据学校规章制度作出，有事实及依据，合法有效。杜桂书与首都医科大学案、黄国祥与肇庆学院案、刘玲君诉长安大学案、乔磊诉中山大学新华学院案、黄某某诉上海财经大学案等5件案例中都有类似情形，法院将符合校内规章之规定作为认定惩戒行为合法的标准之一。在另一些案例中，法院将校规作为说理依据时，还增加了合法性解释。例如，在马某诉某学院案中，法院认为"某学院2006年人事管理制度调整方案（试行）"及配套文件经第四届教职工代表大会第六次全体会议审议、院长办公会审定通过并下发，且不违反法律规定，故应对包括原告在内的所有教职工均有约束力，处理无不当。法院从校规的制定程序以及内容两方面予以判断，确认其具有合法性，进而认定据此作出的惩戒行为合法有效。朱某某诉某大学案、廉京华与延边大学案也存在类似情形。这表明了法院对校规合法性的审查。

---

[1] 耿宝建：《高等学校校纪校规不能违反上位法规定》，载《人民司法》2013年第8期，第56-59页。

表 4 高校教师惩戒争议裁判中对校规的运用

序号	案名	争议及结果	对校规的运用
1	广西民族大学与何平案[(2011)南市民一终字第1810号]	按自动离职处理,教师败诉	根据校规作出自动离职处理决定,有事实及依据
2	黄国祥与肇庆学院案[(2014)肇中法民一终字第185号]	处分行为,教师败诉	处理决定符合校规
3	杜桂书与首都医科大学案[(2015)二中民终字第01255号]	扣罚绩效工资,解除合同,教师败诉	依据校规,在考核不合格的情况下,扣发绩效工资并无不当
4	刘玲君诉长安大学案[(2014)碑民初字第00386号]	按自动离职处理,教师败诉	原告应遵守校规,处理决定公告送达符合法律规定,予以认可
5	乔磊诉中山大学新华学院案[(2014)穗天法民一初字第112号]	解除劳动关系,教师胜诉	未达到严重违反规章制度或给被告造成重大影响的程度
6	赵立义与陕西服装工程学院案[(2014)咸中民终字第01169号]	解除合同,学校败诉	学校未出具具备合法要件的校规证明赵某存在违反制度
7	黄某某与上海财经大学案[(2009)沪二中民一(民)终字第2824号]	不服从岗位调配不予发放绩效工资,教师败诉	援引校规,认可学校行为
8	梁庆梅诉嘉兴学院案[(2013)嘉南民初字第1184号]	待岗处理,教师胜诉	将校规作为证据认证后,认为学校处理行为不符合校规
9	朱某某诉某大学案[(2011)苏中民终字第2143号]	自动离职处理,教师败诉	校规符合国家有关规定,处理行为符合校规
10	马某诉某学院案[(2009)杨民一(民)初字第4282号]	考核并调整岗位,教师败诉	符合校规,校规制定符合民主程序,且不违法
11	廉京华与延边大学案[(2015)延中民一终字第187号]	按自动离职处理,教师败诉	校规合法,具有拘束力,据此作出的处理决定有效

惩戒行为的前提是教师违反校纪校规,如果不从校规的合法性进行判断,仅仅局限于从程序上判断惩戒行为的合法性,则往往流于形式,过于片面。但对于校规的效力如何认定,现行法律并没有提供依据。司法实务中,无论是作为证据,还是作为说理的依据,皆由法院自行决定。对校规的合法性判断,一般限于内容的合法性、制定程序的合法性等方面,形成了基本的裁判标准,具有一定的合理性。显然,法院通过发挥主观能动性,在一定程度上实现了对校规的监督。但这种监督只能依赖于法院的自由裁量,过于随意,导致同样的争议适用的标准不同,缺少稳定、科学的制度保证。

(四)其他相关机制

在举证责任和裁判结果上,对开除、除名、辞退、解除劳动合同等惩戒行为的争议,司法实践中采取了不同于民事纠纷诉讼和一般劳动争议诉讼的机制。根据《最高人民法院关于审理劳动争议案件适用法律若干问题的解释》第十三条、第二十条之规定,此类争议由用人单位负举证责任,可适用撤销、变更判决。例如,在陈学迅诉新疆大学案中,法院认为,对于涉及陈学迅切身利益的按自动离职处理决定,新疆大学未能提交充分证据证实该决定符合按自动离职处理的法定情形,并向陈学迅送达该决定,应予撤销。在王一平与新乡学院案中,法院认定对王一平按自动离职处理的决定,新乡学院没有提供充分的证据证明离职的相关事实,也没有依法予以送达,原审撤销该处理决定并无不当。根据《劳动争议调解仲裁法》第六条的规定,一般劳动争议裁判中,适用"谁主张,谁举证"的原则。但在劳动人事管理中,用人单位针对劳动者单方作出决定的行为,类似于具体行政行为。法院在审理此类案件中适用用人单位举证责任,有利于保护劳动者的诉权。不同于一般的驳回、确认、给付判决,在开除、除名、辞退、单方解聘类惩戒行为争议裁判中适用类似于行政诉讼中对具体行政行为所作的撤销判决,使得违法惩戒行为归于无效,从而对惩戒行为的单方性、强制性以及对教师的不利益性形成制约,实现对教师权益的保护。

三、高校教师惩戒司法救济之完善

通过对案例的梳理,可以发现,对于惩戒行为争议,受案范围上依据劳动争议受案范围之规定,法律适用上大量依据、参照人事法律规范进行裁判,举证责任上采取用人单位举证原则,裁判结果上适用撤销、变更判决等。对待具有高权性质的惩戒行为,法律制度和司法实践形成了一整套类似于行政审查的机制,有利于遏制违法的惩戒行为,平衡高校自主权与教师个人权益的关系。但与此同时,对人事争议的处理机制尚带有计划经济时代的痕迹,教师权益保护还存在"空洞",突出表现为受案范围模糊,将规章以及其他行政规范性文件直接作为裁判依据、参照,对校规的监控缺乏稳定的制度保证等。因此,为保障教师权益,应对现行司法救济机制进行完善。

(一) 扩大争议受案范围

就权利救济而言,基于"基础关系与管理关系理论""重要性理论",在特别权力关系中,一般将涉及基本权利的重要事项纳入司法救济。高校与其成员之间的关系也具有特别权力关系性质。[1] 高校对教师实施开除、辞退、单方解除、违规不续签合同、扣除工资或者绩效等行为,涉及教师身份改变以及对其财产的侵害,应属于基本权利重要事项,纳入司法救济当属自然。但待退休、调岗、罚款以及一般处分中的降低岗位等行为,直接对教师劳动权、财产权形成侵害,对其个体权益影响重大,也应该纳入司法救济。在现有救济途径中,调解属于自由选择的途径,仲裁机构一般由行政机关组成,存在公平性缺失。因此,作为终极救济途径,诉讼机制应对这些惩戒争议提供救济通道,并通过法律或者司法解释予以明确规定,减少自由裁量的空间。

考核虽然并非惩戒行为,但依据《高等教育法》第五十一条规定,考核结果是对教师实施

---

[1] 王成栋、刘雪梅:《特别权力关系理论与中国行政法》,载罗豪才:《行政法论丛(第六卷)》,法律出版社2003年版,第108-145页。

惩戒行为的依据。如果考核不能被纳入司法救济,对由此而产生的惩戒行为的救济则无从谈起。把考核纳入司法救济的阻却,来源于《事业单位人事管理条例》第三十八条以及《人事争议处理规定》第三十六条的规定。虽然考核往往可能涉及学术判断,法院恐不适合介入,但有限度的形式、程序上的介入应为可能。事实上,如前所述,惩戒行为争议中大量适用程序审理,应可在一定程度上对教师权利予以救济。基于考核而直接涉及教师工资、绩效扣减的处理决定,是对教师财产权的侵害,应获得救济机会。《中华人民共和国立法法》第八条规定,法规和规章不得规定仲裁和诉讼事项。《事业单位人事管理条例》《人事争议处理规定》将考核排除在救济范围之外,涉嫌越权规定仲裁和诉讼事项,缺乏正当性。

(二) 确立校规适用机制

作为一种社会组织,高校制定章程、校规的行为具有一定的立法性质,依据章程、校规对其成员进行管理则具有行政的性质。在教职工代表大会制度不健全的情况下,校规存在正当性缺失的可能。高校依据校规对教师进行管理,甚至行使惩戒权,既当裁判员又当运动员,显然易于导致权力行使的恣意。因此,对于依据校规而作出的惩戒,法院需要直面惩戒行为的效力而对校规作出合法性审理。前述案例表明,对校规特别是一些强制性规范的审理缺少法律的明确规定,一般仅限于法院的自由裁量,没有形成稳定的机制,也缺乏统一的标准。这显然与司法的权威性以及法律的统一性相悖,也不利于教师权益的保护。

对此,基于人事关系与劳动关系的趋同性,现行劳动法关于用人单位内部规章的适用机制,应可予利用。《劳动合同法》第四条就用人单位内部规章生效要件予以规定,包括:内容合法,程序合法,应予公示、公告。这一规定,实际上是对《中华人民共和国劳动法》第四条之规定的具体化。根据《最高人民法院关于审理劳动争议案件适用法律若干问题的解释》第十九条之规定,用人单位经民主制定的规章制度,不违反法律、行政法规及政策规定,并已向劳动者公示的,可以作为劳动争议案件审理的依据。结合《劳动合同法》第九十六条之规定,高校与教师之间的人事争议应适用法律、行政法规或者国务院相关规定,没有规定的可以适用《劳动合同法》。但考察现行规范性文件,符合这一条件的只有《教育法》《教师法》《高等教育法》《事业单位人事管理条例》等。从这些规范文件中,找不出关于高校内部规章是否可以作为裁判依据的规定。因此,人事争议中关于高校内部规章的适用应可以参照《中华人民共和国劳动法》及其司法解释。据此,作为惩戒行为依据的校规被置于司法监控之下,既实现了对校规的监督,又尊重了校规的效力。从侧面而言,还可以督促高校严格校规制定程序,将校规的制定纳入法治的轨道。对此,一些地方法院已经进行了积极的探索。《江苏省高级人民法院关于审理事业单位人事争议案件若干问题的意见》《重庆市高级人民法院关于适用最高人民法院〈关于人民法院审理事业单位人事争议案件若干问题的规定〉的指导意见》《四川省高级人民法院关于审理涉及事业单位人事争议案件有关问题的意见》等都规定,经法院审核,通过民主程序制定的事业单位规章制度,不违反国家法律、行政法规及政策规定,并已公告、公示的,可以作为人事争议裁判依据。为减少对高校自主权的不必要干预,应坚持有限性原则。借鉴行政诉讼中对规章的适用,只有当涉及惩戒行为的效力认定时,才可以对作为惩戒行为依据的校规进行合法性审理。

(三) 限制规章以及其他行政规范性文件的适用

高校教师惩戒争议裁判中,大量适用人事方面的行政法规、规章以及其他行政规范性文件。尤其是其中一些规章以及其他行政规范性文件规定了诸多对事业单位工作人员的惩戒措施,如开除、单方解聘、辞退、处分、合同终止不续签等,通过"管制"事业单位工作人员的行为来优先"保护"事业单位管理权,进而确保社会公共利益的实现。例如,《全民所有制事业单位辞退专业技术人员和管理人员暂行规定》第一条即规定:"为完善全民所有制事业单位(以下简称单位)的人事管理制度,保障单位用人自主权,优化人员结构,特制定本规定。"《事业单位工作人员处分暂行规定》也在第一条规定:"为严肃事业单位纪律,规范事业单位工作人员行为,保证事业单位及其工作人员依法履行职责,制定本规定。"这些规章以及其他行政规范性文件还就惩戒的实施作出了程序上的限制,如通知、送达(或者告知)、说明理由等,但这类程序标准过于简单,层次较低,缺少诸如听证、说明理由、回避等能够体现正当程序理念的程序。显然,这些规章以及其他行政规范性文件的价值导向更有利于高校管理权以及公共利益的实现,而非教师权益的保护。

就规范的效力而言,相对于法律、行政法规,规章以及其他行政规范性文件在制定依据、法律地位、效力等级等方面存在明显差异。现实中,由于制定主体多、制定程序简单、制定权限不清、效力等级低等原因,规章以及其他行政规范性文件往往存在诸多问题,如立法技术欠缺、规范性文件之间互相矛盾、与上位法冲突、制定程序带有很大的随意性,等等。因此,为保证司法公正性以及法制的统一性,对于规章以及其他行政规范性文件的适用,应予必要限制。根据《最高人民法院关于裁判文书引用法律、法规等规范性法律文件的规定》第六条之规定,规章以及其他行政规范性文件经审查合法有效后可以作为裁判说理的依据。高校人事争议处理中也应准此执行,从而将对这些规范的适用控制在法治的轨道上。

总之,自计划经济时代至今,随着教育体制改革逐渐走向深入,政府对高校的管理呈现出一个逐渐放权的过程,包括在人事关系上,教师与高校之间的关系由人身依附关系向聘用制为载体的平等关系转变。如何实现高校自主权与教师权益的平衡,是司法机制需要考虑的原则。对教师的管理属于与学术自由最密切的事务,因此应置于大学自主管理范畴,即便是涉及教师权益保护事宜,也应由司法机关予以干预,而非行政机关具体介入。依据现代大学制度理念,大学人事领域事务应诉诸共治,通过内部权力制约、协调机制,保证校规的正当性。顺应这一趋势,校规的效力应被予以认可,大量的争议应依据合法有效的校规进行裁判,通过自治规则来解决自治领域的争议。